国家出版基金项目
NATIONAL PUBLICATION FOUNDATION
"十三五"国家重点图书出版规划项目

元代易學史

李秋丽 著

齊魯書社

图书在版编目（CIP）数据

元代易学史/李秋丽著.--济南 ： 齐鲁书社，
2020.12
ISBN 978-7-5333-4402-3

Ⅰ.①元… Ⅱ.①李… Ⅲ.①《周易》—研究
—中国—元代 Ⅳ.①B221.5

中国版本图书馆CIP数据核字(2020)第234677号

封面题签：刘大钧
责任编辑：孔　帅
装帧设计：郭　觐　　李　生

元代易学史
YUANDAI YIXUESHI
李秋丽　著

主管单位　山东出版传媒股份有限公司
出版发行　齐鲁书社
社　　址　济南市英雄山路189号
邮　　编　250002
网　　址　www.qlss.com.cn
电子邮箱　qilupress@126.com
营销中心　（0531）82098521　82098519　82098517
印　　刷　山东临沂新华印刷物流集团有限责任公司
开　　本　880mm×1230mm　1/32
印　　张　16.5
插　　页　4
字　　数　450千
版　　次　2020年12月第1版
印　　次　2020年12月第1次印刷
印　　数　1—1200
标准书号　ISBN 978-7-5333-4402-3
定　　价　128.00元

“十三五”国家重点图书出版规划项目

国家出版基金项目

国家社会科学基金青年项目“元代易学研究”
（批准号：13CZX040）成果

教育部人文社会科学重点研究基地
山东大学易学与中国古代哲学研究中心资助

泰山学者工程专项经费资助

目　录

概　述 …… 1

一、易学发展大传统 …… 1

二、元代易学研究近况综述 …… 7

第一章　元代理学家易学:许衡、刘因、吴澄

第一节　许衡义理与象数兼综的易学思想 …… 19

一、揲蓍中的成卦数理 …… 20

二、"八长八消"的阴阳消长说 …… 27

三、才、位、时相贯的解《易》方法 …… 31

第二节　刘因尚朱子象数的易学思想 …… 47

一、维护朱子河图之说 …… 48

二、会通太极图、先天图、河图 …… 54

三、解释蓍数之理 …… 57

四、解读《周易》经传 …… 61

第三节　吴澄"一决于象"的易学思想 …… 66

一、重《易》本源的易学观 …… 68

二、贯通天人的易理思想 …… 79

三、"一决于象"的解《易》方法 …… 91
四、弟子鲍恂易学思想 …… 107

第二章 元代隐士易学:王申子、丁易东、黄泽

第一节 象数义理汇通的王申子易学 …… 112
一、重视图书的象数之学 …… 114
二、以理为本的义理之学 …… 124
第二节 丁易东《周易》象义思想研究 …… 130
一、作《易象义》之缘由 …… 131
二、论象:正变之三体与十二体例的关系 …… 134
三、论象义之关系 …… 135
四、论象义的方法与体例 …… 139
五、论义:即象以明理 …… 146
六、论数:释大衍之数 …… 148
第三节 黄泽《周易》象学思想研究 …… 153
一、明象缘起:基于易学史之考察 …… 156
二、学《易》当明象 …… 158
三、义理易学当复《易》之古义 …… 162

第三章 元代朱子后学易学:胡方平、熊禾、熊良辅

第一节 胡方平《易学启蒙》通释思想研究 …… 168
一、诠河图、洛书之蕴 …… 170
二、揭伏羲先天之旨 …… 181
三、阐文王后天之妙 …… 192
第二节 熊禾对《易学启蒙》的发挥 …… 200
一、作书之缘由:承朱子易学之本 …… 201

二、论证先天八卦图合于河图 …… 203
三、诠释先天六十四卦图 …… 213
四、诠释后天图 …… 218
五、画中有象,象中有变——论象与释占 …… 222
第三节 熊良辅《周易本义集成》思想研究 …… 228
一、生平著作概说 …… 228
二、释图书之学 …… 231
三、易学纲领 …… 238
四、诠释特点 …… 241

第四章 明官方易学之先声:胡一桂、胡炳文、董真卿

第一节 胡一桂义理易学研究 …… 245
一、易学观 …… 246
二、演太极之理的易理思想 …… 260
三、象数学思想 …… 271
第二节 胡炳文《周易本义通释》思想研究 …… 299
一、易学观 …… 301
二、与天地准的易理思想 …… 308
三、即象求理的解《易》方法 …… 320
第三节 董真卿的《周易》会通思想 …… 328
一、文本形式上的会通 …… 330
二、对程朱易学思想的会通 …… 334
三、对历代诸家易学的收集与整理 …… 338

第五章 元代汉化少数民族易学:耶律楚材、保八

第一节 耶律楚材的易学 …… 342

第二节　保八的易学 …………………………………… 345
一、易学观 …………………………………………… 345
二、义理无穷的易理思想 …………………………… 350
三、易卦之基的象数学思想 ………………………… 355
四、以心会心的解《易》方法 ……………………… 365

第六章　元代图书易学:张理、钱义方、陈应润

第一节　张理《易象图说》研究 …………………………… 373
一、天地之数到河图、洛书:对陈抟《龙图序》的解释 ……… 375
二、原卦画:对八卦生成和六十四卦关系的解释 ………… 382
三、明易道:易象图之指归 ………………………………… 386
第二节　钱义方《周易图说》研究 …………………………… 390
一、八卦乃得之仰观俯察 …………………………………… 391
二、圣人则图揲蓍 …………………………………………… 396
三、有文字注释即后天推衍之说 ………………………… 400
第三节　陈应润对图书易学的批判 ………………………… 404
一、生平著作概说 …………………………………………… 405
二、明爻变意蕴 ……………………………………………… 407
三、批图书之学 ……………………………………………… 410

第七章　元代道教易学:郝大通、雷思齐、俞琰

第一节　郝大通的全真教易学 ……………………………… 417
一、全真诸子的易学思想 …………………………………… 417
二、郝大通道教易图学 ……………………………………… 420
第二节　雷思齐图书易学思想 ……………………………… 432
一、河图、洛书的易学史辨证 ……………………………… 433

二、河图四十：图书之学的新发展 …… 441
三、易筮通变：筮数问题的新探索 …… 460
第三节　俞琰援易入丹的易学思想 …… 466
一、“有画斯有象”的易象观 …… 467
二、“一为太极数”的易数观 …… 477
三、“丹即身中易”的易理观 …… 483

结　语 …… 497
参考文献 …… 506
后　记 …… 521

概　述

《周易》是中国传统文化的重要元典,而易学是中国传统文化的重要构成内容。易学家们对于《周易》的诠释,形成了丰富的易学发展史。钱穆先生说:“治一家之学,必当于其大传统处求。”①治一家之学如此,治元代易学也应如此,从大传统中可见其传承与贡献。元代易学是两千多年易学发展史上不可或缺的重要阶段。

一、易学发展大传统

作为“卜筮之书”的《周易》古经,目的是教人“趋吉避凶”,它的文化基础是中国人对于天道的信仰。在天道信仰的前提下,原初社会中的中国先民们缺乏人文理性的自觉,选择通过筮法寻求鬼神的启示,用以指导自身的进退行处。所以在《易经》产生之初以及之后很长的一段时间内,《易经》没有脱离原始宗教的色彩,仍然笼罩着一层神秘的面纱。

在朱熹看来,这种带有原始宗教色彩的“卜筮之书”也是伏羲、文王、周公三圣教化先民的重要典籍,只不过采取的是“卜筮”的方

① 钱穆:《朱子学提纲》,生活 · 读书 · 新知三联书店2002年版,第223页。

式。如何继承《易经》里所蕴含的圣人修身治世的智慧，并以这种智慧去教化民众实现王道治理，成为历代经学研究的重要课题。元代易学研究首先有着这样一个经学研究的大传统。

经学，顾名思义，就是对儒家经典进行训解和诠释的学问。经学起源于战国，盛行于汉代，后经魏晋南北朝隋唐两宋发展至元代，经历了很大的发展变化。易学作为经学的重要组成部分，其自身的发展既影响到经学整体的发展，又受到经学整体发展趋势的影响。每个时期的易学，都以注释和疏解《周易》经传的形式，伴随整个经学的演变和发展。元代也不例外。

元朝统治时期，儒家文化尽管有所衰微，但并没有随宋代的灭亡而消亡。元朝建立以后，蒙古族统治者为了自身的政治稳定和文化繁荣，注重提倡儒家文化，自觉地利用孔子和儒学作为维护其统治的工具，极力尊孔崇儒，以争取汉族知识分子的拥戴。成宗时，下诏崇奉孔子。武宗时，加封孔子为大成至圣文宣王。文宗时，又封孟子为亚圣公，并将宋儒周敦颐、程颢、程颐、张载、邵雍、司马光、朱熹、张栻、吕祖谦及许衡从祀孔庙。文宗对儒家经学非常感兴趣，在大都建奎章阁学士院，以精通儒学的翰林学士为奎章阁大学士，又设授经郎二员，讲授经学。①

与尊孔崇儒相适应，元朝也实行科举选士制度。早在太宗窝阔台时，耶律楚材就建议“用儒术选士”②。太宗接纳了他的建议，并制定了“论、经义、词赋”三科考试的选举办法。次年戊戌年（1238）正式考试，史称“戊戌选试”。中选士人有4030人，事实上，

---

① 吴雁南、秦学颀、李禹阶主编：《中国经学史》，福建人民出版社2001年版，第414页。

② 〔明〕宋濂等：《元史》卷八一，中华书局1976年版，第2017页。

“戊戌选试”仅仅为了安抚汉族知识分子而已，通过考试的儒生除了免除奴隶身份确立儒士户籍，被免征徭役，并没有得到重用。后来，世祖、成宗、武宗时，朝廷又多次讨论科举事，但均未实施。世祖时，许衡提出学校科举之法，应“罢诗赋，重经学，定为新制”①，这一科举之法虽也未得实施，但对后来选举制度的确立产生了很大的影响，直到仁宗时“用儒术选士”的科举制度才正式颁行。仁宗充分认识到科举取士对维护元朝统治的重要意义，他说：“朕所愿者，安百姓以图至治，然匪用儒士，何以致此。设科取士，庶几得真儒之用，而治道可兴也。”②皇庆二年（1313）十月，仁宗命中书省议行科举事，制定出科举考试的各项制度和章程，终于重建科举考试制度，决定第二年二月在京师正式举行科举考试。

不过，元朝自仁宗时所实施的科举考试，在指导思想上不同于唐宋之科举制。元朝统治者认为，隋唐以来取士专尚词赋，知识分子习染了浮华之风，因此他们明确提出，“取士之法，经学实修己治人之道，词赋乃摛章绘句之学”“所拟将律赋省题诗小义皆不用，专立德行明经科，以此取士，庶可得人”。③ 至仁宗延祐元年（1314）实施的科举法中，更明确规定了“举人宜以德行为首，试艺则以经术为先，词章次之”④。为此，元朝统治者在经学考试中选择了以程朱的经注为考试的主要内容。元仁宗皇庆年间，朝廷规定科举考试科目以朱熹注为标准答案，程朱理学遂成为官方经学。这就使程朱理学在元朝正式成为官方学术。

正是由于元朝统治者的积极提倡，朱子学说确立了其正统地

① 〔明〕宋濂等：《元史》卷八一，中华书局 1976 年版，第 2018 页。
② 〔明〕宋濂等：《元史》卷二四，中华书局 1976 年版，第 558 页。
③ 〔明〕宋濂等：《元史》卷八一，中华书局 1976 年版，第 2018 页。
④ 〔明〕宋濂等：《元史》卷八一，中华书局 1976 年版，第 2018 页。

位，并在短时间内繁荣起来。但是，朱子之学被指定为科举考试的主要依据，使其不可避免地成为追求名利的工具，其思想的精义和本来面目也存在被歪曲和遮蔽的危险。黄宗羲说：

> 至于有元，许衡、赵复以朱氏学倡于北方，故士人但知有朱氏耳，然实非能知朱氏也，不过以科目为资，不得不从事焉。①

对于元代经学的总体情况，清人皮锡瑞有精辟的论断。他认为，宋代以后至明代之经学，包括元代经学为经学之积衰时代。他指出：

> 论宋、元、明三朝之经学，元不及宋，明又不及元。宋刘敞、王安石诸儒，其先皆尝潜心注疏，故能辨其得失。朱子论疏，称《周礼》而下《易》《书》，非于诸疏功力甚深，何能断得如此确凿。宋儒学有根柢，故虽拨弃古义，犹能自成一家。若元人则株守宋儒之书，而于注疏所得甚浅。如熊朋来《五经说》，于古义古音多所抵牾，是元不及宋也。②

在皮氏看来，元代儒者大多“株守宋儒之书”，不仅在义理上不能自成一家，而且在注疏方面也“所得甚浅”“于古义古音多所抵牾”。总之，元代儒者虽然从表面形式上奉守宋儒学说，尤其是朱熹学

---

① 〔清〕黄宗羲原著，全祖望补修，陈金生、梁运华点校：《宋元学案》卷九三，中华书局1986年版，第3097页。

② 〔清〕皮锡瑞著，周予同注释：《经学历史》，中华书局2004年版，第205页。

说,但在思想深度和高度上都难及朱子。在这样一个学术大背景下,再加上功利目标的驱使,使得程朱易学尤其是朱熹易学成为主流话语,主导着易学发展的方向。对于程朱易学尤其是朱熹易学的不同诠释,也构成了元代易学的基本内容。

同其他经典相比,《周易》蕴含着丰富的中国哲学的天人之学智慧。自战国至汉初,《易传》的成书使《易经》的功能发生了转向,让易学发展出现了一个质的飞跃。由此早期《易经》纯粹的"卜筮"目的得以改变,重德思想的渗入,五行思想的纳入,天文历法思想的吸收,理性的进一步反思,使原始宗教视野下的天人之书逐渐转变为哲学视野下的天人之书。《易经》不断人文化,形成了庞大的系统的易学论域,而对易学论域起着奠基作用的就是《易传》。

《易传》的形成标志着宗教神学易向人文易的转型的传统。蒙古族入主前,其自身还处于游牧部族时代,还有宗教神学支配的占卜文化,如何从这种占卜文化转型为人文易,也是元代易学研究课题之一。

在《易传》的诠释下,《周易》成为一部哲学典籍,也成为各个历史时期传统知识分子建构思想世界过程中不可缺少的经典之一。《易传》的论域涉及天人关系,既关乎天道,又侧重人文。如何更好地开显《周易》经典的天人之蕴?易学发展史上形成了"两派六宗"。四库馆臣指出:

故《易》之为书,推天道以明人事者也。《左传》所记诸占,盖犹太卜之遗法。汉儒言象数,去古未远也。一变而为京、焦,入于禨祥,再变而为陈、邵,务穷造化,《易》遂不切于民用。王弼尽黜象数,说以老、庄,一变而胡瑗、程子,始阐明儒理,再变而李光、杨万里，又参证史事，《易》遂日启其论端。此两派六宗，已互相攻驳。①

两派即象数和义理。六宗即汉儒的象数宗；京房、焦延寿的机祥宗；宋陈抟、邵雍的图书宗；魏王弼的老庄义理宗；宋胡瑗、程颐的儒理宗；李光和杨万里的史证宗。应该说，清儒的这一总结是比较全面和精当的。纵观易学史，虽每个时代的易学各有不同的侧重，或崇尚义理，或偏重象数，但二者之间实则并无不可逾越之界限，往往并行而不悖。作为易学发展鼎盛时期的宋代易学就是如此。在宋代，虽然义理易是当时易学的主流，但象数易仍然流行。两派的形成主要跟《易传》的诠释方法有关：象数诠释方法和义理诠释方法。

象数诠释方法立足于《易经》之象数，注重象数之间的推衍，来说明对天道自然的认识。象数诠释方法由卦象言及天地万物之象，人们通过对这些卦象和自然之象的把握来认识天道自然。与象数诠释方法明显不同，义理易学以《易经》本身的象数和卦爻辞以及《易经》中的范畴进行义理的发挥。

可以说，象数和义理解《易》的最早代表就是《易传》。《易传》对《易经》作了全面的解释，《易传》十篇解《易》，既有象数，又有义理，并对后世产生了影响。象数诠释方法和义理诠释方法二者有着密切联系。义理诠释方法并不能回避象数，很多时候需要借助象数的方式来说理，而象数诠释方法中已经蕴含着义理。《易传》对《易经》的解读以象数诠释方法为基础，主要还是义理层面的解读。

---

① 〔清〕永瑢等：《四库全书总目》卷一，中华书局 1965 年版，第 1 页。

汉代是象数学发展的高峰。汉易在繁荣发展之后，面临解《易》牵强附会、烦琐的困境。魏时，王弼一扫汉儒之象，风气为之一新，玄学易兴起。唐时，孔颖达《周易正义》重王弼义理易学，位居官学，盛极一时。汉易逐渐失去影响力，但许多文献资料在李鼎祚《周易集解》中得以保存。随着宋代理学兴起，与汉儒注《易》偏于象数不同，宋人注《易》更重义理。北宋义理易学成为易学发展的主流。其中，程颐易学影响最大。程颐以儒家义理解《易》，开义理解《易》之新风。至南宋时，朱熹有感于程颐只言义理、不言象数，即发明北宋象数学中的刘牧图书之学和邵雍先天之学，从而图书之学与先天之学得以确认和流传。他将《周易》象数与义理贯通，建立了独特的易学体系。他的这一体系经其门人及再传弟子的传授和阐发得以发扬光大。

朱熹从先天图书之学入手贯通象数义理的研究理路也成了元代易学研究的资粮。清儒皮锡瑞指出："朱子以程子不言数，乃取《河》《洛》九图冠于所作《本义》之首。于是宋、元、明言《易》者，开卷即说先天后天。"①与象数学派的易学之兴盛相反，元代义理学派的易学则相对薄弱。元代的义理学派特别是理学派解《易》，大都因循程朱教义。

二、元代易学研究近况综述

海内外学界关于元代易学研究已经取得了一些成就，本书以易学问题的讨论为线索，从元代易学史全貌研究、象数易学研究、义理易学研究、道教易学研究等方面，全面搜集和检讨海内外学人

① 〔清〕皮锡瑞著，周予同注释：《经学历史》，中华书局 2004 年版，第 163 页。

研究之成果,在对现有著述充分认识的基础上,择其主要,简要总结如下。

其一,元代易学全貌研究。在对整个元代易学史进行全面系统研究的著述中,以徐芹庭《易经源流》①、朱伯崑《易学哲学史》第三卷②、徐志锐《宋明易学概论》③、林忠军《象数易学发展史》第二卷④等最为突出。徐芹庭《易经源流》的特色是注重对元代易学著述情况、书目、流派等文献资料的胪列与提纲挈领的介绍,对把握元代易学的基本面貌和概况具有重要指导作用;朱伯崑《易学哲学史》第三卷介绍了元代象数之学的概况,并重点介绍了雷思齐、俞琰、张理、萧汉中四人的象数易学思想,在元代易学研究方面具有开拓性意义。徐志锐《宋明易学概论》论述了张理、黄泽、胡一桂、吴澄、俞琰、王申子六人的易学思想。林忠军《象数易学发展史》更为全面、细微地以象数易学发展为线索,阐发了吴澄、张理等多位元代易学家的象数之学,极大地拓展了元代易学研究的范围、方法和深度;此外,他还注意介绍易学家在融合象数与义理两方面所做出的贡献,对全面理解元代易学研究有着重要意义。梁韦弦《宋易在元代的发展》⑤就理学对易学的影响、象数易学、义理易学、图书易学、道教易学等方面概括了元代易学的发展面貌。谢辉《元代易学对朱子易学的传承与革新》⑥,阐发了元代易学对朱子易学的继承与创

---

① 徐芹庭:《易经源流》,中国书店 2008 年版。

② 朱伯崑:《易学哲学史》第三卷,昆仑出版社 2005 年版。

③ 徐志锐:《宋明易学概论》,辽宁古籍出版社 1997 年版。

④ 林忠军:《象数易学发展史》第二卷,齐鲁书社 1998 年版。

⑤ 梁韦弦:《宋易在元代的发展》,载《周易研究》1992 年第 3 期。

⑥ 谢辉:《元代易学对朱子易学的传承与革新》,北京师范大学 2011 年博士学位论文。

新。谢辉《简论朱子易学在元代发展的基本面貌》[①]论述了元代朱子后学的发展状况与朱熹易学的传播途径。何素婷《元代帝王信仰与易学神秘旨归》[②]阐发了元代易学帝王术数信仰与元代象数优先并行发展的特色。王冉冉《元代易学思想研究》[③]把元代易学分为蒙古四汗时期、元前期、元后期三个时间段，对十几位易学家的思想作了简要论述，并考察了元代易学对士人、元代政治的影响及在民间的传播等问题。此外，在元代文献研究方面，潘雨廷《读易提要》有 15 位元人的 20 本书的提要。[④] 黄沛荣《元代〈易〉学平议》[⑤]梳理了元代易学专著、元人文集中的易说等元代易学资料，考证元代易学文献共 240 余种，现存 50 余种，论述了元代易学的特色与成就。韩格平《元人现存易学著作的文本考察》[⑥]着重介绍了元代易学家 44 部易著的存世情况，以及元人《易》序的基本内容，为元代易学思想的研究提供了可靠的文献资料参考。

其二，象数易学研究。继宋代陈抟开启图书之学、邵雍开启先天之学以后，经过以朱子为代表的理学家的肯定与发展，象数易学在元代有了长足的发展，尤其是图书之学，表现尤为突出。谢辉

---

① 谢辉：《简论朱子易学在元代发展的基本面貌》，载《周易研究》2010 年第 6 期。

② 何素婷：《元代帝王信仰与易学神秘旨归》，载《周易研究》2017 年第 2 期。

③ 王冉冉：《元代易学思想研究》，北京师范大学 2012 年博士学位论文。

④ 潘雨廷：《读易提要》，上海古籍出版社 2006 年版。

⑤ 黄沛荣：《元代〈易〉学平议》，见杨晋龙主编《元代经学国际研讨会论文集》（上），台湾“中研院”中国文哲研究所筹备处 2000 年版。

⑥ 该论文宣读于 2015 年 4 月 11 日在台湾彰化召开的，由台湾明道大学国学研究所暨中国文学系、中国经学研究会、台湾“中研院”中国文哲研究所共同主办的第九届中国经学国际学术研讨会上。

《元代象数易学的成就》①梳理了元代之象学、数学、易图学发展概况及象数与义理易学之间的互动。林忠军《论俞琰儒道会通的易象观》②从儒道融合的角度探讨了俞琰对于易象内容、种类的种种观点,并肯定俞氏突破前人解《易》之窠臼所做出的努力。郭彧《俞琰卦变说辨析》③一文认为卦变说是俞氏象数易学的重要内容之一,该文澄清了俞氏卦变之说的繁杂内容,有助于认识俞琰卦变说在其解《易》过程中所具有的重要意义。林忠军《象数易学发展史》第二卷对俞琰象数易学进行了深入探讨,全面解释了俞琰象数易学所涵摄的多方面内容。④ 我国台湾学术界对俞琰易学象数学也有所关注,比较有代表性的是林文镇《俞琰生平与易学》⑤和林志孟《俞琰易学思想研究》⑥,他们分别就俞琰象数说进行了论述。苏建强《儒道会通视野下的俞琰易学思想研究》⑦从儒道会通的角度来审视俞琰易学思想。以上学者对俞琰象数易学研究既深且广,极大地促进了俞琰易学的研究。丁易东也是生活在宋元之际的重要易学家,林忠军在《丁易东象数易学》⑧和《象数易学发展史》第二卷中对丁易东象数易学作了全面介绍与总结,认为丁易东

---

① 谢辉:《元代象数易学的成就》,载中国历史文献研究会编《历史文献研究》第29辑,华东师范大学出版社2010年版。

② 林忠军:《论俞琰儒道会通的易象观》,载《道学研究》2006年第1期。

③ 郭彧:《俞琰卦变说辨析》,见刘大钧主编《象数易学研究》第三辑,巴蜀书社2003年版。

④ 林忠军:《象数易学发展史》第二卷,齐鲁书社1998年版。

⑤ 林文镇:《俞琰生平与易学》,台湾师范大学1991年硕士学位论文。

⑥ 林志孟:《俞琰易学思想研究》,台湾中国文化大学1995年博士学位论文。

⑦ 苏建强:《儒道会通视野下的俞琰易学思想研究》,山东大学2015年硕士学位论文。

⑧ 林忠军:《丁易东象数易学》,载《周易研究》1998年第2期。

胪采先儒绪论，其象数学在易学史上占有重要地位。陈睿宏《宋元时期易图与数论的统合典范——丁易东大衍数说图式结构化之易学观》一书对丁易东象数学与图书学思想作了详细的阐发。[①] 元代初期图书学研究的代表人物是雷思齐，张广保《雷思齐的河洛新说——兼论宋代的河洛九、十之争》[②]对雷思齐的河洛之说的内容、性质、创新之处加以详细介绍，并与宋代关于河洛之九与十的繁杂不一的情况作了梳理和辨析，指出雷思齐在宋代河洛研究的基础上正本清源、自创新解，对象数易学做出很大贡献。谢辉《雷思齐易数之学初探》[③]主要从《易图通变》入手，阐明雷思齐在易数之学方面取得的成就。关于胡方平易学研究，有钟彩钧《胡方平、一桂父子对朱子〈易〉学的诠释》[④]、李育富《胡方平〈易学启蒙通释〉刍议》[⑤]、谷建《胡方平生平及著作考订》[⑥]、李磊《胡方平〈易学启蒙通释〉思想研究》[⑦]等论文。在胡一桂象数易学研究上，学界讨论

---

① 陈睿宏：《宋元时期易图与数论的统合典范——丁易东大衍数说图式结构化之易学观》，台湾文史哲出版社2014年版。

② 张广保：《雷思齐的河洛新说——兼论宋代的河洛九、十之争》，见陈鼓应主编《道家文化研究》第11辑，生活·读书·新知三联书店1997年版。

③ 谢辉：《雷思齐易数之学初探》，见中国历史文献研究会编《历史文献研究》第31辑，华东师范大学出版社2012年版。

④ 钟彩钧：《胡方平、一桂父子对朱子〈易〉学的诠释》，见杨晋龙主编《元代经学国际研讨会论文集》（上），台湾“中研院”中国文哲研究所筹备处2000年版。

⑤ 李育富：《胡方平〈易学启蒙通释〉刍议》，载《周易研究》2012年第1期。

⑥ 谷建：《胡方平生平及著作考订》，载《儒家典籍与思想研究》2013年第00期。

⑦ 李磊：《胡方平〈易学启蒙通释〉思想研究》，山东大学2018年硕士学位论文。

甚详,李秋丽先后在《胡一桂易学思想研究》①、《论胡一桂占筮识度下的易象观》②、《胡一桂"四圣易象说"探研》③等论文中探讨、论述了胡一桂理数说、河图洛书说、先后天说、四圣易象说等象数易学思想与内容,系统研究了胡一桂的象数易学渊源、内容、方法以及所蕴含的哲学意蕴,客观评价了其易学价值与影响。林忠军在《象数易学发展史》第二卷中分别就胡一桂象学、数学两个方面进行了深入讨论,客观评价了胡氏象数易学的价值与影响。他指出,胡一桂象数易起到了薪火传递的作用。李育富《元代婺源胡氏易学研究》④将胡方平、胡一桂、胡炳文三人易学作为新安易学进行研究,总结了其易学特色与价值。元代易学家吴澄同样在象数易学上取得较高成就,章伟文《略析吴澄易学中的阴阳卦对思想》⑤、《略析吴澄的易学象数思想》⑥注重对吴澄象数易学的阴阳、卦变等内容、方法分析。张国洪《吴澄的象数义理之学》⑦着重探讨了吴澄的互体、卦变、卦主诸说。张理是另一位在图书学上有极大创举的易学家,他系统阐发和解说陈抟的龙图思想,结合河洛图式解释八卦符号系统,创立自己独特的易学体系,在总结两宋图书之学融象数为一体、将象学赋予丰富的义理等方面的贡献是不可忽视

① 李秋丽:《胡一桂易学思想研究》,山东大学 2006 年博士学位论文。

② 李秋丽:《论胡一桂占筮识度下的易象观》,载《东岳论丛》2010 年第 11 期。

③ 李秋丽:《胡一桂"四圣易象说"探研》,载《周易研究》2010 年第 5 期。

④ 李育富:《元代婺源胡氏易学研究》,厦门大学 2011 年博士学位论文。

⑤ 章伟文:《略析吴澄易学中的阴阳卦对思想》,载《周易研究》1997 年第 3 期。

⑥ 章伟文:《略析吴澄的易学象数思想》,载《周易研究》1998 年第 2 期。

⑦ 张国洪:《吴澄的象数义理之学》,山东大学 2006 年博士学位论文。

的，“无论是深度和广度，皆达到了一定水平，不失为一大家”①。此外，刘云超《元代易学家王申子易学哲学初探》②论述了王申子的易学思想，认为王申子的图书之学推衍的方式自得于心，与先儒大有不同。

通过以上学者对元代象数易学的研究可以发现，元代象数易学在两宋基础上获得了长足的进步，在河洛之学、先天之论、象数与义理融合等方面均有创获，学界对此研究亦较为充分，凸显了元代象数易学的内容与成就，具有开创性的意义，同时在研究方法上注意历史与逻辑的结合，如林忠军、章伟文、谢辉等深入发掘易学家象数学的内容、体系、思想，揭示了元代象数易学理论的发展状况。

其三，相较于元代象数易学研究来说，元代义理易学方面的研究范围还比较小，目前多集中在胡炳文、胡一桂、吴澄、保八③等少数几人，而对于元代其他易学人物涉及较少。如以胡炳文、胡一桂为代表的元代义理解《易》的成就并非如朱伯崑所言之缺乏建树。谢辉《许衡易学思想考论》④对于理学家许衡易学与其理学思想的关系作了论述。孙剑秋则从许衡《读易私言》的分析入手，探讨了许衡的处世哲学。⑤ 对俞琰义理易学方面的研究，主要集中在孙剑秋《俞琰易学思想探微》⑥、林文镇《俞琰生平与易学》、林志孟《俞

---

① 林忠军：《象数易学发展史》第二卷，齐鲁书社1998年版，第548页。

② 刘云超：《元代易学家王申子易学哲学初探》，山东大学2008年博士学位论文。

③ 保八，又作保巴、宝巴，为清人所改，今用其本名。

④ 谢辉：《许衡易学思想考论》，载《殷都学刊》2010年第3期。

⑤ 孙剑秋：《从〈读易私言〉看许衡的处世之道》，载《中华学苑》1993年第43期。

⑥ 孙剑秋：《俞琰易学思想探微》，载《台北师范学院学报》2001年第14期。

琰易学思想研究》等论文中,他们就俞琰易学的多方面内容予以介绍。这些论文深化了对俞琰义理易学的研究,对探讨元代义理易学研究、认识宋元思想的承继与发展演变具有重要意义。高新满《胡炳文易学思想研究》认为从易学发展脉络上讲,胡炳文象数易学思想来自朱熹,他对朱子易学"《易》本卜筮之书"观点加以深化、继承,推进了朱熹易学以图书之学解《易》的理路。① 郭振香从哲学诠释的内容与方法上高度评价了胡炳文《周易本义通释》的成就。② 研究胡炳文易学的论文还有杨泽《论胡炳文易学的时中观》③、杨自平《胡炳文〈易〉学学统的建立与以〈本义〉会通众说析论》④。李秋丽系统研究了胡一桂的易学渊源、内容、方法及其哲学意义,客观评价了其义理易学的价值与影响,《胡一桂易学思想研究》⑤一文详细论证和辨析了胡一桂继承朱子"《易》本卜筮之书"的易学及易学史观,揭示了胡氏从横向与纵向两大方面把握《周易》之书并提出一系列主要易学理论。此外,李秋丽在《胡一桂易学观研究》⑥、《论胡一桂占筮识度下的易象观》⑦、《胡一桂"四圣易象说"探研》等文章中重点就胡一桂易学思想与方法的某一方面进行了深入的探讨。⑧ 这些文章推进了对胡一桂易学思想的认识。

---

① 高新满:《胡炳文易学思想研究》,山东大学 2008 年硕士学位论文。

② 郭振香:《论胡炳文对朱熹〈周易本义〉的推明与发挥》,载《安徽大学学报(哲学社会科学版)》2010 年第 2 期。

③ 杨泽:《论胡炳文易学的时中观》,载《周易研究》2015 年第 6 期。

④ 杨自平:《胡炳文〈易〉学学统的建立与以〈本义〉会通众说析论》,载《成大中文学报》2017 年第 58 期。

⑤ 李秋丽:《胡一桂易学思想研究》,山东大学 2006 年博士学位论文。

⑥ 李秋丽:《胡一桂易学观研究》,载《周易研究》2008 年第 4 期。

⑦ 李秋丽:《论胡一桂占筮识度下的易象观》,载《东岳论丛》2010 年第 11 期。

⑧ 李秋丽:《胡一桂"四圣易象说"探研》,载《周易研究》2010 年第 5 期。

章伟文《试论吴澄易学的理气论思想》[1]评价了吴澄易学理气论思想的提出在学术史上的启示意义。王新春《吴澄理学视野下的易学天人之学》一文认为吴澄在易学的象数之学方面整合汉宋而创辟己见，开显出《周易》吴氏学“一种理学视野下的独特易学天人之学”[2]。张国洪《吴澄的象数义理之学》指出吴澄的经学研究活动对清代朴学易形成产生了积极的影响。[3] 杨自平对吴澄之《易纂言》进行句读，分析、阐述了吴澄易学的训诂方法。[4] 此外，刘云超认为“王申子易学”基本属于“理学”视野下的易学。[5] 关于熊良辅易学的论文，有李关勇《〈周易本义集成〉叙录》[6]、杨自平《熊良辅〈周易本义集成〉治〈易〉特色析论》[7]。关于保八易学，陈少彤研究最多，先后撰有《关于〈易源奥义〉一书的哲学思想》[8]、《保巴生平、著作及其哲学思想》[9]、《保巴及其〈易〉著中的哲学思想》[10]。此

① 章伟文：《试论吴澄易学的理气论思想》，载《中国哲学史》2001 年第 4 期。

② 王新春：《吴澄理学视野下的易学天人之学》，载《周易研究》2005 年第 6 期。

③ 张国洪：《吴澄的象数义理之学》，山东大学 2006 年博士学位论文。

④ 杨自平：《吴澄〈易纂言〉之句读判断与训诂方法》，载《人文学报》2000 年第 22 期(合刊)。

⑤ 刘云超：《元代易学家王申子易学哲学初探》，山东大学 2008 年博士学位论文。

⑥ 李关勇：《〈周易本义集成〉叙录》，载《山东图书馆季刊》2005 年第 4 期。

⑦ 杨自平：《熊良辅〈周易本义集成〉治〈易〉特色析论》，载《淡江中文学报》2017 年第 36 期。

⑧ 陈少彤：《关于〈易源奥义〉一书的哲学思想》，载《哲学研究》1981 年第 12 期。

⑨ 陈少彤：《保巴生平、著作及其哲学思想》，载《孔子研究》1988 年第 1 期。

⑩ 陈少彤：《保巴及其〈易〉著中的哲学思想》，见黄寿祺、张善文编《周易研究论文集》第 3 辑，北京师范大学出版社 1990 年版。

外,还有唐城《保巴的哲学思想与元代理学的发展》①、李秋丽《论保巴解〈易〉思想理路》②。

其四,道教易学研究。元代易学发展的一个重要特点,即随着道教的发展,道教理论学说与易学得到进一步的融合、会通,形成了具有极大历史影响的道教易学。但学界对此还没有予以充分重视和研究。章伟文《宋元道教易学初探》③一书对元代道教易学有系统研究。关于俞琰道教易学的文章较多,具有代表性的有段致成《俞琰的丹道易学思想研究》④、章伟文《试论俞琰道教易学的内丹修炼学》⑤、萧汉明《论俞琰易学中的道教易》⑥、孙剑秋《俞琰易学思想探微》⑦。关于雷思齐易学,有章伟文《试论雷思齐的道教易思想》⑧、郑万耕《空山先生的太极观》⑨、蒋承伟《雷思齐易学思想研究》⑩等文章。

此外,还有其他一些研究成果,如詹海云《吴澄的〈易〉学》⑪、

---

① 唐城:《保巴的哲学思想与元代理学的发展》,载《集美大学学报(哲学社会科学版)》2008 年第 3 期。

② 李秋丽:《论保巴解〈易〉思想理路》,载《周易研究》2011 年第 6 期。

③ 章伟文:《宋元道教易学初探》,巴蜀书社 2005 年版。

④ 段致成:《俞琰的丹道易学思想研究》,载《台湾宗教研究》2005 年第 4 卷第 1 期。

⑤ 章伟文:《试论俞琰道教易学的内丹修炼学》,载《中国道教》2000 年第 4 期。

⑥ 萧汉明:《论俞琰易学中的道教易》,见陈鼓应主编《道家文化研究》第 11 辑,生活·读书·新知三联书店 1997 年版。

⑦ 孙剑秋:《俞琰易学思想探微》,载《台北师范学院学报》2001 年第 14 期。

⑧ 章伟文:《试论雷思齐的道教易思想》,载《中国道教》1999 年第 3 期。

⑨ 郑万耕:《空山先生的太极观》,载《中国道教》2002 年第 1 期。

⑩ 蒋承伟:《雷思齐易学思想研究》,山东大学 2016 年硕士学位论文。

⑪ 詹海云:《吴澄的〈易〉学》,见杨晋龙主编《元代经学国际研讨会论文集》(上),台湾"中研院"中国文哲研究所筹备处 2000 年版。

许维萍《董真卿〈周易会通〉在“复古〈易〉运动”中的意义》①、向世陵《陈应润对图书学的质疑和批评》②、金生杨《黄泽易学探微》③、莫建强《〈周易本义附录集注〉文献学研究》④等论文。

学界目前关于元代易学研究的成果,为我们开展元代易学研究提供了丰富的资料。但是,元代易学研究仍存在如下问题:研究角度偏于一端,有的学者偏重于思想史,有的学者偏重于哲学史,有偏重于易学史者则停留在泛泛一般介绍上,未能深入研究,研究不够系统全面。有的易学史著作涉及元代易学并有一定系统性的则过于简略。

在学术界已有研究成果的基础上,本书力图深入探讨元代易学的思想系统。鉴于元朝时间较短,很多易学家是跨代的,所以我们研究的时间范围以元代为主,稍微放宽至宋金和明初两个阶段。有的宋代易学家的著作在元代才刊行的,也归入本书研究范围中。本书围绕蒙古族对儒家文化认同以及士人对蒙古政权认同线索,分成促进蒙古政权认同儒家文化的理学家的易学、与蒙古政权不合作的隐士易学、宗朱的朱子后学易学、汉化的少数民族易学以及关注养生的道教易学等板块,并结合元代易学家个案研究入手,以元代著名易学家和易学文献为研究对象,按照其思想脉络,通过层层揭示和阐发,凸现元代易学衍化及特色。

---

① 许维萍:《董真卿〈周易会通〉在“复古〈易〉运动”中的意义》,见杨晋龙主编《元代经学国际研讨会论文集》(上),台湾“中研院”中国文哲研究所筹备处2000年版。

② 向世陵:《陈应润对图书学的质疑和批评》,载《周易研究》2014年第6期。

③ 金生杨:《黄泽易学探微》,见《地方文化研究辑刊》编辑部编《地方文化研究辑刊》第五辑,巴蜀书社2012年版。

④ 莫建强:《〈周易本义附录集注〉文献学研究》,北京大学2013年硕士学位论文。

第一章　元代理学家易学：许衡、刘因、吴澄

元朝作为一个蒙古族入主华夏的封建王朝，其政权首先面对被儒家文化接受、认同的问题。元太宗窝阔台时代，辅佐治理国政的耶律楚材推行“以儒治国”。1260年，忽必烈继承汗位，他以中原正统王朝自诩，建元“中统”，并进一步尊揽儒士。理学家许衡即其中一位代表，被招为国子祭酒。他向忽必烈提出“国家当行汉法”①。所谓“行汉法”，就是实施推行中国古代礼乐典章、文武制度。1271年，忽必烈改蒙古国号为“大元”，改授许衡集贤大学士兼国子祭酒，教授蒙古贵族子弟。元代理学家中，最有代表性的是许衡与吴澄，当时有“南吴北许”的说法。在许衡、吴澄等硕儒们的推动下，蒙古族开始了由游牧文化向理学文化的转向。

第一节　许衡义理与象数兼综的易学思想

许衡（1209—1281），字仲平，号鲁斋，金怀州河内（今河南沁

① 〔元〕许衡：《鲁斋遗书·时务五事·立国规摹》，见〔元〕许衡著，毛瑞方、谢辉、周少川校点《许衡集》，吉林文史出版社2010年版，第111页。

阳)人,人称“鲁斋先生”。《宋元学案·鲁斋学案》及《元史·许衡传》记载其事迹。作为元代唯一从祀孔庙者,许衡在元朝为理学“承流宣化”,被视为“朱子后一人”,可见许衡对儒学发展的巨大贡献,他在理学史上的重要地位也是世所公认的。同时,他于易学亦有成就。《元史·许衡传》云:“既逃难徂徕山,始得《易》王辅嗣说。时兵乱中,衡夜思昼诵,身体而力践之,言动必揆诸义而后发。”①初时,许衡研读王弼易学。后来,许衡从好友姚枢那里得见程颐《程氏易传》。可见,对于义理易学,许衡是非常熟悉的。许衡以程朱理学为宗,治学重在小学、“四书”,故而他的易学著作不多,仅有《揲蓍说》《阴阳消长》《读易私言》,分别针对三个易学问题进行了阐发。以往学界对其易学思想鲜有关注,根据目前仅存的许衡易学资料,可以梳理出以下思想,以丰富对其经学思想的研究。

一、揲蓍中的成卦数理

朱熹《周易本义》提出了“《易》本卜筮之书”的思想。大衍筮法作为《易传》所载的卜筮方法,许衡作《揲蓍说》对其成卦数理进行了阐发。《揲蓍说》是其四十岁所作,属于早期易学作品。《系辞上传》云:

> 大衍之数五十,其用四十有九。分而为二以象两,挂一以象三,揲之以四以象四时,归奇于扐以象闰,五岁再闰,故再扐而后挂。乾之策,二百一十有六。坤之策,百四十有四。凡三百有六十,当期之日。二篇之策,万有一千五百二十,当万物之数也。是故四营而成易,十有八变而成卦。八卦而小成,引

① 〔明〕宋濂等:《元史》卷一五八,中华书局1976年版,第3716页。

而申之，触类而长之，天下之能事毕矣。显道神德行，是故可与酬酢，可与祐神矣。子曰："知变化之道者，其知神之所为乎！"

这是关于《周易》大衍筮法最经典的论述。易学家们解读时，对于大衍筮法的演算过程有较多论述与争论，其中以朱熹《易学启蒙》之《明蓍策》最具代表性。许衡基于朱熹《易学启蒙》的说法，认为耶律楚材之父耶律履《揲蓍之说》对大衍筮法的理解有问题，他称："卢君校正《揲蓍之说》，曲折艰深，辞意隐晦，及探其所以去取之由，则有甚可疑者。"①卢君是谁不详，《揲蓍之说》是耶律履所著，但该文已佚，我们无法得见原作。从许衡的论述中，我们可以得知，许衡认为耶律履的筮法存在的主要问题是"初揲必令多少之数均，是分二之后，不挂一而挂二也"②，目的是为了让所得的阴阳老少概率数相等。这种做法既与《易传》中所载大衍筮法不同，又背离先儒的说法。

大衍筮法所用四十九根蓍草经分二、挂一、揲四、归扐后，第一变后挂扐之数不是五就是九，五有 3 种情况，九有 1 种情况。根据《易学启蒙》"以四约之为一"的原则，五谓之奇，九谓之偶。第二变后挂扐之数不是四就是八，四有 2 种情况，八有 2 种情况，四谓之奇，八谓之偶。第三变与第二变所得挂扐之数的结果相同。若三变挂扐之数皆为奇，即五、四、四，那么就成老阳之数。根据五和四出现的概率，老阳之数九有 $3\times2\times2=12$ 种情况。若三变挂扐之数

① 〔元〕许衡：《鲁斋遗书》卷六《揲蓍说》，见〔元〕许衡著，毛瑞方、谢辉、周少川校点《许衡集》，吉林文史出版社 2010 年版，第 109 页。

② 〔元〕许衡：《鲁斋遗书》卷六《揲蓍说》，见〔元〕许衡著，毛瑞方、谢辉、周少川校点《许衡集》，吉林文史出版社 2010 年版，第 109 页。

为两奇一偶，就有五、四、八，五、八、四，九、四、四 3 种情况，那么根据五、四、八、九出现的概率，少阴之数八有 $3\times2\times2+3\times2\times2+1\times2\times2=28$ 种情况。若三变挂扐之数为两偶一奇，就有五、八、八，九、八、四，九、四、八 3 种情况，那么根据五、八、九、四出现的概率，少阳之数七有 $3\times2\times2+1\times2\times2+1\times2\times2=20$ 种情况。若三变挂扐之数为三偶，即九、八、八，那么根据九和八出现的概率，老阴之数六有 $1\times2\times2=4$ 种情况。

而耶律履为了让阴阳老少之数均等，从初揲开始就挂二，而非挂一，那么得到的阴阳老少之数的概率肯定与上文所计算的就大大不同了。若初揲挂二，那么第一变挂二、揲四之后有 4 种情况：左手余一，右手余二；左手余二，右手余一；左手余三，右手余四；左手余四，右手余三。加上挂二，那么挂扐之数不是五就是九，五有 2 种情况，九有 2 种情况。第二变、第三变皆挂一，所得挂扐之数不是四就是八，四有 2 种情况，八有 2 种情况，第三变与第二变所得挂扐之数的结果相同。若三变挂扐之数皆为奇，即五、四、四，那么就成老阳之数。根据五和四出现的概率，老阳之数有 $2\times2\times2=8$ 种情况。

若三变挂扐之数为两偶一奇，就有九、八、四，九、四、八，五、八、八 3 种情况，那么根据九、八、四、五出现的概率，少阴之数有 $2\times2\times2+2\times2\times2+2\times2\times2=24$ 种情况。

若三变挂扐之数为两奇一偶，就有五、四、八，五、八、四，九、四、四 3 种情况，那么根据五、四、八、九出现的概率，少阳之数有 $2\times2\times2+2\times2\times2+2\times2\times2=24$ 种情况。

若三变挂扐之数为三偶，即九、八、八，那么根据九和八出现的概率，老阴之数有 $2\times2\times2=8$ 种情况。

那么，所得老阳之数与老阴之数皆有 8 种情况、少阳之数与老阴之数 24 种情况，归总起来，阳之数与阴之数皆为 32 种情况，二者是均等的。

其实，对于这样阴阳均衡的情况，朱熹在《易学启蒙》里提及并采用了蔡元定的说法。

> 蔡元定曰："按五十之蓍，虚一，分二，挂一，揲四，为奇者三，为偶者二，是天三地二自然之数。而三揲之变，老阳老阴之数本皆八，合之得十六，阴阳以老为动，而阴性本静，故以四归于老阳，此老阴之数所以四，老阳之数所以十二也。少阳少阴之数本皆二十四，合之四十八，阴阳以少为静，而阳性本动，故以四归于少阴，此少阳之数所以二十，而少阴之数所以二十八也。易用老而不用少，故六十四变所用者十六变，十六变又以四约之，阳用其三，阴用其一。盖一奇一偶对待者，阴阳之体；阳三阴一，一饶一乏者，阴阳之用。故四时春夏秋生物，而冬不生物；天地东西南可见，而北不可见。人之瞻视，亦前与左右可见，而背不可见也。不然，则以四十九蓍虚一，分二，挂一，揲四。则为奇者二，为偶者二，而老阳得八，老阴得八，少阳得二十四，少阴得二十四，不亦善乎？圣人之智岂不及此？而其取此而不取彼者，诚以阴阳之体数常均，用数则阳三阴一也。"①

按照蔡元定的说法，大衍之数五十所用的四十九根蓍草，经四

① 〔宋〕朱熹：《易学启蒙·明蓍策》，见〔宋〕朱熹撰，朱杰人、严佐之、刘永翔主编《朱子全书》第 1 册，上海古籍出版社、安徽教育出版社 2002 年版，第 252 页。

营而成三变，挂扐之数老阴老阳有 16 种情况，少阴少阳有 48 种情况，共计“六十四变”。老阴老阳本都是 8 种情况，合之得十六，这是就阴阳的体数而言的。但是，《周易》用老阴老阳而不用少阴少阳，四十九根蓍草经四营后老阳有 12 种情况，老阴有 4 种情况，少阳有 20 种情况，少阴有 28 种情况，阴阳老少是不均衡的，这是就阴阳的用数而论的。老阳有 12 种，老阴有 4 种，二者比例是 3 :1，此即“阳三阴一，阴阳之用”，亦符合如同“四时春夏秋生物，而冬不生物”的天地自然之理。朱熹认为：“三变之后，老者阳饶而阴乏，少者阳少而阴多，亦皆有自然之法象焉。”①若不是这样的话，只讲体数，四十九根蓍草虚一即为四十八，将四十八根经分二、挂一、揲四、归扐之后，成三变，每一变挂扐之数皆为四或八。四有 2 种情况，八亦有 2 种情况。四为奇，八为偶，所以老阳之数有 2×2×2＝8 种情况，老阴之数有 2×2×2＝8 种情况，少阳和少阳也都有 2×2×2+2×2×2+2×2×2＝24 种情况，阴阳均等，即“一奇一偶对待者，阴阳之体”。

许衡认为耶律履初揲挂二的做法如同将四十八根蓍草经四营成三变一样，得出的阴阳之数是均衡的。这样一来，充其量能呈现出阴阳一奇一偶的对待之体，但无法呈现阴阳老少变化之妙用。故而，许衡对此表示批评，并对八卦的静变往来之数进行了详细的演算。

许衡认为唯有四十九根蓍草初揲挂一才可得见八经卦、六十四卦的阴阳“静变往来之实”，那么，就要看具体到八卦中每一卦的概率数各是多少。他说：

---

① 〔宋〕朱熹：《易学启蒙 · 明蓍策》，见〔宋〕朱熹撰，朱杰人、严佐之、刘永翔主编《朱子全书》第 1 册，上海古籍出版社、安徽教育出版社 2002 年版，第 252 页。

为乾而静者八千。一爻变而之巽之离之兑者，皆四千八百。二爻变而之艮之震之坎者，皆二千八百八十。三爻变而之坤者，一千七百二十八。计三万二千七百六十八。

为坤而静者，二万一千九百五十二。一爻变而之震之坎之艮者，三千一百三十有六。二爻变而之兑之巽之离者，四百四十八。三爻俱变而之乾者，六十四。计三万二千七百六十八。

为震、为坎、为艮而静者，皆一万五千六百八十。一爻变而之坤者，皆七千四百有八；而震之兑离，坎之兑巽，艮之离巽者，皆三千二百四十。二爻变而之乾者，皆三百三十；而震之坎，艮之震艮，艮之坎艮者，皆一千三百四十四。三爻皆变而为巽、为离、为兑者，皆一百九十有二。右三变亦皆三万二千七百六十八。

为巽、为离、为兑而静者，皆一万一千二百。一爻变而为乾者，皆一千六百；而巽之艮坎，离之艮震，兑之坎震者，皆六千七百二十。二爻变而为坤者，皆四千二十二；而巽之离兑，离之巽兑，兑之离巽者，皆九百六十。三爻皆变而为震、为艮、为坎者，皆五百七十有六。右三卦亦皆三万二千七百六十八。

诸卦之数，大率静者最多，而一爻二爻变者次之，三爻俱变为最少。蔡氏曰："一奇一偶对待者，阴阳之体。阳三阴一，一饶一乏者，阴阳之用。故四时春夏秋生物，而冬不生物；天地东、西、南可见，（而北不可见。）①人之瞻视亦前与左右可见，而背不可见也。不然，则以四十九蓍虚一，分二，挂一，揲

① 括号内文字据许红霞点校《许衡集》补充，中华书局2019年版，第260页。

四，则为奇者二，为偶者二，而老阳得八，老阴得八，少阳得二十四，少阴得二十四，不亦善乎？圣人之智岂不及此，而其取此不取彼者，诚以阴阳之体数常均，用数则阳三而阴一也。”观此，则卢君之得失可见。①

这就是说，诸卦大都静爻数占多数，少阴28、少阳20皆多于老阴4、老阳12。那么，一爻变者次之，二爻变者次之，三爻变者最少。他把八卦分为静爻、一爻变、二爻变、三爻变4种情况进行分析。

就乾卦而言，三爻为静是少阳，那么，乾卦之数为 $20^3=8000$。一爻变时，乾有二个少阳加一个老阳，那么变出巽、离、兑三卦都是 $20\times20\times12=4800$。二爻变时，乾有一个少阳加一个老阳，那么变出艮、震、坎三卦都是 $12\times12\times20=2880$。三爻变时，乾有三个老阳，那么变出坤卦是 $12^3=1728$。合计八卦之数是 $8000+(4800+2880)\times3+1728=32768$，即 32^3。

就坤卦而言，三爻为静是少阴，那么，坤卦之数为 $28^3=21952$。一爻变，有两个少阴、一个老阴，那么变出震、坎、艮三卦都是 $28\times28\times4=3136$。二爻变，有一个少阴、两个老阴，那么变成兑、巽、离三卦都是 $28\times4\times4=448$。三爻变之乾，有三个老阴，那么乾是 $4^3=64$。八卦之数合计 $21952+(3136+448)\times3+64=32768$，即 32^3。

至于其他六子卦的蓍数，因其著作版本差异以及错讹无从详考，但运算机理是一样的，初揲挂一所得的八卦之数是一致的，都是 32^3。这里就不再详细计算了。因用数阳三阴一，所得的八卦阴阳数的概率才是一致的，同时也体现出阴阳的变化。许衡认为不

① 〔元〕许衡：《鲁斋遗书》卷六，见〔元〕许衡著，毛瑞方、谢辉、周少川校点《许衡集》，吉林文史出版社2010年版，第109～110页。

仅对于三画卦的经卦，而且对于六十四卦同样适用此理，故曰“得六十四备矣”。

许衡既论述了大衍筮法初揲必须挂一，又用阴阳老少概率数来说明八卦之间的阴阳变化的数理。这是许衡对朱熹《易学启蒙》的发挥。相较于朱子后学对《易学启蒙》所作的诸多解读，这样的诠释有其独特的创见，既可以被视为对朱子易学的维护，也可以被看作对朱子易学的发展。

二、“八长八消”的阴阳消长说

朱熹的《易学启蒙》揭示了阴阳两画演成卦的机制，这个成卦机制是对宇宙阴阳消长之气化图式的符示。受朱熹先天象数学视野的影响，许衡对六十四卦的动态的阴阳消长关系进行了探研。

关于阴阳消长，易学史上比较著名的就是汉代的十二辟卦说。根据十二辟卦说，从复卦到乾卦，可以符示阳气的息长，从姤卦至坤卦，可以象征阴气的息长。许衡在至元三年（1266）撰成《阴阳消长》，就阴阳消长提出了自己的独特理解。他说：

> 凡阴阳消长，皆始于下，故得下则长，失下则消。自始少而至长极，凡八消，则始消而至消尽，凡八长，盖消之中复有长焉，长之中复有消焉。长中之消，其消也渐微；消中之长，其长也亦渐微。故一复长而至三益，三复消而为二震，二长而至四无妄，四复消而为二明夷，二长而至四家人，四复消而为三丰，三长而至五同人，五复消而为二临，二长而至四中孚，四复消而为三归妹，三长而至五履，五复消而为三泰，三长而至五小畜，五复消而为四大壮，四长而不消，遂至于极也。虽然，此姑论六画者然也，积而至于九，至于十二，以至于无穷，则所谓纯

阳纯阴者，正犹一尺之棰，日取其半，万世不竭，其细微之极，非特不可取而得，亦不可视而见也。是知天下古今，未有无阳之阴，亦未有无阴之阳，此一物各具一太极，一身还有一乾坤也，孟子谓“万物皆备于我”者是也。

长：一三，二四，二四，三五，二四，三五，三五，四极。

消：三二，四二，四三，五二，四三，五三，五四，二尽。①

根据上引文献，我们逐步进行分析。

阴阳消长的总原则是：“凡阴阳消长，皆始于下，故得下则长，失下则消。”许衡按照《周易》阳尊阴卑的观念，所说的“得下”“失下”是以阳爻为本位来说的，即阴阳消长皆从下爻开始，得下爻为阳爻就是阳长，反之就是“失下则消”。许衡的阴阳消长说实际是对朱子先天象数学中的先天六十四卦圆图进行的解释。朱熹先天六十四卦圆图左半圆复卦至乾卦符示着阳长阴消的过程，右半圆姤卦至坤卦符示着阴长阳消的态势。许衡指出从复卦至乾卦这阳长阴消中，阳不是单纯的有长有消，共经历了“八长八消”。具体来看：

第一长是复卦长至益卦。复卦经颐、屯两卦长至益卦。复卦有一阳爻，益卦有三阳爻，此即第一长，“一三”。

长完了接着消。益卦消至震卦。益卦阳爻为三，震卦阳爻为二，此即第一消，“三二”。

消完了接着长。震卦经噬嗑、随两卦长至无妄卦。震卦阳爻为二，无妄卦阳爻为四，此即第二长，“二四”。

---

① 〔元〕许衡：《鲁斋遗书》卷六，见〔元〕许衡著，毛瑞方、谢辉、周少川校点《许衡集》，吉林文史出版社2010年版，第109页。

接下来，无妄卦消至明夷卦。无妄卦阳爻为四，明夷卦阳爻为二，此即第二消，“四二”。

明夷卦经贲、既济两卦长至家人卦。明夷阳爻为二，家人卦阳爻为四，此即第三长，“二四”。

家人卦消至丰卦。家人卦阳爻为四，丰卦阳爻为三，此即第三消，“四三”。

丰卦经离、革两卦长至同人卦。丰卦阳爻为三，同人卦阳爻为五，此即第四长，“三五”。

同人卦消至临卦。同人卦阳爻为五，临卦阳爻为二，此即第四消，“五二”。

临卦经损、节两卦长至中孚卦。临卦阳爻为二，中孚卦阳爻为四，此即第五长，“二四”。

中孚卦消至归妹卦。中孚卦阳爻为四，归妹卦阳爻为三，此即第五消，“四三”。

归妹卦经睽、兑两卦长至履卦。归妹卦阳爻为三，履卦阳爻为五，此即第六长，“三五”。

履卦消至泰卦。履卦阳爻为五，泰卦阳爻为三，此即第六消，“五三”。

泰卦经大畜、需两卦长至小畜卦。泰卦阳爻为三，小畜卦阳爻为五，此即第七长，“三五”。

小畜卦消至大壮卦。小畜卦阳爻为五，大壮卦阳爻为四，此即第七消，“五四”。

大壮卦经大有、夬两卦长至乾卦。大壮卦阳爻为四，乾卦六爻皆为阳，此即第八长，“四极”。

至此，许衡用了十六卦的卦画来说明“八长八消”，分别是复、益、震、无妄、明夷、家人、丰、同人、临、中孚、归妹、履、泰、小畜、大壮、乾。八长之中，两卦之间间隔两卦，每一长后阳爻的数量，分别是三、四、四、五、四、五、五、六，数字在变大的趋势中仍有变小的情况。同样，八消之中，两卦是顺序下来的，在此期间没有间隔其他卦。每一消后阳爻的数量分别是二、二、三、二、三、三、四，数字在变大的趋势中亦有变小的情况。此谓“消之中复有长焉，长之中复有消焉。长中之消，其消也渐微；消中之长，其长也亦渐微”①。这就是说阳长的过程不尽然是纯粹的阳长，在阳长的同时还有阳消的情况。

还有值得注意的两点：其一，许衡的“八长八消”说实际是八长七消。八长至乾后，阳盛极。说到乾卦后戛然而止，故而我们不清楚第八消“二尽”指的是从何卦消至何卦。可见，他的这一学说是不完备的。其二，许衡论阴阳消长的缘由，我们认为是从阐发朱子易学“阴阳消长”的观念中而来。就阴阳消长，朱子多是从学理上进行了阐发。他说：“天地间只有阴阳二者而已，便会有消长。”②“大抵发生都则是一个阳气，只是有消长。阳消一分，下面阴生一分。又不是讨个阴来，即是阳消处便是阴。故阳来谓之复，复者是本来物事；阴来谓之姤，姤是偶然相遇。”③“‘阴阳’虽是两个字，然却只是一气之消息，一进一退，一消一长。进处便是阳，退处便是阴；长处便是阳，消处便是阴。只是这一气之消长，做出古今天地间无限事来。所以阴阳做一个说亦得，做两个说亦得。”④就《易》

---

① 〔元〕许衡：《鲁斋遗书》卷六，见〔元〕许衡著，毛瑞方、谢辉、周少川校点《许衡集》，吉林文史出版社 2010 年版，第 109 页。

② 〔宋〕黎靖德编，王星贤点校：《朱子语类》卷六七，中华书局 1986 年版，第 1674 页。

③ 〔宋〕黎靖德编，王星贤点校：《朱子语类》卷六五，中华书局 1986 年版，第 1608 页。

④ 〔宋〕黎靖德编，王星贤点校：《朱子语类》卷七四，中华书局 1986 年版，第 1879~1880 页。

中阴阳的关系来说，朱熹认为有变易和交易两种。“阴阳有个流行底，有个定位底。‘一动一静，互为其根’，更是流行底，寒暑往来是也；‘分阴分阳，两仪立焉’，便是定位底，天地上下四方是也。‘易’有两义：一是变易，便是流行底；一是交易，便是对待底。”①朱熹认为伏羲先天六十四卦圆图就体现了阴阳之间的对待和流转的两种态势，并符示宇宙万物的无穷变化和融通，所以他特别推崇先天象数学。但朱熹对于阴阳消长的具体规律并没有作出过多说明。许衡做了这个工作，经过他的论述，我们可以清晰地看到阳长阳消的规律，这是他对朱熹易学的发展。

许衡的“八长八消”说作为一种象数体例，用十六卦来模拟阴阳的消长，既不同于传统的十二辟卦说，也不同于朱熹的先天象数学。易学的象数体例之所以被创发，一般是出于满足解经、占筮及创建思想体系的需要。根据目前所见材料，我们的确不清楚许衡这一学说是单纯地进行理论阐发还是实有其用。但这一学说在易学发展史上是有其独特性的，故而不应被忽视。

三、才、位、时相贯的解《易》方法

爻象说是在《读易私言》里论述的。《读易私言》被《四库全书·经部·易类》收入。对于《读易私言》，四库馆臣评价说：“其书论六爻之德位，大旨多发明《系辞传》同功异位、柔危刚胜之义。而又类聚各卦画之居于六位者，分别观之。盖健、顺、动、止、入、说、陷、丽，其吉凶悔吝又视乎所值之时，而必以正且得中为上。孔子《彖》《象传》

① 〔宋〕黎靖德编，王星贤点校：《朱子语类》卷六五，中华书局 1986 年版，第 1602 页。

每以当位不当位、得中、行中为言，衡所发明，盖本斯旨。”①四库馆臣所说并未明确揭示出《读易私言》的主旨。《读易私言》在论述六爻德位之时，“类聚各卦画”实是按照先天六十四卦卦序进行言说的，从这个角度看，可见他还是受到朱熹先天象数易学视野影响的。

通读《读易私言》，可以发现许衡在论述一卦六爻爻位时着重强调了三个概念：才、位、时。许衡认为，这三个概念非常重要，贯穿六十四卦、三百八十四爻的始终。关于才、位、时，从最早的《易传》，再到王弼、程颐等易学家都对其有过论述。对《周易》古经作过最早诠释的《易传》中的《彖传》《象传》关注位和时，提出“乘”“承”“比”“应”“中”“正”等爻位之间的关系来解读卦爻辞。这些也称为爻象。王弼易学注重才、位、时，尤重时义，通过分析爻与爻之间复杂的关系来获得对卦义的理解。“夫卦者，时也；爻者，适时之变者也。”②程颐易学对王弼易学有所继承，提出“卦才”说，并推重时义。许衡的卦才说是对程颐卦才说的继承和发展，在程颐易学的基础上作了进一步的深入和细化。程颐的“卦才”既是指六十四卦的上下二卦及其各爻间的结构性关系所呈现的动态情势③，也指爻的功能④。程颐论才时，既言卦才，也说爻才。他称阳爻为阳刚之才、刚明之才、刚中之才，称阴爻为柔顺之才、阴柔之才。许衡

① 〔清〕永瑢等：《四库全书总目》卷四，中华书局 1965 年版，第 22 页。

② 〔魏〕王弼撰，楼宇烈校释：《周易注校释》，中华书局 2012 年版，第 280 页。

③ 张克宾：《因象以明理：论程颐易学的“卦才”说》，载《中国哲学史》2015 年第 1 期。

④ 程颐对《象·讼初六》“虽小有言，其辩明也”解释说：“柔弱居下，才不能讼，虽不永所事，既讼矣，必有小灾，故小有言也。”（〔宋〕程颢、程颐著，王孝鱼点校：《二程集》，中华书局 2004 年版，第 729 页。）此处“才”指的是才能。许衡也沿用了“才”的这个内涵。

更加详细地诠释爻才，提出："夫能为者才也，得为者位也，可为者时也。"①他认为才、时与位紧密相连，决定着吉凶悔吝，从而他从爻象分析的角度解释了爻辞中的吉凶悔吝等判词之所以然。许衡通过才、位、时的综合分析，推重得中得正能趋时义的爻象说，认为只有弄懂了这些，才能读懂《周易》经传。实际上，他分别对六个爻位进行了全面阐释：

（一）居初者易贞定

许衡认为"初，初位之下，事之始""居初者易贞，居上者难贞。易贞者由其所适之道多，难贞者以其所处之位极。故六十四卦初爻多得免咎，而上每有不可救者，始终之际，其难易之不同盖如此"。② 因所处位置不同，故而初爻易贞，上爻难贞。这里的"贞"是守正、贞定的意思。至于贞定的具体内涵，要视各卦的具体卦旨而定。③

以艮和坤两经卦的初六为例进行说明。艮之初六是"柔止之才，大率不宜动而有应，动而有应，则应反为之累矣"④。艮初六爻乃柔止之才，应守止而不宜动，若动而有应，反受其累。以经卦艮为下卦的，有遁、咸、履、小过、渐、蹇、艮、谦八卦。阴柔处下，其性好止，唯有谦卦合时义而得吉，初六爻曰"吉"。在咸卦则感未深而不足

---

① 〔元〕许衡：《鲁斋遗书》卷六《读易私言》，见〔元〕许衡著，毛瑞方、谢辉、周少川校点《许衡集》，吉林文史出版社2010年版，第108页。

② 〔元〕许衡：《鲁斋遗书》卷六《读易私言》，见〔元〕许衡著，毛瑞方、谢辉、周少川校点《许衡集》，吉林文史出版社2010年版，第104页。

③ 李尚信认为，贞定于什么，什么不变，可能与各卦的主题有关。如乾之贞定乃贞定于健，坤之贞定乃贞定于顺健。参见李尚信《卦序与解卦理路》，巴蜀书社2008年版，第184页。

④ 〔元〕许衡：《鲁斋遗书》卷六《读易私言》，见〔元〕许衡著，毛瑞方、谢辉、周少川校点《许衡集》，吉林文史出版社2010年版，第104页。

进。以柔止之才居遁,则后于人而有厉。然位卑力弱,不如不往为好,故初六爻曰"厉,勿用有攸往"。蹇之时,上坎下艮,险在前,止而不往,自有知己之誉,勉于进则陷乎险地。许衡对蹇卦的解读受王弼影响很大。蹇初六曰:"往蹇,来誉。"《王注》:"处难之始,居止之初,独见前识,睹险而止,以待其时,知矣哉!故往则遇蹇,来则得誉。"①从蹇卦的解释可看到王弼《周易注》对许衡的影响。

艮以止于初为义,故初六爻曰"利永贞",以此为戒。渐之才亦若此,初六爻曰"小子厉,有言无咎"。旅初六虽与九四相应而不足援,故初六爻曰"旅琐琐"。小过宜下而初六与九四相应,故而初六爻辞"飞鸟以凶"。

以经卦坤居下卦的有八卦,坤柔顺处下,其初甚微而其积甚著,故比初六、否初六皆曰"吉"。豫初六与九四相应,欲动而不安其分,故爻辞曰"鸣豫,凶"。

(二)二爻得中得正能趋时义为吉,故多誉

许衡论及二爻时,凸显"得正""得中"的重要性。他说:"四虽得正而犹有不中之累,况不得其正乎?二虽不正而犹有得中之美,况正而得中者乎?"②仅仅得正是不够的,得中才能获吉,正而得中为最佳。在这方面,许衡很大程度上继承了程颐的说法。"中"指的是六画卦的两个中爻,即二爻和五爻。"正"指的是阳爻居阳位,阴爻居阴位,谓之得正。"不正"指的是阳爻居阴位,阴爻居阳位。在程颐看来,中正是最好的。他在解释《象·讼九五》说:"中正之

① 〔魏〕王弼撰,楼宇烈校释:《周易注校释》,中华书局 2012 年版,第 145 页。

② 〔元〕许衡:《鲁斋遗书》卷六《读易私言》,见〔元〕许衡著,毛瑞方、谢辉、周少川校点《许衡集》,吉林文史出版社 2010 年版,第 104 页。

道，何施而不元吉？"[①]相比较而言，中为贵，中比正重要。他在解释恒九二爻时说："中重于正，中则正矣，正不必中也。"[②]他在解释震六五爻辞时说："不失中，则不违于正矣，所以中为贵也。"[③]许衡把上述程颐的说法贯穿到对二爻爻辞的解释中去了。

许衡认为，无论是阴爻还是阳爻，居二爻位置上，都可称为"得中"。有才并且得中，故容易合于时义，爻才与时义既合，则可断吉。相对应地，若是阴爻不失其正，则能缓其凶。如果能居中，还能免其凶。如果不中不正悖于时义，那么无不凶。故而阳得位得中，其吉多；阴失位失中，其凶多。得中得正能趋时义，失中失正则悖时义。阳爻必须当位居中能趋时义，然后其吉乃定。阴爻必须不正不中悖于时义，然后其凶乃定。故而阳得位得中其吉多，阴失位失中其凶多。总之，合于时义则吉，悖于时义则凶。

九二阳刚而得中，有不同的情形。许衡以乾九二、兑九二、巽九二、坎九二为例进行分析。乾九二刚健则有可久之义，得中则有适时之义，兼二者而得，虽与九四无应亦可。兑九二刚而得中，此得中之义为胜。以经卦兑为下卦的八卦中，唯独节卦例外。节卦自有中义，却失在不得正，故而九二爻辞有"凶"字。兑之中以刚为说，巽之中以刚为入，皆有才适用之中。然而兑务于上，巽务于下，其势有所不同。以巽卦为下卦的井卦之义贵于上行，而九二与九五无应，徇己才而下之，与时义相违拂，故而井卦以谷射瓮敝不吉

① 〔宋〕程颢、程颐著，王孝鱼点校：《二程集》，中华书局 2004 年版，第 732 页。

② 〔宋〕程颢、程颐著，王孝鱼点校：《二程集》，中华书局 2004 年版，第 863 页。

③ 〔宋〕程颢、程颐著，王孝鱼点校：《二程集》，中华书局 2004 年版，第 966 页。

之象取象。坎九二以刚阳居中,初六是柔险之始,上六乃柔险之极。九二与九五无应。“大率有应而道行,则以贞干之义为重,无应而处中,则以须守之义为重。错举而言,则卦之才皆备焉。”①可见,阳爻居二,得中且适时,有应则道行得以成事,无应当以静待时机。

六二阴爻柔而得中,因与初爻爻位关系不同,亦有多种情况。以坤六二、震六二、艮六二、离六二为例进行说明。以经卦坤为下卦的也有八卦,其中否之时不为穷厄所动,豫之时不为逸欲所牵,是因其安于义分,即能守柔顺贞静之德。虽是如此,但因时不同,义亦有不同。“以阴之德而遇剥、观,则剥伤于柔,而观失于固矣。夫何故? 时既不同,义亦随异。此六爻所以贵中正,而中正之中,有随时之义也。”②此即六爻以中正为贵,不仅如此,还有随时之义。

震六二阴柔虽居中履正,然下乘初九刚阳,其势不得安处,其性情也不肯安其处。或上应或下依,有失得之辨。“下依”指的是与初爻的相比关系。以震卦为下卦的也有八卦,其中复六二与六五无应而与初九相依,乃仁吉之道。益六二与九五相应,上下之来,其道大光。无妄之世,人存诚以行正道,方能不妄为。无妄卦讲诚就可以了,不论六二与九五相应或与初九相比。这里对无妄卦的理解应当是受到了程颐《程氏易传》的影响。③ 其他五卦皆以乘刚之义为重。大多居处则乘刚,变动则有得失,比不上坤六二之

① 〔元〕许衡:《鲁斋遗书》卷六《读易私言》,见〔元〕许衡著,毛瑞方、谢辉、周少川校点《许衡集》,吉林文史出版社 2010 年版,第 105 页。

② 〔元〕许衡:《鲁斋遗书》卷六《读易私言》,见〔元〕许衡著,毛瑞方、谢辉、周少川校点《许衡集》,吉林文史出版社 2010 年版,第 105 页。

③ 〔宋〕程颢、程颐著,王孝鱼点校:《二程集》,中华书局 2004 年版,第 966 页。

得中得正的柔中之美。

艮卦以刚处上，以柔居下，呈现上尊下卑之态势。艮六二又承九三履初六，居中得正，宜处诸卦而无过失，以经卦艮为下卦的八卦，六二爻无凶悔之辞。遁六二、旅六二、蹇六二、艮六二无断辞，咸六二曰“吉”，小过六二曰“无咎”，渐六二曰“吉”，谦六二曰“吉”。虽然六二柔止之才动据礼制，但如果当有为之时，那么就有异常的情况，当为则为，所以因其爻位得中得正，虽然蹇六二不能济，艮六二不能止，考究其用心忠义正直，就不以事情的成败为论。

离卦初与三刚而得正，是有为之才。然因所处爻位的缘故，明照各滞一偏，唯有六二中正见义理之当然，而其才干有不及之处。二有应于上则明有所附。然而不是阳能善用明，实际上是明能自用。以阳用明，不如以明用阳为顺。故以离卦为下卦的八卦六二爻与五爻相应，依附于三爻，情势相差不大，而离六五有应于二爻者为最好。如同人六二曰“吝”，革六二曰“吉，无咎”，离六二曰“元吉”，丰六二曰“吉”，家人六二曰“吉”，既济六二、贲六二无断辞，明夷六二曰“吉”。显然，以离六二“元吉”为最好。

（三）“三多凶”的不同解释

就三爻而言，许衡论述了八卦之三爻位置之偏。他说：“卦爻六位唯三为难处，盖上下之交内外之际，非平易安和之所也。故在乾则失于刚暴，在坤则失于柔邪，震动而无恒，巽躁而或屈，离与艮明止系于一偏，坎与兑险说至于过极，皆凶之道也。”①因爻位处于上下之交内外之际，故而爻辞难有中正之美。虽然如此，八卦之间还是有较大区别的。“然乾之健，虽不中也，犹可胜任；坤之顺，虽

① 〔元〕许衡：《鲁斋遗书》卷六《读易私言》，见〔元〕许衡著，毛瑞方、谢辉、周少川校点《许衡集》，吉林文史出版社2010年版，第106页。

不正也，犹能下人。二者之凶，比他爻为少缓。若夫坎之与兑，以阴处阳，以柔乘刚，不正不中，悖忤时义，其为凶也切矣。是以乾坤为轻，坎兑为重，总而论之，亦曰多凶而已矣。”①虽然《系辞下传》统言“三多凶”，但乾坤之三爻之凶较为少而轻，而坎兑二卦之三爻之凶多而重。

乾九三②过刚而不中，与义难合，因其有才，故谆谆告诫，乾九三曰“夕惕”，需九三曰“敬慎”，泰九三曰“艰贞”，如此方能避免凶祸。

(四)“四多惧”的多种情形

许衡认为，就四爻而言，根据与五爻相比较，有阴承刚、阳承阴、阳乘阳、阴乘阴四种爻位关系。若四爻与五爻阴阳相得，以阴承阳则得于君而势顺，以阳承阴则得于君而势逆。势顺无不可，势逆则尤其忌讳上行，上行则凶咎必至。以经卦离卦为上卦的八个卦，其六四皆如此。以经卦震卦为上卦的八个卦，因九四爻是卦主，所以动而知戒，有补过之道。

若四爻与五爻的属性相同，阴阳不相得，阳乘阳或者阴乘阴都属于不得于君的情况。“然阳以不正而有才，阴以得正而无才，故其势不同，有才而不正，则贵于寡欲。故乾之诸四，例得免咎，而随之四，夬之四，有凶悔之辞焉。”③此处“才”指的是能力，并非就爻的性质而言。这就是说，九四爻虽居位不正，但有才。六四爻虽得正但无才，所以这样的爻位关系呈现出来的情势不同。有才，以经

① 〔元〕许衡:《鲁斋遗书》卷六《读易私言》，见〔元〕许衡著，毛瑞方、谢辉、周少川校点《许衡集》，吉林文史出版社 2010 年版，第 106 页。

② 对“三多凶”的解释，除了论述总的原则，许衡只详说了乾九三，没有涉及其他七卦。

③ 〔元〕许衡:《鲁斋遗书》卷六《读易私言》，见〔元〕许衡著，毛瑞方、谢辉、周少川校点《许衡集》，吉林文史出版社 2010 年版，第 106 页。

卦乾卦为上卦的八个卦九四爻辞都免于咎害，无凶悔之辞。而以经卦兑卦为上卦的八个卦中随卦九四曰“贞凶”、夬卦九四曰“悔亡”，都是凶悔之辞。“无才而得正，则贵乎有应，故艮之诸四，皆以有应为优，无应为劣，独坤之诸四，能以柔顺处之，虽无应援，亦皆免于咎，此又随时之义也。”①这就是说，阳爻有才但爻位不正，能做到寡欲，可免于无咎。阴爻无才而得正，就看爻位是否相应，如果爻位相应，则优；如果无应，就为劣。以经卦艮为上卦的八卦，六四与初九爻相应的，大畜六四曰“元吉”，损六四曰“无咎”，贲六四无凶悔之辞，颐六四曰“吉”“无咎”；六四与初六无应的，蛊六四曰“吝”，蒙六四亦曰“吝”，艮六四曰“无咎”，剥六四曰“凶”。以经卦坤为上卦的八卦六四得正，虽无应援，亦皆免咎。泰六四、明夷六四、复六四无凶悔之辞，临六四曰“无咎”，升六四曰“吉，无咎”，师六四曰“无咎”，谦六四曰“无不利”，坤六四曰“无咎、无誉”。

根据以上原则，具体而言，乾卦九四与九五不相得，固然情势不顺，但因健而有才，所以容易合于时义。九四居上卦之初，“未至过极，故多为以刚用柔之义，以刚而用柔，是有才而能戒惧也，有才而能戒惧，虽不正犹吉也”②。

兑九四虽有应，仍然有很多训诫之辞。以刚说之才容易得胜任，故有应者无不吉，而无应者亦可得免。

离九四因有才而又能敬慎，所以能保证吉利的情势。离九四“火性上炎，动成躁急，非惟不顺君之所用，且反为君之所忌也。恣横专逼，鲜有不及祸，唯噬嗑之去间，睽、离之相保，与羁旅而亲寡

---

① 〔元〕许衡：《鲁斋遗书》卷六《读易私言》，见〔元〕许衡著，毛瑞方、谢辉、周少川校点《许衡集》，吉林文史出版社 2010 年版，第 106 页。

② 〔元〕许衡：《鲁斋遗书》卷六《读易私言》，见〔元〕许衡著，毛瑞方、谢辉、周少川校点《许衡集》，吉林文史出版社 2010 年版，第 106 页。

之时,取君义为甚轻。故其所失,亦比他爻为甚缓,究而言之,固非本善之才也”①。即离九四不是本善之才,所以应保持敬慎的态度。以经卦离为上卦的有八卦,具体来看,噬嗑九四曰“吉”,睽九四曰“无咎”,离九四、旅九四无断辞。大有九四曰“无咎”,鼎九四曰“凶”,未济九四曰“贞吉,悔亡”,晋九四曰“贞厉”。许衡从爻位的角度来分析卦义,并指出八卦时义之间的差别。他认为“噬嗑当去间”,这是继承了程颐的说法。程颐说:“间隔者,天下之大害也。圣人观噬嗑之象,推之于天下万事,皆使其去间隔而合之,则无不和且治矣。”②“睽离之相保”,也是来自程颐。“九四当睽时,居非所安,无应而在二阴之间,是睽离孤处者也。以刚阳之德,当睽离之时,孤立无与,必以气类相求而合,是以遇元夫也。”③旅卦五爻不取君义,还是来自程颐。“五君位,人君无旅,旅则失位,故不取君义。”④故而旅九四虽不当位,因五爻不取君义,所以没有大的妨害。

震九四“震之成卦在乎下,故以下为贵。若是,则震之九四,乃才干之臣也。君之动由之,师之动亦由之,其功且大矣,其位已逼矣。然而卒保其无祸者,何哉?盖震而近君,有戒慎恐惧之义,以阳处阴,有体刚用柔之义,持是术以往,其多功而寡过也宜乎!”⑤虽

---

① 〔元〕许衡:《鲁斋遗书》卷六《读易私言》,见〔元〕许衡著,毛瑞方、谢辉、周少川校点《许衡集》,吉林文史出版社 2010 年版,第 106 页。

② 〔宋〕程颢、程颐著,王孝鱼点校:《二程集》,中华书局 2004 年版,第 802 页。

③ 〔宋〕程颢、程颐著,王孝鱼点校:《二程集》,中华书局 2004 年版,第 892 页。

④ 〔宋〕程颢、程颐著,王孝鱼点校:《二程集》,中华书局 2004 年版,第 992 页。

⑤ 〔元〕许衡:《鲁斋遗书》卷六《读易私言》,见〔元〕许衡著,毛瑞方、谢辉、周少川校点《许衡集》,吉林文史出版社 2010 年版,第 106~107 页。

然如此，震九四因居位不正，久居则无益，故恒九四以“田无禽”为戒。许衡的发挥也是契合程颐易学原旨的。程颐在解释恒九四“田无禽”说：“以阳居阴，处非其位，处非其所，虽常何益？人之所为，得其道则久而成功，不得其道则虽久何益？故以田为喻，言九之居四，虽使恒久，如田猎而无禽兽之获，谓徒用力而无功也。”①

巽六四因具顺入之才，能承五爻，以经卦巽为上卦的八个卦六四爻无凶悔之辞。小畜六四“无咎”、中孚六四“无咎”、家人六四“大吉”、益六四“中行告公，从。利用为依迁国”、巽六四“悔亡”、涣六四“元吉”、渐六四“无咎”、观六四“观国之光，利用宾于王”。

坎六四阴柔得位而上承中正之君。略与巽同，本身有险，以此处多惧之地是适合的，所以以经卦坎为上卦的八个卦亦无凶悔之辞。需六四无断辞，节六四“亨”、既济六四无断辞、屯六四“吉，无不利”、井六四“无咎”、坎六四“无咎”、蹇六四无断辞、比六四“吉”。

艮六四以柔止之才承柔止之君，虽已身得正而于君事则有不能济，必借刚阳之才而后可以成功。所以以经卦艮为上卦的八个卦的六四爻若与初九爻阴阳相应，爻辞则吉，不应则有凶吝。所以，贲六四曰“婚媾”，颐六四曰“颠颐，吉”。止乾之健，纳兑之说可成功而有喜，即大畜六四曰“元吉”，损六四曰“有喜”，剥六四曰“凶”，蒙六四、蛊六四曰“吝”。艮以能止为义，能止其身则无咎。

坤六四不管有应与否，都无凶咎。“盖为臣之道大体主顺，不顺，则无以事君也。”②坤六四因坤体主顺，所以无凶咎。

---

① 〔宋〕程颢、程颐著，王孝鱼点校：《二程集》，中华书局 2004 年版，第 864 页。

② 〔元〕许衡：《鲁斋遗书》卷六《读易私言》，见〔元〕许衡著，毛瑞方、谢辉、周少川校点《许衡集》，吉林文史出版社 2010 年版，第 107 页。

(五)“五多功”的多重意义

众所周知,五爻位置的重要性不言而喻。然而,八卦中五爻因才不同,其意义大有不同。许衡说:“五,上卦之中,乃人君之位也,诸爻之德,莫精于此。故在乾则刚健而断,在坤则重厚而顺,未或有先之者。至于坎险之孚诚,离丽之文明,巽顺于理,艮笃于实,皆能首出乎庶物,不问何时克济大事。《传》谓五多功者,此也。独震忌强辅,兑比小人,于君道未善,观其戒之之辞,则可知矣。”①乾、坤、坎、离、巽、艮五爻都可称为“五多功”。震、兑两卦五爻有未善之处,故有戒辞。

乾九五刚健中正处君位,不论何时皆无悔咎。例外的是,履之刚决,同人之私昵不合君道,故履九五曰“夬履,贞厉”,同人九五曰“号咷”。许衡此处借鉴了程颐的说法。对于履九五,程颐不同于前人解为刚断果决,他说:“五以阳刚乾体,居至尊之位,任其刚决而行者也。如此,则虽得正,犹危厉也。……若自任刚明,决行不顾,虽使得正,亦危道也,可固守乎?”②对于同人九五,程颐解释说:“五专以私昵应于二,而失其中正之德。人君当与天下大同,而独私一人,非君道也。”③

兑九五下履九四不正之爻,又与上六相比,爻辞曰“孚于剥”,

---

① 〔元〕许衡:《鲁斋遗书》卷六《读易私言》,见〔元〕许衡著,毛瑞方、谢辉、周少川校点《许衡集》,吉林文史出版社 2010 年版,第 107 页。引文中“险”原作“离”、“传”原作“专”,于文义不协,今据《文渊阁四库全书》本《读易私言》改正。

② 〔宋〕程颢、程颐著,王孝鱼点校:《二程集》,中华书局 2004 年版,第 752 页。

③ 〔宋〕程颢、程颐著,王孝鱼点校:《二程集》,中华书局 2004 年版,第 767 页。

故非君之善道。因其中正，故“下有忌而可胜，上有说而决，大哉，中正之为德乎！”①

离六五“强辅强师，而六以文明柔中之才而丽之，悔可亡也，事可济也。然更得九二应之为贵，故大有、睽、鼎、未济皆吉，而他卦止以得位得中为免也”②。即离六五无凶悔之辞。以经卦离为上卦的八卦，离六五曰“吉”，大有六五曰“吉”，睽六五曰“悔亡”“无咎”，鼎六五曰“利贞”，未济六五曰“吉”，晋六五曰“悔亡”“吉”，旅六五曰“终以誉命”，噬嗑六五曰“无咎”。

震九四为卦主，震六五以柔中乘之，“其势可嫌也。得九二刚中应之，其势颇张，故恒、大壮、解、归妹比他卦为优，而丰之二五以明动相资，故其辞亦异焉。（胜于震、豫、小过之无应也）”③。以经卦震为上卦的八卦，恒六五曰“贞妇人吉，夫子凶”，大壮六五曰“无悔”，解六五、归妹六五曰“吉”，此四卦优胜于其他卦。丰上震下离，以明动相助，故六二、六五皆曰“吉”，优胜于豫、震、小过三卦六五与六二无应。豫六五曰“贞疾”，震六五曰“厉”，小过六五无断辞。

巽九五以巽顺处中正，又与六四君臣相得而刚柔相济，“相得则内无难，相济则有成功，不待丁应，自可无咎”④。旧解多从爻位中正的角度进行阐发，王弼、程颐亦是如此。许衡不仅讲中正，还重视相

---

① 〔元〕许衡：《鲁斋遗书》卷六《读易私言》，见〔元〕许衡著，毛瑞方、谢辉、周少川校点《许衡集》，吉林文史出版社 2010 年版，第 107 页。

② 〔元〕许衡：《鲁斋遗书》卷六《读易私言》，见〔元〕许衡著，毛瑞方、谢辉、周少川校点《许衡集》，吉林文史出版社 2010 年版，第 107 页。

③ 〔元〕许衡：《鲁斋遗书》卷六《读易私言》，见〔元〕许衡著，毛瑞方、谢辉、周少川校点《许衡集》，吉林文史出版社 2010 年版，第 107 页。括号内文字据《文渊阁四库全书》本《读易私言》补充。

④ 〔元〕许衡：《鲁斋遗书》卷六《读易私言》，见〔元〕许衡著，毛瑞方、谢辉、周少川校点《许衡集》，吉林文史出版社 2010 年版，第 108 页。

邻阴阳爻的相得相成，认为这样的话，即使无应也能无咎。

坎九五以刚阳之才处极尊之位，“中而且正，可以有为也。然适在险中，未能遽出，故诸卦皆有须待之义”①。以经卦坎为上卦的八卦，都有须待之义。如需九五“需于酒食”、节九五“甘节”等。许衡认为坎九五有才、位而无其时，唯有做到须待，方可无咎。

艮六五“君辅皆柔，且无相得之义，本不可有为也。以六有静止得中之才，上依而下任也，故仅能成功，然非可大有为也”②。艮六五与六四不相得，若再与二爻无应，则是不得于臣且不得于民，君道不行。以经卦艮为上卦的八卦，六五爻辞虽然曰吉，但仅仅喻示成功而非大有作为。

坤六五“虽不当位，然柔顺重厚，合于时中，有君人之度焉。得九二刚中应之，则事乃可济。故师、泰、临、升，或吉或无咎，而他卦则戒之之辞为尤重。盖阴柔之才，不克大事，且鲜能永贞故也”③。许衡认为坤六五是阴柔之才不克大事，这个解释与其对艮六五的解读的理路是一致的。若六五与九二刚柔相应，事情才可成功。以经卦坤为上卦的八卦，师六五、临六五曰“无咎”，泰六五曰“元吉”，升六五曰“吉”，而明夷六五曰“利贞”，复六五曰“敦复，无悔”，谦六五曰“不富以其邻，利用侵伐，无不利”，坤六五曰“黄裳，元吉”，以戒辞为重。查阅《程氏易传》可以发现，许衡对后四卦六五爻重戒辞的解读，实是继承了程颐的说法而来，这里不再一一列举。

---

① 〔元〕许衡：《鲁斋遗书》卷六《读易私言》，见〔元〕许衡著，毛瑞方、谢辉、周少川校点《许衡集》，吉林文史出版社 2010 年版，第 108 页。

② 〔元〕许衡：《鲁斋遗书》卷六《读易私言》，见〔元〕许衡著，毛瑞方、谢辉、周少川校点《许衡集》，吉林文史出版社 2010 年版，第 108 页。

③ 〔元〕许衡：《鲁斋遗书》卷六《读易私言》，见〔元〕许衡著，毛瑞方、谢辉、周少川校点《许衡集》，吉林文史出版社 2010 年版，第 108 页。

(六)“上易知”,教戒之辞最少

就上爻而言,许衡说:“上,事之终,时之极也。其才之刚柔,内之应否,虽或取义,然终莫及上与终之重。”①上爻因不同的情况有不一样的意义与作用。否、解、困、涣、未济五卦的上爻是“难之将出者,则指其可由之方”。蛊、无妄、颐、家人、革、既济六卦的上爻是“事之既成者,则示以可保之道”。随、离、临、艮四卦的上爻是说才时相适的情况。乾、坤、小畜、泰、大过、恒、益、巽、兑、节、中孚、小过、既济等卦的上爻是说“时过适则难与行”。大有、剥、大畜、遁、睽、鼎等卦的上爻属于“义之善,或不必劝,则直云其吉可也”。屯、讼、比、噬嗑、复、坎、明夷、夬、萃、归妹、丰、旅、巽、小过、既济等卦上爻直言其凶。“有始不得志,而终无咎者”,如同人、姤两卦。“有始餍其欲,而终有祸败者”,如萃、旅两卦。有“因其偏而用者,才尚可也”,如蒙、晋、升三卦。有“反其常而动者,事已穷也”,如师、谦、贲、损四卦。有“质虽不美,而冀其或改焉,则犹告之”,如豫、大壮、益、震、节四卦。有“位虽处极,而见其可行焉,则亦谕之”,如需、蹇两卦。“艮有成终之义,故八卦皆善。”②以经卦艮为上卦的八个卦,上九爻辞皆好。大畜上九言“亨”、损上九“无咎”“贞吉”、贲上九“无咎”,颐上九“吉”、蛊卦上九“不事王侯,高尚其事”、蒙上九“利御寇”、艮上九“吉”、剥上九“君子得舆,小人剥庐”。许衡又言履卦上九“视履考祥,其旋元吉”,观上九“观其生,君子无咎”,吉凶不敢空谈。“大抵积微而盛,过盛而衰,有不可变

① 〔元〕许衡:《鲁斋遗书》卷六《读易私言》,见〔元〕许衡著,毛瑞方、谢辉、周少川校点《许衡集》,吉林文史出版社 2010 年版,第 108 页。

② 本段引文见〔元〕许衡:《鲁斋遗书》卷六《读易私言》,见〔元〕许衡著,毛瑞方、谢辉、周少川校点《许衡集》,吉林文史出版社 2010 年版,第 108 页。

者,有不能不变者,六爻教戒之辞,唯此为最少,《大传》谓其上易知,岂非事之已成乎?"①

总之,许衡的解《易》方法有两大特点:其一,许衡解卦的主要思想继承了王弼、程颐易学,特别是程颐关于爻位、才、卦才等学说。他在总结前贤思想的基础上,"类聚各卦画之居于六位",对爻位、爻象、爻辞中断辞的吉凶悔吝进行类比分析,对进一步理解卦义的丰富含义具有重要意义。他的爻象说不仅在元代易学中具有代表性,在整个易学发展史上也独具创见。其二,其进行类比分析的视野又受朱熹先天易学视野的影响,是按照先天八卦乾一兑二离三震四巽五坎六艮七坤八的顺序进行的,并且还把先天八经卦为上卦或下卦的八个卦放在一起归类比对,这样几乎全部六十四卦②被囊括其中,从而有助于清晰地把握爻象和卦义,这就是许衡易学的特色。我们据此猜测,他是认同朱熹先天象数学的。从这个意义上说,许衡对爻位之间的相对关系分析也可以看作是对先天六十四卦横图中六十四卦三百八十四爻的结构关系的解释。

综上,许衡作为元初理学家,一方面尊程朱,维护理学道统,另一方面又和会朱陆,体现出其学术文化的一种开放性。其始学于王弼易学,后又读程颐易学,再又研朱熹易学,体现出一种对义理易学与先天象数易学的综合创新。不同于元代其他易学家的皇皇巨著,许衡易学著作言简意赅,但其对易学研究的贡献不容轻忽。

---

① 〔元〕许衡:《读易私言》,见《文渊阁四库全书》第22册,台湾商务印书馆1986年版,第8页。

② 根据我们目前所见的材料,相较于其他爻,许衡对初爻的论述仅限于艮初六和坤初六,对三爻的论述仅限于乾九三,对上爻的解读仅限于艮上九,显得单薄许多。

第二节　刘因尚朱子象数的易学思想

刘因（1249—1293），字梦吉，号静修，保定容城（今河北容城）人。刘因世为儒家，“天姿绝人，三岁识书，日记千百言，过目即成诵，六岁能诗，七岁能属文，落笔惊人。甫弱冠，才器超迈，日阅方册”①。他与许衡同有“北方两大儒”之称，对程朱理学由南方传至北方有助推之功。黄百家曰：“有元之学者，鲁斋、静修、草庐三人耳。草庐后至，鲁斋（许衡）、静修（刘因），盖元之所借以立国者也。二子之中，鲁斋之功甚大，数十年彬彬号称名卿材大夫者，皆其门人，于是国人始知有圣贤之学。静修享年不永，所及不远，然……天分尽高，居然曾点气象，固未可以功效轻优劣也。”②

与许衡、吴澄不同，刘因身上具有的“曾点气象”，让他更多怀具隐居之志。元时虽然曾被荐为承德郎、右赞善大夫，但未几辞归。后以集贤学士、嘉议大夫征，固辞不起。刘因去世后，延祐年间，朝廷追赠翰林学士等称号，追封容城郡公，谥文靖。刘因著有《易系辞说》《椟蓍记》《四书集义精要》《丁亥集》等。《宋元学案》卷一二《濂溪学案》收录有《记太极图说后》篇。③ 事迹见苏天爵

---

① 〔明〕宋濂等：《元史》卷一七一，中华书局1976年版，第4007页。

② 〔清〕黄宗羲原著，全祖望补修，陈金生、梁运华点校：《宋元学案》卷九一《静修学案》，中华书局1986年版，第3021页。

③ 〔清〕黄宗羲原著，全祖望补修，陈金生、梁运华点校：《宋元学案》卷一二《濂溪学案》，中华书局1986年版，第509～510页。此书收录的《记太极图说后》篇幅很短，与《河图辨》中关于太极图论述的内容大段相同，只有个别字略有不同。《文渊阁四库全书》本《静修集》卷七《遗文一》亦收录有《太极图后记》。

《静修先生刘公墓表》①、《元史》卷一七一等。刘因易学思想主旨是对朱子易学的维护与诠释。②

一、维护朱子河图之说

刘因作《河图辨》③，论述了河图、洛书。他认为朱熹已经将河图之说说得很圆满了。但朱子之后，"然其自私者，必出于己而后是，是以致疑于其间者尚纷纷然也"④，有以伏羲八卦次序图为河图、有以先天图为河图、有以刘牧九数图为河图、有自画一图为河图四种情况。刘因一一作了驳斥。

其一，驳斥以伏羲八卦次序图为河图的说法。他说：

> 其图八卦次序者则曰："《大传》既谓'河出《图》，洛出《书》，圣人则之'，是必有所谓《图》与《书》，圣人可得而则者矣。今夫十数之点志，安可则以为八卦之画象也?"此其为说，盖出乎汉儒《洛书》有文字，王肃"《河图》即八卦"，及苏子瞻"《图》《书》粗有卦畴之象"之说，而与张敬夫以《河图》为兴《易》之祥，圣人则其时以作《易》，而力诋先儒有所则其《图》者，正相反而各极其偏也。若是，则卦固自画，安得谓圣人则而画之？而圣人亦何必复观取于远近俯仰之间？而程子何为

① 〔元〕苏天爵：《滋溪文稿》卷八，中华书局1997年版，第110~114页。

② 我们目前所能见到的刘因易学资料有《河图辨》《太极图后记》《椟蓍记》《节象》《中孚象》五篇文献。

③ 《河图辨》被《文渊阁四库全书》收录在《静修集》续集卷三，但是个残缺本。《全元文》收录有完整的版本，故今据《全元文》版本进行文献分析。参见李修生主编《全元文》第13册，江苏古籍出版社1999年版，第381~385页。

④ 〔元〕刘因：《河图辨》，见李修生主编《全元文》第13册，江苏古籍出版社1999年版，第381页。

有"河必《图》至"与"因见《河图》"之说也哉？①

八卦次序图符示的是"易有太极，是生两仪，两仪生四象，四象生八卦"的"一每生二"的八卦卦画生成的过程，属于先天学。有人以此图为河图，其提出的理由也是非常牵强的。他们的理由是根据《易传》"河出图，洛出书，圣人则之"的记载，必须是真的图书，圣人才能得以效法而作《易》。而圣人据朱熹的十数河图是画不出来八卦之象的。刘因认为此种说法和汉儒、王肃、苏轼、张栻的说法一样各有偏失。若依其说，八卦之画已存在，那么《易传》何言"圣人则之"？圣人更不必仰观俯察来画卦了。刘因坚守了程颐"因见河图"之说和朱熹的说法。

其二，驳斥以先天图为河图的说法。他说：

其图《先天图》者，而其失尤甚，固可以借唐孔氏"天语简要，不应若是之烦"，及朱子"伏羲淳厚，未必如是之巧"者以破之矣。②

先天图指的伏羲八卦次序图、伏羲八卦方位图、伏羲六十四卦次序图和伏羲六十四卦方位图等图式。刘因此处并没有确指，仅以先天图统而称之。他借用唐孔颖达"天语简要，不应若是之烦"指出其说法之烦琐，又用了朱熹"伏羲淳厚，未必如是之巧"来斥其过于注重图式编制的机巧，反而远离了伏羲画卦所体现出的淳

① 〔元〕刘因：《河图辨》，见李修生主编《全元文》第13册，江苏古籍出版社1999年版，第381页。

② 〔元〕刘因：《河图辨》，见李修生主编《全元文》第13册，江苏古籍出版社1999年版，第381页。

厚之心。

其三,驳斥以九数图为河图的说法。我们知道,刘牧以十数图为洛书,以九数图为河图。刘牧说:"今河图相传于前代,其数自一至九,包四象八卦之义而兼五行之数;洛书则惟五行生成之数也。"①朱熹正好与其相反,以十数图为河图,以九数图为洛书。但是朱熹之后,仍有不少人持与刘牧相同的观点。刘因说:

> 其主刘牧者,则以九数之变,见于列御寇之书;九宫之文,见于张平子之言;而巽四、兑七、震二、艮八,又杂出于魏晋诸儒之说,固不可必以八卦之本于九数,而谓刘氏之说无明验也。然其列氏之说,则纬书从而出者,而说者固以一为北方阳气之始,七为南方阳气之盛,九为西方阳气之究,而与《图》合矣。而《图》之下之一得六,固可上变而为七,上之七得二,固可左变而为九,九穷则复下变而为一,又无不合者焉。然彼以七为衍而九为玄者,亦无不可,然于《图》亦安见其不合者,而必以《洛书》为说也。就使列氏指《洛书》而言,则《洛书》固可以为《易》,而亦不必遂以为《河图》也。夫九宫之说,出于纬书,而张氏亦尝破之。且其言又曰"杂之以九宫"矣,盖不即以九宫正为八卦也。斯为九宫之说,与《河图》九篇之说者,郑康成也。其于明堂之数,则曰法龟文,是郑氏又不以九为《图》,而其说有自相矛盾者。则是亦可以证刘氏之失矣,安得引之以为助乎!②

---

① 〔宋〕刘牧:《易数钩隐图》卷下,见《文渊阁四库全书》第8册,台湾商务印书馆1986年版,第157页。

② 〔元〕刘因:《河图辨》,见李修生主编《全元文》第13册,江苏古籍出版社1999年版,第381~382页。

在他看来，以九数图为河图的人依据《列子·天瑞》所载的“易者一也，一变而为七，七变而为九，九者究也，乃复变而为一”①。东汉张衡有九宫之说。魏晋时期诸儒也有一些相关的说法，但这不一定说明八卦以九数为本，更不能就此认为九数图就是河图。而且列子之说，是根据纬书来的。纬书关于阳数一、七、九的变化与九数图相合，也不能证明九数图就是洛书。九宫数出自纬书，张衡认为九宫不一定与八卦之间有联系。提出九宫之说和河图九篇之说，是东汉郑玄。郑玄并没有把河图、洛书视为八卦或者八卦的源头。郑玄说明堂之数“法龟文”，可见他没有以九数图为河图，而以河图为九篇，这本身就是自相矛盾的，以此可证刘牧的说法是没有根据的。

刘因指出朱熹《易学启蒙》以十数图为洛书的说法，不是来自邵雍，当是来自关朗。在刘因看来，朱震、张行成二人都是非常熟悉邵雍之学的，他们以九为图，以十为书，可能是受了邵雍方圆之数的影响。尽管邵雍方圆之数并不是指河图、洛书之数，但仍是在说阴阳、刚柔和奇偶，偶为方为阴，奇为圆为阳。刘因指出虽然朱熹认为关子明之书是伪书，却信奉其十为河图的说法。“伪关氏之书者非伪，后人之托夫关氏也。盖伪其书实关氏之所自作，而乃托之为圣人之书、异人之旨，犹戴氏之麻衣《易》然也。”②此处刘因的解释有些牵强不通。

对于刘牧九为河图的说法出于道士陈抟，得之于范谔昌的说法，刘因不以为然。他继而论及了《太极图》为周敦颐自作的问题。此部分内容与单独成篇的《太极图后记》雷同，实是会通太极图、先

① 杨伯峻：《列子集释》卷一，中华书局1979年版，第7页。

② 〔元〕刘因：《河图辨》，见李修生主编《全元文》第13册，江苏古籍出版社1999年版，第382页。

天图、河图之说，故而我们把它放到本节第二部分进行论证，此处不再论及。

其四，驳斥了自为图者的说法。他说：

> 若夫其自为图者，则曰《河图》之数，凡五十五而十位，《洛书》之数，凡四十五而九位，举不合夫画三卦八、错综之六十四。若以位言，则去九与十，合夫乾一、兑二、离三、震四、巽五、坎六、艮七、坤八之序。然不知所以为卦，所以为画，虽为推衍凑定，不免牵合。若五、十为衍母，一、九为衍数，则揲蓍求卦之法，非案图画卦之本。①

虽然刘因没有点明自为图者的姓氏，但我们凭借其引述的内容，可知这位大儒即元代经学家郝经。郝经撰《先天图说》一文，旨在揭示邵雍先天图所蕴含的"一每生二"的画卦之理以河图为本。确如刘因所引述的，郝经指出黑白点的河图并非画卦之本，并提出两个理由。一是从河图之位而言，去九与十位，仅合于乾一至坤八之序，并不能合乎卦画生成之所以然。二是以生成之数而言，"则一六为水，二七为火，三八为木，四九为金，五十为土，只成五行而无八卦，亦无三画。若以五、十为衍母，一、九为衍数，则揲蓍求卦之法非按图画卦之本。河图，卦之本数。蓍策，拟卦之数，故谓之衍，谓之象，谓之参天两地而拟数。衍则推之，象则放之，拟则比之也。蓍策出于卦画，非卦画出于蓍策也"。郝经"蓍策出于卦画"的观点颇具新意。他继而指出："河图之象固有之，宓牺因而画之也……

① 〔元〕刘因：《河图辨》，见李修生主编《全元文》第13册，江苏古籍出版社1999年版，第384~385页。

易之为画，象河图之像也……河图本然天地相错，初无点志，亦无文字，只如是耳。”①在郝经看来，河图蕴含卦画、重卦、蓍策之理。

刘因认为郝经的说法貌似有理，但他反对其自创图式。他说：

> 观其附合，乃有纂组华纷之极所不能为者，而谓出于天之自然之数必如是，而圣人之画卦，如根干枝叶，迫于不得已而然者，亦必如是。是则可疑之大者。若其以天五、地五，合各一太极而为六，为重卦之本；二五相合而为十，为揲蓍之本：凡其不可晓皆此类。而其假合悠谬，又有出于林黄中、郭子和百千之下者。然其反复辩论，几数万言，盖有欲尽废先儒，而独行己说之意。②

自为图者的理论有很多牵合附会的地方，也有很多不可晓之处。如天五地五太极一合而为六，并以之重卦之本的说法，六数如何重出八卦，不可晓。天五地五合为十，是为揲蓍之本，如何变出九六七八之数，亦不可晓。此图于理不合，在先儒那里也没有传承，实乃“尽废先儒，而独行己说”，没有什么意义。

郝经易学著述虽多，但多已亡佚。现存《陵川集》所收《太极图说》《先天图说》《一贯图说》《先天图赞》等文章，没有上文刘因所述的河图图式。根据郝经《周易外传序》所提及“创图立说，为《太极演》二十卷”③说法和其《太极演总叙》相关论述，可能其著作

① 〔元〕郝经：《陵川集》卷一六《先天图说》，见《文渊阁四库全书》第1192册，台湾商务印书馆1986年版，第167～168页。

② 〔元〕刘因：《河图辨》，见李修生主编《全元文》第13册，江苏古籍出版社1999年版，第385页。

③ 〔元〕郝经：《陵川集》卷二九《周易外传序》，见《文渊阁四库全书》第1192册，台湾商务印书馆1986年版，第320页。

《太极演》中载有此图，但因《太极演》已佚，缺乏文献依据，所以此处不再作评说。

刘因维护朱子学说，认为朱子作河图是为了追寻画前之易、卦画之源，但其以理学家的理性与严谨审视，“第于其理可通而事有可证者而叙次之，然亦有传疑，而未尝以为河之所出、伏羲之所目睹者必如是也”①。可见，刘因认同朱熹对于河图、洛书的真伪认定是以义理为主，义理可通，尽管并未拥有足够的文献依据，并不妨碍为世人所接受。

二、会通太极图、先天图、河图

至元十三年（1276），刘因作《太极图后记》。他先就太极图的作者问题作了考察。他说：

> 太极图，朱子发谓周子得于穆伯长。而胡仁仲因之，遂亦以谓穆特周子学之一师；陆子静因之，遂亦以朱《录》为有考而潘《志》之不足据也。盖胡氏兄弟于希夷不能无少讥议；是以谓周子为非止为仲、穆之学者。陆氏兄弟以希夷为老氏之学而欲其当，谬加无级之责，而有所顾藉于周子也。然其实，则穆死于明道元年，而周子时年十四矣②。是朱氏、胡氏、陆氏不惟不考乎潘志之过，而又不考

---

① 〔元〕刘因：《河图辨》，见李修生主编《全元文》第13册，江苏古籍出版社1999年版，第385页。

② 《宋元学案》中王梓材有按语道：“周子生于天禧元年丁巳，至明道元年壬申，盖年十六矣。作十四误。”参见〔清〕黄宗羲原著，全祖望补修，陈金生、梁运华点校《宋元学案》卷一二《濂溪学案》，中华书局1986年版，第509页。

乎此之过也。①

在他看来，周敦颐就是太极图的作者。其一，有文献依据。周敦颐去世后，其子周寿请求父亲生前之友潘兴嗣作墓志铭，是谓潘志。潘志仅言周敦颐作太极图，并没有说是师承于何人。其二，有事实依据。按照朱震《汉上易传》的说法，周敦颐得太极图于穆修。经刘因考察，穆修去世时，周敦颐才十几岁，是不可能有机会得传此图的。

刘因又用了朱熹的观点来进行论证。他说：

> 然始也，朱子见潘志之图为周子所自作，而非有所受于人也，于乾道己丑已叙于《通书》之后矣。后八年记书堂，则亦曰"不由师传，默契道体，实天之所畀"也。又十年，因见张咏事有阴阳之语，与《图说》意颇合，以咏学于希夷者也，故谓"是说之传，固有端绪，至于先生，然后得之于心，无所不贯，于是始为此图，以发其秘"尔。又八年而为图、书注释，则复云"莫或知其师传之所自"。盖前之为说者，乃复疑而未定矣。②

他认为朱子最开始以为太极图是周子自作，并多次言明，但后来在论述河图、洛书的时候，又开始对此有所怀疑。

他还驳斥了其他人关于周子太极图是师承佛家而来的说法，认为这和邵雍之学是来自其父之书的说法同样没有根据。

---

① 〔元〕刘因：《静修集》卷七《遗文一·太极图后记》，见《文渊阁四库全书》第1198册，台湾商务印书馆1986年版，第537~538页。

② 〔元〕刘因：《静修集》卷七《遗文一·太极图后记》，见《文渊阁四库全书》第1198册，台湾商务印书馆1986年版，第538页。

刘因考察了先天图、太极图，认为虽然不敢定论二者是同一个来源，但从义理上讲是一个道理，皆来自河图。尽管这三个图创制的时间不同，作者不一，但是图所蕴含的易理是相通的。他说：

> 然而周子、邵子之学，先天、太极之图，虽不敢必其所传之出于一，而其理则未尝不一；而其理之出于河图者，则又未尝不一也。夫河图之中宫，则先天图之所谓无极，所谓太极，所谓道与心者也。先天图之所谓无极，所谓太极，所谓道与心者，即太极图之所谓"无极而太极"，所谓"太极本无极"，所谓人之所以"最灵"者也。河图之东北，阳之二生数统夫阴之二成数，则先天图之左方震一、离兑二、乾三者是也。先天图之左方震一、离兑二、乾三者，即太极图之左方阳动者也。其兑离之为阳中之阴，即阳动中之为阴静之根者也。河图之西南，阴之二生数统夫阳之二成数，则先天图之右方巽四、坎艮五、坤六者也。先天之右方巽四、坎艮五、坤六者，即太极图之右方阴静者也。其坎艮之为阴中之动者，即阴静中之为阳动之根者也。河图之奇偶，则先天、太极图之所谓阴阳，而凡阳皆乾、凡阴皆坤也。河图、先天、太极图之左方，皆离之象也；右方，皆坎之象也。是以河图水火居南北之极，先天图坎离列左右之门，太极图阳变阴合而即生水火也。①

在他看来，河图之中宫与先天图所说的无极、太极、道、心，和太极图所说的"无极而太极"是同一意义上的概念。这三图皆符示了宇

① 〔元〕刘因：《静修集》卷七《遗文一·太极图后记》，见《文渊阁四库全书》第1198册，台湾商务印书馆1986年版，第538页。

宙阴阳二气消长盈虚的过程。在太极的作用下，阴阳二气交合变化，化生宇宙万物。河图之东北，阳数一、三生数统阴数六、八成数，即先天图左半边由震一阳、离兑二阳至乾三阳阳长阴消的过程，也是太极图左方阳动的过程。河图之西南，阴数二、四生数统阳数七、九成数，即先天图右半边自巽一阴、坎艮二阴至坤三阴阴长阳消的过程，也是太极图右方阴静的过程。八卦也是讲阴阳变化的，那么，三图与八卦的关系是怎样的呢？河图之奇偶如同先天图和太极图所谓的阴阳，阳就是乾，阴就是坤。河图、先天、太极图之左方就是离火之象，三图之右方就是坎水之象。所以河图火居南，水居北，先天图坎离列左右之门，太极图阴阳变化生水火。

可见，刘因认为先天图、太极图、河图皆符示了宇宙阴阳消长盈虚之理，在这一点上是相通的。“而《易》之为书，所以首乾、坤，中坎、离，终既济、未济。而先天之为圆，中孚、颐、小过、大过，各以其类而居于正也。如是，则周子、邵子，其学虽异，先天、太极，其源虽殊，而其理未尝不一，而其所以出于《河图》者，则又未尝不一也。”①

三、解释蓍数之理

至元十年(1273)春，刘因作《椟蓍记》。《椟蓍记》继承了朱熹《易学启蒙》的思想，对大衍筮法的过程和演算作了诠释，并对邵雍先天图数作了阐发。

首先，刘因解释了大衍筮法之“易有太极”的含义。他说：

---

① 〔元〕刘因：《河图辨》，见李修生主编《全元文》第 13 册，江苏古籍出版社 1999 年版，第 384 页。

著之在椟也，寂然不动，道之体立，所谓“易有太极”者也。及受命而出也，感而遂通，神之用行，所谓“是生两仪，两仪生四象，四象生八卦，八卦定吉凶，吉凶生大业”者也。犹之图也，不用五与十。不用云者，无极也；五与十，则太极也。犹之易也，洁静精微，洁静云者，无极也；而精微，则太极也。知此，则知夫椟中之蓍，以一而具五十，无用而无所不用。谓之无则有，谓之实则虚也。而其数之流行于天地万物之间者，则亦阴阳奇偶而已矣。①

即大衍筮法所需要的五十根蓍草在木匣中，以象太极之体。蓍草被取出来演算，以象太极之用，经过“其用四十有九”，分二、挂一、揲四等过程，生成八卦。虚一不用，如同河图不用五与十。这一点当是受朱熹思想的影响。朱熹认为大衍之数五十由河图中宫五与十相乘而得。“大衍之数五十，盖以‘河图’中宫天五乘地十而得之。至用以筮，则又止用四十有九。盖皆出于理势之自然，而非人之知力所能损益也。”②刘因认为，所说的不用就是无极，河图居中之数五与十就是太极。《易》乃洁净精微之学。洁净是无极，精微是太极。五十根蓍草虚一不用之一以象太极，五十以象万物，一涵具五十，以象太极涵具万物之理。流行于宇宙天地万物之间的数，乃阴阳奇偶之数。

其次，刘因辨析了大衍筮法过揲法和挂扐法中蓍数的不同。他说：

---

① 〔元〕刘因：《静修集》卷七《遗文一·椟蓍记》，见《文渊阁四库全书》第1198册，台湾商务印书馆1986年版，第534~535页。

② 萧汉明：《〈周易本义〉导读》，齐鲁书社2003年版，第238页。

> 自挂扐之奇而十二之，则阳奇而进之不及夫偶者，为少阴。阴偶而退之不及夫奇者，为少阳。而四之，则三四五六合夫画，奇全偶半合夫数。而画亦于是焉合其多少，则合其位之阳少而阴多。故有自一进一而为偶，自偶退一而为奇之象也。自过揲之策而十二之，阳奇而退之不及夫偶者，为少阴。阴偶而进之不及夫奇者，为少阳。而四之，则六七八九合夫数，奇三偶二合夫画。而数亦于是焉合其多少，则合其数之阳实而阴虚，故有自一虚中而为偶，自二实中而为奇之象也。盖挂扐之奇径一，而过揲之奇围三，而挂扐、过揲之偶，钧用半也。故分挂扐、过揲而横观之，则以阴为基，而消长有渐；分四象而纵观之，则亦以阴为平，而低昂有渐。其十二之，则自右一而二，自左二而三。其四之，则自右三而六，自左六而九，如水之流行，触东而复西。其消长，则其自然之沦漪；其判合，则其盈科而后进者也。①

这就是说，就挂扐法而言，三变之后所得之余数共有四种情况：13、17、21、25。除去挂一之数，为12、16、20、24。将12、16、20、24各自除以12，12得数为1为奇，为老阳；阳进4为16，16得数大于1小于2，为少阴；24得数为2为偶，为老阴；阴退4为20，20得数介于1与2之间，为少阳。将12、16、20、24各自除以4，得3、4、5、6，这与八卦卦画乾三、巽离兑四、震坎艮五、坤六的数字也是相合的。阳1偶2合乎数。就过揲法来说，三变之后所得余数共有四种情况：36、32、28、24。将此四数各自除以12，老阳之数36得数为3为奇，

① 〔元〕刘因：《静修集》卷七《遗文一·椟蓍记》，见《文渊阁四库全书》第1198册，台湾商务印书馆1986年版，第535页。

36退4为32,32得数介于2与3之间,为少阴。老阴之数24得数为2为偶,24进4为28,28得数大于2小于3,为少阳。将36、32、28、24分别除以4,得9、8、7、6合乎数。挂扐法与过揲法蓍数的不同在于挂扐之奇为1,过揲之奇为3,即“径一围三”;相同之处在于偶是2,都是用半。所以,横观之,除以12时,挂扐法是自右1到左2,过揲法是自左2到右3;竖观之,挂扐法与过揲法皆以6为基础。由此,刘因分别说明了这两种方法中阴阳奇偶的不同与变化,可知筮法得出的阴阳老少之数,体现出阴阳迭为消长的发展态势。

在大衍之数的基础上,刘因对八卦之数及先天图之数进行了解说。他说:

> 其变也,自一生二,二生四,而又四之,四生八,八生十六而言,则画卦之象也。自四乘而十六,十六乘而六十四,则重卦之数也。故初变而得两仪之象者,二画卦之数也。再变而得四象之象者,四画卦之数也。三变而得八卦之象者,六画卦之数也。自两仪之阴阳而言其用数,则乾、兑、离、震皆十二,而巽、坎、艮、坤皆四也。自八卦之阴阳而合其体数,则乾、坎、艮、震三十二,而巽、离、坤、兑三十二也。①

这是受到邵雍思想的影响。无论是画卦之象还是重卦之数,都是一分为二的“加一倍法”。不同情况下,用数、体数各有不同。就两仪的阴阳而言,先天图左半边乾兑离震用数是十二,右半边巽坎艮坤用数是四。就八卦之阴阳而合其体数,邵雍《伏羲先天六十四卦

① 〔元〕刘因:《静修集》卷七《遗文一·椟蓍记》,见《文渊阁四库全书》第1198册,台湾商务印书馆1986年版,第535~536页。

方位图》中，乾、坎、艮、震所在的卦有三十二个，巽、离、坤、兑所在的卦有三十二个。

接着，刘因考察了八卦之中静变往来之数。他认为四象之画之数“静者为多，变者为少，而一爻变者居中。其静与变，皆老阴为多，老阳为少，而二少居中”。八卦之数“其静与变则皆坤为至多，乾为至少，而三男三女进退于其间”。六十四卦之数“其进退多少，皆与八卦之例同也”①。许衡也对此作过探讨。相对于许衡对八卦静变往来之数有翔实的计算，刘因只是说出了其中的数理规律，并没有详细的演算过程。

可见，刘因对蓍数之理的解说受邵雍、朱熹的影响最大。他对于大衍之数所涉及的数字计算也都是在邵雍易学、朱熹《易学启蒙》基础上作的简约的总结。

四、解读《周易》经传

对于《周易》经传的解释，刘因有《节彖》和《中孚彖》两篇短文，皆为了回答友人占得节、中孚二卦后解卦的疑问而作，从中可见他对《周易》经传的理解在很大程度上是受到了朱熹《周易本义》的影响。

他作《节彖》曰：

> 涣，先阴而后阳也，自一阴一阳而二阴二阳也，故为涣焉。涣，散也。节，先阳而后阴也，自二阳二阴而一阳一阴也，故为节焉。节，止也。以卦之象而言之，泽所以限水，水遇泽而止，

① 〔元〕刘因：《静修集》卷七《遗文一·椟蓍记》，见《文渊阁四库全书》第1198册，台湾商务印书馆1986年版，第536页。

> 皆节之义也。以卦之德而言之，方说而遇险，险而以说行之，又皆节之义也。夫事物之有限而止者，节也。而节亦一事物也，独无所谓有限而止之乎？知节而不知节其节焉，于彼虽为节，于节则为不节也，此则节而至于苦者也。在物皆有自然之节也，若因其节而节焉，犹支之有节，分之有段，亦风行于水，自然披离之为涣而已。若节而至于苦，则非自然之节矣。凡卦之所谓亨与贞者，其亨与贞皆同，而所以为亨与贞则异。涣即亨也，亨在事先；节有亨之道而已，亨在事后。然《易》无无贞而亨者，犹物之无无阴之阳也。亨在事先者，其卦以亨为主，而守之以贞；亨在事后者，其卦以贞为主，庶几其有亨也。在涣，其辞有聚涣之象焉；在节，其辞有苦节之戒焉。涣，非必涣也。节，非必节也。未节，则思所以节焉；已节，则思戒其所以苦节者焉。动久而以静节之，静久而以动节之，皆所以为节也，知此，则知所谓亨与贞者，亦随所遇而变也。友人箎①遇节，当以彖辞占，故为言其义例之大略焉。②

涣卦的覆卦即节卦。刘因从爻象、卦象、卦德、义理四方面，比照涣卦，对节卦卦辞“亨。苦节，不可贞”作了解释。其一，就爻象而言，节卦初二为阳爻，三四为阴爻，五为阳爻，上为阴爻，整个卦画从初爻至上爻呈现出先阳后阴、先二阳二阴后一阳一阴之象，故为节。其二，就卦象而言，上坎为水，下兑为泽，有水遇泽而止之象。其三，就卦德而言，坎为险，兑为说，遇险而说行之，乃节之义。其四，

---

① 友人箎，原作“夫人”，今据元至顺本、明成化本改。

② 〔元〕刘因：《静修集》卷七《遗文一·节彖》，见《文渊阁四库全书》第1198册，台湾商务印书馆1986年版，第539页。

就义理而言，知节而应当知节其节，即当主张节之限度，应是自然之节。涣卦辞“亨。王假有庙，利涉大川，利贞”有“亨”“贞”二字，亨贞如同阴阳一样，相依并存。涣卦是亨在事先，以亨为主，守之以贞。节卦是亨在事后，以贞为主，守贞则亨。涣卦有涣散之象，但卦辞有聚涣之象。节卦有节约之象，而卦辞有苦节之戒。节制之前，可以揣摩守节的道理。已经有了节制，那么应该考虑的是苦节之戒，避免过分节制。

刘因对节卦的解释应当是受了朱熹的影响。朱熹释节卦说：

> “天地节而四时成。”天地转来，到这里相节了，更没去处。今年冬尽了，明年又是春夏秋冬，到这里厮匝了，更去不得。这个折做两截，两截又折做四截，便是春夏秋冬。他是自然之节，初无人使他。圣人则因其自然之节而节之，如“修道之谓教”“天秩有礼”之类，皆是。天地则和这个都无，只是自然如此。圣人法天，做这许多节，指出来。①

朱子释《节·彖》“天地节而四时成”时提出圣人效法自然界春夏秋冬四时之自然之节制礼作乐，行教化百姓之事。

刘因《中孚彖》载，好友孙仲诚卜筮遇中孚卦，卦中没有变爻，按照朱子的变占法，当以中孚卦的卦辞为占。刘因解释时借鉴了朱熹《周易本义》的解释。《周易本义》释《中孚·彖》曰：“能致豚鱼之应。”②释《小过·彖》云：“能致‘飞鸟遗音’之应。”《小过》初

---

① 〔宋〕黎靖德编，王星贤点校：《朱子语类》卷七三，中华书局 1986 年版，第 1866 页。

② 萧汉明：《〈周易本义〉导读》，齐鲁书社 2003 年版，第 160 页。

六曰:“飞鸟以凶。”《周易本义》曰:“郭璞《洞林》,占得此者,或致羽虫之孽。”①刘因说:

> 予谓于其凶以孽言,则所谓吉之应者,疑其为致祯祥也。然尝有问朱子,豚鱼之应谓真致豚鱼者,而朱子亦不敢遽以为然。抑不知其所谓应者,又将何所谓也?或曰:颐、中孚皆有离之象也,离则有水虫之象焉,故在颐则为灵龟,在中孚则为豚鱼,是特取其象焉尔,非必谓其真有所致也。是皆不可得而知矣。独信及豚鱼之言昭然甚明,其吉将不在夫豚鱼,而在夫此者,则可②得而知也。孙仲诚筮遇中孚,不变,求余说,以告。③

在他看来,固然当以中孚卦的卦辞“豚鱼吉,利涉大川,利贞”为占,但是其中“豚鱼”之象不是特指某一种或某一条真的豚鱼。朱熹释豚鱼“无知之物”④,他又说:“‘豚鱼吉’,这卦中,他须见得有豚鱼之象,今不可考。占法则莫须是见豚鱼则吉,如鸟占之意象。若十分理会着,便须穿凿。”⑤朱子用意象来解释,刘因赞同这一观点,可见刘因亦认同卦辞意义的丰富性,认为文辞具有被解读的无限可能性。就象而言,某象就象征了某类象、某些象甚至更多象,说明

① 萧汉明:《〈周易本义〉导读》,齐鲁书社2003年版,第162页。

② 可,原作“不”,今据文义改。

③ 〔元〕刘因:《静修续集》卷三《中孚象》,见《文渊阁四库全书》第1198册,台湾商务印书馆1986年版,第682~683页。

④ 萧汉明:《〈周易本义〉导读》,齐鲁书社2003年版,第160页。

⑤ 〔宋〕黎靖德编,王星贤点校:《朱子语类》卷七三,中华书局1986年版,第1867页。

象具有多样性含义。那么在占卜时，就不见得真的是特指某个象或某件事情。在解读占卜结果的时候，就不会拘泥于此象或者彼象，只要搞清楚象所符示的事情发展的吉凶悔吝的趋势就可以了。

刘因继承并维护了朱熹象数易学，尤其是更为注重对图书之学的诠释。他的易学思想还散见于其他文章之中。如《皇甫巽字说》云："朱子谓，周子之所谓刚柔，即《易》之两仪，而各加以善恶，则《易》之四象也。以阴阳之大分言之，阳为刚，为君子，阴为柔，为小人，刚宜善于柔也。以刚而善，则固美矣，以刚而恶，则不若柔善之为愈也。是君子小人之分，不系乎刚柔，而系乎刚柔之善恶而已矣。"①从阴阳刚柔的角度来解释君子与小人之意义。刘因与吴澄同年出生，虽在世仅短短四十余年，但其理学与经学的成就有目共睹。苏天爵《静修先生刘公墓表》说："吴公于海内诸儒最慎许可，独知尊敬先生，岂其问学出处道同而志合欤！"②刘因讲学授徒，为理学与易学发展做出了较大贡献。"先生师道尊严，学子造门，随其材品而教焉。讲说诸经，理明义正，听者心领神会。"③《元史·刘因列传》载："及得周、程、张、邵、朱、吕之书，一见能发其微，曰：'我固谓当有是也。'及评其学之所长，而曰：'邵，至大也；周，至精也；程，至正也；朱子，极其大，尽其精，而贯之以正也。'其高见远识率类此。"④"先生早岁去世，虽不及大有著述，然风节凛凛，天下慕之，扶世立教之功大矣。"⑤1312 年，刘英等创建静修书院于新安县

① 〔元〕刘因：《静修集》卷一二《遗文六·皇甫巽字说》，见《文渊阁四库全书》第 1198 册，台湾商务印书馆 1986 年版，第 576 页。

② 〔元〕苏天爵：《滋溪文稿》卷八，中华书局 1997 年版，第 114 页。

③ 〔元〕苏天爵：《滋溪文稿》卷八，中华书局 1997 年版，第 113 页。

④ 〔明〕宋濂等：《元史》卷一七一，中华书局 1976 年版，第 4008 页。

⑤ 〔元〕苏天爵：《滋溪文稿》卷八，中华书局 1997 年版，第 114 页。

西三台乡,以祀刘因。作为元代初年的大儒,刘因对象数易学尤其是对图书易学的推重,对整个元代兴盛的图书象数之学有助推之功。

第三节　吴澄“一决于象”的易学思想

吴澄(1249—1333),字幼清,晚字伯清,抚州崇仁(今属江西)人,是元代中期著名的易学家。因“所居草屋数间,钜夫题曰草庐,故学者称为草庐先生”①。与自金入元的许衡齐名而有“南吴北许”之称。相较于许衡在朝堂获得重用,吴澄僻居江南,五十多岁才获仕,然而“以圣贤之学为四方学者之依归”②,其著书立说,推动了元代理学、经学的发展。

关于吴澄的学术渊源,黄百家说:“幼清从学于程若庸,为朱子之四传。”③全祖望曰:“草庐出于双峰,固朱学也,其后亦兼主陆学。盖草庐又师程氏绍开,程氏尝筑道一书院,思和会两家。然草庐之著书,则终近乎朱。”④事实上,吴澄的思想主要受朱熹的影响,而且他摒弃门户之见,在朱学的基础上,吸纳宋代儒学的其他思想并加以发扬,成一家之言,终成元代最著名的经学家之一。吴澄经

---

① 〔清〕黄宗羲原著,全祖望补修,陈金生、梁运华点校:《宋元学案》卷九二《草庐学案》,中华书局1986年版,第3037页。

② 〔元〕揭傒斯:《吴文正公神道碑》,见〔元〕吴当编《吴文正集》附录,《文渊阁四库全书》第1197册,台湾商务印书馆1986年版,第949页。

③ 〔清〕黄宗羲原著,全祖望补修,陈金生、梁运华点校:《宋元学案》卷九二《草庐学案》,中华书局1986年版,第3037页。另据《宋元学案》卷八三《双峰学案》,程若庸,字逢原,号徽庵,休宁(今属安徽)人,从双峰饶鲁得朱子之学,著有《性理字训义》《太极洪范图说》等。

④ 〔清〕黄宗羲原著,全祖望补修,陈金生、梁运华点校:《宋元学案》卷九二《草庐学案》,中华书局1986年版,第3036页。

学的主要贡献，是写成《五经纂言》，对五经进行了全面系统的整理与诠释。对于吴澄诠释五经的贡献，黄百家赞叹："考朱子门人多习成说，深通经术者甚少，草庐《五经纂言》，有功经术，接武建阳，非北溪诸人可及也。"①

吴澄对《易纂言》用力颇深。他自称："于《易》书用功至久，下语尤精。其象例皆自得于心，庶乎文、周系辞之意。"②吴澄的经学研究承继朱子，《易纂言》是延续朱熹《周易本义》的精神而创作。吴澄受朱熹重视经文本义思路的影响，强调以经解经的方法。不仅在对《易经》篇章编次上严格要求经传分立，并将经传内容的错简、重出、缺漏之处加以更订，在解经上则以理解作者本意作为指导原则。1322年，《易纂言》十卷成书。1329年，吴澄撰成《易纂言外翼》八卷。这两本书是吴澄易学的核心内容。吴澄对《易》进行了创造性诠释与转化，使其焕发出新的生命力。故通过《易纂言》《易纂言外翼》的核心解读，我们可以清晰地把握吴澄易学的特色及脉络。

《易传》问世之后的易学是一门专门之学，"就其内容言，是一种具有高度哲学性的天人之学。只是对于这种天人之学，不同易学家因乎理解视野之差异，而存有不同的解读，透显出颇值玩味的相应生命与文化的哲学诠释学底蕴"③。《周易》有独特的符号系统和文字系统，易学中的象数学说，既有其象数所要表达的实然，

---

① 〔清〕黄宗羲原著，全祖望补修，陈金生、梁运华点校：《宋元学案》卷九二《草庐学案》，中华书局1986年版，第3037页。

② 〔清〕黄宗羲原著，全祖望补修，陈金生、梁运华点校：《宋元学案》卷九二《草庐学案》，中华书局1986年版，第3050页。

③ 王新春：《吴澄理学视野下的易学天人之学》，载《周易研究》2005年第6期。

更有其内涵的所以然之意义。二者就是易学作为天人之学的构成内容。吴澄的易学即如此。他认为天地万物之理尽在蓍数的作用中:“蓍数之用,其烛物情,无不通;其前民用,无不溥。故虽万物之众,天下之广,皆囿其中,无或有逾越而出其外者。”①故我们从其易学观、义理思想、易学诠释方法三方面探究吴澄易学,发现吴澄易学乃一种理学视域中的易学,无论就象数还是义理而言,吴澄易学当之无愧是元代易学的杰出代表。

一、重《易》本源的易学观

在《周易》古经成书后,《说卦传》表达了圣人“幽赞于神明而生蓍,参天两地而倚数,观变于阴阳而立卦,发挥于刚柔而生爻”的作《易》观。这种作《易》观,阐明了《易》来源于天道自然。另外《系辞上传》还提出“《易》有圣人之道四焉,以言者尚其辞,以动者尚其变,以制器者尚其象,以卜筮者尚其占”,对《易》中所阐发的圣人之道作出四个方面的规定。后世解《易》者谈圣人之道多是发挥《系辞传》的这个说法。吴澄在继承《系辞传》思想的前提下,探讨了《周易》一书的本源与性质问题。

(一)自然之易乃《易》之本源

在吴澄看来,圣人因天地自然之易而作《易》,而象数里面蕴含着理的存在。伏羲因应天地万物一阴一阳之理而画卦。他说:

> 羲皇观于天地,观于动植,近取、远取,洞见两间自然之《易》,乃画奇耦二画,交互成八卦,以象之,而天地万物,悉不

---

① 王新春、吕颖、周玉凤:《〈易纂言〉导读》,齐鲁书社 2006 年版,第 448 页。

外是，故与其德同，而与其情无不相似也。天开地辟之后，不知其几万年矣，而洪荒朴略，未有文字，至羲皇始画八卦，实肇人文之端。①

易者，阴阳相变易也。上古包羲氏见天地万物之性情形体一阳一阴而已，于是作一奇画以象阳，作一偶画以象阴。见一阳、一阴之互相易也，故自一奇、一偶相易而为四象、八卦，极于六十四卦，是为卦画之象。又作揲蓍之法，教民以卦而占吉凶，自一变而极于十有八变，是为蓍数之变。卦象、蓍变皆以阴阳相易，故名之曰易。②

伏牺当初作《易》时，仰观天文，天文只是阴阳。俯察地理，地理只是阴阳。观鸟兽之文与地所宜之草木，近取诸人之一身，远取诸一切动植及世间服食器用之物，亦无一而非阴阳者。③

这就是说，伏羲作《易》之时，仰观天文，俯察地理，发现天文地理皆阴阳。观鸟兽与草木，近取人身，远取诸物，见到宇宙万物“一阴一阳而已”，由卦画的不同来符示一阴一阳。看到一阴一阳变动相易，模拟一阴一阳的交易变化，把一奇画和一偶画相易，从而形成四象、八卦，直至六十四卦。卦画之象是伏羲将天地万物的变化以一阴一阳的符号相互变易来呈现。

---

① 王新春、吕颖、周玉凤:《〈易纂言〉导读》，齐鲁书社 2006 年版，第 471 页。

② 王新春、吕颖、周玉凤:《〈易纂言〉导读》，齐鲁书社 2006 年版，第 71 页。

③ 〔元〕吴澄:《吴文正集》卷三《答田副使第二书》，见《文渊阁四库全书》第 1197 册，台湾商务印书馆 1986 年版，第 47 页。

吴澄认为伏羲重卦是通过一分为二、二分为四、四分为八、八分为十六、十六分为三十二、三十二分为六十四的方式而成的。他认为伏羲画卦、重卦是《易》之起源，是很重要的，所以他在《易纂言》卷首就用八个图描绘了伏羲重卦的过程。吴澄指出，在伏羲画八卦、重六十四卦的基础上，后圣才作《连山》《归藏》《周易》。他说：

> 昔在羲皇，始画八卦，因而重之，为六十四。当是时，《易》有图而无书也。后圣因之作《连山》、作《归藏》、作《周易》，虽一本诸羲皇之图，而其取用盖各不同焉。三《易》既亡其二，而《周易》独存，世儒诵习，知有《周易》而已，羲皇卦图，鲜或传授，而沦落于方伎家，虽其说具见于夫子之《系辞》《说卦》，而读者莫之察也。至宋邵子，始得而发挥之，于是人乃知有羲皇之《易》，而学《易》者不断自文王、周公始也。今于《易》之一经，首揭此图，冠于经端，以为羲皇之《易》，而后以三《易》继之，盖欲使夫学者知《易》之本源，不至寻流逐末，而昧其所自云尔。①

这就是说伏羲先天之易是《连山》《归藏》《周易》三易的直接来源。《连山》《归藏》佚失之后，学《易》之人只知诵读《周易》而不识《易》之本源。到了北宋，邵雍发挥了伏羲先天易说，学《易》之人才知道有伏羲之《易》，认识到伏羲之《易》是《易》之本源，有了伏羲之《易》才有《连山》《归藏》《周易》。朱熹发展了邵雍的先天象数

---

① 王新春、吕颖、周玉凤：《〈易纂言〉导读》，齐鲁书社 2006 年版，第 75~76 页。

学，对吴澄的影响很大。吴澄亦是力图使学者知晓《易》之本源，他所说的自然之易即朱熹“画前之易”，即太极阴阳之理。“《易》只是一个阴阳之理而已。伏羲始画，只是画此理；文王、孔子皆是发明此理。吉凶悔吝，亦是从此推出。”①

（二）因河图而画八卦

天地自然之易作为《易》之源头，那么伏羲是如何画卦的？这就涉及对河图、洛书问题的解读。相对于汉易图书之学是在易象的实然层面来进行诠释，宋易图书之学则是回答易象的应然层面的问题，即圣人作《易》是如何效天法地的，来为《易》的成书寻找一个先天性的根据。元代图书之学也是按照宋代图书之学的理路发展来的。吴澄的图书之学对河图、洛书为《易》的本原作了认定，并简略地对其作了解释。

关于河图、洛书，有三个问题是必须要回答的。一是河图、洛书是否真的存在？二是若二者真的存在，那么内容是什么？三是河图、洛书与《周易》的关系是怎样的？

吴澄认为河图、洛书二者确实存在。他说：

> 河图者，羲皇画卦之前，河有龙马出而马背之旋毛有此数也。其数后一六，前二七，左三八，右四九，中五十，五奇五偶相配。羲皇平日观于天地人物，无非阳奇阴偶，两相对待，见河图之数而有契焉。于是作一奇画以象阳，作一偶画以象阴，加而倍之，以成八卦，又加而倍之，以成六十四卦，所谓伏羲因河图而画八卦者，此也。以背毛之旋文如图星者之圆圈，故名

① 〔宋〕黎靖德编，王星贤点校：《朱子语类》卷九，中华书局 1986 年版，第 156 页。

之曰图。①

洛书者，大禹治水之时，洛有神龟出，而龟甲之拆文有此数也。其数后一前九，左三右七，右前二，左前四，右后六，左后八，中五，四方，四隅，中央，其位有九。禹平日默计天道人事之大要，其类有九，见洛书之数而有契焉。于是以天道人事分为九类，品其缓急先后之次，以配龟甲一二三四五六七八九之文，是为洪范九畴。所谓大禹因洛书而叙九畴者此也。以背甲之拆文如书字者之横画，故名之曰书。②

吴澄采用了宋儒的一般说法，即河图是出现在羲皇之时，洛书出现在禹帝时代。而图、书之名，是就马身上的旋毛如天上星图及龟背上裂文如文字而得名。

关于河图确实存在的证据，《论语·子罕》《礼记·礼运》《尚书·顾命》皆有记录。吴澄指出："河图，天所降之嘉瑞，故传写其图入于天府，与国之宝器同藏，贵重之也。"③因其贵重，所以不容易见到。关于洛书存在的证据，吴澄认为，除了《尚书·洪范》"天乃锡禹洪范九畴"的记载，还可参考《庄子·天运》"天有六极、五常，帝王顺之则治，逆之则凶，九洛之事，治成德备"一句。"九洛之事"是指九畴依洛书而作。

关于河图、洛书的内容，吴澄继承了朱熹的说法，以十为河

① 〔元〕吴澄：《易纂言外翼》卷七，见《文渊阁四库全书》第22册，台湾商务印书馆1986年版，第667页。

② 〔元〕吴澄：《易纂言外翼》卷七，见《文渊阁四库全书》第22册，台湾商务印书馆1986年版，第668页。

③ 〔元〕吴澄：《易纂言外翼》卷七，见《文渊阁四库全书》第22册，台湾商务印书馆1986年版，第667页。

图，以九为洛书。即河图数后一六，前二七，左三八，右四九，中五十，洛书“数后一前九，左三右七，右前二，左前四，右后六，左后八，中五”①。吴澄认为刘牧的说法有失偏颇。他指出图书名称不同，呈现方式也必然不同，河图用圆圈表示，洛书当不能以圆圈表示，应以字画形式表示。他说：“但曰图曰书，立名既异，二者自应不同，若洛书是圆圈，则亦图也，何以谓之书哉？且龟甲之上，岂应现出圆圈之形？”②这就是说，河图、洛书名称相异，应当以黑白点的圆圈为河图，以字画纵横为洛书。他引用宋代史学家郑樵《通志》之说，河图言天象，洛书说地理，所以二者是不同的。而刘牧将二图均以圆圈的形式表现，是因为刘牧之前的方技家使用河图、洛书是使用它们的数，以黑白点表示是方便使用的缘故。

关于河图、洛书与《周易》的关系，吴澄认为伏羲观天地自然之易而感悟，又见河图后，心中契合，而画出八卦。故他认为河图为蓍卦之本原。他说：

> 河图者，羲皇时，河出龙马，背之旋毛后一、六，前二、七，左三、八，右四、九，中五、十，以象旋毛如星点，而谓之图；羲皇则其阳奇、阴耦之数，以画卦、生蓍。……此为蓍、卦之本原也。③
>
> 河图之位五，每位各有一奇一耦，数虽十而位止五；故羲皇则其奇偶之数，画奇偶之画，一其奇耦而为初画，倍而二之

① 〔元〕吴澄：《易纂言外翼》卷七，见《文渊阁四库全书》第22册，台湾商务印书馆1986年版，第668页。

② 〔元〕吴澄：《易纂言外翼》卷七，见《文渊阁四库全书》第22册，台湾商务印书馆1986年版，第674~675页。

③ 王新春、吕颖、周玉凤：《〈易纂言〉导读》，齐鲁书社2006年版，第465页。

则为二画，又倍而四之则为三画，又倍而八之则为四画，又倍而十六之则为五画，又倍而三十二之则为六画，而卦成矣。此则一奇一偶之数者然也。①

吴澄的说法可以分两个方面来看。其一，他认为，伏羲观象设卦与伏羲则河图而画卦并不矛盾。伏羲平日观察天地万物皆阴阳对待，当他见到河图之数后，心有契合，所以效法河图而画一阴爻、画一阳爻。其二，他认为，在一个阴爻、一个阳爻的基础上，通过爻画的加倍，画出八卦，直至六十四卦。吴澄这一说法实是继承邵雍和朱熹而来，即程颢所言的卦画"加一倍法"。河图的奇偶对应之理与《周易》的阴阳变易之理相符合，包含了《易经》最根本的道理，即《易》以道阴阳。

吴澄在《易纂言》卷首列有河图图式，与朱熹《易学启蒙》中所列河图相同，并引用了邵雍和朱熹的话作了解说。吴澄还考察了河图的流传脉络，把河图看作上天所降的祥瑞。他分析了河图、洛书曾一度失传的原因，即因河图、洛书只有象而无文辞，凡有象而无文辞则不记诵，则容易失传。他说："周后，汉初儒流专门之学率是口耳授受，故凡有文辞可记诵者有传，而无文辞不可记诵者无传。五经皆存而独《乐》之一经亡，三百五篇诗皆存，而独笙诗之六篇亡，盖以无文辞非可记诵故也。若先天古《易》止有卦画，河图、洛书止有图象，则儒者亦不传，是以汉魏晋唐宋初之儒不见图书、羲《易》。"②

① 〔元〕吴澄：《易纂言外翼》卷七，见《文渊阁四库全书》第22册，台湾商务印书馆1986年版，第669～670页。

② 〔元〕吴澄：《易纂言外翼》卷七，见《文渊阁四库全书》第22册，台湾商务印书馆1986年版，第671页。

吴澄关于图书之学的说法只是提供了一种解释的可能性，但是缺乏事实根据、文献依据和更深层的理论论证，所以只能是一种推论。吴澄对河洛之学流传情况的分析和考察，其实是对宋代以来图书之学的总结，亦开启了清初总结清算图书之学的风气。

（三）《易》明圣人之道

就《周易》而言，在《易》的符号系统——卦画由伏羲完成之后，文王作卦名、系卦辞，周公系爻辞，从而有了《周易》的文字系统，孔子作《系辞传》来解释文王、周公所系卦辞、爻辞的内涵。他说：

> 羲皇之《易》有画而已，三画之卦虽有名，而六画之卦未有名。文王始名六画之卦，而系之以辞，《易》道几微，而至此复兴也。①
>
> 系者，谓如缀绳于物。辞者，《易》书之言也。文王所作之辞，系于各卦之下者，为彖；周公所作之辞，系于各画之下者，为爻。夫子述此篇，以释文王、周公所系彖辞、爻辞之意，故曰《系辞传》。②

这就是说，伏羲画六十四卦，作八经卦卦名，文王作六十四卦卦名、系卦辞，孔子作《系辞传》。经过伏羲、文王、周公的接续努力和孔子的大力弘扬，《周易》一书借助六十四卦符号、卦爻辞文字以及《易传》的互诠互显，充分彰显了天地之道，易道因而复兴。

---

① 王新春、吕颖、周玉凤：《〈易纂言〉导读》，齐鲁书社 2006 年版，第 478 页。

② 王新春、吕颖、周玉凤：《〈易纂言〉导读》，齐鲁书社 2006 年版，第 441 页。

吴澄认为《易》中卦爻画、卦爻辞并不难识,《易》中所蕴含之理最难得。他说:

> 夫《易》未易明也,皇羲始画一奇二偶,二而八,八而八八,其图大不盈尺,而天地万物悉具其中。学不至知天者,未之或知,以之而筮,则其用之一端也。文王、周公本诸其画,系之以辞,虽为占筮设,事则民用,言则圣蕴,是以如天如海,莫可窥测。夫子“十翼”以来,明之者几何人哉?①

这就是说,伏羲、文王、周公作《易》均为占筮而设,然占筮只是四圣道之一,至于象和辞,其意深远,所以孔子作“十翼”发文王、周公所作卦爻辞之意,而后世能明晓圣人之道的人就很少了。

《周易》这部书所要体现的道是什么?《系辞上传》认为《周易》蕴含了圣人之道,“《易》有圣人之道四焉,以言者尚其辞,以动者尚其变,以制器者尚其象,以卜筮者尚其占”。

那么,如何通过辞变象占来体察圣人之道呢?在吴澄看来,要做好两个层面的功夫。

其一,象与辞很重要,君子平时学《易》,要观象玩辞。他说:

> “《易》之象”,即文王所名一卦之象。“爻之辞”,即周公所系一爻之辞。文王观卦象,系彖辞,此言“象”不言“辞”者,文王之彖,以象为本,故言“象”以该“辞”。周公爻辞亦有所象,此言“辞”不言“象”者,周公之爻,以辞为用,故言“辞”以该“象”。学

① 〔元〕吴澄:《吴文正集》卷三四《送赵仲然赴循州长乐县主簿序》,见《文渊阁四库全书》第1197册,台湾商务印书馆1986年版,第361页。

《易》之君子，平居无事之时，身所居处，安之若命者，于《易》之象有得也；心所乐循，玩之无斁者，于爻之辞有得也。①

其二，君子动时用《易》，要观变玩占。“凡言‘变化’者，卦画之变。占言‘变’者，蓍策之变也。”②由观察占筮之道中的变化来旁通宇宙中的变化，通晓变化之道，以应对纷繁复杂的现实社会人生。

这样一来，人就可以通过对“辞”“变”“象”“占”四者的玩味与体悟来明察圣人之道。无论是象数体例本身，还是卦爻辞，都能使天、地、人三才之道得以彰显。

《说卦传》讲“昔者圣人之作《易》也，将以顺性命之理，是以立天之道曰阴与阳，立地之道曰柔与刚，立人之道曰仁与义”，赋予天、地、人三才之道以哲理内涵。吴澄解释说：

性之理，谓人之道也。命之理，谓天地之道也。立者，两相对之谓。天、地、人之道，无独而有对，故天之气有阴与阳，地之质有柔与刚，人之德有仁与义，皆两者相对而立，道则主宰其气质，而为是德者也。三才各一则为三，三者各兼而两之则为六，故圣人之画卦，必备六画而后成卦者，所以象天、地、人之各有两而为六也。初、二象地，初刚也，二柔也；三、四象人，三仁也，四义也；五、上象天，五阳也，上阴也。③

① 王新春、吕颖、周玉凤：《〈易纂言〉导读》，齐鲁书社2006年版，第445页。

② 王新春、吕颖、周玉凤：《〈易纂言〉导读》，齐鲁书社2006年版，第445页。

③ 王新春、吕颖、周玉凤：《〈易纂言〉导读》，齐鲁书社2006年版，第516页。

吴澄认为，就天而言，有阴阳二气，就地而言，有柔刚二质，就人而言，有仁义二德，皆两两相对。三才之道既显，人之地位亦得以确立。人体天地之道、体天命之理来成就人之道、人之性，即“顺性命之理”，“圣人能尽其性，则可以与天地参”，①以人之道接续天地之道，与天地参，使自己成为宇宙社会人生的真正主体。

那么，如何由《易》明圣人之道？吴澄说：

> 《易》之为《易》，具于心，备于身，反而求之在我，不在书。邵子于羲卦之画，极乎大道之微；程子于周经之辞，该乎人事之显；《启蒙》明邵子已明，《本义》启程之未启。占法粗见于《春秋》内外传，象例略露于唐李氏所集虞翻等说；若夫穷神知化之奥，夫子发之，朱子释之，亦既粗且详焉。总是数家，信其是，订其非，融会贯通，殊万同一，本之于身心，证之于天地，非学入圣域，与造化同流者，未易至此。呜呼！此岂可以伪为也哉？②

这就是说，易道不仅仅存在于经传之中，以往的易学家从《易经》中体贴易道之所存：邵雍由羲皇之卦画窥得隐微之天道，程颐由卦爻辞体贴出显明的人事之理。《易学启蒙》又在邵雍的基础上加以发挥，《周易本义》则就在程子未及的象占部分，在《左传》筮例与李鼎祚《周易集解》象例的基础上进行阐发。其中又以朱熹恢复《易》为卜筮之书的本来面目，以此掌握圣人作《易》的本旨并加以

---

① 王新春、吕颖、周玉凤：《〈易纂言〉导读》，齐鲁书社 2006 年版，第 443 页。

② 〔元〕吴澄：《吴文正集》卷三一《送乐顺序》，见《文渊阁四库全书》第 1197 册，台湾商务印书馆 1986 年版，第 336 页。

解释，最能掌握《易经》穷神知化的精髓。在总结体会前人所体贴圣人之道的基础上，融会贯通，还应进一步向内返求于身心，向外证之于天地自然，如此才能臻于圣学之道，参赞天地之化育，而这正是圣人所以作《易》之大宗旨。

二、贯通天人的易理思想

儒者精神信仰的核心是天道，儒者的生命存在意义，也就是在当下的生命中正其性命，呈现天道，成就人道。吴澄说：

> 天道幽也，以占而显，则虽天之道，而可以用之应接人事矣；德行人也，以占而神，则虽人之所行，而可以赞助神之所为矣。盖所行皆神之所教训，则是以人而代神之所为也，故曰“佑”。①

吴澄认为，天道幽远，因卜筮而得以彰显。所以，通过卜筮这一媒介，天道就可以和人事相接。而人也可以因卜筮赞助神之所为，代之所为。即由卜筮，天道、人事可以通为一体，达至天人合一。吴澄的易学所致力建构的就是这样一个天人贯通的义理世界，他通过理气关系、成性、成圣等思想来实现。

（一）理气相即的天道观

在吴澄那里，理与道是同等意义的范畴，是宇宙万物之所以为宇宙万物背后的根据。

1. 理主宰气

吴澄对于理气关系的认识坚持了程朱理学的一般观点。他认

① 王新春、吕颖、周玉凤：《〈易纂言〉导读》，齐鲁书社 2006 年版，第 458 页。

为造化宇宙万物的终极本原为理，而盈于天地之间、造化宇宙万物的气的消长盈虚、交感变化，为理所主宰、制约。吴澄说："有形之上者，道也，太极是也；有形之下者，器也，八卦所象之物是也。"①"理无形象，变易者阴阳之气也，阴阳之所以能变易者理也，非是阴阳变易之外别有一物为理而为易之体也。"②而因为理是万物及阴阳之气的最高的终极根据，所以又称其为太极。"'太'者，大之至也。'极'者，屋栋之名。天地间之有此理，犹屋之有极也。'易有太极'，谓一阴一阳之相易，有理以为之主宰也。"③"混元未判之气名为太一，而不名为太极，故《礼记》曰'夫礼本于太一，分而为阴阳'，朱子《易赞》曰'太一肇判，阴降阳升'，若知混元未判之气不名为太极，而所谓太极者是指道理而言，则不待辨而明矣。"④吴澄将太极视为道、理，并指出道不可名，太极二字是假借之称。他说："太极者何也？曰道也。道而称之曰太极何也？曰假借之辞也，道不可名也，故假借可名之器以名之也。……天地万物之统会曰太极。道也、理也、诚也、天也、帝也、神也、命也、性也、德也、仁也、太极也，名虽不同，其实一也。"⑤

在理的主宰之下，阴阳二气氤氲变化，生成日月、四时。吴澄

① 王新春、吕颖、周玉凤：《〈易纂言〉导读》，齐鲁书社 2006 年版，第 467 页。

② 〔元〕吴澄：《吴文正集》卷三《答田副使第二书》，见《文渊阁四库全书》第 1197 册，台湾商务印书馆 1986 年版，第 49 页。

③ 王新春、吕颖、周玉凤：《〈易纂言〉导读》，齐鲁书社 2006 年版，第 463 页。

④ 〔元〕吴澄：《吴文正集》卷三《答田副使第二书》，见《文渊阁四库全书》第 1197 册，台湾商务印书馆 1986 年版，第 42 页。

⑤ 〔元〕吴澄：《吴文正集》卷四《无极太极说》，见《文渊阁四库全书》第 1197 册，台湾商务印书馆 1986 年版，第 60 页。

从三个方面来阐发。其一，就阴阳二气的象而言，形成日月照临天地万物。其二，就阴阳二气的运行秩序而言，形成春夏秋冬四时，来展现阴阳二气的消长盈虚。其三，就阴阳二气化生宇宙万物的功能来看，犹如鬼神的神奇力量，符合《系辞传》"阴阳不测之谓神"的说法。他说：

> 夫"天"，专言之则道也，此虽兼地言之，而曰"天地"，然与专言"天"之一字者同。盖以其主宰之理而言，非指轻清之气为天、重浊之质为地也。"日月""四时""鬼神"，皆天地之气所为。气之有象而照临者，为"日月"；气之循序而运行者，为"四时"；气之往来屈伸而生成万物者，为"鬼神"。命名虽殊，其实一也。其所以明，所以序，所以能吉、能凶，皆天地之理主宰之。天地以理言，故曰"德"；日月、四时、鬼神以气言，故曰"明"、曰"序"、曰"吉凶"也。①

无论从何种意义上称呼阴阳二气，不能忽视的是，阴阳二气之所以能如此呈现、运行、化生万物，是因为有天地之理的主宰。日月之明、四时之序、鬼神之吉凶皆由于理的主宰作用使然。在吴澄这里，天地之理与理、道是同等内涵的概念。吴澄还用理气关系解释了天地鬼神。天有以理言者，有以气言者，但理是主宰，理在气中。这一点是延续朱熹"天即理"的思想。这就是说，天地有理有气，以理言为天地之理，以气言为天地之气，日月、四时、鬼神都是气的不同样态，其背后都有天地之理在主宰。

---

① 王新春、吕颖、周玉凤：《〈易纂言〉导读》，齐鲁书社 2006 年版，第 498 页。

在这个基础上,万物得以产生。他以卦画的加倍法来模拟宇宙万物的生成秩序。他在解释《易传》“易有太极,是生两仪,两仪生四象,四象生八卦”时说:“一阴一阳相匹配,而为两卦之第一画也,是谓‘两仪’。两仪之上各加一阳一阴,则倍二而为四卦之第二画也,是谓‘四象’。四象之上又各加一阳一阴,则倍四而为八卦之第三画也,是谓‘八卦’。有此八卦,则其别有六十四,而可用之占筮,以定吉凶,俾民无所疑,而勇于趋事赴功,故曰‘生大业’。”①

2. 理在气中,理气相即不离

在吴澄看来,在天道运行过程中,在理主宰气的前提下,理气相即不离,共同化生宇宙万物。他说:

> 自未有天地之前至既有天地之后,只是阴阳二气而已。本只是一气,分而言之则曰阴阳,又就阴阳中细分之,则为五行,五行即二气,二气即一气。气之所以能如此者何也?以理为之主宰也。理者,非别有一物在气中,只是为气之主宰者即是。无理外之气,亦无气外之理。②

吴澄的说法与朱熹并不完全相同。朱熹所谓理的主宰,是“别有一物”在气中为之主宰。吴澄认为理气相即不离,而不是理在气中,为气主宰。

吴澄认为,在道即理的主宰下,宇宙处于阴阳二气消长盈虚的

① 王新春、吕颖、周玉凤:《〈易纂言〉导读》,齐鲁书社 2006 年版,第 463 页。

② 〔元〕吴澄:《吴文正集》卷二《答人问性理》,见《文渊阁四库全书》第 1197 册,台湾商务印书馆 1986 年版,第 32 页。

不断变化中。阴阳二气的变化运动不仅使万物生成具备完整的形体，而且使其承继了理之善性、道之善性。

（二）继天成性的心性说

《易传》对天人之际有着明确表述的是“一阴一阳之谓道，继之者善也，成之者性也”，这是对天道内涵、人性本原以及人之性善的根据作了简练的表达。吴澄对这个命题进行了诠释：

> 天地间，阴阳二气而已。圣人合卦象与蓍数而名曰《易》者，取阴阳互相更易之义。庄氏云：“《易》以道阴阳。”是也。故此章专言“阴阳”二字，以明《易》之所以为《易》者，阴阳也。“一阴一阳”谓阴而阳，阳而阴，循环无端也。周子曰：“动而生阳。动极而静，静而生阴。静极复动。一动一静，互为其根。”是也。“阴阳”，气也；“道”者，理也。然非别有一物在气中，即是气而为之主宰者，“道”也。程子曰：“阴阳，非道也。所以一阴一阳者，道也。”①
>
> “继之”谓阴阳之运，而为造化者，继续而无息也。“成之”谓阴阳之凝，而为人物者，成完而无亏也。继续流行而无息者，其理则谓之“善”。成完备具而无亏者，其理则谓之“性”。“继之”“成之”者，阴阳之气；“善”者、“性”者，道也。②

这就是说，人得天地之气而成就形体，人禀天地之理而成性。

---

① 王新春、吕颖、周玉凤：《〈易纂言〉导读》，齐鲁书社 2006 年版，第 449 页。

② 王新春、吕颖、周玉凤：《〈易纂言〉导读》，齐鲁书社 2006 年版，第 449 页。

性与理同时皆有，不可分开，但有道气之分，不能混淆。性就是来自流行之理。在这里，吴澄引用了程颐的观点。程颐虽然没有注解《系辞传》，但他对“一阴一阳之谓道”有非常独到的理学解析。《河南程氏遗书》中记载了伊川先生关于“阴阳之道”的三段论述：

“一阴一阳之谓道”，道非阴阳也，所以一阴一阳道也，如一阖一辟谓之变。①

“一阴一阳之谓道”，此理固深，说则无可说。所以阴阳者道，既曰气，则便是二。言开阖，已是感，既二则便有感。所以开阖者道，开阖便是阴阳。老氏言虚而生气，非也。阴阳开阖，本无先后，不可道今日有阴，明日有阳。如人有形影，盖形影一时，不可言今日有形，明日有影，有便齐有。②

离了阴阳更无道，所以阴阳者是道也。阴阳，气也。气是形而下者，道是形而上者。形而上者则是密也。③

可见，程颐是从三个层面来论述“阴阳之道”的。一是道是超越阴阳名相、变化形影的本体范畴，属于“形而上者”，义理深奥，密不可说。二是阴阳是对偶化的功能概念，既有变易特征，又有形相可言，属于“形而下者”。三是道是所以阴阳者，即一阴一阳的变易

---

① 〔宋〕程颢、程颐著，王孝鱼点校：《二程集》，中华书局2004年版，第67页。

② 〔宋〕程颢、程颐著，王孝鱼点校：《二程集》，中华书局2004年版，第160页。

③ 〔宋〕程颢、程颐著，王孝鱼点校：《二程集》，中华书局2004年版，第162页。

根据，或是一阖一辟的变动规律。道与阴阳的逻辑关系，既是然与所以然的分殊关系，又是本体与功能的一源关系。整体来说，一阴一阳的表达方式，旨在说明“阴阳开阖”具有二元对偶特征，有便齐有，同时呈现，并不意味着存在截然为阴为阳之理。这就是说，阴阳变易本无先后可言，是同时在发挥着作用，不可将一阴一阳理解为阴阳之道的先后顺序。

就《易》本身而言，“一阴一阳之谓道”有两个层面的展现。其一，就卦画而言，阳爻变而生阴，阴爻变而生阳，互相变易，生生不穷。其二，就蓍数而言，无论是过揲法的九六七八，还是挂扐法的五九四八，都体现了“易”的“阴阳不测之谓神”的属性。“继之者善”指的是阴阳运动流行无息之理就是善，是说天道本体流行不息，大生广生，所以是至善无恶的。“成之者性”是在论述天人之际、天人相贯通处，此相贯处就天而言为命，就人而言为性，人秉受此理成就自身，就是性。善、性就是天道。吴澄一方面认为天道至善，另一方面确认了天人合一的根源以及人性善的根据。在这样的情况下，儒者自然要体证天道，继善成性。

但是，因禀气的清浊不同，宇宙万物在承继理之性的时候就有了诸多差异，所以理之性彰显在宇宙万物的身上的在人之性、在物之性便有较大不同。

朱子曾说：“自一气而言之，则人物皆受是气而生；自精粗而言，则人得其气之正且通者，物得其气之偏且塞者。惟人得其正，故是理通而无所塞；物得其偏，故是理塞而无所知。……然就人之所禀而言，又有昏明清浊之异。”①

① 〔宋〕黎靖德编，王星贤点校：《朱子语类》卷四，中华书局 1986 年版，第 65~66 页。

吴澄延续了朱熹的这一思想，他说：

人得天地之气而成形，有此气即有此理，所有之理谓之性。此理在天地，则元亨利贞是也。其在人而为性，则仁义礼智是也。性即天理，岂有不善？但人之生也，受气于父之时既有或清或浊之不同，成质于母之时又有或美或恶之不同。气之极、清质之极美者为上圣，盖此理在清气美质之中，本然之真无所污坏，此尧舜之性所以为至善，而孟子之道性善所以必称尧舜以实之也。其气之至浊、质之至恶者为下愚，上圣以下，下愚以上，或清或浊，或美或恶，分数多寡有万不同。惟其气浊而质恶，则理在其中者被其拘碍沦染，而非复其本然矣，此性之所以不能皆善而有万不同也。①

此道以阴阳混成而赋与于人物，则谓之性。性之在人，圣愚、贤不肖一也。而上圣、大贤以下，所禀阴阳之气不能无偏，或得阳之多而为仁者，或得阴之多而为知者。“见之”之“之”，指“道”而言。仁者、知者各因其所偏而有见于道，或谓之仁，或谓之知，不能尽如其性之所有而全之。然仁、知之人虽不能全其性，犹各能见其一偏。至若百姓之愚、不肖，则日用之间，无非由行此道，而皆不能知。仁者、知者知之而不全，百姓由之而不知，故君子之道虽各具于性，然能全而知之者，少矣。②

吴澄认为理在天地表现为“元亨利贞”，在人则为“仁义礼智”。

---

① 〔元〕吴澄：《吴文正集》卷二《答人问性理》，见《文渊阁四库全书》第1197册，台湾商务印书馆1986年版，第32页。

② 王新春、吕颖、周玉凤：《〈易纂言〉导读》，齐鲁书社2006年版，第450页。

这一点是借用了朱熹的说法。朱熹对“元亨利贞”四德作了阐发。他说：

且如“元亨利贞”四字，文王本意在乾、坤者只与诸卦一般，是大亨而利于正耳。至孔子作《彖传》《文言》，始以乾、坤为四德，而诸卦自如其旧。二圣人之意非有不同，盖各是发明一理耳。今学者且当虚心玩味，各随本文之意而体会之，其不同处自不相妨。①

元者，生物之始，天地之德莫先于此，故于时为春，于人则为仁，而众善之长也。亨者，生物之通，物至于此莫不嘉美，故于时为夏，于人则为礼，而众美之会也。利者，生物之遂，物各得宜，不相妨害，故于时为秋，于人则为义，而得其分之和。贞者，生物之成，实理备具，随在各足，故于时为冬，于人则为知，而为众事之干。干，木之身，枝叶所依以立者。②

元亨利贞，譬诸谷可见，谷之生，萌芽是元，苗是亨，穗是利，成实是贞。谷之实又复能生，循环无穷。③

这就是说，元亨利贞四德是理，贯通天人，在天言元亨利贞，在人言仁义礼智。朱熹一方面用元亨利贞来说明宇宙生生之理，一

① 〔宋〕朱熹：《晦庵先生朱文公文集》卷五六《答赵子钦》，见〔宋〕朱熹撰，朱杰人、严佐之、刘永翔主编《朱子全书》第23册，上海古籍出版社、安徽教育出版社2002年版，第2643页。

② 〔宋〕朱熹：《周易本义·文言传第七》，见〔宋〕朱熹撰，朱杰人、严佐之、刘永翔主编《朱子全书》第1册，上海古籍出版社、安徽教育出版社2002年版，第146页。

③ 〔宋〕黎靖德编，王星贤点校：《朱子语类》卷六八，中华书局1986年版，第1689页。

方面以元亨利贞和仁义礼智相互诠释，以揭示出心性情之结构。从人性上讲，元亨利贞四德，即仁义礼智。将元亨利贞与人的德性相配，从《左传》就有，《文言传》继之作了深度的阐发。后来无论是作为官学的《周易正义》，还是李鼎祚的《周易集解》，都将元亨利贞与五常相配，所以这在思想史上是有传统的。只不过在宋代之前，这种搭配多是阐述天人外在的秩序，不脱离汉代天人之学的范围。至宋代，理学倡明，对这个问题的探讨由天人外在秩序转向内在性理之贯通。理学家们对“仁”的解读充分体现了这一点。“二程用‘生之理’解释仁，使仁变成了形而上的绝对的道德理性或道德本体。”①朱熹受二程影响，以生生之理来释仁。他说：“仁者天地生物之心，而人之所得以为心者也。”②“仁是个生底物事。既是生底物，便具生之理。”③元有初始的意义，仁有生的意义，那么元配仁、亨配礼、利配义、贞配智就合理了。他说：

> 仁字须兼义礼智看，方看得出。仁者仁之本体，礼者仁之节文，义者仁之断制，知者仁之分别。犹春夏秋冬虽不同，而同出于春，春则生意之生也，夏则生意之长也，秋则生意之成也，冬则生意之藏也。自四而两，两而一，则统之有宗，会之有元，故曰：五行一阴阳，阴阳一太极。④

---

① 蒙培元：《理学范畴系统》，人民出版社 1989 年版，第 490 页。

② 〔宋〕朱熹：《四书或问·孟子或问》，见〔宋〕朱熹撰，朱杰人、严佐之、刘永翔主编《朱子全书》第 6 册，上海古籍出版社、安徽教育出版社 2002 年版，第 923 页。

③ 〔宋〕黎靖德编，王星贤点校：《朱子语类》卷二一，中华书局 1986 年版，第 498 页。

④ 〔宋〕黎靖德编，王星贤点校：《朱子语类》卷六，中华书局 1986 年版，第 109 页。

仁所以包三者，盖义礼智皆是流动底物，所以皆从仁上渐渐推出。仁智、元贞是终始之事，这两头却重。①

元亨利贞，性也。生长收藏，情也。以元生，以亨长，以利收，以贞藏者，心也。仁义礼智，性也。恻隐、羞恶、辞让、是非，情也。以仁爱，以义恶，以礼让，以智知者，心也。性者心之理也，情者心之用也，心者性情之主也。程子曰其体则谓之易，其理则谓之道，其用则谓之神，正谓此也。又曰言天之自然者谓之天道，言天之付与万物者谓之天命，又曰天地以生物为心，亦谓此也。②

此处在说天人关系。就天道而言，天地生物之心即体，即易。元亨利贞是性，就是道。就人道而言，元亨利贞之性落实在人身上就是仁义礼智之性。朱熹论及理与太极时，说："此体在人，则心是已。其理则所谓性，其用则所谓情，其动静则所谓未发已发之时也。此其为天人之分虽殊，然静而此理已具，动而此用实行，则其为易一也。若其所具之理、所行之用合而言之，则是易之有太极者。"③论及心性关系时，他说："性犹太极也，心犹阴阳也，太极只在阴阳之中，非能离阴阳也。然至论太极，自是太极，阴阳自是阴阳。惟性与心亦然，

① 〔宋〕黎靖德编，王星贤点校：《朱子语类》卷六，中华书局 1986 年版，第 107 页。

② 〔宋〕朱熹：《晦庵先生朱文公文集》卷六七《元亨利贞说》，见〔宋〕朱熹撰，朱杰人、严佐之、刘永翔主编《朱子全书》第 23 册，上海古籍出版社、安徽教育出版社 2002 年版，第 3254 页。

③ 〔宋〕朱熹：《晦庵先生朱文公文集》卷四五《答吴德夫》，见〔宋〕朱熹撰，朱杰人、严佐之、刘永翔主编《朱子全书》第 22 册，上海古籍出版社、安徽教育出版社 2002 年版，第 2071 页。

所谓一而二，二而一也。”①“心之理是太极，心之动静是阴阳。”②这样就把太极阴阳与心性相结合，实现了天道性命的贯通。

吴澄按照朱熹的这个思路，认为理在天地为元亨利贞，在人为仁义礼智，人禀天地之理而成性，性即天理，无有不善。但人禀受天地之气而成形时，因气清浊美恶的不同，有圣、愚、贤、不肖的差别。上圣、大贤以下的仁人、智人虽然不能完全承继理之性，但仍能知晓理之性，只是囿于一偏，而普通百姓就更不能知道、知理了。因为秉气的不同，人性因此有差别，那么在现实社会人生层面，存在着人的价值理性、道德理想和私欲之间的紧张，即人面临着天理与人欲的关系问题。

人要体道，就是体认天地生生之道。最能促成这一切的，就是圣人了。吴澄说：

> 生生不已者，天地之大德。然天地生物，生人，又生与天地合德之圣人，命之居君师之位，为人物之主，而后能使天地之所生得以各遂其生也。③

所以，君子应通过进德修业来达至圣人的境界。吴澄说：

> “进”谓日新不已，“修”谓遍举无遗。……“忠信”者，尽

① 〔宋〕黎靖德编，王星贤点校：《朱子语类》卷五，中华书局1986年版，第87页。

② 〔宋〕黎靖德编，王星贤点校：《朱子语类》卷五，中华书局1986年版，第84页。

③ 王新春、吕颖、周玉凤：《〈易纂言〉导读》，齐鲁书社2006年版，第471页。

心于中，而达乎在外之信也。心常实，则德无时不进矣。“修辞立其诚”者，修辞于外，而固守其在中之诚也。事皆实，则业无一不修矣。……“知至”“知终”，知也；“至之”“终之”，行也。“可与”，犹《论语》之“可与共学”。先知所至，而行以至之，则自其动之微而趋于善，故曰“可与几也”。“几”者，进德之端也，既知所终，而行以终之，则制事之宜皆存于此，故曰“可与存义也”。“存”犹“居”也。“义”者，修业之方也。“知至至之，可与几”，格物致知而诚意也；“知终终之，可与存义”，尽性至命而理于义也。①

这就是说，通过日新其德，持守心之诚而修业。格物致知而诚意，就能知几。尽性至命而理于义，可与存义。这样，通过进德修业，就可以存天理灭人欲。

三、“一决于象”的解《易》方法

吴澄通过对《周易》经传的诠释，建构了其义理易学体系。通观《易纂言》和《易纂言外翼》二书，我们就可以发现吴澄所用的诠释方法总是围绕着易象来展开。易象学是吴澄易学思想中的重要内容。吴澄承袭两汉易学传统，从《周易》经传出发，“一决于象”，系统地总结《周易》取象及其取象的方法，形成了一个完整的象学理论体系。四库馆臣评价说：“自唐定《正义》，《易》遂以王弼为宗，象数之学，久置不讲。澄为《纂言》，一决于象，史谓其能尽破传注之穿凿。故言《易》者多宗之，是编类聚区分，以求其理之会通。

① 王新春、吕颖、周玉凤：《〈易纂言〉导读》，齐鲁书社 2006 年版，第 493 页。

如卦统、卦对二篇，言经之所以厘为上下，乃程朱所未及。象例诸篇，阐明古义，尤非元明诸儒空谈妙悟者可比。”①

吴澄谈易象，实是补朱子谈象之不足。在朱熹那里，他虽然认为象是《易》的重要组成部分，但较多的是释占，所谈的易象倒显得过于粗疏。这主要是因为朱熹对于易象的基本定位。首先，朱熹认为圣人作《易》实是以有限之象来明无穷之理。若解象过于明确，便无法彰显卦爻画所表现的丰富内涵。他说：“圣人作《易》，有说得极疏处，甚散漫。如爻象，盖是泛观天地万物取得来阔，往往只仿佛有这意思，故曰：‘不可为典要。’”②其次，因为许多易象距离创作之初时间久远，并不容易解释清楚，所以不如缺以待疑。他说：“《易》之取象，固必有所自来，而其为说，必已具于太卜之官；顾今不可考，则姑阙之，而直据辞中之象，以求象中之意，便足以为训诫而决吉凶。”③所以《易纂言》以四圣道之象与辞的解释为中心，在很大程度上弥补了朱子解象之不足。

吴澄所说的易象，是基于《周易》经传的象而言的。他之所以特别推崇“象”的作用，是因为他认同《系辞传》“观象系辞”的说法，认为圣人效法天地自然之象而设卦、系辞。他的易象学有其自身的特色。

（一）象辞互显

吴澄认为伏羲观象设卦之后，文王系彖辞、周公系爻辞才成为

---

① 〔清〕永瑢等：《四库全书总目》卷四，中华书局1965年版，第23页。

② 〔宋〕黎靖德编，王星贤点校：《朱子语类》卷六七，中华书局1986年版，第1655页。

③ 〔宋〕朱熹：《晦庵先生朱文公文集》卷六七《易象说》，见〔宋〕朱熹撰，朱杰人、严佐之、刘永翔主编《朱子全书》第23册，上海古籍出版社、安徽教育出版社2002年版，第3255~3256页。

可能。那么由象来解辞，由辞来推象，君子观象玩辞是研究《周易》经传的有效路径。他说：

> 文王之象，以象为本，故言“象”以该“辞”；周公爻辞亦有所象，此言“辞”不言“象”者，周公之爻，以辞为用，故言“辞”以该“象”。①

因为文王、周公系辞亦是以象为本，所以象辞之间就存在契合的关系，言象就可以概括辞的意义，谈辞就可以明确象的含义。无论是“以象为本”的文王，还是“以辞为用”的周公，都不能避过“象”的作用，象与辞因象的符示意义得以相通融合。所以，由象可以显辞意，象的作用不容忽视。

进而，吴澄将卦爻辞区分为象与占两部分，延续了朱熹对于象、占二分的做法。朱熹说：“《易》本因卜筮而有象，因象而有占，占辞中便有道理。如筮得《乾》之初九，初阳在下，未可施用；其象为潜龙，其占为‘勿用’。凡遇‘乾’而得此爻者，当观此象而玩其占，隐晦而勿用可也。它皆仿此，此《易》之本指也。盖潜龙则勿用，此便是道理。”②朱熹认为《易》之本旨在观象玩占，以掌握圣人之意。卦爻辞非象即占，义理在象占之中，舍象占则无义理。吴澄对卦爻辞象、占部分的区分比朱熹更为细致，他在经文下面明确标注何为象、何为占，并指出象、占不是非此即彼的关系，二者之间仍有割不断的关系。他说：“辞有象辞，有占辞；象之中亦有占，占之

---

① 王新春、吕颖、周玉凤：《〈易纂言〉导读》，齐鲁书社 2006 年版，第 445 页。

② 〔宋〕黎靖德编，王星贤点校：《朱子语类》卷六八，中华书局 1986 年版，第 1695 页。

中亦有象。”①

区分了象和占，吴澄又将象作了细分。

(二)易象分类

对于“象”这个字，吴澄作了解释：

> “象”，兽名，象其形而为字，因假借其字为物形肖似之称。凡虎、兕、鹿、兔、马、牛、羊、犬等字，皆象其形也，而肖似之义，独于“象”字取之者，象为极南之兽，中土所无，惟观图画而想见其形，由是，图写物形之肖似，谓之“象”。②

即用象来表示象拟、比拟物形。

那么，《易》中的象的含义是什么呢？他说：

> 羲皇所画之卦画谓之象，文王所名之卦名谓之象，彖辞、爻辞泛取所肖之物，亦谓之象。③

此易象包括三方面内容。其一，是伏羲所画的八卦之象、六十四卦之象、三百八十四爻之象。其二，是卦名，指的是文王依照六画卦上下卦体所象征的事物，对卦之命名所成之象。其三，卦爻辞所取之象。

---

① 〔宋〕吴澄：《易纂言外翼·十二篇原序》，见《文渊阁四库全书》第22册，台湾商务印书馆1986年版，第597页。

② 王新春、吕颖、周玉凤：《〈易纂言〉导读》，齐鲁书社2006年版，第361页。

③ 〔宋〕吴澄：《易纂言外翼·十二篇原序》，见《文渊阁四库全书》第22册，台湾商务印书馆1986年版，第597页。

吴澄认为伏羲画八卦是《易》之本，有了八卦卦画，“乾、坤定上下之位，离、坎列左右之门。天地之所阖辟，日月之所出入。是以春夏秋冬，晦朔弦望，昼夜长短，行度盈缩，莫不由乎此也。乾坤纵而六子衡，易之本也”①。他又说：“羲皇画八卦，因而重之……其时未有文字，八卦之名，止是因其三画之形而生声。既有文字之后，乃以乾、兑、离、震、巽、坎、艮、坤为卦名之字。”②吴澄认为伏羲时仅有卦画之形和声音，后来文王凭借卦画的形象作出卦名。“文王所称五十六卦之名，虽其义不一，而皆不过自八卦中出。叹其推考重卦两体与八卦所象相类，而立名之意。”③

在这个基础上，吴澄以《周易》经传为根据，凭借《系辞下传》“古者包牺氏之王天下也，仰则观象于天，俯则观法于地，观鸟兽之文与地之宜，近取诸身，远取诸物，于是始作八卦”的说法，将《周易》取象分为九大类：取于天者；取于地者；取于人者；取于动物者；取于植物者；取于服物者；取于食物者；取于用物者；取于采色、方位、时日、名数者。④

取于天者，指的是取于天及其与天有关的象。有天、日、月、斗、沫、雨、云、霜、冰。

取于地者，指的是取于地及其与地有关的象。有地、田、渊、川、河、谷、井、泉、泥涂、沙、石、磐、干、山、林、鹿、丘、陵、陆、道、行、

① 王新春、吕颖、周玉凤：《〈易纂言〉导读》，齐鲁书社2006年版，第73页。

② 王新春、吕颖、周玉凤：《〈易纂言〉导读》，齐鲁书社2006年版，第444页。

③ 王新春、吕颖、周玉凤：《〈易纂言〉导读》，齐鲁书社2006年版，第477页。

④ 参见〔元〕吴澄《易纂言外翼》卷二至卷四，见《文渊阁四库全书》第22册，台湾商务印书馆1986年版，第605~640页。

衢、逵、易、野、郊、国、邑、墉、藩、巷、穴、庙、家、宫、门、户、牖、栋、屋、庐、庭、背、阶、次。

取于人者,指的是取于人及其与人有关的象。有人、大人、幽人、君子、天子、君、公、侯、王侯、臣、宗、家人、父母、考、祖妣、王母、夫士、妇妻、夫妻、子、小子、女、妹、宫人、妾、童仆、随、婚媾、同人、朋、交、尚、彙、畴、仇、敌、邻、主、宾客、旅、行人、邑人、官、虞、史巫、武人、师、戎、寇、小人、匪人、恶人、我、尔、而、它、首、顶、面、頄、颊辅、舌、颐、须、目、耳、鼻、肱、心、脢、腹、身、躬、夤、限、臀、股、腓、趾、拇、肤、尸、鬼。

取于动物者,指的是取于动物及其与动物有关的象。有龙、马、牛、羊、豕、牲、虎、豹、狐、鼠、禽、鸟、隼、鸿、鹤、雉、翰音、龟、贝、鱼、鲋、豚鱼、尾、首、牙、角、革、翼、羽。

取于植物者,指的是取于植物及其与植物有关的象。有木、桑、棘、蒺藜、果、瓜、茅、莽、葛藟。

取于服物者,指的是取于服装、饰物方面的象。有簪、帛、繻、衣、袂、裳、带、绂、履。

取于食物者,指的是取于食物的象。有酒、食、德、羞、胥、血、盎膏、肤、肉、胏。

取于用物者,指的是取于人的用具。有鼎、匕鬯、尊、缶、瓶、筐、床、机、车、舆、輹、轮、柅、茀、弧、矢、斧、律、圭、金、资、载、囊、包、冂(即冖,古同幂)、蔀、旆、桎梏、徽纆、系维。

取于采色、方位、时日、名数者。取于色彩的,有章、玄、黄、朱、赤、白;取于方位的,有东、西、南、北、左、右、上、下、内、外、前;取于时日的,有先、后、初、中、终、甲、庚、巳;取于名数的,有大、小、一、二、三、七、八、九、十。

吴澄把《周易》经传之象分成九大类,利于后人对经传之象有宏观的把握。与吴澄同时期的胡一桂，于象学也有贡献。他在《周易启蒙翼传》中将象分为三十三类：天文类、地理类、岁月日时类、人道类、身体类、古人类、邑国类、宫室类、宗庙类、神鬼类、祭祀类、田园类、谷果类、酒食类、卜筮类、佑命类、告命类、爵禄类、车舆类、簪服类、旌旗类、讼狱类、兵师类、田猎类、金宝类、币帛类、器用类、数木类、五色类、禽兽类、鳞介类、草木类、杂类。比较吴澄与胡一桂的易象分类可以看出，胡一桂将易象依卦辞、爻辞、《易传》分别罗列，分类更为复杂。其实胡一桂的易象分类中有一些内容是可以合并为一类的。如邑国、宫室、宗庙可以归为地理一类，即吴澄所说的第二大类。这样合并下来，也不外乎吴澄的九大分类。二人之所以作如此不同的分类，实是因为对于朱熹三圣易的划分理解不同。胡一桂提倡三圣易之间的区分，所以坚持此圣之象非彼圣之象。吴澄坚持三圣易虽然不同，但是前圣与后圣之间有联系，卦爻辞是为解释卦画而作，传为解经而作。纵观二者的象学，发觉还是吴澄的分类更为简明。

此外，吴澄还引用邵雍“数象”的理论，用卦来说明数，用数来指代卦。所谓数象，指将十个自然数与八卦相配，除五、六、九、十，其他数皆代表两个卦象。他说：“一数属艮坎，二数属离兑，三数属坎震，四数属巽离，五数属乾，六数属巽，七数属震乾，八数属兑坤，九数属艮，十数属坤。每卦之数各两，艮九一，坎一三，震三七，乾七五，巽六四，离四二，兑二八，坤八十。”①即每卦之数各有两个，艮为九一，坎为一三，震为三七，乾为七五，巽为六四，离为四二、兑为二八，坤为八十。为了更好地说明，吴澄分别作了横图、纵图、方

① 〔元〕吴澄：《易纂言外翼》卷四，见《文渊阁四库全书》第 22 册，台湾商务印书馆 1986 年版，第 638 页。

图、圆图四个卦数图。以圆图为例，为了将数与卦的搭配做到均衡，他将一数分为四份，十数共四十份，用八卦来除，每卦得五份，所以每卦肯定要占有两个数。吴澄说："一数析为四分，十数凡四十分，每卦占五分，乾得五之全、七之少，震得七之太、三之半，坎得三之半、一之太，艮得一之少、九之全，坤得十之全、八之少，兑得八之太、二之半，离得二之半、四之太，巽得四之少、六之全。"①详见下图所示：

图 1.1 卦数圆图

这样一来，就不难理解数与卦配的道理了。"全"即一数所分四份的全部，"少"即一数所分四份中的一份，"太"即一数所分四份中的三份，"半"即一数所分四份中的两份。吴澄此图乃仿河图而画，一对六，二对七，三对八，四对九，五对十，以乾五、坤十居于圆图中线。就图之所涵意蕴而言，是以天地之气、象、形、质来解释八卦。他说："乾，天气也，震雷、巽风皆天之气，故上附于天；离、坎在

① 〔元〕吴澄：《易纂言外翼》卷四，见《文渊阁四库全书》第 22 册，台湾商务印书馆 1986 年版，第 640 页。

天为日、月象也，象者气之已著，故上附雷、风之气。”①“坤，地形也，兑泽、艮山皆地之形，故下附于地；坎、离在地为水、火质也，质者形之未凝，故下附泽、山之形。”②根据吴澄所说的数象，就可以看到，《周易》既用卦画符号来表现天地万物的变化，也用卦画符号来表现自然、人事所呈现的数。而且，吴澄还用数象来注解《周易》经文。他说：“凡一者，艮与坎也，损卦艮上，萃二三四互艮，睽旅皆三四五互坎。”③即解释睽卦上九爻“一车”、损卦六三爻“一人”、萃卦初六爻“一握”、旅卦六五爻“一矢”。

（三）易象体例

吴澄认为《易》重在取象。他所提出的互体、卦变等各种体例，都服务于取象，并用来注解《周易》经传。

吴澄主要运用的易象体例有：

1. 卦变说

卦变说是汉儒常用的解《易》体例，东汉虞翻的卦变说比较典型。宋儒在卦变说方面有较大成就，比较著名的有李之才的卦变说和朱熹的卦变说。吴澄也讲卦变。④

吴澄的卦变说非常清晰，其卦变说的来源是《说卦传》乾坤生六子的思想和汉儒十二辟卦的思想。《说卦传》云：“乾，天也，故称乎

---

① 〔元〕吴澄：《易纂言外翼》卷四，见《文渊阁四库全书》第 22 册，台湾商务印书馆 1986 年版，第 640 页。

② 〔元〕吴澄：《易纂言外翼》卷四，见《文渊阁四库全书》第 22 册，台湾商务印书馆 1986 年版，第 640 页。

③ 〔元〕吴澄：《易纂言外翼》卷四，见《文渊阁四库全书》第 22 册，台湾商务印书馆 1986 年版，第 637 页。

④ 《文渊阁四库全书》本《易纂言外翼》卦变部分缺失，元刻本保存完整。

父;坤,地也,故称乎母。震一索而得男,故谓之长男;巽一索而得女,故谓之长女;坎再索而得男,故谓之中男;离再索而得女,故谓之中女;艮三索而得男,故谓之少男;兑三索而得女,故谓之少女。"《说卦传》乾坤生六子的思想是后世卦变说的直接思想来源。十二辟卦是汉儒用来注经的体例,也被汉儒广泛用于卦变说理论的架构。

吴澄卦变说的框架是:"羲皇生卦,奇偶之上生奇偶而已。卦体既成,而推其用则无穷焉。乾坤变而为六子、十辟,六子、十辟变而为四十六卦。"①这就是说,乾是纯阳,坤是纯阴,乾坤是父母卦。乾坤变而生六子,即震、巽、坎、离、艮、兑六纯卦。乾坤变又生十辟卦,即复、临、泰、大壮、夬、姤、遁、否、观、剥十个卦。

吴澄认为,乾是"纯阳辟",坤是"纯阴辟",复是"一阳辟",临是"二阳辟",泰是"三阳辟",大壮是"四阳辟",夬是"五阳辟",姤是"一阴辟",遁是"二阴辟",否是"三阴辟",观是"四阴辟",剥是"五阴辟"。由十辟卦和六子变出其他四十六卦。

十辟卦所变之卦共三十四卦②:

一阳之卦自复、剥变来:一阳在内卦,由复变来,凡二卦,即师卦、谦卦。复初与二相易变师,复初与三相易变谦。一阳在外卦,自剥变来,凡二卦,即豫卦、比卦。剥上与四相易变豫,剥上与五相易变比。

一阴之卦自姤、夬变来:一阳在内卦,由姤变来,凡二卦,即同人卦、履卦。姤初与二相易变同人,姤初与三相易变履。一阴在外卦,由夬变来,凡二卦,即小畜卦、大有卦。夬上与四相易变小畜,

---

① 〔元〕吴澄:《易纂言外翼·十二篇原序》,见《文渊阁四库全书》第22册,台湾商务印书馆1986年版,第597页。

② 〔清〕黄宗羲:《易学象数论》卷二,中华书局2010年版,第88~90页。

夬上与五相易变大有。

二阳之卦自临、观变来：二阳在内卦，由临变来，凡二卦，即升卦、明夷卦。临初与三相易变升，临二与三相易变明夷。二阳在外卦，由观变来，凡二卦，即晋卦、萃卦。观五与四相易变晋，观上与四相易变萃。

二阴之卦自遁、大壮变来。二阴在内卦，由遁变来，凡二卦，即无妄卦、讼卦。遁初与三相易变无妄，遁二与三相易变讼。二阴在外卦，由大壮变来，凡二卦，即需卦、大畜卦。大壮五与四相易变需，大壮上与四相易变大畜。

三阴三阳之卦自泰、否变来。二阳在内卦，一阳在外卦，自泰变来，得恒、井、蛊、丰、既济、贲、归妹、节、损九卦。二阴在内卦，一阴在外卦，自否变来，得益、噬嗑、随、涣、未济、困、渐、旅、咸九卦。

六子卦所变之卦共十二卦，即蹇、蒙、小过、颐、解、屯、睽、革、中孚、大过、家人、鼎。二阳分在内外，自震变蹇、蒙，自坎变小过、颐，自艮变解、屯。二阴分在内外，自巽变睽、革，自离变中孚、大过，自兑变家人、鼎。以两爻升降，六子卦各变出两卦。

这样一来，六子和十辟卦共变出四十六卦，再加上乾、坤两卦，就构成了系统完整的六十四卦。

吴澄的卦变说是用来注解《周易》经传的。在《易纂言》中，每卦之前先列卦变。如他注师卦云："一阳《复》变。"①注升卦云："二阳《临》变。"②注晋卦云："四阴《观》变。"③六子所变之卦，则分别

① 王新春、吕颖、周玉凤：《〈易纂言〉导读》，齐鲁书社 2006 年版，第 100 页。

② 王新春、吕颖、周玉凤：《〈易纂言〉导读》，齐鲁书社 2006 年版，第 245 页。

③ 王新春、吕颖、周玉凤：《〈易纂言〉导读》，齐鲁书社 2006 年版，第 203 页。

以“八纯震变”“八纯坎变”“八纯艮变”“八纯巽变”“八纯离变”“八纯兑变”注之。其他卦的注解也是依据他的卦变理论而来的。

2. 互体说

互体说是解《易》的常用体例之一。吴澄也重视互体说①,他说:“互卦者,以六画之二三四五互成二卦也,二三四为一卦,三四五为一卦。”②这就是说,一个六画卦的中间四爻通过三爻相互结合的方式,从而形成两个新的经卦、一个新的别卦。吴澄使用互体说,一是为了注解《周易》经传,二是力图用互体法在邵雍所说的伏羲《易》和文王《易》之间架构起沟通的桥梁。

就《周易》经传注释而言,在《易纂言》中,吴澄用得最多的是互体出来三画卦的经卦。如注需卦“利涉大川”云:“三四五互离,成舟象。”③注萃卦卦辞“王假有庙”云:“艮为庙。二三四互艮。”④对于《周易》中经常出现的雨云之象,吴澄也用互体来解。他说:“卦象坎为水为云为雨。小畜二三四互兑,小过三四五互兑,兑变坎下画,水壅塞而不流,云密蔽而不雨之象。小畜上变则成坎,故云‘既雨’。睽三四五互坎、夬三五、鼎九三变为

① 因《文渊阁四库全书》本《易纂言外翼》互体部分缺失,而元刻本保存完整,故本书在引用此部分时均引自《中华再造善本》本(北京图书馆出版社 2004 年版),如,第 101 页注释②、第 102 页注释③④等。特此说明。

② 〔元〕吴澄:《易纂言外翼》卷一,见《中华再造善本》第 1 册,北京图书馆出版社 2004 年版,第 34 页。

③ 王新春、吕颖、周玉凤:《〈易纂言〉导读》,齐鲁书社 2006 年版,第 94 页。

④ 王新春、吕颖、周玉凤:《〈易纂言〉导读》,齐鲁书社 2006 年版,第 241 页。

柔，则三四五亦成坎，故云'遇雨''方雨'也。"①有时，也用到卦之间四爻以外的其他相邻四爻的连互。如注泰卦六五爻辞"帝乙归妹以祉"云："《泰卦》互体及卦变皆成《归妹卦》。"②泰卦九二至六五爻连互得归妹卦，二至四爻互体得兑作下体，三至五爻互体为震作上体。卦变则指的是泰卦三四两爻为动变之爻，变而为归妹。

吴澄在注释《周易》经传的基础上，试图用互体打通先天易和后天易。他说："自昔言互体者，不过以六画之四画互二卦而已，未详其法象之精也。"③他不满足于仅用互体来注解《周易》经传，还作互体先天图，力图用互体之法来解释伏羲先天易和文王后天易之间的演变关系。

吴澄将伏羲先天六十四卦圆图通过互体，最后得出乾、坤、既济、未济四卦："《周易》始乾坤，终既济、未济以此。"④这就是说，先天六十四卦卦序与后天六十四卦卦序是相通的。那么他是怎么分析的呢？

吴澄说："图之左边起乾、夬，历八卦而至睽、归妹，又历八卦而至家人、既济，又历八卦而至颐、复；图之右边起姤、大过，历八卦而至未济、解，又历八卦而渐、蹇，又历八卦而至剥、坤。左右各二卦互一卦，合六十四卦互体只成十六卦，又合十六卦互体只成四卦，

① 〔元〕吴澄：《易纂言外翼》卷二，见《文渊阁四库全书》第22册，台湾商务印书馆1986年版，第607页。

② 王新春、吕颖、周玉凤：《〈易纂言〉导读》，齐鲁书社2006年版，第118页。

③ 〔元〕吴澄：《易纂言外翼》卷一，见《中华再造善本》第1册，北京图书馆出版社2004年版，第35页。

④ 〔元〕吴澄：《易纂言外翼》卷一，见《中华再造善本》第1册，北京图书馆出版社2004年版，第35页。

乾、坤、既济、未济也。”①即将六十四卦相邻两卦互体一相同的卦，互体得十六卦，此十六卦再互体得四卦，即乾、坤、既济、未济。此四卦就是文王后天六十四卦的首末四个卦，这样就把伏羲先天六十四卦序和文王后天六十四卦序联系起来了。这是吴澄互体说独特的地方，是值得关注的。林忠军认为吴澄所作的互体先天图，思想框架在宋代张行成那里就已经有了。张行成在《易通变》一书中，已经将互体用于先天图中，也证明了后天卦序始于乾坤、终于既济未济，而且张行成通过互体得出的十六卦和吴澄通过互体得出的十六卦完全相同，故认为：“吴澄关于互体先天图来自邵氏之学，直接源于邵氏传人张行成。”②

3. 卦主说

吴澄在注释坤卦卦辞“君子有攸往，先迷后得主”时说：“凡卦各有一爻为主，彖、爻之辞言‘主’者，皆谓主爻也。”③认为卦辞、爻辞里面有“主”字的，都是在说主爻，即一卦之主爻。在《易纂言外翼》中，由小成之卦入手，论及大成之卦，专门论述了卦主说。

吴澄说：“小成之卦八：震、巽下为主，坎、离中为主，艮、兑上为主。此因乾坤交易而定也。震一阳、巽一阴，下为主；兑二阳、艮二阴，中为主；乾三阳、坤三阴，上为主。此因阴阳消长而定也。艮兑或主上或主中者，以乾坤之交而言则主上画，故遁二阴主二，剥五阴主五，艮之中画为主也。临二阳主二，夬五阳主五，兑之中画为

① 〔元〕吴澄：《易纂言外翼》卷一，见《中华再造善本》第1册，北京图书馆出版社2004年版，第35页。

② 林忠军：《象数易学发展史》第二卷，齐鲁书社1998年版，第515页。

③ 王新春、吕颖、周玉凤：《〈易纂言〉导读》，齐鲁书社2006年版，第82页。

主也。”①就小成之卦八经卦而言，若从乾坤交感生六子的角度来选择卦主，震巽、坎离、艮兑以表征其卦之阴阳属性的爻为其主爻，即分别以初、中、上爻为主爻；若从阴阳消息的角度来选择卦主，那么震巽之阴阳息在初，艮兑之阴阳息在中，乾坤之阴阳息在上，所以分别以初、中、上爻为主爻。

吴澄认为大成之卦六十四卦的卦主以小成之卦卦主确定为依据。

其一，“乾、坤为主之卦四：乾、坤主上，否、泰主三”②。“乾坤，父母也，其尊无上，故自主其重卦合卦，而不复为他卦主者，犹黄钟大吕二律之独尊，但自为宫而不复为他卦役也。”③其他卦中，即使出现乾或坤，为主者乾或坤要让位于六子之卦。

其二，“坎、离为主之卦二十有八：坎、离、屯、鼎、需、晋、比、大有、蹇、睽、井、噬嗑、节、旅十有四卦主五，蒙、革、讼、明夷、师、同人、解、家人、困、贲、涣、丰、未济、既济十有四卦主二”④。何以如此？“坎、离得乾、坤中画，自主其重卦、合卦，而又各主十二卦。所主倍于震、巽、艮、兑四卦者，贵中也。故卦之有坎、离者，必以坎、离为主。惟无坎、离者，然后震、巽、艮、兑为主也。”⑤

---

① 〔元〕吴澄：《易纂言外翼》卷一，见《文渊阁四库全书》第22册，台湾商务印书馆1986年版，第603页。

② 〔元〕吴澄：《易纂言外翼》卷一，见《文渊阁四库全书》第22册，台湾商务印书馆1986年版，第603页。

③ 〔元〕吴澄：《易纂言外翼》卷一，见《文渊阁四库全书》第22册，台湾商务印书馆1986年版，第603页。

④ 〔元〕吴澄：《易纂言外翼》卷一，见《文渊阁四库全书》第22册，台湾商务印书馆1986年版，第603~604页。

⑤ 〔元〕吴澄：《易纂言外翼》卷一，见《文渊阁四库全书》第22册，台湾商务印书馆1986年版，第604页。

其三,“震、巽为主之卦十有六:震、巽、大壮、观、小过、中孚、豫、小畜八卦主四,复、姤、无妄、升、益、恒、随、蛊八卦主初”①。

其四,“艮、兑为主之卦十有六:艮、兑、颐、大过、大畜、萃六卦主上,谦、履、咸、损、渐、归妹六卦主三,遁、临二卦主二,剥、夬二卦主五”②。

这里需指出的是,小成之卦自重所成的纯卦,卦主在上体;互为对体相重所成的合体,卦主在下体;震、巽、艮、兑四卦非对体关系而相互重叠所成的卦,无反体之卦,卦主在上体,有反体之卦,卦主在下体。

那么,乾坤坎离作为四正不易之卦,以它们为主者,凡三十二卦,分别是乾、泰、坤、否、坎、屯、需、比、蹇、井、节、蒙、讼、师、解、困、涣、未济、离、鼎、晋、大有、睽、噬嗑、旅、革、明夷、同人、家人、贲、丰、既济,其余三十二卦以震、巽、艮、兑四卦为主。

吴澄主要用卦主说来解卦爻辞中的“主”字。如解释明夷卦初九爻辞之“有攸往,主人有言”说:“‘往’谓往二。二为卦主,故曰‘主人’。”③即明夷卦六二为卦主,初九在下,有所往。如解释睽卦九二爻辞“遇主于巷”说:“‘主’谓五也。‘巷’者,里中之道。离中虚,有‘巷’之象。二与五正应,睽异之时,难于遇合,又两皆不正,二往就五,与之遇于里巷之间也。”④即睽卦卦主为六五爻,九二与六五

① 〔元〕吴澄:《易纂言外翼》卷一,见《文渊阁四库全书》第22册,台湾商务印书馆1986年版,第604页。

② 〔元〕吴澄:《易纂言外翼》卷一,见《文渊阁四库全书》第22册,台湾商务印书馆1986年版,第604页。

③ 王新春、吕颖、周玉凤:《〈易纂言〉导读》,齐鲁书社2006年版,第207页。

④ 王新春、吕颖、周玉凤:《〈易纂言〉导读》,齐鲁书社2006年版,第215页。

爻正应曰遇，六五所在的离卦有巷之象，所以有“遇主于巷”之象。

就取象方法而言，吴澄主要运用了卦变、互体、卦主、对卦等方法，从而揭示象与辞的关系，以象证辞。这些方法体例并没有超出汉儒解《易》取象的范围，只是在汉儒的基础上更加注重仔细推研，所以说，在一定程度上丰富了象数易学。吴澄的易象解释非常注重卦爻辞与卦爻象之间的联系。他的易象解释有两个原则，一是必须合于卦爻辞辞义，二是必须合于卦爻辞体例。以这两个原则作为易象解释的标准，即使无法对全部易象作出合理解释，也不至于牵强附会，随意发挥。

四、弟子鲍恂易学思想

鲍恂，生卒年不详，字仲孚，浙江崇德（今浙江桐乡）人。《宋元学案·草庐学案》云：“尝受《易》于草庐。洪武初，以明经召除文华殿大学士，辅导东宫，固辞归里。学者称为西溪先生。”①为人慎重，好古力行，学识品行名传天下。元统三年（1335），浙江乡试第一，任郑山书院山长。据涵虚子朱权《太易钩玄序》云，鲍恂易著原名《学易举隅》，成书后传给连山陈亮，亮授之建安赵志道，志道授之黄州程番。程番重加订正。后朱权得其书，刊行时更名为《太易钩玄》。《续修四库全书》收录其书。《太易钩玄》于《周易》经传没有注解，仅就易学问题进行简单解说，条理明晰，言简意赅。其易学思想如下：

（一）易学基本问题

第一，在论及伏羲作《易》之根据时，否认《易传》“河出图，洛

---

① 〔清〕黄宗羲原著，全祖望补修，陈金生、梁运华点校：《宋元学案》卷九二《草庐学案》，中华书局1986年版，第3074页。

出书，圣人则之”中伏羲则河图而画卦的说法，认为伏羲作《易》之由不过就阴阳奇偶上起数以画卦，并引用胡一桂《周易启蒙翼传》的观点予以佐证。

第二，在论易之义时，认同朱熹关于阴阳有变易和交易二义，认为易就是阴阳。“易之一字，只消阴阳两字括尽。从日从月，日阳也，月阴也。其所谓变易，以阴阳而变易；所谓交易，以阴阳而交易。而凡天文、地理、人事、物类以至性命之微，变化之妙，皆不外乎是矣。此学《易》纲领，开卷第一义，学者不可不察。”①

第三，认同胡一桂伏羲《易》、文王《易》、周公《易》、孔子《易》的划分。认为是伏羲画八卦并重卦，“今八卦图与六十四卦图是也”②。可见是认同朱熹先天象数学的，并认为《易经》六十四卦卦序是文王卦序，已非伏羲卦序。文王作卦辞，断一卦之吉凶。周公作爻辞，明一爻之吉凶。孔子作传。按照朱熹《周易本义》所说的古易版本为定。

（二）读《易》方法

该书还涉及一些研究易学方法，如看河图洛书法、看伏羲四图法、看文王八卦图法、看伏羲始画卦法、看周公系爻辞法、看孔子作十翼法、看《易》总法。

四圣易是相通的。“凡看一卦，先看卦上下两体，次看卦名义。”③

---

① 〔元〕鲍恂：《太易钩玄》卷上，见《续修四库全书》第3册，上海古籍出版社2002年版，第2页。

② 〔元〕鲍恂：《太易钩玄》卷上，见《续修四库全书》第3册，上海古籍出版社2002年版，第2页。

③ 〔元〕鲍恂：《太易钩玄》卷中，见《续修四库全书》第3册，上海古籍出版社2002年版，第7页。

看爻时，“先看何爻是成卦之主”①。爻辞若与卦辞取义不同，就看《彖传》《小象传》，然后可以看《系辞传》《说卦传》之类的，则意思自相浃洽。

《太易钩玄》卷下引用朱熹、程颐等人的观点，论及卦爻训义、卦画何以自下起、卦名始于何人、卦何以止六画、卦德、卦象、卦变、卦才、上下经卦多寡不同、上下经始终之义、爻分六位、爻称九六、爻分奇偶、爻分三才、爻分中正、爻分君臣、爻分承乘应之别、爻言吉凶悔吝无咎厉之异、六爻取象例、论《易》中无字等内容，多是汉易的内容，与胡一桂《周易启蒙翼传》有些章节结构很相似，加上文中征引过胡一桂书中的内容，可见鲍恂受胡一桂影响很大。主要思想如下：

第一，六爻取象方法很多，不一而足，列举了十几种，主要是通过爻与爻之间的结构关系来确立取象方法。有取之于本爻者，如乾初九潜龙；有取之于下近爻者，如姤九二包有鱼；有取之于上近爻者，如大过九三枯杨生华、老妇得其士夫；有取之于应爻者，如中孚九二言鸣鹤在阴、其子和之，九五言有孚挛如；有随各爻取象者，如坤初爻履霜坚冰、二爻直方大、三爻含章、四爻括囊、五爻黄裳、上爻龙战于野；有统六爻取象者，如井六爻的取象；有取自远而近以为象者，如需卦分别取象郊、沙、泥；有取自近而远以为象者，如同人卦取象；有以一身之次序以为象者，如咸卦、艮卦取象；有以一物之次序以为象者，如乾、渐两卦；有取变体、互体、伏体等。赞同胡一桂《象类图》中天文、地理、人物等关于易象的分类。

第二，对吉凶悔吝无咎厉等判词进行解析，如认为悔是自凶而趋吉，吝是自吉而向凶，无咎是本有咎以善补过故无咎等。

---

① 〔元〕鲍恂：《太易钩玄》卷中，见《续修四库全书》第3册，上海古籍出版社2002年版，第8页。

第三,讲卦变、卦才。认为程颐和朱熹的卦变说皆有不可通处,以朱熹卦变说为主,将二者结合起来,三阴三阳之卦根据程颐两体往来之说,二阳四阴之卦、二阴四阳之卦则从朱子近爻升降之说,可以将六十四卦的卦变融会贯通。

总之,《太易钩玄》提纲挈领地阐明了易学诸多问题,可以说是易学入门之书。

不同于许衡的“私言”研究,吴澄“纂言”具有对程朱尤其是朱熹易学之正统尊崇的自觉。其治《易》不再兼综“扫象不谈”的王弼易学,而是通过象数而入于义理。“其解释经义,词简理明,融贯旧闻,亦颇赅洽。”①故于易象学用力颇深,取得较大成就。后世对吴澄象学给予了较高的评价。明代焦竑作《易纂言序》说:“《易》者,象也。昔圣人赜天下之故,穷造化之隐,而其妙有难以言示者。于是拟诸形容,若身与物,皆取而寓之于象,象立而《易》斯见矣……吴幼清氏洞契于斯,作《纂言》一编,总若千万言,而一决之象,超然卓诣,绝不为两可之词;稽疑抉奥,契于我心者抑何多也!学者执是以求之,则可以见羲、文之心。见羲、文之心,则能见天地之心矣。”②四库馆臣指出:“自唐定《正义》,《易》遂以王弼为宗,象数之学,久置不讲。澄为《纂言》,一决于象,史谓其能尽破传注之穿凿。故言《易》者多宗之,是编类聚区分,以求其理之会通。如卦统、卦对二篇,言经之所以厘为上下,乃程朱所未及。象例诸篇,阐明古义,尤非元明诸儒空谈妙悟者可比。”③吴澄对于《周易》经传所作的义理诠释也是有目共睹,对于易学慧命的传承功不可没。

---

① 〔清〕永瑢等:《四库全书总目》卷四,中华书局1965年版,第22页。

② 王新春、吕颖、周玉凤:《〈易纂言〉导读》,齐鲁书社2006年版,第548页。

③ 〔清〕永瑢等:《四库全书总目》卷四,中华书局1965年版,第23页。

第二章　元代隐士易学：王申子、丁易东、黄泽

面对宋元易代、蒙古族入主的境遇，注重气节的宋末读书人中有部分采取了与蒙古政权不合作的态度，特别是那些以“南人”为主的士人并不接受元朝统治的合法性地位。在易代之后，他们往往隐居山林或书院，避世读书，著述以传世。《周易》不仅是儒家的五经之首，也是道家的三玄之一，其蕴含丰富的儒家、道家思想，因此更受到隐逸士人的青睐。这些隐居书院或山林教学著述者，其中不乏对易学有精研者。《元史·隐逸传》①提到四人研《易》，详列如下：

张特立（1179—1253），字文举，东明人，元初易学家。金哀宗正大初年为官，曾任监察御史，后回归家乡。精通程氏易学，晚年教授诸生。其时元世祖多次下诏因其潜德予以嘉奖，赐其读书的地方为丽泽堂，赐号为中庸先生。张特立著有《易集说》。

何中（1265—1332），字太虚，一字养正，抚州乐安（今江西乐安）人，元初易学家。南宋末年进士，曾隐居乡间，致力于古学。其

---

① 〔明〕宋濂等：《元史》卷一九九，中华书局1976年版，第4475～4480页。

学渊博,对《易经》有深入研究。广平程钜夫,清河元明善,柳城姚燧,东平王构,同郡吴澄、揭傒斯,皆推服之,何中独无意仕途,以布衣讲学终老。至顺二年(1331),江西行省平章全岳柱聘其为龙兴路东湖书院、宗濂书院山长。次年六月,以疾卒,年六十八。何中著有《易类象》二卷。

何中同乡危复之,字见心,宋末为太学生,师事汤汉,博览全书,好读《易》,尤工于诗。至元初,元帅郭昂屡荐为儒学官,不就。至元中,朝廷累遣奉御察罕及翰林应奉詹玉以币征之,皆弗起。危复之隐于紫霞山中,士友私谥曰贞白先生。

武恪,字伯威,宣德府(今河北宣化)人。少游学江南,吴澄荐入国学肄业。元明宗在潜邸时,选武恪为说书秀才。及从镇云南,明宗欲起兵陕西,恪力谏不合,遣还,遂隐居教授。元文宗时,屡为荐擢,皆不就。武恪好读《周易》,从学者多有所成。著有《水云集》若干卷。

除了上述人士,明确有易学研究著述传世的有王申子、丁易东和黄泽等。

第一节　象数义理汇通的王申子易学

王申子,本名王申,字巽卿,号秋山,四川邛州(今四川邛崃)人。《明一统志》记载:“王申子,本邛崃人,号秋山。元季隐居慈利,注《大易辑说》《春秋类传》。”①王申子在南宋时期,还曾中过进士,并做过官。后来,经历宋元天翻地覆变革的他,隐居慈利州天

① 〔明〕李贤等:《明一统志》卷六二,见《文渊阁四库全书》第 473 册,台湾商务印书馆 1986 年版,第 317 页。

门山，授徒讲学。王申子身处易代之际，一生“守志不出”，就其思想而言，一方面深受朱熹以来儒家理学思想的影响，另一方面则又表现出对佛、道思想的兼容吸收，其身上展现出宋元之际大多思想家所共有的思想烙印。

就其易学而言，王申子的易学思想集中体现在其撰写的《大易缉说》中。元皇庆二年（1313），《大易缉说》刊行。四库馆臣云：“所解惟上下经为详，《系辞》稍略，《说卦》《杂卦》尤略，《序卦》一传则排斥非孔子之言，但录其文而无一语之诠释。盖自李清臣、朱翌、叶适以来即有是说，不始于申子。其论《易》中错简、脱简、羡文凡二十有四，但注某某当作某某，而不改经文，亦尚有郑氏注书之遗意，与王柏诸人毅然点窜者异焉。”①王申子易学象数、义理兼宗，一方面十分重视自宋代以来兴起的图书与先天之学，另一方面对自程朱以来以理为基础阐释的易学义理内涵也十分推崇，因此其《大易缉说》中试图较为圆融地统合两者之间的关系。应当指出，尽管王申子的易学思想在后世并没有产生很大的影响，而今人无论从易学史角度还是思想史角度，都并未对其思想给予太多的重视，不过这并不意味着其易学丝毫无创新可取之处。据刘云超统计，王申子的易学思想在明清以后亦受到许多学者的重视。比如：“清赵继序《周易图书质疑》引 2 处，清晏斯盛《易翼宗》引 6 处，《易翼说》引 8 处，多为其图书之学，亦有经传注解。清翟均廉《周易章句证异》引王申子 54 处，多为章句之学。《周易折中》引王氏注解极多，凡 78 处。”②今人潘雨廷、徐志锐、郭彧等也从象数、义理

① 〔清〕永瑢等：《四库全书总目》卷四，中华书局 1965 年版，第 24 页。

② 刘云超：《元代易学家王申子易学哲学初探》，山东大学 2008 年博士学位论文。

等不同角度对王申子易学给予肯定评价。从这一角度来看，更为全面系统地阐释王申子易学思想是值得且有必要的。

一、重视图书的象数之学

《周易》以其独特的书写形式——符号与文字双重系统，成为中国传统典籍中最为独特的经典著述。其独特的文本结构经由《易传》的开显，形成后世所谓的象数与义理之学。宋代以来，以程朱理学为代表的义理易学成为易学的主流，而象数之学则借助图书的形式同样有了新的发展。王申子的易学象数与义理兼宗，特别推重图书之学。关于图书之学在易学中的定位，王申子言："伏羲氏仰观天文、俯察地理、近取诸身远取诸物者，理也，象也；天不秘道，龙马负图而出于河，一奇一耦者，数也，象也，理与气寓于其中。伏羲之心默与之契，遂因之以画八卦。"①我们不难看到，王申子图书之学首先是在宋代理学视域下加以展开的，河图一方面被看作伏羲得以作《易》的根据；另一方面，之所以圣人能够在河图的启发下创制八卦，就在于其外在一奇一偶、一阴一阳之象背后所涵具的理气内涵。这一思路当然是在朱熹以来融通图书之学与理学易关系的基础上开显的。

（一）圆融河图与先天八卦

王申子并非对朱子易学亦步亦趋，简单模仿，其图书之学的特色则正是在对朱子图书易学中的辩难与补益过程中彰显出来的。我们知道，朱熹的易学通过融释宋代图书之学与邵雍先天之学，构建了其三《易》分观视域下的伏羲之《易》。这是其易学中极具特色

① 〔元〕王申子：《大易缉说》卷一，见《文渊阁四库全书》第24册，台湾商务印书馆1986年版，第19～20页。

和影响的部分，后世图书之学与先天之学的合流与其密不可分。然而，图书之学与先天之学毕竟各有承续，其内涵、形式都存在很大差异。如何沟通两者关系，也是朱熹易学中的难点之一。比如关于河图与伏羲先天八卦图之间的关系问题，朱熹曾说："《河图》之虚五与十者，太极也；奇数二十偶数二十者，两仪也；以一、二、三、四为六、七、八、九者，四象也；析四方之合以为乾、坤、离、坎，补四隅之空以为兑、震、巽、艮者，八卦也。"①尽管朱熹指出河图与先天八卦之间有着彼此呼应的相互关系，但实际上没有能够具体指出两者之间的严格对应关系以及所以然之理。对于朱熹易学中的这一问题，王申子曾批评道：

> 谓析四方之合以为乾、坤、坎、离，不知如何析其合以为坎、离于西东，而其位不可易。谓补四隅之空以为兑、震、巽、艮，不知如何惟兑可以补东南，惟艮可以补西北，而他卦不可补？此愚所以不得而从之也。②

显然在王申子看来，朱熹关于河图与先天八卦之间关系的解说是不充分的、语焉不详的。为何乾、坤、坎、离居于四正，而兑、震、巽、艮居于四隅？为何八卦处在其各自特定的方位，其与河图之间的关系为何？正是抱持着这一质疑和追问，王申子阐释了自己颇具特色的图书之学。

---

① 〔宋〕朱熹：《易学启蒙·本图书》，见〔宋〕朱熹撰，朱杰人、严佐之、刘永翔主编《朱子全书》第1册，上海古籍出版社、安徽教育出版社2002年版，第215页。

② 〔元〕王申子：《大易缉说》卷一，见《文渊阁四库全书》第24册，台湾商务印书馆1986年版，第24页。

王申子通过创造性地诠释《易传》中“易有太极，是生两仪，两仪生四象，四象生八卦”四组文辞，将之构造为四组图式，并以之来沟通河图与先天八卦：

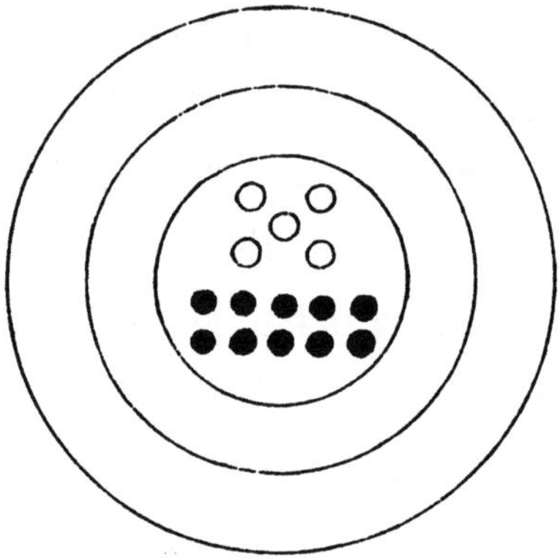

图 2.1　易有太极图

首先，王申子通过将河图划分为“三宫”，即由内而外三层同心圆。并在此三层同心圆背景下，将河图与先天八卦内在地连接

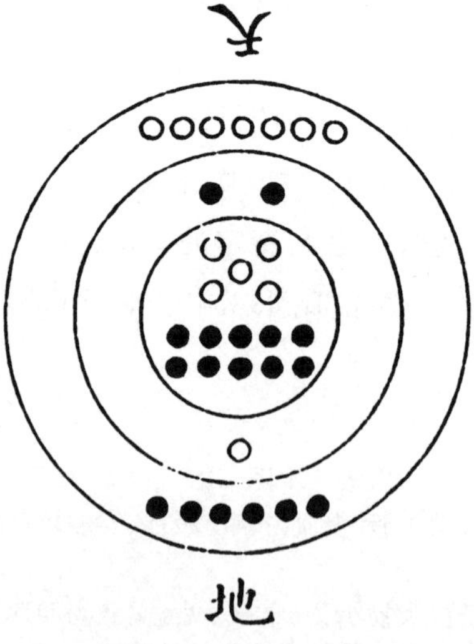

图 2.2　是生两仪图

起来。于王申子而言，何谓太极？“理气象数……全体已具而未分，浑然居中，而举天地万物生生化化，尽无以出于此，亦无以加于此，故曰太极。”①太极即“理气象数”之全体大全，表现在图式中则是内圈中宫之圆五、十之数俱全，且抱一未化。

其次，通过“是生两仪图”，王申子进一步建立其河图与先天之学的关系。在其看来，由太极“五”“十”之数，进一步分化形成在上之天与在下之地，太极动而生阳、静而生阴，表现在图中即奇数一、五、七为阳，二、六、十为阴，且阳上而阴下，七阳居于二阴之上，五阳居于十阴之上，一阳居于六阴之上，体现出天地定位之象。进一步而言，象征阳之奇数为三，象征阴之偶数也为三，阳数之三堆叠即

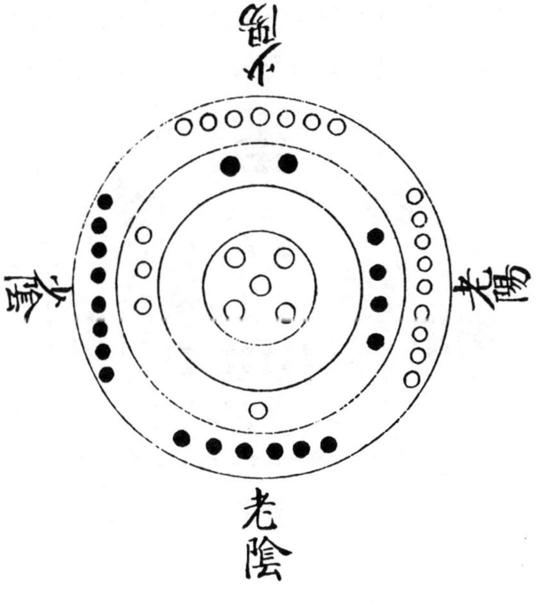

图 2.3　两仪生四象图

① 〔元〕王申子:《大易缉说》卷一，见《文渊阁四库全书》第 24 册，台湾商务印书馆 1986 年版，第 20 页。

成乾阳之体,阴数之三堆叠则就坤阴之体。王申子以此论说伏羲创制先天之易以三画画卦的图书学根据。

王申子接续朱熹关于四象的基本界定,以老阳、老阴、少阳、少阴为四象。他认为四象之产生是在中宫之五衍生的天一、地二、天三、地四四方生数的基础上,中宫之五分别配以四方之生数,东方三五合而为少阴之八,西方四五合而为老阳之九,南方二五合而为少阴之七,北方一五合而为老阴之六。

最后,王申子在以上三图做铺垫的基础上,借助"四象生八卦图",将河图与伏羲先天八卦连接起来。在其看来:"乾上坤下所以辨阴阳之分,离东坎西所以著阴阳之交,兑震艮巽所以极阴阳之变,此其所以为易。"①乾坤分居上下,象征着天地阴阳之分,阳在上而阴在下,正如前文已述。坎离分居一东一西则象征着天地阴阳之

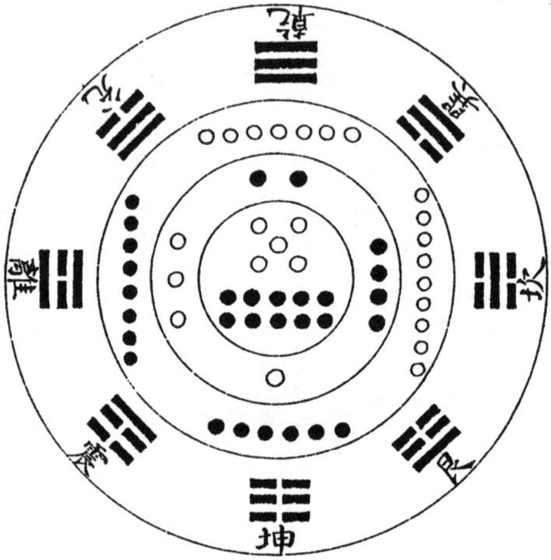

图 2.4　四象生八卦图

① 〔元〕王申子:《大易缉说》卷一,见《文渊阁四库全书》第 24 册,台湾商务印书馆 1986 年版,第 22 页。

交，代表着阴中有阳、阳中有阴之象，而表现于图式中则是，天五、地十东交阳数三则形成了阳、阴、阳的三画之离，地十、天五西交阴数四则形成了阴、阳、阴的三画之坎。对于居于四隅之位的兑、震、艮、巽四卦，王申子则从图式与内涵双重向度上加以分析。一方面，从两仪、四象、八卦的衍生过程来看，兑、震、艮、巽四卦是在乾、坤、坎、离的基础上衍生而成的，王申子指出："盖乾之极变而为兑，离之极变而成震，坤之极变而为艮，坎之极变而为巽也。"①他以阴阳动态流转变化的角度审视了八卦之间的关系，认为兑、震、艮、巽四卦分别是在乾、离、坤、坎四正之卦阴阳因极生变而产生的自然结果，而表现在图式中则是指，兑卦之所以位在东南，是由构成其卦之数的自然排列所致，正南之数七、正东之数八与中宫之数五相合，八、七、五即一阴二阳之兑；震卦之所以位在东北，是因为构成其卦之数分别为正东之八、正北之六以及中宫之五，六、八、五即为二阴一阳之震；同样，巽卦之所以位在西南，其数之构成为正西之九、正南之七以及中宫之十，七、九、十即二阳一阴之巽；而艮卦之所以在西北，则在于正西之数九、正北之数六、中宫之数十，九、六、十，一阳二阴之艮即成。

显然，王申子重新绘制四张图式的根本目的，即在于揭示河图之数与先天八卦之位间的内在关联。客观来说，王申子这种借助图式将先天八卦图与河图本身内在地融合在一起来解释的方法是富有新意的。借助数字的排列关系与数字所处的位次，从而建构出河图之数与先天八卦位次之间的必然联系，王申子的这一思想是不乏巧思的。因此其不无自得地说道：

---

① 〔元〕王申子：《大易缉说》卷一，见《文渊阁四库全书》第 24 册，台湾商务印书馆 1986 年版，第 26 页。

> 愚案河图奇偶以求伏羲画卦之因，复案八卦位次以覆河图象数之本，见河图中宫天五地十为太极分晓，于是以极居中，极分而两仪，两分而四象，四分而八卦，然后见先天八卦位的不可移。①

在其看来，原本在朱熹易学中没能探讨清楚的问题，经由他的讨论得到了圆满的解释。从这一角度而言，王申子的图书之学发展、推进了朱子之学。但同时我们也应当看到，王申子的这一做法尽管巧妙，但从根本上来说仍然不能真正地论证河图与先天八卦之间的必然联系。特别是其看似巧妙的数字与所在位次结合的方式，实则有倒果为因之嫌。

（二）错综图书与后天八卦

《说卦传》中所说的“帝出乎震”一节，在宋代邵雍先天之学视野下，被阐释为文王后天八卦。邵雍认为“文王八卦乃入用之位，后天之学也”，并认为文王之所以如此排列八卦是因为：“《易》者，一阴一阳之谓也。震兑，始交者也，故当朝夕之位。离坎，交之极者也，故当子午之位。巽艮虽不交，而阴阳犹杂也，故当用中之偏位。乾坤，纯阴阳也，故当不用之位。”②然而这一看法并未得到后世学者的普遍认同，朱熹对此说道：“文王八卦，不可晓处多。如离南坎北，离坎却不应在南北，且做水火居南北。兑也不属金。如今只是见他底惯了，一似合当恁

① 〔元〕王申子：《大易缉说》卷一，见《文渊阁四库全书》第24册，台湾商务印书馆1986年版，第28页。

② 〔宋〕邵雍：《皇极经世书》卷一二《观物外篇上》，见〔宋〕邵雍著，郭彧、于天宝点校《邵雍全集》第3册，上海古籍出版社2015年版，第1208页。

地相似。”①王申子对邵雍乃至朱熹的看法都不满意，他指出：“康节谓震兑始交，兑岂始交者乎？又谓巽艮居用中之偏位，则乾坤之位亦非中也；谓乾坤居不用之位，则巽艮之位亦岂切于用邪？且乾胡为不可居于坤之位？艮胡为不可居于巽之宫邪？”②显然，王申子一方面认为邵雍关于文王后天八卦之位的解读充满自相矛盾之处，另一方面又不赞同朱熹将问题悬置、弃而不论的做法。在其看来：

> 伏羲八卦则河图以画之，然天地间数非奇不行，象非耦不立。而河图之数则十而耦也，其象则一六、二七、三八、四九、五十合而皆奇。故先天卦止见易之体，而用有未周。禹治水时，神龟负文复出于洛，其数有九，九则奇也。其象纵横皆十，十则耦也。文王于是取之，以错综河图重位八卦，然后阴阳奇耦亭当不偏，而易之体用始备，是为后天易，故曰“河出图，洛出书，圣人则之”。③

王申子通过整合邵雍先天为体、后天为用，以及河图、洛书的相关论述，试图重新对文王后天八卦问题进行精确的讨论。他首先认为伏羲则河图以创制八卦及先天八卦图，然而在河图中展现的是阴阳、奇偶未合的先天之体，即其所谓的一六、二七、三八、四

---

① 〔宋〕黎靖德编，王星贤点校：《朱子语类》卷七七，中华书局1986年版，第1973页。

② 〔元〕王申子：《大易缉说》卷一，见《文渊阁四库全书》第24册，台湾商务印书馆1986年版，第33页。

③ 〔元〕王申子：《大易缉说》卷一，见《文渊阁四库全书》第24册，台湾商务印书馆1986年版，第31页。

九、五十，这五对数字其合皆为奇数，而不能彰显阴阳相合之用。于是文王在此基础上以大禹治水时出现的洛书为基础，错综河图，重新正定八卦之序，因此才有了文王后天八卦。进而言之，王申子同样借助重新创建图式的方式，详细阐释了关于后天八卦的理解："此图中圆者河图，外方者洛书也。盖文王取洛书之奇数耦象错综河图之耦数奇象，以重位八卦。"①

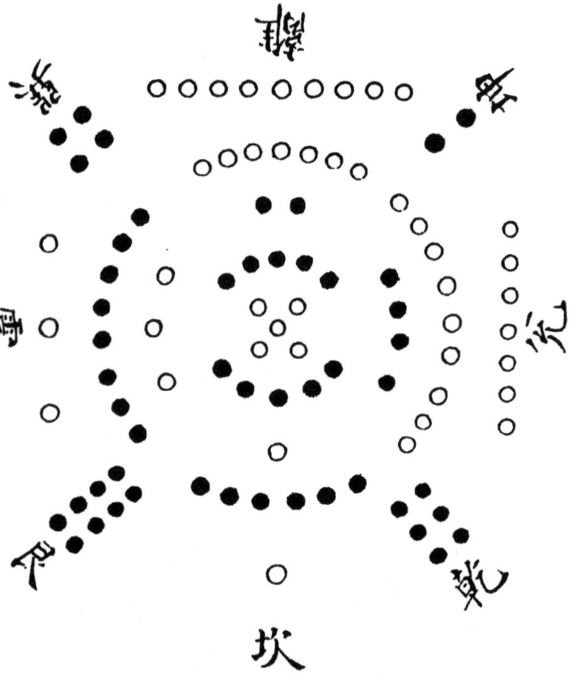

图 2.5　后天位卦图

具体而言：

---

① 〔元〕王申子：《大易缉说》卷一，见《文渊阁四库全书》第 24 册，台湾商务印书馆 1986 年版，第 31 页。

> 盖先合河图之一六为水位坎于北，二七为火位离于南，三八为木位震于东，四九为金位兑于西，是合河图老少四象以位四正也。然其象合而皆奇，故又取洛书一含九，以河图正北之一含正西之九，九乃三奇，乾老阳数也，故位乾于坎之右附于西北；取洛书四含六，以河图正西之四含正北之六，六乃三耦，坤老阴数也，故位坤于兑之右，附于西南；取洛书二含八，以河图正南之二含正东之八，八乃一耦二奇，巽少阴数也，故位巽于离之右，附于东南；取洛书三含七，以河图正东之三含正南之七，七乃二耦一奇，艮少阳数也，故位艮于震之右，附于东北。是又取洛书错综河图之老少四象以补四隅，而其象合而皆耦，此亦四象生八卦也。由是一阴一阳、一奇一耦相为体用。由是东北子至巳阳之方，乾坎艮震居之，西南午至亥阴之方，巽离坤兑居之。阴阳各正其位，动静互为其根，四时行焉，百物生焉。①

王申子通过对河图与洛书的错综使用，重新厘定了文王后天八卦之序的所以然之理。首先，就河图之数而言，一六、二七、三八、四九，分居四正之位，而其对应的洪范五行则分别为水、火、木、金，因此文王以洛书而定后天八卦采取坎水居北、离火居南、震木居东、兑金居西的排列方式。然而就河图数位而言，正如前文已指出的，四方数字之和皆为奇数，不能体现阴阳相合为用之道。因此文王依托洛书中四正四维相对两数之和为十之理，因此，居北位之坎一，内含西位之九，九为老阳之乾，因此置乾卦于西北与坎一相

① 〔元〕王申子：《大易缉说》卷一，见《文渊阁四库全书》第24册，台湾商务印书馆1986年版，第32页。

配;居南位之离二,内含东位之八,八为少阴之巽,因此置巽卦于东南与离二相配;居东位之震三,内含南位之七,七为少阳之艮,因此置艮卦于东北与震三相配;居西位之兑四,内含北位之六,六为老阴之坤,因此置坤卦于西北与兑四相配。通过河图、洛书之间的错综相用,王申子解释了文王后天八卦的排列问题。

总体来看,王申子的图书之学有其独到之处,其力图完善邵雍、朱熹以来图书、先天之学的内在矛盾之处的做法,一方面发展和细化了宋代以来的图书之学,从易学的发展演变来看,自有其内在合理之处。从另一方面来说,王申子在不断于细节处修补完善图书之学的过程中,也在很大程度上暴露出图书之学内在的支离、附会等问题,为后世对图书之学的清算提供了内在的基础和武器。

二、以理为本的义理之学

王申子在易学上不仅从图书、先天之学方面接续和发展了朱熹的象数易学,同时,其在义理易学方面同样接续了朱熹以天理为核心、以理气关系为骨架的整体宇宙观、本体论。当然,对于朱熹的义理之学,王申子同样没有简单地重复和模仿,而是在自己充分吸收前人成果的基础上,对理学易中无极而太极、理气关系、象数与义理之学的融通与汇合方面作出了自己的思考。

(一)无极、太极之辨

如我们所知,朱熹理学的建构,一方面吸收了二程提出的“天理”概念,将“天理”作为其哲学体系的最高范畴,另一方面则创造性地改构了周敦颐从道教中改构而成的太极图,借助对其中“无极而太极”“一实万分”等一系列文字内涵的重新界定,确立了太极作为超越性的本体之理的地位。王申子同样认同朱熹关于理的基本看法，认为理是现象世界背后的终极根据，同时也是万事万物在具体展开过程的所以然之道。但是，对于理与周敦颐太极图之间的对应关系，或者说在“无极而太极”内涵的理解上，王申子并不赞同朱熹的看法。

王申子认为，无极与太极两对范畴应当分开来理解，并非如朱子所言，无极是对于太极内涵的界定，只是用来凸显太极之理的超越性。首先，他通过对周敦颐《太极图说》及《易传》的分析，来否定朱子之说。他指出：

> 若太极止具其理，则是初无一物，既无一物，则《大传》曰“太极生两仪”，不知一阴一阳之两仪于何处突然生来，便分为两，世岂有是理哉？濂溪《太极图说》又不应便道太极动而生阳。何则？自古及今，天地间物未有止具其理，空空虚虚而有可动者，其动也，必是气存焉。气即阴阳，特有分未分之别而已。①

在其看来，如果按朱熹所言，以太极为理，首先无法解释《系辞传》中“太极生两仪”一句话。因为太极如果仅仅是指超言绝象之理，那么何以能够突然产生阴阳二分之气，从逻辑上而言这是无法说通的。进一步来说，周敦颐《太极图说》中同样有关于太极动而生阳、静而生阴的说法。如果太极仅仅是指理，那么空虚之理又如何动静？显然，王申子提出的问题，涉及朱熹理学理气关系中理能否生气以及理气动静等根本性问题。于此，我们也能看到王申子的

① 〔元〕王申子：《大易缉说》卷一，见《文渊阁四库全书》第 24 册，台湾商务印书馆 1986 年版，第 30 页。

思考是深入的。朱熹对于这一系列问题并不是没有解释，然而这一问题的实质是如何分别在宇宙生成论与宇宙本体论视域下将之融通理解。后世一系列关于理气动静、理气先后、理气生成等的问题都是在这一背景下开显的。

王申子立足自己的理解，对于这一问题提出了自己的看法。其做法是通过将太极与无极分而观之来进行论说。他说：

> 无极者，厥初未有太极两仪之先，已具个生生不穷之理。虽无象可象，无名可名，然其理则至极而无以加也……曰太极无极而太极者，谓有是理而后有是气也。①
>
> 所谓万化之根本者，即愚于先天太极下所论理气象数之全体浑然未分者也。②
>
> 周子所谓“无极”，即夫子所谓“易”也。③
>
> 象数未形而其理已具……止可以言易有太极之“易”，与濂溪之“无极”耳。④

以上引述了王申子关于“无极”“太极”内涵重新界定的相关论述。从上述文字中，我们不难看到，对于王申子而言，他并不否认天理本身的统摄性地位。但是，理不再由朱熹所说的“太极”来符

① 〔元〕王申子：《大易缉说》卷二，见《文渊阁四库全书》第24册，台湾商务印书馆1986年版，第62页。

② 〔元〕王申子：《大易缉说》卷二，见《文渊阁四库全书》第24册，台湾商务印书馆1986年版，第68页。

③ 〔元〕王申子：《大易缉说》卷二，见《文渊阁四库全书》第24册，台湾商务印书馆1986年版，第63页。

④ 〔元〕王申子：《大易缉说》卷一，见《文渊阁四库全书》第24册，台湾商务印书馆1986年版，第29~30页。

示，而是被界定为“无极”。无极之所以谓之无，即指称理的无形无相、超言绝象。王申子认为这一无极“生生无穷”之理，是在象征阴阳二气的两仪之先即已存在。即使无是气，也会有是理。显然，王申子的做法是通过将理本身重新置于宇宙论视野下加以审视来得到的。因此在其看来，由无极而太极的过程，就是一个从无到有的生成过程。因此他说道：“愚观周子之图，其上止有一圈，图之名止曰‘太极’，而图之说则曰无极而太极，是周子分明于太极上说出无极以示人，谓凡物之有不生于有，必生于无。”①显然，王申子这里采用了道家有生于无的模式来解决他所看到的朱熹体系中的问题。在此设定下，天理尽管还是被看作“生生无穷”的儒家之理，但在“无极”的定位下则又被重新注入了道家内涵。此外，太极则被理解为理气混一的浑然一体阶段。一方面，王申子“理气象数”之全体的界定尽管融通了象数义理之学，但是另一方面从哲学视野下来看，原本通过朱熹的阐发作为形而上之本体的太极，则又被置于一气化生下的宇宙论视野中来理解，从思想的深刻性而言，显然是有所不足的。从思想发展本身来看，其思想深度与朱熹相比还是存在差距的。

（二）贵乎中正的易学工夫论

王申子尽管在“无极”“太极”“理气”等细节问题上并不完全同意朱熹的解释，但从整体上而言，他的义理之学仍旧是在朱熹的基本框架下展开的，其中关于天道性命、天理人欲等问题的讨论基本上没有超出朱熹的理解。篇幅所限，我们对其思想中原创性不强的部分就不作过多的关注了。但是，王申子作为一名易学家、思

① 〔元〕王申子：《大易缉说》卷二，见《文渊阁四库全书》第 24 册，台湾商务印书馆 1986 年版，第 63 页。

想家，既然在整体的宇宙观、本体论方面有着自己独特的理解，而对其下落之具体的个人实践、修养功夫方面，自然也会有其不同的理解。并且，作为身处宋元易代之际，经历过如此剧烈的家国变化，一生大部分时间以隐士状态生活的思想家而言，王申子在具体的人生感悟与人事见解方面容易受到时代的影响，必然也会呈现出一些自身的特色。其中，最为鲜明的是王申子易学中对"中正"之道的重视，以及颇受道家影响的"主静"工夫。他说：

易之道，知仁而已。①

易之道，何道也？在天曰阴阳，在地曰柔刚，在人曰仁义之道也。有生之所固有。②

人之所以为人者，中正仁义而已。③

圣人作《易》，大要以中正之道示人。④

王申子作为一名以接续朱子之学为己任的儒家学者，其对易学性命之理的探讨主体是围绕着儒家的仁义之理展开的，易道、天理被自然地理解为"生生不穷"的仁心、仁道。人作为三才之一，参赞天地之化育，同样禀赋天地生生之德、仁义之理。在此前提下，王申子十分强调"中正"对于人的作用。在其看来，圣人作《易》的根本

① 〔元〕王申子：《大易缉说》卷九，见《文渊阁四库全书》第24册，台湾商务印书馆1986年版，第268页。

② 〔元〕王申子：《大易缉说》卷九，见《文渊阁四库全书》第24册，台湾商务印书馆1986年版，第270页。

③ 〔元〕王申子：《大易缉说》卷二，见《文渊阁四库全书》第24册，台湾商务印书馆1986年版，第65页。

④ 〔元〕王申子：《大易缉说》卷五，见《文渊阁四库全书》第24册，台湾商务印书馆1986年版，第156页。

就在于示人以中正之道。这一点在其图书之学中，关于伏羲借河图以作八卦的理解中就有很好的展现。比如五、十作为中宫之数所体现的义理内涵其实正是此一中正之理。这一点在其注疏《周易》时有着更为清晰的展现。比如关于大过卦辞："大过，栋桡，利有攸往，亨。"《大过・彖》曰："大过，大者过也。栋桡，本末弱也。刚过而中，巽而说行，利有攸往，乃亨。大过之时大矣哉！"王申子认为，自《易传》以来，往往都释"大过"为："大者过，过之大，大事过，凡事之大过乎常者皆是。与夫立非常之大事，兴不世之大功，成绝俗之大德，皆大过之事。"①比如，程颐就说道："如尧、舜之禅让，汤、武之放伐。……以世人所不常见，故谓之大过于常也。"②对此，王申子有不同的看法。他指出：

> 夫子《传》之曰：刚过而中，巽而说行，盖不过曰阳为大，四阳聚于中，阳过乎阴也。因此象立此卦，正欲示人以用刚不可以太过。观卦爻之辞，亦自可见。恐非示人以非常之不可及之事也。③

显然，于王申子而言，大过卦本身体现的并不是圣贤尊阳之意，表现出圣人在非常之时世，以非常之德、非常之力，建立非常之功业。与此相反，圣人于此告诫阳过于阴，且阳皆聚集于中，失却

① 〔元〕王申子：《大易缉说》卷五，见《文渊阁四库全书》第 24 册，台湾商务印书馆 1986 年版，第 156 页。

② 〔宋〕程颢、程颐著，王孝鱼点校：《二程集》下，中华书局 2004 年版，第 838 页。

③ 〔元〕王申子：《大易缉说》卷五，见《文渊阁四库全书》第 24 册，台湾商务印书馆 1986 年版，第 157 页。

中正之常道，是刚太过的表现，此应为圣人戒惧之辞。此外，王申子在注解归妹、泰、夬、大壮、节等卦时都反复强调了中正的重要意义，其背后所呈现的无疑是身处乱世下，王申子对于中正之世的热切盼望之情。

总而言之，王申子作为宋末元初的易学家，在象数之学方面，以图书之学为本，力图沟通朱熹以来关于河图、洛书与先天之学之间如何建立内在关联的问题。他别具新意地通过重新画定易图的方式沟通两者，一方面推动了图书之学的发展，另一方面也丰富和完善了朱熹之学。同时，在义理层面，王申子同样不盲从于朱子之说，一方面勇于积极提出问题，特别是在“无极而太极”问题上，提出颇具特色的思考，另一面又积极地探索解释之道，提出了自己关于“无极”“太极”“理气”问题的解读。尽管从思想深度上而言，王申子的义理之学并未超越宋代以来的众多思想，甚至有简化之嫌，但是从其自身的体系一致性而言，则又是统一而完备的。因此从这个意义上讲，王申子的易学不仅象数义理合一，具有完备的天人之学内涵，而且能够兼具一定的原创性。

第二节　丁易东《周易》象义思想研究

丁易东，字汉臣，号石坛，武陵郡龙阳（今湖南汉寿）人，元初易学家。与许衡、吴澄等不同，丁易东入元后，屡征不仕。《四库全书总目》称：“易东字汉臣，武陵人。仕至朝奉大夫，太府寺簿兼枢密院编修官，入元不仕，教授乡里以终。”[①]丁易东著有《易象义》十六卷、《大衍索隐》三卷。《易象义》被收录于《四库全书·经部·易

① 〔清〕永瑢等：《四库全书总目》卷三，中华书局1965年版，第21页。

类》,《大衍索隐》收入《四库全书·子部·术数类》。丁易东的易学贡献主要在易象学和易数学方面。他认为“《易》因象以明理”,故而应把象数梳理得清楚明白。

一、作《易象义》之缘由

至元二十三年(1286),《易象义》撰成。根据本书的成书时间,我们将丁易东归于元代易学家。在《自序》中,丁易东总结了历代先儒《周易》传注的特点与得失,说明了撰书之理由,自言其少而学《易》受王弼、程颐、朱熹影响最大。他认为《易》有辞变象占圣人之道,先儒于辞变占说得很多了,但于象说得不够。他说:“《易》之为书,自王辅嗣以前,汉儒专以象变明辞,固失之泥。及辅嗣以后,又止以清谈解义,于象变绝无取焉。伊川纯以义理发明,固为百世不刊之书,然于象变则亦引而不发,康节虽言象数,然不专于《彖》《象》发明,朱子归之卜筮,谓邵传羲经,程演周易,得之矣。其于象数也,虽于《易学启蒙》述其大概,而《本义》一书尚多阙疑。仆用功于此有年矣,窃谓泥象变而言《易》固不可,舍象变而论《易》亦不可。于是历览先儒之说,依《本义》体,分经与《彖》《象》各为一编,大率以理为之经,象变为之纬,使理与象变并行不悖,庶几不失前圣命辞之本旨,以示初学,使知其大意云。”①这就是说,汉儒专谈象变明辞,王弼之后弃象,仅以清谈解《易》。程颐明于辞,发明义理。朱熹将《易》归为卜筮之书,于《易学启蒙》述象数大概,但于《周易本义》言象占不足。后来,丁易东四处搜寻约百家《周易》传注,言理之作不可胜数,言象之作则是李鼎祚《周易集解》所集的汉魏诸

① 〔元〕丁易东:《易象义·自序》,见《文渊阁四库全书》第21册,台湾商务印书馆1986年版,第479页。

儒之说、朱震《汉上易传》所集古今诸儒之说、冯椅《厚斋易学》所集宋代诸儒之说。间言象者有邵雍、张行成、项安世、蔡渊等多家之说,而邵雍、张行成撰书自成体系,不是专为卦爻解释。其他易学家或明卦之变,或明卦之情,或祖述《周易本义》,都不是专为观象而设。专以《说卦传》来言象的是李鼎祚和朱震二人,而朱震之说源于李鼎祚,李鼎祚之说源于汉儒。李氏之说以郑玄之学为主,兼采虞翻、荀爽。汉儒言象虽然内容很丰富,却流于阴阳术数之陋。朱震说象兼于明义,但于象变纷然杂出,即便考之凡例,也找不到其象变之几,其弊端在统之无宗、会之无源。

丁易东作《易象义》的目的就是以明卦爻之象。他集众说而折中之,认为《易》取象的总原则是:"大抵《易》之取象虽多,不过三体,所谓本体互体伏体是也。然其为体也,有正有变,故有正中之本体,有正中之互体,有正中之伏体焉。有变中之本体,有变中之互体,有变中之伏体焉。其余凡例固非一途,要所从来,皆由此三体推之耳。盖以正体取象者,不待变而其象本具者也。以变体取象者,必待变而其象始形者也。故自其以正体示人者观之,正而吉而无咎者,变则凶则悔吝也。正而凶而悔吝者,变则吉则无咎也。自其以变体示人者观之,变而吉而无咎者,不变则凶则悔吝也。变而凶而悔吝者,不变则吉则无咎也。兼正变而取象者,可以变可以无变,惟时义所在也。是可但论其正,不论其变乎?"①此处所说之正指的是卦中未变之体。《易》取象不仅有正体,还有变体,所以本体、互体、伏体各有正、变两种。正体是本来就有之象,变体是"象始形者"。象取正体或取变体的根据是"惟时义所在",从而有吉凶

① 〔元〕丁易东:《易象义·自序》,见《文渊阁四库全书》第21册,台湾商务印书馆1986年版,第478页。

悔吝等不同情势。

丁易东受王弼易学的影响，提出他的易象学纲领：统之有宗、会之有元的“三体正变说”。他认为，《周易》是讲变易的书，先儒言理者都明白这一点，但是在说象的时候只言正体、不言变体，一说变体，就认为是穿凿附会，从而不知变通之易，故而只能以象为得意的工具，得意而忘象。所以在说变象的时候，将其一概归入穿凿。拘泥于象变而言易固然不可以，舍象变而论易亦不可行。取象是灵活的，可以变，可以不变，“惟时义所在”①。所以，他反对只言正体、不说变易的取象方法。那么，正确的做法当是：“善言《易》者，必错之以三体而综之以正变，则统之有宗，会之有元，《易》之象可得而观矣。”②于是，丁易东撰写了《易象义》，“因象以推义，即义以明象，固错之以三体，综之以正变，而必以正中之本体为先，而其余诸体则标于其后，又以示主宾之分也。至于言数，虽非专主而间亦及之焉，盖将拾先儒之遗，补先儒之阙云耳”③。丁易东力图因象以推义，即义以明象，将正变之三体错而综之，并且突出正中之本体的主导地位，以示主宾之分，以补先儒之缺，希望既能上溯汉儒之传，又可避免汉儒的穿凿附会。他历览先儒之旧说，依据《周易本义》的版本形式，分经与《彖》《象》各为一编，以理为经，以象为纬，使理与象并存不悖，力图不失三圣作《易》之本旨。

① 〔元〕丁易东：《易象义·自序》，见《文渊阁四库全书》第21册，台湾商务印书馆1986年版，第478页。

② 〔元〕丁易东：《易象义·自序》，见《文渊阁四库全书》第21册，台湾商务印书馆1986年版，第478页。

③ 〔元〕丁易东：《易象义·自序》，见《文渊阁四库全书》第21册，台湾商务印书馆1986年版，第478页。

二、论象：正变之三体与十二体例的关系

丁易东认为历来解《易》之体例，有以理论《易》、以象论《易》、以变论《易》、以占论《易》、以数论《易》、以律论《易》、以历论《易》、以术论《易》、以事论《易》、以心论《易》、以老论《易》、以释论《易》十二种。先儒各家皆有偏失，是因为没有认清《易》之本旨。他说：

> 《易》者，圣人穷理尽性以至命之书。然非若他经之言理也，每即象以明理焉。不得于象则不得于理，不得于理则亦不得于象，故尤不可不以象求也。夫圣人立象所以尽意，先儒之求象，亦未尝以一例拘，大率论之，其义例亦十有二：一曰本体，二曰互体，三曰卦变，四曰应爻，五曰动爻，六曰变卦，七曰伏卦，八曰互对，九曰反对，十曰比爻，十一曰原画，十二曰纳甲。①

作为圣人穷理之书的《周易》不是像其他经书一样纯说理，而是即象以明理，立足于象来说理。故而读《易》者不得于象就不能明晓圣人之理，理是在明象的基础上求得的，不得于理也不能明象，理与象二者不可偏废。圣人立象以尽意，那么先儒之求象的十二种方法是明晓圣人之意的途径。本体、互体、卦变、应爻、动爻、变卦、伏卦、互对、反对、比爻、原画、纳甲的方法基本囊括了汉儒以来象数易学家的体例。除了通用的体例名称，还有互对和原画的说法。“互对”即汉儒的旁通，丁易东认为先天图中也

---

① 〔元〕丁易东：《易象义·易统论中》，见《文渊阁四库全书》第 21 册，台湾商务印书馆 1986 年版，第 481 页。

有旁通。“原画”指的是推原此爻画本属于八经卦的哪一卦，比如阳画属乾，阴画属坤，初九、九四属震初六，初六、六四属巽初六，以此类推，用爻画的原初义来解读六画卦中爻画的意义。“圣人作《易》，先因卦画而得其义，然后因义而求其象焉。”①卦画作为符号，承载了圣人之意。因义而求其象，无论如何取象，都不可以拘泥，应当唯变所适。在他看来，虽然圣人取象无一定之规，但仍可以以象求义。“圣人之心不出于一理，大易之象不出于八卦，随时变易将以从道而已。……故善观象者，兼此十有二例而推之，则无不通矣。”②他认为，自己的三体正变说与先儒这十二体例是纲与目的关系，“得其三体之正变，则十二例在其中矣”③。

丁易东认为易象固然丰富，但并不是杂乱无章，而是有根据的，即易象符示了太极之理。

三、论象义之关系

丁易东通过论述易与太极范畴的含义，进一步明确象义一体无隔的关系。

何谓易？丁易东认为易就是变易，易就是太极，太极就是易之理。他说：

> 易，一太极而已矣。太极，一理之极至而已。易，变易也：

---

① 〔元〕丁易东：《易象义·易统论中》，见《文渊阁四库全书》第21册，台湾商务印书馆1986年版，第483页。

② 〔元〕丁易东：《易象义·易统论中》，见《文渊阁四库全书》第21册，台湾商务印书馆1986年版，第483页。

③ 〔元〕丁易东：《易象义·易统论中》，见《文渊阁四库全书》第21册，台湾商务印书馆1986年版，第483页。

> 以其变易而无穷，故谓之易。然其所以变易者，孰主张是？有理焉，以其至极无以复加，故尊之曰太极。双峰饶氏所谓太极者，天理之尊号是也。①

天地万物所以能变化的根据就在于太极之理。他认同朱熹所说的“万物统体一太极”和“一物各具一太极”的说法，认为太极是理，无声无臭无迹，流行于天地宇宙之间生化万物，全具于一物之中，而天地万物亦皆具太极之理。同样，太极存在于作为天地万物的表征者的六十四卦之中，而六十四卦的每一卦每一爻亦具太极之理。“物物各具之太极即一物各具之太极，故六十四卦具在一卦之中，而六十四卦各具之太极，即一卦所具之太极也。”②

丁易东认为太极乃天地万物生成之理，他说：

> 易之所以为易者，太极也。太极者，总天地万物之理而名之，所谓极至之理也。有太极则生两仪，有两仪则生四象，有四象则生八卦。此以揲蓍言之。分而为二，两仪也；揲而得老阳、老阴、少阳、少阴，四象也；既得四象，则乾、坤、震、巽、坎、离、艮、兑由此生焉。此以蓍策言之也。先儒以此为加一倍法，以伏羲八卦言之，谓太极生一奇一耦为两仪，两仪之上各加一奇一耦成四象，四象之上加一耦成八卦者，固同此理。③

---

① 〔元〕丁易东：《易象义·易统论下》，见《文渊阁四库全书》第 21 册，台湾商务印书馆 1986 年版，第 483~484 页。

② 〔元〕丁易东：《易象义·易统论下》，见《文渊阁四库全书》第 21 册，台湾商务印书馆 1986 年版，第 484 页。

③ 〔元〕丁易东：《周易象义》卷一四，见《文渊阁四库全书》第 21 册，台湾商务印书馆 1986 年版，第 738 页。

易之所以为易，在于太极之理。以揲蓍之理言之，太极生两仪，两仪生四象，四象生八卦。以大衍筮法推衍而言，由太极、两仪、四象、八卦的生成过程，即阴阳卦画的叠加。太极生两仪，太极就在两仪之中；两仪生四象，太极便在四象之中。“八卦之上复生八卦，为六十四卦，有六十四卦则太极便在六十四卦之中，而六十四卦各一太极也。分为三百八十四爻，太极便在三百八十四爻之中，而三百八十四爻各一太极也。六十四卦变而各具六十四卦，为四千九十六，太极便在四千九十六卦之中，而四千九十六卦各一太极焉，故曰一物各具一太极也。”①

丁易东认为，在太极之理的作用下，《易》象的变化多端是对天地变化的符示和说明。他说：

> 自其变通而言之，则一卦有六十四卦，而六十四卦各有六十四卦，自其不变而言之，一卦止为一卦，而六十四卦亦各为六十四卦焉。故自其合者言之，则万象森然而不必分，自其分者言之，则卦各有象而不可乱。自其分者言之，有正中之本体，正中之互体，正中之伏体；自其合者言之，有变中之本体，变中之互体，变中之伏体。随时变易以从道焉，非假借非牵合，而太极之理无不在也。六十四卦尚可旁通，况八体乎？此《易》道所以变易不穷，而夫子一言以蔽之，曰：《易》有太极欤！或曰：《易》以变易言，曰有变中之本体，变中之互体，变中之伏体可也。今有所谓正中之本体，正中之互体，正中之伏体焉。是三者皆不变之体也，然则先儒谓《易》有不易之义者然乎？

① 〔元〕丁易东：《易象义·易统论下》，见《文渊阁四库全书》第21册，台湾商务印书馆1986年版，第484页。

曰:若以变言,则变固变也,不变亦变也,而“易”之一字正以变易为言耳。盖能变而不能不变,未足以为变。惟能不变,益所以见其变也。况夫太极流行,有动有静,不变其静而变其动也;阴而变静中之动,阳而变动中之动也;阳而不变动中之静,阴而不变静中之静也。或动或静,或变或不变,一太极之流行耳。①

就作为符示阴阳变化生成的象数体例而言,象有多种,有分着说,有合在一起说,不可混为一谈。正中之本体、互体、伏体是就分而言,变中之本体、互体、伏体是就合而言。分、合都是太极之理的呈现。天地万物生成变化,动中有静,静中有动。阴阳变化,动静之变,都是太极之流行,太极之理无所不在。易道之所以变易不穷,也是因为《系辞传》所说的“易有太极”的缘故。

那么,太极和阴阳之间的关系是怎样的呢?他说:

阴阳,形而下者也,太极,形而上者也,有太极而后有阴阳。形而上者谓之道,太极也;形而下者谓之器,阴阳也。即此太极之理,因其阴阳之化而裁制,则谓之变;推此太极之理而行之,则谓之通;举此理而措之天下之民,谓之事业,事业无非太极也。乾坤可毁,太极不可毁也。……盖变通事业者,易之道;象与爻者,易之器也。……极天下之赜存乎卦,即所谓见天下之赜,谓之象者也。鼓天下之动存乎辞,即所谓见天下之动,谓之爻者也。②

---

① 〔元〕丁易东:《易象义·易统论下》,见《文渊阁四库全书》第 21 册,台湾商务印书馆 1986 年版,第 485 页。

② 〔元〕丁易东:《易象义》卷一四,见《文渊阁四库全书》第 21 册,台湾商务印书馆 1986 年版,第 740~741 页。

以道器关系来形容，形而上者谓之太极，形而下者谓之阴阳。太极有逻辑上的在先性，有太极而后有阴阳。在太极的作用下，八卦乃至六十四卦可以符示太极之理和阴阳变化之迹。卦可以极天下之至赜，象乃见天下之至赜，辞可以鼓天下制动，爻乃见天下之动。

而且，《易》的三才之道也是太极之道。他说："天此太极也，地此太极也，人此太极也，三才之道，亦太极而已矣。极者，至也。太极即道也。"①

综上，既然象义一体无隔，那么，因象以明太极之理是可行的。

四、论象义的方法与体例

要明象义，首先要看所依据的文本是怎样的。关于《易》之文本，丁易东认为自伏羲始画八卦，文王重六十四卦并作卦辞，至周公作爻辞，皆以变易取义。孔子在三圣基础上作《易传》，发明义理。《周易》古经分上下有其义理所在，不是随意而作。他考察了《周易》经传版本的流传，认同朱熹《周易本义》所依据的吕祖谦《古周易》版本。在对《周易》文本进行解读的时候，综合运用了他的三体正变说。

在具体解释的时候，丁易东先说正体之象，然后再言以变体之象。以其对乾九五爻"飞龙在天，利见大人"的解释为例，来参看他的解释方法。他说：

> 五为天位，在渊而天，非跃可至，飞之象也。龙以象九，天以象五，飞龙在天，天下见之，故利见大人。大人，五也。九为

---

① 〔元〕丁易东：《易象义》卷一四，见《文渊阁四库全书》第21册，台湾商务印书馆1986年版，第721页。

> 刚，居五得正，又在上体之中，卦本纯乾为健，刚健中正，故其象如此。
>
> 以变象言之，九五变则成离，离为飞，又与二为应，二动互巽伏震，故取龙象。离为见，故曰利见大人。又五与二应，亦为利见在下之大人。①

按照丁易东的说法，所谓本体，“如乾为天，坤为地。凡《说卦》所取之象，各以其本卦上下二体得之者是也”②。此处先言正体之本体，再说变体之本体、互体、伏体、应爻、动爻五种体例，正体和变体取象融会贯通，共同彰显乾九五爻义。

我们再来看其他体例的使用。

关于卦变，他说：

> 何谓卦变？如随自否来、贲自泰来之类。然亦有二：有自一爻变者，如随、贲之类是也；有自两爻变者，如睽、升之类是也。朱子发止以一爻取义，故于小过、中孚有所不通。若知其或自一爻变，或自两爻变，各随其象辞而消息之，则无疑矣。③

他所说的卦变有一爻卦变和两爻卦变两种情况。若像朱震那样只以一爻卦变为例的话，两爻互易是不够的。所以，有的时候需要根

① 〔元〕丁易东：《易象义》卷一，见《文渊阁四库全书》第21册，台湾商务印书馆1986年版，第492页。

② 〔元〕丁易东：《易象义·易统论中》，见《文渊阁四库全书》第21册，台湾商务印书馆1986年版，第481页。

③ 〔元〕丁易东：《易象义·易统论中》，见《文渊阁四库全书》第21册，台湾商务印书馆1986年版，第481~482页。

据彖辞来确定是否可以通过二爻卦变、四爻互易来完成。他在解释讼卦卦辞时说："讼二阴之卦自遯来，二三相易则为讼。又为四阳之卦，自大壮来，初三易五上亦为讼。"①此处使用了卦变的两种形式来解读。在具体解经时，丁易东较多地使用卦变的体例。因为兼顾了一爻卦变和两爻卦变，所以相较于朱震和朱熹，丁易东解释的空间更广了。

关于变卦，他说：

> 何谓变卦？如《左氏传》筮《易》所谓乾之姤，乾之同人之类是也。然有以三画卦变取义者，如乾变为巽之类；有以六画卦变取义者，如乾变为姤之类是也。至若蒙之有困，需之有恒，则又以诸爻迭变而取焉，此又不可一例拘也。②

变卦是就占筮所得之卦中爻老阴老阳的阴阳属性变化导致一卦变为另一卦的情况，有多种情形。一是一爻变，以三画卦变取义，如乾初九变初六，变成巽卦。以六画卦变取义，乾初九变初六，变成姤卦。二是多爻迭变，如蒙卦上体二爻变，艮变兑，变成困卦。需初九、六四、九五三爻变，变成恒卦。以此也就可以解释需初九爻辞"需于郊，利用恒"何来"恒"字之理和蒙卦"困蒙"之义。

关于"互对"，前文已述，指的是汉儒所说的"旁通"，虞翻是擅用旁通的易学家。丁易东仅在解释同人九三、鼎九二、涣六四爻辞时使用。如释同人九三爻辞"升其高陵"时说："九三动则成无妄，

---

① 〔元〕丁易东：《易象义》卷二，见《文渊阁四库全书》第21册，台湾商务印书馆1986年版，第507页。

② 〔元〕丁易东：《易象义·易统论中》，见《文渊阁四库全书》第21册，台湾商务印书馆1986年版，第482页。

无妄与升为互对,故以升言。”①他先是用变卦的体例说,同人卦九三爻变六三,变成无妄卦,继而说无妄与升互对,故而爻辞中有“升”字。

关于反对,他说:

> 何谓反对?即损与益、夬与姤、既济与未济之类。反而观之,则此之初即彼之上,此之二即彼之五,此之三即彼之四。卦中亦有其辞同者,故损之五、益之二,皆言“十朋之龟”;夬之四、姤之三,皆言“臀无肤”;既济之三、未济之四,皆言“伐鬼方”是也。然特间有之,不可拘泥,林黄中以一卦包八卦,正取反对、正体互体兼言之,必欲卦卦如此推求则泥矣。②

反对即孔颖达“非覆即变”说中的覆卦,也即来知德说的综卦。六十四卦中三十二卦各有其覆卦,这种体例就可以来解释《周易》古经爻辞重出的问题。如损、益两卦互为覆卦,损六五和益六二皆有“十朋之龟”相同的爻辞。同样,夬九四与姤九三都有“臀无肤”,既济九三与未济九四都有“伐鬼方”,也可以从覆卦的角度来诠释。但是有的爻辞重出的问题仅用覆卦这个体例也有解不通的时候,所以丁易东强调不可拘泥于这一体例。后来焦循用他独特的比例说更好地解决了爻辞重出的问题,从而为象辞关系的解读提供了别具一格的诠释视角。

① 〔元〕丁易东:《易象义》卷三,见《文渊阁四库全书》第21册,台湾商务印书馆1986年版,第526页。

② 〔元〕丁易东:《易象义·易统论中》,见《文渊阁四库全书》第21册,台湾商务印书馆1986年版,第482页。

关于比爻，他说：

何谓比爻？谓初与二比，二与三比，三与四比，四与五比，五与上比之类是也。故或此爻动而连彼爻之动以取象，或彼爻动而连此爻之动以取象焉。如乾之初九连九二之动而取诸遁，离之上九与六五相易而四为乾首是也。①

和应爻、动爻等体例相似，比爻是汉儒用得较多的体例，通过分析相邻爻位的亲比来解读爻辞。丁易东关注的重点是两爻相比的互相连动。如乾初九、九二接连变动，变成遁卦，故有“潜”之义。释离上九与六五互易，上体离变兑，故而离卦变成革卦，三四五爻互体为乾，乾为首，故离卦上九爻辞有“首”字。

关于原画，他说：

何谓原画？谓推原此画本属何卦也。若阳画属乾、阴画属坤，初九、九四属震，初六、六四属巽，九二、九五属坎，六二、六五属离，九三、上九属艮，六三、上六属兑。是皆推原卦画所自来也，如讼之六三以坤取象，观之六二以离取象，颐之初九以乾取象之类是也。②

前文已述，原画是推原卦画所自来，指的是用爻画的经卦原初义来解读六画卦中爻画的意义。如释讼六三爻时，推究其本原，讼六三

① 〔元〕丁易东：《易象义 · 易统论中》，见《文渊阁四库全书》第21册，台湾商务印书馆1986年版，第482~483页。

② 〔元〕丁易东：《易象义 · 易统论中》，见《文渊阁四库全书》第21册，台湾商务印书馆1986年版，第483页。

本是坤六三,故而与坤六三有"或从王事,无成"的相同爻辞。解释观六二"利女贞"时说:"六二本离坤之中女也。"①释颐初九曰"震为动"②,既可言阳爻以乾取象,又可言以初九为震卦,而震卦本身从属于阳爻乾取象,故此处云以乾取象。

关于纳甲,他说:

> 何谓纳甲?如乾纳甲壬、坤纳乙癸之类。亦有两说,有本卦纳者,有因卦变、伏卦而纳者。今卜筮家乾初爻纳甲子,坤初爻纳乙未之类是也。卦变、伏卦纳者,如蛊之先甲后甲,巽之先庚后庚。又自卦变及伏卦而纳也,若用占筮家之说推之则不通矣。③

纳甲说自京房始,虞翻、魏伯阳都较多使用,乾纳甲壬,坤纳乙癸,震纳庚,巽纳辛,坎纳戊,离纳己,艮纳丙,兑纳丁。丁易东认为纳甲说有两种:一是本卦纳甲,二是因卦变、伏卦变动后的之卦纳甲。纳甲筮法所用的干支纳甲法就是本卦纳甲。丁易东用的多是之卦纳甲。如释蛊卦卦辞"先甲三日,后甲三日"说:"蛊自泰来,乾体在下,下三爻纳甲子、甲寅、甲辰,先甲三日也。又自否来,乾体在上,上三爻纳甲午、甲申、甲戌,后甲三日也。上乾虽纳壬,而包甲于其中也。"④

---

① 〔元〕丁易东:《易象义》卷三,见《文渊阁四库全书》第21册,台湾商务印书馆1986年版,第536页。

② 〔元〕丁易东:《易象义》卷四,见《文渊阁四库全书》第21册,台湾商务印书馆1986年版,第549页。

③ 〔元〕丁易东:《易象义·易统论中》,见《文渊阁四库全书》第21册,台湾商务印书馆1986年版,第483页。

④ 〔元〕丁易东:《易象义》卷三,见《文渊阁四库全书》第21册,台湾商务印书馆1986年版,第532页。

解释巽九五爻辞“先庚三日，后庚三日”说：“巽伏震者也，震纳庚，互离为日，下卦之震，先庚三日也。上卦之震，后庚三日也。先庚三日，庚子、庚寅、庚辰也。后庚三日，庚午、庚申、庚戌也。”①由巽的伏卦震的纳甲来论，也属之卦纳甲。

丁易东用他的三体正变说来注解《周易》经传，因所使用的体例丰富，所以能做到融会贯通，在先儒的基础上，增加推衍了更多的卦象。陈睿宏作《丁易东八卦用象汇集表》来呈现丁易东易学八卦之象的丰富多样，据他统计：“乾象有 80，坤象有 99，震象有 83，巽象有 92，坎象有 126，离象有 72，艮象有 90，兑象有 94，合八卦之象粗计 735 个。今存宋代以前易学文献所见，虞翻之用象，难有出其右者，其于《说卦》之外的八卦用象，以逸象为名，惠栋所辑共 324 个，张惠言又增辑约 150 个。取其数之多者，合虞氏所用《说卦》之象，亦不及丁易东之用。南宋朱震可以视为宋代象数之学代表，其八卦用象，约计 604 个，又不及丁易东之数量。”②并且丁易东在《说卦传》和《系辞传》的基础上对易象进一步推衍，使其易象学内容更加丰富。在这里就不再展开论述了。

除了三体正变说，丁易东还使用了卦主的体例来解《易》。但相对于三体正变说，卦主说不能通贯六十四卦的解释，只是他的三体正变说的一个辅助体例，可见王弼易学对他的影响。他用象数方法解《易》，力图通过对象的诠释使易道得以彰显。

---

① 〔元〕丁易东：《易象义》卷八，见《文渊阁四库全书》第 21 册，台湾商务印书馆 1986 年版，第 617 页。

② 陈睿宏：《宋元时期易图与数论的统合典范——丁易东大衍数说图式结构化之易学观》，台湾文史哲出版社 2014 年版，第 118~120 页。

五、论义:即象以明理

前文已述,在太极之理的作用下,《易》象的变化多端是对天地变化的符示。太极生成天地万物,宇宙呈现生生不息的态势。在丁易东看来,《易》之乾元、坤元就是太极。他在解释《乾·彖》"大哉乾元,万物资始乃统天,云行雨施,品物流形,大明终始"时说:

> 乾元,太极也。乾得太极之动,以健为元。赞曰大哉,大无以加即太极也。元,大也,始也,长也,无可得而名之,故以元名之尊之也。太极之健,万物之所资以始也,乃统天,凡物以一该众,曰统天者乾之体,乾者天之理,以理统气也。万物资始,元也。云行雨施,品物流形,亨也。乾道变化,各正性命,保合太和,利贞也。若以象言之,万物资始谓乾之初画,万物出乎震也。云行雨施谓乾之中画,云雨坎也。品物流形,万物之成也,谓乾之上画,万物成于艮也。此以乾三画分而言之也。品有三义,指三画之乾言之。大明终始,艮者万物之所成终而成始者也。①

乾元作为太极,刚健不息,始生万物。乾乃天之理,以理统气。按照原画的体例,乾之初画所在是震卦,乾之中画所在是坎卦,乾之上画所在是艮卦,震、坎、艮三卦符示了乾道即太极的变化。此处的解释就是因象来明理,通过形象的体例来彰显至微的太极之理。

① 〔元〕丁易东:《易象义》卷九,见《文渊阁四库全书》第21册,台湾商务印书馆1986年版,第635页。

宇宙生生不息，离不开乾元坤元相辅相成的生成之道。丁易东在接着解释《坤·彖》"至哉坤元，万物资生乃顺承天"时说：

> 坤元亦太极也。坤得太极之静，以顺为元，故曰至哉，至无以加，太极也。赞曰至哉而不言大哉，阴不可以同阳也。万物资生，乾始而坤生之也，坤为母，故万物资生焉。①

坤元得太极之静，柔顺生物。乾元具有开始义，坤元具有生成义，乾元坤元的共同作用生成万物。

圣人作《易》，即顺天地生成之理而行。丁易东在解释《说卦传》"昔者圣人之作《易》也，将以顺性命之理，是以立天之道曰阴与阳，立地之道曰柔与刚，立人之道曰仁与义，兼三才而两之，故易六画而成卦，分阴分阳，迭用柔刚，故易六位而成章"时说：

> 性命之理，太极之动静也。天之阴阳，地之柔刚，人之仁义是也。圣人作《易》，顺此性命之理而已。故立两画于上以象天，立两画于下以象地，立两画于中以象人，所谓兼三才而两之。故《易》六画而成卦者也。分阴分阳，谓六位也。初、三、五为阳位，二②、四、六为阴位也。迭用柔刚，谓六爻或用九之刚，或用六之柔也。刚柔迭用此六位之所以成章也。以画言则谓之六画，以位言则谓之六位，以爻言则谓之六爻。上言兼三才而两之，则天地与人，各以二画分，今

① 〔元〕丁易东：《易象义》卷九，见《文渊阁四库全书》第21册，台湾商务印书馆1986年版，第636页。

② 二，原文作"三"，今据文义改。

言分阴阳迭用柔刚，则六位皆为阴阳、六画皆为柔刚也。不言仁义者，仁义即阴阳柔刚之理也。或曰迭用柔刚，但指六位言，如初刚二柔，三刚四柔，五刚上柔，阴阳相间为迭用柔刚，亦通。①

太极动静变化即生命之理，天道之阴阳、地道之刚柔、人道之仁义即生命之理的不同表达。所以，人当明晓性命之理，如《说卦传》所云"穷理尽性以至于命"。丁易东解释说："穷一卦六爻之理，尽一卦六爻之性，乃至于命。自初至上，自潜至亢，消息盈虚，天命存焉。程子尝指柱而言曰：'此木可以为柱，理也；其曲直者，性也；其所以曲直者，命也。'以此推圣人作《易》之旨无余蕴矣。"②可见，丁易东言理是受到了程朱理学的直接影响。

相应地，六十四卦符示了宇宙天地之道的生生不息。而宇宙的发展变化是有其节律的。历代易学家多用数来表征天地变化之节律。丁易东说："盖天地之变化，鬼神之屈伸，皆不出乎河图之数也。"③在全面言象的同时，丁易东作《大衍索隐》来系统论述易图学思想。

六、论数：释大衍之数

丁易东在解释《系辞传》大衍筮法的时候，提出大衍之数来源于天地之数五十五。他说："盖天地之数五十有五者，天地之积数

---

① 〔元〕丁易东：《易象义》卷一六，见《文渊阁四库全书》第 21 册，台湾商务印书馆 1986 年版，第 764 页。

② 〔元〕丁易东：《易象义》卷一六，见《文渊阁四库全书》第 21 册，台湾商务印书馆 1986 年版，第 764 页。

③ 〔元〕丁易东：《易象义》卷一四，见《文渊阁四库全书》第 21 册，台湾商务印书馆 1986 年版，第 731 页。

也。大衍之数五十其用四十有九者，天地之衍数也。”①即大衍之数是天地之数五十五衍生变化而来。其《大衍索隐》分三卷，每卷首均有自序，卷一为原衍，有包括《大衍之数五十其用四十九图》在内的三十六个图，涉及大衍之数所呈现的太极生两仪、两仪生四象的数理规律。卷二为翼衍，有包括《河图五十数衍成五十位图》在内的二十九个图，涉及河图、洛书本身以及与大衍之数的数理关系等问题。卷三搜集了从《易纬·乾凿度》以来的五十七家的大衍说，辨析评价其特点与不足，为大衍说的易学史研究提供了丰富的资料。

丁易东用如此丰富的易图来解说大衍之数，在易学史上是独树一帜的。他认为，对于天地之数五十五与大衍之数五十这二者之间的关系，先儒的解析失之穿凿。他说：

> 独朱子以五乘十之说近之。至于四十有九，率不过归之虚一而已，未有得夫五十数与四十九之全者，予窃病焉。比游浙右，有谓邵子先天两仪四象八卦，合四十九，所虚之一是为太极。其说虽异先儒，要无牵合傅会之病，予始以为大衍之说不过此耳。徐而思之，则于《易》中天地五十五数尚有未合，固已疑之，未几复得河南杨氏《大衍本原》，谓四十九与五十皆天地之数各再自乘，而以中数自乘除之者，始知四十九真为四十九，五十真为五十，非强合之也。噫！杨氏之说似矣。然其为数必再自乘，又以中数除而后得，虽无牵强，颇非简易，未必圣人作《易》初意。②

① 〔元〕丁易东：《易象义》卷一四，见《文渊阁四库全书》第 21 册，台湾商务印书馆 1986 年版，第 731 页。

② 〔元〕丁易东：《大衍索隐》卷一《原衍》自序，见《文渊阁四库全书》第 806 册，台湾商务印书馆 1986 年版，第 319 页。

丁易东说明了其著《原衍》的缘由，并指出先儒唯朱熹有关大衍之数的学说理清了天地之数与大衍之数的关系，但朱熹取其一不用以象太极来解释大衍之用数四十九，仍使其心存疑惑。后来受河南杨忠辅《大衍本原》的启发，但认为《大衍本原》的思想未必是圣人作《易》之初意，故而再三思索，得知大衍之数五十和大衍之用数四十九都来自天地之数，乃天地之数字合而衍之，“其偶其奇，自然而成，至简至易，而四象之奇之策三百八十四爻以至万有一千五百二十之数”①，皆出于此。

丁易东作《大衍之数五十其用四十九图》来说明天地之数衍生大衍之体数五十、大衍之用数四十九的过程。

丁易东解释说：

> 天地之数各五，合而衍之，通得九位：一与二为三，二与三为五，三与四为七，四与五为九，五与六为十一，六与七为十三，七与八为十五，八与九为十七，九与十为十九。九位各有奇，而五位各有耦，置其五位之耦，是为五十，大衍之体数也，存其九位之奇，则得四十有九，大衍之用数也。一居其中，而左右之位各四，有挂一、分二、揲四之象焉。三与九合，五与七合，皆成十二，四其十二，即以四揲之，而合奇与策，通成十二之象也。左右各二十有四，二十有四者，奇与策之中数；奇止于二十四，而策起于二十四也。又二十四者，八卦之爻数也，二十四而又二十四，则八卦之上又生八卦，而上下之体具，六

① 〔元〕丁易东：《大衍索隐》卷一《原衍》自序，见《文渊阁四库全书》第806册，台湾商务印书馆1986年版，第319页。

十四卦之象默寓于其中矣。①

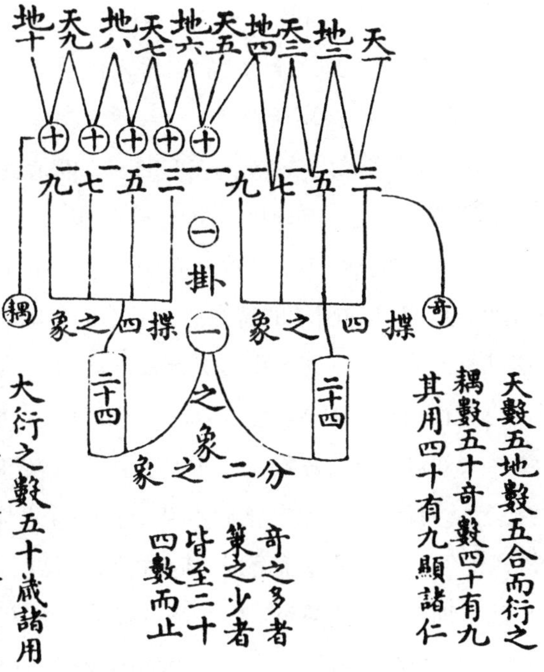

图 2.6 大衍之数五十其用四十九图

天地之数相邻两数相合，即一与二为三，二与三为五，三与四为七，四与五为九，五与六为十一，六与七为十三，七与八为十五，八与九为十七，九与十为十九。其中，十一、十三、十五、十七、十九五个数皆含偶数“十”，合为五十，是大衍之体数五十。其余三、五、七、九、一、三、五、七、九九个数，合为四十九，是大衍之用数四十九。这九个奇数，一居中，左右各有四个数，有挂一、分二、揲四之

① 〔元〕丁易东：《大衍索隐》卷一，见《文渊阁四库全书》第 806 册，台湾商务印书馆 1986 年版，第 320 页。

象。三与九，五与七，合为十二，为四揲之后的挂扐数，四十八减去十二得过揲数三十六。左右四数合之皆为二十四，四十八减去二十四得过揲数二十四。而且三画卦八卦之爻总数也是二十四，二十四又二十四，象征八卦之上又生八卦，六画卦的八卦上下二体皆具，于是六十四卦之象亦寓于其中。

上图是丁易东易图学思想的基础图式，也是其易图学思想的总纲。在此基础上，丁易东制图不倦，再制作六十四个图式，揭示围绕着大衍之数的各种《易》之数之间的关系。本于经传而服务于经传，融会贯通，是其易图学的特点。丁易东的易图学既揭示了易数存在的必然性与合理性，也为我们更好地理解《周易》经传的思想提供了更为形象而具体的解释，为易学研究提供了更广阔的空间。

1294年，刘辰翁作《易象义·原序》云："武陵丁石潭君为《象义》，核汉上而博诸家。其洁静也不杂，得《易》之体；其互变也不泥，得《易》之通。疏而明，渐而近，其不可为典要也，未尝不出于典常，而可以为训，虽先儒复起，其辩不与易矣，而又未尝有意于辩也。自吾见近世成书若此者少。至《大衍索隐》，横竖离合，无不可考，则自得深矣。《易》肇于气，成于数，象与辞虽其子，而胎息远矣。君能得之于大衍之先，又能衍之于大衍之后，则声韵律吕将无不合，而经世之所以知来者，具是象与辞如响矣。君成书如屋，年如加我，尚旦暮见之。甲午春二十二日庐陵刘辰翁序。"①此序言对丁易东易学贡献的总结可谓中肯。

与后来易学研究出现宗朱、述朱的趋势不一样，丁氏作为元初儒者还没有走向这一趋势。他以易象为核心，以易图为线索，既继

① 〔元〕刘辰翁：《易象义·原序》，见《文渊阁四库全书》第21册，台湾商务印书馆1986年版，第475~476页。

承发扬了汉易，也吸取了宋代易图学的营养，从象数学的角度来解释《周易》经传，是元代易学家群体中比较有特色的。其易象学的成就，和胡一桂、吴澄一起，共同构成了元代易象学的繁盛面貌。其易数学的成就是对宋代易图学的继承和发展，为后世易图学的研究提供了很好的参考。林忠军评价说："比较而言，丁氏对于数学贡献大于象学，其象多是对前人的整理，而数学不同，他对大衍之数的论证，从天地之数到河图、洛书，皆采用了乘除加减法，而且能自圆其说，虽在某些方面曾受启于杨忠辅，但更多的是自己的发明。"①但是，易图学中如此繁复的易数之间的排列转换是否就是《周易》之本义，还是更大程度上的逻辑数理推衍，也是一个需要深思的问题。在丁易东对《周易》象义思想开显之后，元代黄泽又进一步强调了明象在易学研究中的重要作用。

第三节　黄泽②《周易》象学思想研究

黄泽（1260—1346），字楚望，资州（今四川资中）人，元代中后期著名经学家、易学家。据《元史》记载，其先长安人，后留居资州。"父仪可，累举不第，随兄骥子官九江，蜀乱，不能归，因家焉。泽生有异志，慨然以明经学道为志，好为苦思，屡以成疾，疾止复思，久之，如有所见。"③大德中，江西行省相臣闻其名，授江州景星书院山

① 林忠军：《象数易学发展史》第二卷，齐鲁书社1998年版，第448页。

② 关于黄泽易学，学者关注不多。主要成果有徐志锐于《宋明易学概论》第一章第六节对"黄泽的象学"的论述，参见该书第79～85页，辽宁古籍出版社1997年版；金生杨《黄泽易学探微》，见《地方文化研究辑刊》编辑部编《地方文化研究辑刊》第五辑，巴蜀书社2012年版，第85～103页。

③ 〔明〕宋濂等：《元史》卷一八九，中华书局1976年版，第4322页。

长，又为山长于洪之东湖书院，秩满即归，闭门授徒，不复言仕。“泽于名物度数，考核精审，而义理一宗程、朱，作《易春秋二经解》……于《易》以明象为先，以因孔子之言，上求文王、周公之意为主，而其机括，则尽在十翼，作《十翼举要》《忘象辩》《象略》《辨同论》……又惧学者得于创闻，不复致思，故所著多引而不发，乃作《易学滥觞》《春秋指要》，示人以求端用力之方。”①《宋元学案》列其入《草庐学案》“草庐同调”②。黄泽著有《易学滥觞》一卷、《十翼举要》、《忘象辩》、《象略》、《辨同论》、《易经解》、《二礼祭祀述略》、《礼经复古正言》、《殷周诸侯禘祫考》、《周庙太庙单祭合食说》、《春秋师说》三卷《附录》二卷、《春秋指要》、《元年春王正月辨》、《诸侯娶女立子通考》、《邱甲辨》、《鲁隐公不书即位义》六卷、《六经辩释补注》、《翼经罪言》、《经学复古枢要》。可惜仅有《易学滥觞》传世。

元仁宗延祐七年（1320），黄泽《易学滥觞》书成，共一卷。黄泽在书末《后记》中说明了此书的由来。他说：“延祐五年（1318），东平王子翼始为刊《六经辩释补注》，既成，重惟《易》《春秋》二注，未能脱稿，而骎骎老境，事不可缓，若必待完备，亦贫者最难，倘默而不言，又孰知所到，凡象学可以心悟而不可以言传，今指其大义，含蓄颇深，比类与象学相迩且补注所未有者为一卷，名曰《易学滥觞》。虽曰涓流，而本原在焉，未可忽也。世传黄河自昆仑来，伏流地中，数千里然后有浑灏之势，今将发明旷绝之学，而更隐其义，盖事大体重，难以直遂，不得

① 〔明〕宋濂等：《元史》卷一八九，中华书局 1976 年版，第 4323～4324 页。

② 〔清〕黄宗羲原著，全祖望补修，陈金生、梁运华点校：《宋元学案》卷九二《吴澄学案》，中华书局 1986 年版，第 3063 页。

不致慎焉！”[①]由此可知，适时有东平王子翼始为刊《六经辩释补注》，实是出书之良机。因为年纪太大，事情不能拖延。当时书虽未成稿，但已经没有精力来完善。若真的假以时日来完成，因为家贫，也无力出资刊刻。象学非常重要，可心悟不可言传，所以指明大义即可，以探究易学本原。故不能默而不言，当义不容辞发明其学。

吴澄非常钦佩黄泽的经学，他为黄泽之书作序言说：“楚望夫子之注经，其志可谓善矣。《易》欲明象，《春秋》欲明书法，盖将前无古、后无今，特出其所得之大概示人，而全注未易成也。每以家贫年迈，弗果速成其注为嗟。世亦有仁义之人，能俾遂其志者乎？予所不能必也。道之行与，命也！爱莫助之，永叹而已。延祐第七立秋之后四日，临川吴澄书于《易学滥觞》《春秋指要》之卷端。”[②]可见，《易学滥觞》与《春秋指要》当时是合为一部的。故而《四库全书总目》云：“卷首有延祐七年吴澄题词。据其所言，二书盖合为一帙。今《春秋指要》亦无传本，唯此书仅存。朱彝尊《经义考》载此书，注曰：‘已佚。’”[③]所以，我们可就目前所见的《易学滥觞》一卷来研究黄泽易学思想。黄泽弟子赵汸《春秋师说》中有部分黄泽言《易》的文字，亦可作为参照。元至正十二年（1352）十一月，赵汸作《黄楚望先生行状》，记载了黄泽“世家文行大概与其

① 〔元〕黄泽：《易学滥觞》，见《文渊阁四库全书》第24册，台湾商务印书馆1986年版，第14~15页。

② 〔元〕黄泽：《易学滥觞·原序》，见《文渊阁四库全书》第24册，台湾商务印书馆1986年版，第2页。

③ 〔清〕永瑢等：《四库全书总目》卷四，中华书局1965年版，第24页。

经学复古之功”①,也是我们研究黄泽易学的宝贵资料。

一、明象缘起:基于易学史之考察

对于《周易》,黄泽有基本的界定。据赵汸记载,黄泽作《十翼举要》,“以为《易》起于数因数设卦,因卦立象,因象起意,因意生辞”②。可见,在黄泽看来,《周易》的产生经历了由数到卦、由卦到象、由象到意、由意到辞的过程。也就是说,象是义理之原,明象才可求理。黄泽作《辨同论》云:“《易》有八卦,有六十四卦,有三百八十四爻,有大象,有小象,有大传《系辞》,有《说卦》,有《序卦》,有《杂卦》,有河图、洛书、蓍策之数学者,当随处用工,各诣其极。至于一以贯之,而后全易见矣。”③黄泽认为若能对《周易》经传和河洛蓍策之数学一以贯之,全《易》乃现。可见他认同河洛之学及《易》之卜筮是《易》的重要组成部分。在《周易》诸因素中,他尤其注重象学。这是他对易学发展史理性的剖析后得出的结论。

黄泽考察了象学的发展历史。他指出,从汉代诸儒到虞翻,本“欲明象,去圣已远,象学不易明,遂流于烦琐,或涉支离诞漫,学者亦已厌之”④。王弼提出“得意忘象”说,一扫汉代象数学家烦琐的象数学说,学者以玄学《易》为宗,逐渐地、真正地“忘象”了。至北

---

① 〔元〕赵汸:《东山存稿》卷七《黄楚望先生行状》,见《文渊阁四库全书》第1221册,台湾商务印书馆1986年版,第346页。

② 〔元〕赵汸:《东山存稿》卷七《黄楚望先生行状》,见《文渊阁四库全书》第1221册,台湾商务印书馆1986年版,第338页。

③ 〔元〕赵汸:《东山存稿》卷七《黄楚望先生行状》,见《文渊阁四库全书》第1221册,台湾商务印书馆1986年版,第338~339页。

④ 〔元〕黄泽:《易学滥觞》,见《文渊阁四库全书》第24册,台湾商务印书馆1986年版,第3页。

宋程颐“据《易》以明理，理明而象数稍远。其后说《周易》者，皆务明经，多不专守师说”①。

黄泽治经以程、朱为宗，但是他仍然认为程朱易学于象学做得不够。他指出象学之废自周末至元，已一千七百年，程颐以义理解《易》，朱熹主“《易》本卜筮之书”，与象贡献不足。其他儒者即便学问如程朱般精粹，也是于象学不明，更不用说一般人了。所以，黄泽认为自己有责任发明象学。他在《易学滥觞》一书中论述了研《易》的心路历程，他说：

泽年十七始，熟复《系辞》，既又读《左传》，疑于艮之八及诸占法，盖探索之劳积四十余年，至今犹未有释然者，然无所不尽其思矣。大德三年（1299），于《易》象始有所悟，又积十数年，大概得其五六，由是始具稿。又积十年，乃稍得其节目。然所悟深者，大抵不入稿而存诸心。方其劳心苦志也，若神明昼夜役使之者。及其悟也，则如天开其愚、神启其秘。凡西汉以来至近代诸儒，钻研而不可得者，始有芽蘖之渐。若更益以十年之功，则十可得其七八，虽未必尽能全复旧物，然比之王辅嗣创为忘象之高谈以绝后人之用心者，其得失相去远矣。②

即黄泽年少时研读《系辞传》和《春秋左氏传》，对于艮之八及诸占法多有疑惑。积四十余年之力深思，仍有未通达之处。黄泽在三

① 〔元〕黄泽：《易学滥觞》，见《文渊阁四库全书》第24册，台湾商务印书馆1986年版，第3页。

② 〔元〕黄泽：《易学滥觞》，见《文渊阁四库全书》第24册，台湾商务印书馆1986年版，第3页。

十九岁时，开始悟解易象。又过了十几年，得易象精髓一半有余，开始著书。又积十年之功，稍微“得其节目”。黄泽认为如果再有十年之功，方可得象学大要。

在黄泽看来，自王弼扫象不谈、痛斥汉儒象数学的穿凿附会之后，诸儒对乾为马、坤为牛之象皆有疑惑，实在是因为对象学不明，而且仅专注于象学之小处，失之象学大体。可见，应该先立其大者，抓住象学之大体。

二、学《易》当明象

黄泽论述了象学的价值与意义。他说：

> 所贵于象学者，可以辩诸家之得失。凡纷纭杂错之论，至明象而后定。象学不明，则如制器无尺度，作乐无律吕，舟车无指南，自然差错。①

这就是说，象学如同尺度、律吕、指南，懂得了象学的精髓，就可以辨别诸家得失所在。如他举了王弼与朱熹解鼎卦九四爻辞“鼎折足，覆公𫗧，其形渥，凶”之“渥”字的解释。王弼《周易注》解作：“渥，沾濡之貌也。”②朱熹《周易本义》解：“晁氏曰，‘形渥’，诸本作‘刑剭’，谓重刑也，今从之。”③黄泽认为以“屋诛”解“鼎折足”，乃“学秦法酷烈者之所为，非经意也。三公不称其职，当以礼退，自

① 〔元〕黄泽：《易学滥觞》，见《文渊阁四库全书》第24册，台湾商务印书馆1986年版，第12页。

② 〔魏〕王弼撰，楼宇烈校释：《周易注校释》，中华书局2012年版，第187页。

③ 萧汉明：《〈周易本义〉导读》，齐鲁书社2003年版，第146页。

非秦法，安可以屋诛为义？晦庵于此亦误从之”①。根本原因在于象学不明，故出现讹错。王弼虽不明象，但解作渥义，与象合。“所以知王义为得者，悚既覆，则有鼎汁淋漓沾濡，此正是象，屋诛之说谬矣。一字之讹，所失如此，可不谨哉！”②

可见，象不明会导致经传研究的诸多错讹，明象势在必行。黄泽认为学易当明象，王弼作《明象》篇，但实际上是言忘象，于是象学遂废。他说：

> 学《易》者当明象，此确然不易之论。但象不可明，故忘象之说兴；忘象之说兴，而象学遂废，亦可叹已。③

明象已是当务之急。黄泽作《象略》，指出“象学既明，则因象以得意，因意以得辞，阴阳消长有一定之几，上下贵贱有一定之分，善恶吉凶有一定之则。位之当者，孔子无由独言其非，卦与爻之小者，文王周公固不谓之大。然后知三圣人之《易》一而已矣。若舍象而求，则人自为《易》，不期于异而自异”④。象既明，那么意、辞皆可得，可知伏羲、文王、孔子三圣之易理一以贯之。

那么，如何明象呢？黄泽提供了指导思想。前文已述，《元史》载其于《易》“以明象为先，以因孔子之言，上求文王、周公之意为

① 〔元〕黄泽：《易学滥觞》，见《文渊阁四库全书》第24册，台湾商务印书馆1986年版，第12页。

② 〔元〕黄泽：《易学滥觞》，见《文渊阁四库全书》第24册，台湾商务印书馆1986年版，第12页。

③ 〔元〕黄泽：《易学滥觞》，见《文渊阁四库全书》第24册，台湾商务印书馆1986年版，第4页。

④ 〔元〕赵汸：《东山存稿》卷七《黄楚望先生行状》，见《文渊阁四库全书》第1221册，台湾商务印书馆1986年版，第338页。

主，而其机括，则尽在十翼”①，即明象的关键在于以十翼为本，以孔子之言，上求文王、周公之意为主要。

那么，考察象学发展史，诸多易象学家是否做到了这一点呢？黄泽作《忘象辩》，认为：“有一卦之象，有一爻之象，或近取诸身，或远取诸物，或以六爻相推，或以阴阳消长而为象。学者犹可求也。然有象外之象，则非思虑意识所能及矣，而况于立例以求之乎？李鼎祚缀辑于王氏弃掷之余，朱子发后出而加密，丁易东继之而愈详。圣人立象之妙终不可见。”②黄泽认为象有多种，有卦象，有爻象，有近取诸身之象，有远取诸物之象，有六爻相推之象，有阴阳消长之象。这些是可以研究之象。除此之外，还有思虑意识所不能认识到的象。可求之象尚难通晓，更别说象外之象了。赵汸说：“先生于六经之学，以其所自得而教人者盖如此，惟《易》所谓象外之象，则有不可得而尽闻者。”③对此，黄泽点到为止，没有作过多的描述。他认为象学史上有三个重要人物于象学并无增益。王弼扫象之后，唐李鼎祚补缀象学，至宋朱震进一步丰富象学，至宋末元初丁易东象学在朱震象学的基础上更进了一步，象学内容变得越来越详细复杂。但是，圣人立象之神妙终不可见。在黄泽看来，这些易学家的象学研究已经偏离了圣人立象之本意。他认为象学有教化的功能。他说：“孔子曰，‘易者，象也，立象以尽意，居则观其象而玩其辞’。圣人言《易》之为教如此。《易》不可废

① 赵汸《黄楚望先生行状》亦载有相同文字，应当是《元史》使用了赵汸的文章。

② 〔元〕赵汸：《东山存稿》卷七《黄楚望先生行状》，见《文渊阁四库全书》第1221册，台湾商务印书馆1986年版，第338页。

③ 〔元〕赵汸：《东山存稿》卷七《黄楚望先生行状》，见《文渊阁四库全书》第1221册，台湾商务印书馆1986年版，第346页。

象明矣。”①

黄泽认为“学《易》者先其大而后其小”，那么象学之大体是什么呢？他说：

> 凡《易》之寓象，未有《序卦》之大而要切者。……夫所谓《序卦》之象最大者，谓乾坤定位而物始生，物生必蒙，蒙则当教，教则必养，不得其养则争。此《易》必首乾坤，乾坤之后，次以屯、蒙、需、讼者，为此也。自此以往，皆以夫子《序卦》之辞观之，则可见：上经是开辟以来经制之象，下经是人道之首，正家以及天下之象；上经是因天地以寓人事，下经是因人事以明天地之道。所以必分上、下经者，上经以象先天，下经以象后天。上经始乾、坤而终坎、离者，祖先天之意也；下经始咸、恒而终于既、未济者，《周易》序六子之意也。②

黄泽特别重视《序卦》，认为《序卦》已经言明易象之大要。按《序卦》所言，上经因天地以寓人事，下经因人事以明天地之道，故观《序卦》可知象学之本。

黄泽终究还是只“指其大义，含蓄颇深”，并未对象学之全体作过多论述。赵汸说：“先生所谓废失之由有相似者盖如此，又惧夫学者得于创闻，不复致思，故所著书目虽多，皆引而不发，乃作《易学滥觞》《春秋指要》。经旨举略，稽古管见，示人以求端用力之方，而《易》《春秋》全解，则终身未尝脱稿示人也。其辨释诸经要旨，则

① 〔元〕赵汸：《东山存稿》卷七《黄楚望先生行状》，见《文渊阁四库全书》第1221册，台湾商务印书馆1986年版，第338页。

② 〔元〕黄泽：《易学滥觞》，见《文渊阁四库全书》第24册，台湾商务印书馆1986年版，第4页。

有《六经补注》。”①可见，黄泽确实是“引而不发”，示人以求象学之原的大方向。那么，若要了解诸经要旨及其他细节问题，可以看他的《六经补注》。其实，《易学滥觞》既对象学史作了剖析，也对义理易学作了考察。他认为不但象学要寻其本原，义理易学也要复《易》之古义。他在发明《易》之古义的时候，也涉及一些象学细节问题。可见，黄泽易学是象数、义理并重的。

三、义理易学当复《易》之古义

黄泽推崇《易》之古义，认为无论是象数还是义理，都未能复古。就易象学而言，它已经迷失一千七百余年，汉儒及近代诸儒之说失于细碎，但是于大体未明。就义理学而言，程朱之学“可谓精切粹美，而《易》之大义未能复古者，亦多有之”②。他指出义理易学“未能复古”的问题所在，分别是《易》之名义、重卦之义、逆顺之义、卦名之义、卦变之法、卦名、《易》数之原、《易》之辞义、《易》之占辞、蓍法、占法、序卦、脱误疑字十三项。然后加以自己详细的解释，由此可见他对《周易》古义的发明和坚持。具体来说：

其一，自汉儒来的“易”三义说不可偏废。“易”有易简、变易、不易三义，而今人只说变易一义，“《易》之名义未能复古”③。

其二，因邵雍先天学，“重卦之义未有说以相通，是重卦之义未

① 〔元〕赵汸：《东山存稿》卷七《黄楚望先生行状》，见《文渊阁四库全书》第1221册，台湾商务印书馆1986年版，第339～340页。

② 〔元〕黄泽：《易学滥觞》，见《文渊阁四库全书》第24册，台湾商务印书馆1986年版，第6页。

③ 〔元〕黄泽：《易学滥觞》，见《文渊阁四库全书》第24册，台湾商务印书馆1986年版，第6页。

能复古二也”①。邵康节先天学用“一分为二”加一倍法来解释八卦和六十四卦生成问题，与原初的八卦相重而成六十四卦的重卦说大相径庭。

其三，“孔子称‘《易》逆数’，而今之图乃是半顺半逆，是逆顺之义未能复古三也”②。认为孔子所说之“逆”之本义与先天图所说之顺逆意义不同。

其四，卦之名义不能复古。认为六十四卦卦名各有其义，不能混同。就婚姻卦来讲，咸、渐、恒、归妹四卦卦名各有区分。“咸”是娶女，“渐”是嫁女，“恒”有夫妇居室之义，“归妹”是兄嫁其妹。然而有人认为归妹与咸婚娶之义并无分别，甚至说归妹是少女嫁长男，距离古义就更远了。

其五，就占法而言，伏羲、文王、周公之法简易，但现在有的卦变法以为一卦可以变为六十四卦，失之在繁，故而卦变之法不能复古。黄泽对卦变法用了四十余年的功夫，仍然不能得其要领。

其六，“燧人氏始修火利，未必遽有鼎也，火食既兴，邑居既成，而后有井以养。而今之说者谓井、鼎名卦，古已有之，非始于文王，是卦名不能复古六也”③。是说有关卦名时间的问题不符合史实。

其七，“《易》卦有自然之数，皆与河图、洛书相通，而说者以《易》起于河图，《范》起于洛书，执泥特甚，是《易》数之原不能复古

① 〔元〕黄泽：《易学滥觞》，见《文渊阁四库全书》第 24 册，台湾商务印书馆 1986 年版，第 6 页。

② 〔元〕黄泽：《易学滥觞》，见《文渊阁四库全书》第 24 册，台湾商务印书馆 1986 年版，第 6 页。

③ 〔元〕黄泽：《易学滥觞》，见《文渊阁四库全书》第 24 册，台湾商务印书馆 1986 年版，第 6 页。

七也”①。这是对邵雍、朱熹先天象数学的批判。黄泽认为河图、洛书与易卦自然之数相通，当然不必拘泥于《易》则河图、《范》则洛书的理论设定。

其八，“以夫子所说与文王、周公不同，是《易》之辞义不能复古八也”②。此处当是对朱熹对于三圣《易》的划分而发的。其实朱熹本意是为了论证“《易》本卜筮之书”的，并没有反对三圣一理，故而黄泽此处的批评有些牵强。

其九，“占中有象，象中有占，象有未尽者，因占辞以补其缺。近世学者虽知分别象占，而不知占中实有未尽之象，是《易》之占辞不能复古九也”③。此处又是对朱熹象占说的批评。

其十，“卦用七八，爻用九六，自杜氏注《春秋》，有杂用《连山》《归藏》《周易》三《易》，皆以七八为占之说，而晦庵《启蒙》颇因之，是蓍法不能复古十也”④。此处仍旧是对《易学启蒙》蓍法的批评。

其十一，“《春秋》占法至为精妙，去古既远，易道虽晦，然犹有此以见古法之精。而世之学者例以左氏为妄诞不之信，是占法不能复古十一也”⑤。黄泽认为占法应当以《左传》所载筮例为根本。他反对朱熹借鉴程迥《周易古占法》提出的变占说。因朱子变占说

① 〔元〕黄泽:《易学滥觞》，见《文渊阁四库全书》第 24 册，台湾商务印书馆 1986 年版，第 6~7 页。

② 〔元〕黄泽:《易学滥觞》，见《文渊阁四库全书》第 24 册，台湾商务印书馆 1986 年版，第 7 页。

③ 〔元〕黄泽:《易学滥觞》，见《文渊阁四库全书》第 24 册，台湾商务印书馆 1986 年版，第 7 页。

④ 〔元〕黄泽:《易学滥觞》，见《文渊阁四库全书》第 24 册，台湾商务印书馆 1986 年版，第 7 页。

⑤ 〔元〕黄泽:《易学滥觞》，见《文渊阁四库全书》第 24 册，台湾商务印书馆 1986 年版，第 7 页。

中存在以七八不变之爻占的情况，黄泽认为不符合《左传》筮法规则。他说："若如杜氏说，杂用《连山》《归藏》之《易》，皆以七八为占，此恐非是。若如此，则是占者无定法。既已得卦，却临时兼用七八为占，是占无定据矣。晦庵《本义》遇艮之八，只当占艮六二，亦是不据六二而以七八为占。夫爻谓之六二，而乃以八为占，恐非筮法，愚不能明，终未敢从也。"①"《周易》占变爻之法，《系辞》中不见，独《春秋》内外传有十数处，然大抵古法难以尽晓。如艮之八、泰之八、贞屯悔豫皆八，最为可疑。《启蒙》虽颇具其说，诚恐非古法也。"②

其十二，"六十四卦上下经序次条理秩然，夫子本文之外，又得先儒推究，十有八象三十六宫，既以发其隐秘，而序次之妙，推寻犹有未尽者。而先儒或谓非《易》之蕴，晦庵以为是《易》之蕴，而非其精，是《序卦》之义未能复古十二也"③。此处是对韩康伯和朱熹的批评。

其十三，"文王、周公本文脱误者少，纵有脱误，当阙其疑。自胡安定改'鸿渐于逵'以来，晦庵于鼎卦用郑玄说，训渥为剧，于升卦改顺为慎，于无妄以为无望，此类不一，是脱误疑字未能复古十三也"④。此处是对胡瑗与朱熹的批评。

以上未能复《易》之古义的十三个问题，也是黄泽《六经疑义》

---

① 〔元〕黄泽：《易学滥觞》，见《文渊阁四库全书》第 24 册，台湾商务印书馆 1986 年版，第 8 页。

② 〔元〕黄泽：《易学滥觞》，见《文渊阁四库全书》第 24 册，台湾商务印书馆 1986 年版，第 8 页。

③ 〔元〕黄泽：《易学滥觞》，见《文渊阁四库全书》第 24 册，台湾商务印书馆 1986 年版，第 7 页。

④ 〔元〕黄泽：《易学滥觞》，见《文渊阁四库全书》第 24 册，台湾商务印书馆 1986 年版，第 7 页。

的组成部分。对于有些仍然留有疑问的问题,他认为还需要进行深思才行。这显示了其严谨的治学态度。1343 年,朱升偕赵汸赴江州路景星书院从黄泽受《六经疑义》。黄泽的经学思想得以传承。赵汸在《黄楚望先生行状》里概括了黄泽《六经疑义》的主要贡献和思想特色。

综上所述,就易学贡献来讲,黄泽易学提倡立足于《易》之本,因象以明理,于象数易学和义理易学皆有发挥,是元代象数易学的代表性人物。与其他象数易学家孜孜以求纷繁复杂的象数体例不同,他关注的是象学本原的大问题,这是他易学思想的特色。刘大钧评价元代易学时,提及黄泽说:"他主张解《易》应先明象,至于占法,应以《左传》所载筮例为根本。黄氏立论平正,其说皆有根据,特别对《周易》古义,多有发明。"①

① 刘大钧:《周易概论》,巴蜀书社 1999 年版,第 208 页。

第三章 元代朱子后学易学：胡方平、熊禾、熊良辅

宋代是中国历史上又一文化极为繁盛的历史时期，构成中国文化主要部分的儒释道三家都有各自的新兴趋向，成就了许多大家，也留下了众多流传于世的成果。就《周易》研究而言，儒家易学经过周敦颐、二程等理学家的不懈弘传，出现了在学问思想方面集大成的学者朱熹，其易学著作《周易本义》和《易学启蒙》在易学史上有着重要地位。

元代程朱理学虽然被尊崇，上升为官方学术地位，但元代理学家们对理学之义理层面多是承继。钱穆先生在评价元代理学时说："元儒之于朱学，终不能不偏于博文一途。既已仕于元……大节已亏，何论约礼。"①钱先生这句话揭示元代学术对经学研究的偏重。《易》为群经之首，对该经的解读也成了除许衡、刘因、吴澄等理学家之外其他易学家的课题。在元代易学研究中，与程朱理学被尊崇相应，程朱易学尤其是朱熹易学研究进路和思想被继承，形成了一种宗朱、述朱和翼朱的易学研究思潮。其中，元代朱子后学

---

① 钱穆：《中国学术思想史论丛》卷六，安徽教育出版社2004年版，第27页。

的易学研究是这种思潮的发轫。

朱熹的易学思想主要集中在《周易本义》和《易学启蒙》之中。《周易本义》是对《周易》经传所作的解释，文辞简略，其目的在于恢复《周易》的本来面目——《易》本卜筮之书。《易学启蒙》四篇重在解决与河图、洛书、卦画、揲蓍求卦、变占的相关问题，所以朱熹的先天象数学思想主要体现在《易学启蒙》一书中。

对于《易学启蒙》的阐释，宋末元初易学家胡方平的《易学启蒙通释》是比较能够阐释朱子本旨的著作。明代目录学家杨士奇说："朱子《易学启蒙》，惟胡方平本最善。"①

第一节 胡方平《易学启蒙》通释思想研究

胡方平（？—1289），字师鲁，号玉斋，徽州婺源（今江西婺源人）。受《易》于朱熹的女婿黄榦的学生董梦程，是朱门嫡传的三传弟子，其子胡一桂也是元代最重要的易学家之一。《宋元学案》对其师承关系及其易学主旨有一简明扼要的说明：

> 胡方平，号玉斋，婺源人。早受《易》于董介轩，继师沈贵珤，精研《易》旨，沉潜反复二十余年，而后著书发明朱子之意。其言曰："朱子言《易》，开卷之初，先有一重象数，而后《易》可读。《启蒙》四篇，其殆明象数，以为读《本义》而设者与！象出于图、书而形于卦画，则上足以该太极之理，而《易》非沦于无体；数衍于蓍策，而达于变占，则下足以济生人之事，而《易》非

① 〔明〕杨士奇：《东里续集》卷一六，见《文渊阁四库全书》第1238册，台湾商务印书馆1986年版，第579页。

荒于无用，于是《本义》一书，如指诸掌也。”子一桂。①

胡方平笃守朱熹之说，致力于发扬朱熹易学。朱熹有感于宋代“其专于文义者，既支离散漫而无所根着；其涉于象数者，又皆牵合傅会，而或以为出于圣人心思智虑之所为也”②的易学研究情势，作《易学启蒙》以示初学，旨在正本清源，发明象数之学。而“后人置《本义》不道，惟假借此书以转相推衍，至于支离轇轕而不已”③，已远非朱熹之旨。胡方平乃对《易学启蒙》反复诠释，作《易学启蒙通释》二卷，以期重振朱熹易学。

《易学启蒙通释》以阐发朱子思想为目的，对《易学启蒙》进行了逐句通释。该书完稿于开庆元年（1259），胡方平又在至元二十五年（1288）冬精加修定。后其子胡一桂两次携书入闽。至元二十九年（1292）夏，该书由刘泾捐资刊刻于武夷书室。④ 全书分《本图书》《原卦画》《明蓍策》《考变占》四篇，疏解朱子《易学启蒙》，既有字句的训诂、讲解，也有数占的进一步推衍，并以大量的图象，直观地阐明朱熹的象数之学。卷首载十图，如《先天八卦合洛书数图》《后天八卦合河图数图》等，皆发明朱熹图书象数之学；如《邵子天地四象图》《朱子天地四象图》，对朱熹、邵雍四象八卦问题之不同

① 〔清〕黄宗羲原著，全祖望补修，陈金生、梁运华点校：《宋元学案》卷八九《介轩学案》，中华书局 1986 年版，第 2973 页。

② 〔宋〕朱熹：《易学启蒙》卷一，见〔宋〕朱熹撰，朱杰人、严佐之、刘永翔主编《朱子全书》第 1 册，上海古籍出版社、安徽教育出版社 2002 年版，第 209 页。

③ 〔清〕永瑢等：《四库全书总目》卷三，中华书局 1965 年版，第 20 页。

④ 关于《易学启蒙通释》的版本源流，可参见《易学启蒙通释》之《校点说明》，见〔元〕胡方平撰，李秋丽校点《儒藏·精华编》第 5 册，北京大学出版社 2014 年版，第 5~6 页。

考究甚细。此外,《易学启蒙通释》又大量引用《朱子语类》中对《周易》的解说,以及朱熹弟子、再传弟子对《周易》的解说,并加入必要的按语,为研究象数易学提供了很好的材料。

整体而言,胡方平的易学思想围绕朱熹易学而发,这一点从其易注篇名、内容、形式上都不难察见。比如朱熹在《易学启蒙》中引用了孔安国、刘歆、关朗、周敦颐、程颐、邵雍、欧阳修、程迥、蔡元定九人之说。胡方平也在《易学启蒙通释》中予以效法,引用了黄榦、董铢、刘爚、陈植、蔡渊、蔡沈、蔡模、徐几、翁泳九人之说,并且所引诸人皆为朱子一脉学者,一如四库馆臣所说:"凡黄榦、董铢、刘爚、陈植、蔡渊、蔡沈六家,皆朱子门人,又蔡模、徐几、翁泳三家。模,蔡渊子,几、泳皆渊之门人,故所衍说尚不至如他家之竟离其宗。"①胡方平捍卫并高扬了朱熹象数易学思想,于朱熹象数易学的承传有重大的意义。当然,胡方平也并非盲目地崇信朱熹易学,在尽力揭示朱熹《易学启蒙》思想的基础上,也借此阐释了自己的易学观点。

一、诠河图、洛书之蕴

宋初理学家把河图、洛书、先天、后天、太极等图引入《易》中,以各种图式解说《周易》,从而发展出图书之学,成为宋代象数易学的重要组成部分。图书之学始自陈抟,由陈抟至周敦颐、邵雍和刘牧,至朱熹时得以大发展。到了元代,朱子易学被定为官学,图书之学仍然是易学研究的一个主题。

朱熹推崇邵雍的先天易学,于《周易本义》卷首列九图,《易学启蒙》为书四篇,首陈《本图书》《原卦画》。可以说,朱熹的图书之

① 〔清〕永瑢等:《四库全书总目》卷三,中华书局1965年版,第20页。

学是其象数思想的理论基础。不过,与其他图书学派不同的是,朱熹对于河图、洛书的研究,注重义理的阐发。在朱熹看来,如果着眼于义理,则《易学启蒙》所载之二图,“则虽未必便是真图,然于象数本原亦当略见意味,有欢喜处,而图之真伪将不辨而自明矣”①。所以,朱熹以河图为象数本原,认为伏羲据河图以作《易》,不管在历史上能否查有实据,就哲学义理而言,是可以成立的。

胡方平在接续朱熹基本观念的基础上,进一步对河图、洛书中涉及的诸多问题进行了详细的分殊。

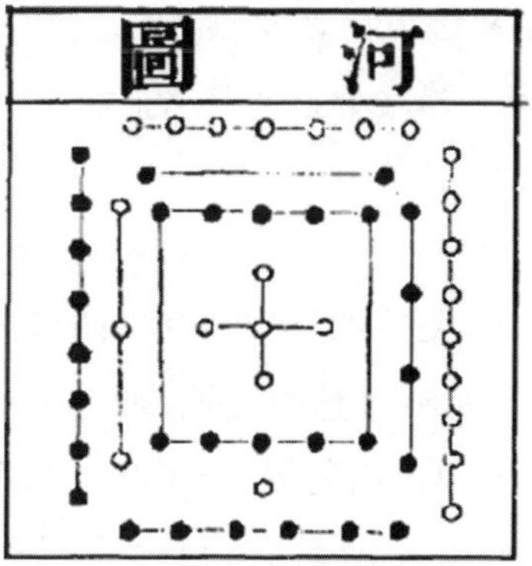

图 3.1 河图

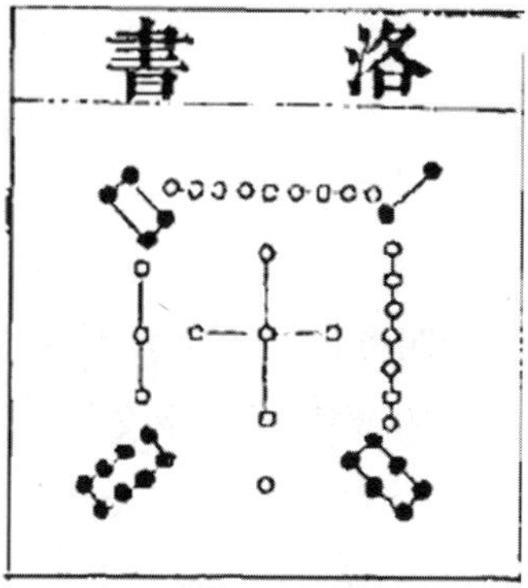

图 3.2 洛书

(一)析河图、洛书之源

胡方平在接续朱熹关于河图、洛书与圣人则之以作《易》与《洪范》的识见基础上,进而围绕圣人具体如何则之以作《易》与《洪范》的细节问题加以深化讨论,详细阐释了他关于这两类问题的思考。

① 〔宋〕朱熹:《晦庵先生朱文公文集》卷三八《答袁机仲》,见〔宋〕朱熹撰,朱杰人、严佐之、刘永翔主编《朱子全书》第 21 册,上海古籍出版社、安徽教育出版社 2002 年版,第 1665 页。

1. 圣人则河图以作《易》问题

胡方平认为朱熹与《易学启蒙》中指出的关于圣人如何则河图以作八卦的说明过于简略，比如，《易学启蒙》指出："析四方之合，以为乾坤离坎；补四隅之空，以为兑震巽艮，八卦也。"[①]胡方平认为朱熹所说的"四方之合""四隅之空"等概念不够明晰。因此他说：

> 析二、七之合，则七居南为乾，而二补东南隅之空以为兑；析三、八之合，则八居东为离，而三补东北隅之空以为震；析四、九之合，则九居西为坎，而四补西南隅之空以为巽；析一、六之合，则六居北为坤，而一补西北隅之空以为艮者。此则之以成八卦也。[②]

所谓"四方之合"，分别是指"二七""三八""四九""一六"四组河图中的生数与成数组合。而圣人则之以画八卦的过程，则是原本居于正南位的"二七"分而为两，七居于原位以象乾，二则补于东南之隅以象兑；原本居于正东之位的"三八"，也分而为两，八居于原位以象离，三则补于东北之隅以象震；"四九"原本在正西，进而析之为两，九居于正西为坎，而四则跑到西南之隅以象巽；最后原本居于河图正北之位的"一六"，同样分而为二，六不动以象坤，一则补到西北之位以象艮。

在此基础上，胡方平进一步揭示了圣人则河图以画八卦的具体历程，他指出："然圣人之则河图也，亦因横图卦画之成以发圆图

① 〔宋〕朱熹：《易学启蒙》，见〔宋〕朱熹撰，朱杰人、严佐之、刘永翔主编《朱子全书》第1册，上海古籍出版社、安徽教育出版社2002年版，第215页。

② 〔元〕胡方平撰，李秋丽校点：《易学启蒙通释》，见《儒藏·精华编》第5册，北京大学出版社2014年版，第35页。

卦气之运耳。”①借助融合邵雍先天之学，胡方平将圣人则河图以画八卦的具体过程融入先天方圆之图。在其看来，两者之间可以互训。

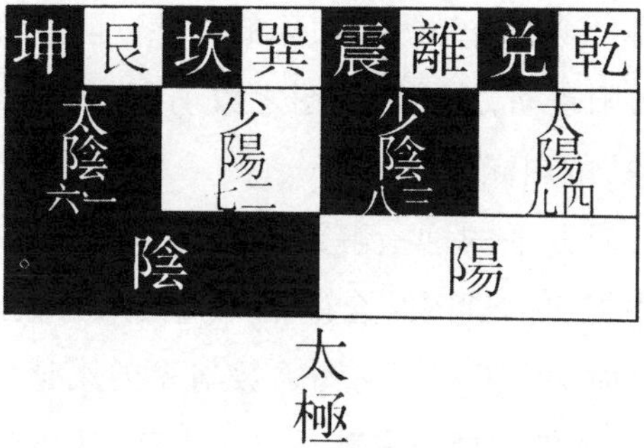

图 3.3　伏羲则河图以作易图

如上图所示，太阳、少阴、少阳、太阴分别对应八卦的乾兑、离震、巽坎、艮坤四组，于数字而言则对应四九、三八、二七、一六四组，当此一横图向圆图转化时自然也就形成了上文所揭示的河图八卦之形。这一解释方式虽然巧妙，但面临的一个问题则是，先天横图中，数字与八卦之间的对应关系与河图八卦之数中的对应关系并不完全一致。其中，太阴、少阴所对应的艮坤、离震之数与河图八卦之数相同；而太阳、少阳对应的乾兑、巽坎之数则恰恰相反。针对这一问题，胡方平解释道：

> 盖河图二象之居于东北者，阴之老少也，阴主静而守其常，故水木各一其象，不能他有所兼……河图二象之居于西南者，阳之老少也，阳主动而通其变，故金火互通其象，实能两有

① 〔元〕胡方平撰，李秋丽校点：《易学启蒙通释》，见《儒藏·精华编》第5册，北京大学出版社2014年版，第35页。

所兼。①

他认为之所以八卦横图中的数字顺序与河图八卦中的数字关系有所差异,其背后呈现的正是阴阳动静的内涵。阴主静,故前后两图之数静而不变;阳主动,故前后两图之数动而互变。此即其所谓的“金火互通其象”的内涵。

总体而言,胡方平的这一解说一方面继承了朱熹在《易学启蒙·原卦画》中提出的试图结合邵雍的先天八卦横图与八卦圆图的相关思考,进而探索发展了河图之数与先天八卦之间的关系,很显然是对朱熹易学的发展与完善。另一方面,从更深层上讲,胡方平的这一做法虽然看似巧妙,同时也直接暴露出图书之学与先天之学本身内在的非一致性。

2. 圣人则洛书以作《洪范》问题

朱熹认为,所谓洛书也同样是与河图相类似的图形数字系统,也就是其所说的四十五个黑白点组成的图式。而《洪范》则是在黑白点构成的洛书启发印证基础上创制而成的,至于其中具体内容中出现的“五行”“五事”“八政”“五福”“六极”等,都能够在洛书数理体系下得以说明。

关于洛书的问题,自图书之学兴起以来就有广泛的争论,既有如刘牧、朱熹,主张将两者并列审视,放置在图书系统中看待的;也有如雷思齐力图将两者分离,试图将洛书剥离出图书序列的。胡方平全面继承了朱熹的基本论断,他一方面通过引入朱熹在《朱子语类》中分散提出的论据来对《易学启蒙》的观点加以佐证,另一方

① 〔元〕胡方平撰,李秋丽校点:《易学启蒙通释》,见《儒藏·精华编》第5册,北京大学出版社2014年版,第35页。

面，试图通过自己的解读，进一步解释《洪范》与洛书之间的相互关联。比如，他指出大禹则洛书作《洪范》“不必尽叶于火、木、金、土之位也”①。针对许多人执着于通过《洪范》中涉及的五行次序问题与洛书内涵的五行关系不一致，来否认两者之间的联系。他认为要从大处着眼，不应执着于所谓的“火、木、金、土之位”。胡方平还进一步强调大禹则洛书作《洪范》“不必拘于书之位次以定畴之先后”，认为同样不应该执着于《洪范》九事中记录的具体内容与洛书数之间的次序关系。这一观点显然突破了朱熹的基本看法。在朱熹看来，《洪范》九事之间的先后次序、关联是与洛书本身密切相关的。胡方平则认为《洪范》九事的先后次第与洛书次序并无必然联系，这是胡方平易学对朱熹的突破之处。胡方平之所以会采取这一运思方式，是因为将洛书转化为黑白数字系统后与《洪范》文本之间出现了内在矛盾。与朱熹试图借助逻辑思辨建立两者之间的内在联系不同，胡方平则希冀通过从大处着眼，抹杀两者之间的细节差别。

（二）释河图、洛书之数

图书之学往往通过借助于建立河图、洛书与《周易》八卦六十四卦之间的相互联系，从而为解读易学起源问题提供广阔的空间。就图书之学自身而言，河图、洛书被通过图式化的形式，借助数的规律化排列组合呈现出来，数字本身在图书之学中被赋予了丰富的理论内涵。关于河图、洛书中的具体数字问题，胡方平一方面继承了朱熹的基本解释倾向，同时也呈现出自身的思想特色。

---

① 〔元〕胡方平撰，李秋丽校点：《易学启蒙通释》，见《儒藏·精华编》第5册，北京大学出版社2014年版，第36页。

1. 释“一二三四”

对于图书之学数字中，作为天地之生数“一二三四”四数的内涵界定问题，胡方平主要承续了朱熹的基本看法，即试图通过以天圆地方思想及《洪范》中五行与数字的对应关系为基础，解读数字之间的内在关系。

他先引用了朱熹的观点：

> 五行有以质而语其生之序者，则曰水火木金土。有以气而语其行之序者，则曰木火土金水。水阴根阳，火阳根阴，错综而生，其端是天一生水，地二生火，天三生木，地四生金。到得运行处便水生木，木生火，火生土，土生金，金又生水，水又生木，循环相生。①

接着，胡方平引用黄榦之言，进一步对朱熹之说解释道：

> 天得奇而为水，故曰一生水。一之极而为三，故曰三生木。地得偶而为火，故曰二生火。二之极而为四，故曰四生金。何也？一极为三，以一运之圆而成三，故一而三也。二极为四，以二周之方而成四，故二而四也。②
>
> 水火木金有两项看。如作行之序看，则木火是阳，金水是阴，行于春夏为阳，行于秋冬为阴。如作生之序看，则水木是阳，火金是阴。生于天一、天三为阳，生于地二、地四

① 〔元〕胡方平撰，李秋丽校点：《易学启蒙通释》，见《儒藏·精华编》第5册，北京大学出版社2014年版，第26页。

② 〔元〕胡方平撰，李秋丽校点：《易学启蒙通释》，见《儒藏·精华编》第5册，北京大学出版社2014年版，第26页。

为阴。①

阳始生为水尚柔弱，到生木已强盛；阴始生为火尚微，到生金已成质。如此则水为阳稚，木为阳盛，火为阴稚，金为阴盛也。②

在其看来，数字背后揭示的是阴阳五行流转变化。一二三四，两两一组，奇数一三为阳，二四为阴。就生成之序而言，一为阳之始生，因此以水来表征其柔弱状态；三则表示阳已发展至强盛状态，所以用木来表征。同样，二表示阴之始出，火展现其微弱之象；至四则阴已转盛，因此用金来象征阴盛状态。数字由一而三，之所以能够符示天阳由初始转而壮大，在于其自然展现的天圆之径一周三；数字由二而四，之所以能够符示地阴由初始转而壮大，同样在于其自然展现的地方之周二而成四。依托天圆地方之数来论说数字之间的内在关联，很显然吸收了邵雍、朱熹的基本识见。但另一方面，为了将数字与洪范五行的顺序相对应，不得不分别赋予水、火以阳、阴的性质，这显然与传统的一般认识不符。为了化解这一矛盾，胡方平则进一步从汉代卦气说的角度阐释了水火阴阳互根的看法。对此，他专门引用刘爚的论证：

水阴也，生于天一；火阳也，生于地二。是其方生之始，阴阳互根。故其运行，水居子位极阴之方，而阳已生于子；火居午位极阳之方，而阴已生于午。若木生于天三，专属阳，故其

① 〔元〕胡方平撰，李秋丽校点：《易学启蒙通释》，见《儒藏·精华编》第5册，北京大学出版社2014年版，第27页。

② 〔元〕胡方平撰，李秋丽校点：《易学启蒙通释》，见《儒藏·精华编》第5册，北京大学出版社2014年版，第26页。

行于春，亦属阳。金生于地四，专属阴，故其行于秋，亦属阴。不可以阴阳互言矣。盖水火未离乎气，阴阳交合之初，其气自有互根之妙。木则阳之发达，金则阴之收敛，而有定质矣。此其所以与水火不同也。①

从阴阳二气消息的角度来看，水一所在之位为子，代表阴极而阳生之位；火二所在之位为午，代表阳极而阴生之位。正是在此意义上，阴阳互为其根。阴水内含阳根，表示阳气初生，因此以一符示；阳火内含阴根，表示阴气始生，因此以二符示。

2. 释“九六七八”

胡方平对河图、洛书中的“九六七八”四数内涵的理解，同样是在朱熹认识的基础上展开的。朱熹于《易学启蒙》中分别在河图、洛书各自系统中予以讨论。

就河图而言，胡方平解释了朱子所说的河图中的九六七八之义。他说：

七、九为阳，阳主进，由少阳七而进，七之上为八，故逾八而进于九。九则进之极，更无去处了，故九为老阳。六、八为阴，阴主退，由少阴八而退，八之下为七，故逾七而退于六。六则退之极，更无转处了，故六为老阴。进则饶，故老阳饶于八，少阳饶于六。退则乏，故老阴乏于七，少阴乏于九。进而饶者阳之常，退而乏者阴之常，此所谓正也。②

---

① 〔元〕胡方平撰，李秋丽校点：《易学启蒙通释》，见《儒藏 · 精华编》第5册，北京大学出版社2014年版，第27页。

② 〔元〕胡方平撰，李秋丽校点：《易学启蒙通释》，见《儒藏 · 精华编》第5册，北京大学出版社2014年版，第33~34页。

此即释朱子《启蒙》所说“阴阳老少进退饶乏之正”。

对于朱子《启蒙》所说河图“阴阳老少互藏其宅之变”，胡方平解释说：

> 老阳数九，由一、三、五积而成于四之外，四，老阴之位也；老阴数六，由二、四积而成于一之外，一，老阳之位也。此二老互藏其宅之变也。七、八则非由积数而成，七与九皆阳，故少阳七自九来，而居于二之上，二，少阴之位也；八与六皆阴，故少阴八自六来，而居于三之上，三，少阳之位也。此二少互藏其宅之变也。①

即讲的是河图中位与数的关系。根据太极、两仪、四象的生成顺序可知，一是老阳之宅，二是少阴之宅，三是少阳之宅，四是老阴之宅。在河图中，四与九、一与六、二与七、三与八同处一位，符示了“阴阳老少互藏其宅之变”。

于洛书而言，胡方平解释了朱熹所说“七八九六迭为消长”“参五错综，无适而不遇其合”②。

胡方平指出：

> 其在《洛书》虽纵横有十五之数，实皆七、八、九、六之迭为消长。一得五为六，而与南方之九迭为消长；四得五为九，而与西北之六迭为消长；三得五为八，而与西方之七迭为消长；

---

① 〔元〕胡方平撰，李秋丽校点：《易学启蒙通释》，见《儒藏·精华编》第5册，北京大学出版社2014年版，第34页。

② 〔宋〕朱熹：《易学启蒙》，见〔宋〕朱熹撰，朱杰人、严佐之、刘永翔主编《朱子全书》第1册，上海古籍出版社、安徽教育出版社2002年版，第215页。

二得五为七，而与东北之八迭为消长。大抵数之进者为长，退者为消，长者退则又消，消者进则又长。六进为九，则九长而六消；九退为六，则九反消而六又长矣。七进为八，则八长而七消；八退为七，则八反消而七又长矣。①

在其看来，所谓的“七、八、九、六迭为消长”，其内涵是阴阳相互转化视野下的数字关系转化，即老阴之六进而为老阳之九，阳长而阴消，以九而变六，反之亦然；少阳之七变而为少阴之八，阴长而阳消，即以八而变七。即洛书中七、八、九、六四数阴阳消长的相互关系。数字的变化本身彰显了阳进的同时表征着阴退，阴进的同时表征着阳退。同时阴阳之间的总数总是保持一致，即七与八之和、九与六之和为十五。胡方平说：“虚中五之外，则纵横皆十，以其十者分之，则九者十分一之余，八者十分二之余，七者十分三之余，六者十分四之余也，参伍错综，无适而不遇七、八、九、六之合焉。此所谓变化无穷之妙也。”②

继而，胡方平就朱熹提出的“七、八、九、六”之间“无适而不遇其合”的认识作了进一步的扩展。他指出：

又因是推之，《图》《书》之文七与八，九与六，每相联属。《河图》则二少位东南，二老位西北，二居南内含东外之八，三居东内含南外之七，一居北内含西外之九，四居西内含北外之六。《洛书》则一得五成六而合九，四得五成九而合六，二得五

① 〔元〕胡方平撰，李秋丽校点：《易学启蒙通释》，见《儒藏·精华编》第5册，北京大学出版社2014年版，第34页。

② 〔元〕胡方平撰，李秋丽校点：《易学启蒙通释》，见《儒藏·精华编》第5册，北京大学出版社2014年版，第34页。

成七而合八，三得五成八而合七。又加二、四成六而九居中，一、八成九而六在旁，二、六成八而七处内，三、四成七而八在下，是亦九、六、七、八无适而不遇其合也。①

原本被放置于洛书九宫之数四正、四隅的数字之间互补的规律性认知，被其进一步扩充至图书整体。在其看来，在河图当中，三八、二七之数象征的少阳（少阴）、少阴（少阳）分居东、南；一六、四九代表的老阳（老阴）、老阴（老阳）之数分居北、西。位居东南的少阴、少阳之间与位居西北的老阴、老阳之间，阴阳皆为互包互含，表现在数字上，与朱熹在洛书中揭示的九六、七八之和皆为十五，一九、二八、三七之间其和皆十相同。所谓"无适而不遇其合"，表现在洛书中不仅仅体现为处在四正、四隅之位的数字之和皆同，此外，"一八成九而六在旁，二六成八而七处内，三四成七而八在下"，洛书相邻数字之间同样能够体现出这一和合关系。显然，胡方平试图将朱熹借助洛书九宫数字揭示出的九、六、七、八四数之间呈现的内在关联扩展至河图乃至其他数字关系中。尽管单纯从数字关系来看，胡方平的做法略显牵强，但就其运思的角度而言，其内在思想逻辑是符合朱熹所要阐释的图书基本内涵的。

二、揭伏羲先天之旨

同朱熹依托于对画前图书之《易》、伏羲先天之《易》、文王后天之《易》、孔子之《易》的区别和判定一样，胡方平也从三《易》分观的视野下，历史地、动态地审视《周易》发展、演变及其各自内涵。

① 〔元〕胡方平撰，李秋丽校点：《易学启蒙通释》，见《儒藏·精华编》第5册，北京大学出版社2014年版，第34页。

在考察分析了以河图、洛书之数为表征的画前图书之《易》基础上，胡方平继而接续朱熹对伏羲先天之学的识见，做了进一步的推进和细化工作。

（一）伏羲画卦依据

关于《周易》卦爻符号及卦爻辞如何创制的问题，在《易传》中就有几类不同的说法，比如有《系辞上传》“河出图，洛出书，圣人则之”的看法，河图、洛书之说之所以能够在易学中占据如此地位，即与此相关；另外，还有《系辞下传》“古者包牺氏之王天下也，仰则观象于天，俯则观法于地，观鸟兽之文与地之宜，近取诸身，远取诸物，于是始作八卦，以通神明之德，以类万物之情”的说法，认为圣人通过仰观俯察，将对世间万事万物的规律性认识借助卦爻符号的形式表现出来；再比如，《说卦传》中所说的“观变于阴阳而立卦，发挥于刚柔而生爻”也能够被看作《周易》卦爻符号产生的来源。

面对自《易传》即出现的不同看法，后世易学家往往从不同的立场给予理解。如欧阳修等人就因《易传》前后说法的不一致性，进而质疑《系辞传》《说卦传》等真实性、合法性问题；但与此相对的是，更多的易学家试图圆融地沟通不同说法之间的关联。比如朱熹指出：“则《易》非独以河图而作也，盖盈天地之间莫非太极阴阳之妙，圣人于此仰观俯察，远求近取，固有以超然而默契于其心矣。”①认为伏羲制《易》中，仰观俯察与则河图、洛书之间并无矛盾，两者统一于阴阳太极之妙。

关于这一问题，胡方平完全赞同朱熹的看法，并作了进一步的

① 〔宋〕朱熹：《易学启蒙·原卦画》，见〔宋〕朱熹撰，朱杰人、严佐之、刘永翔主编《朱子全书》第1册，上海古籍出版社、安徽教育出版社2002年版，第217页。

细化。胡方平在《易学启蒙通释》中对《易学启蒙》关于此一问题的注文作了细节性的阐发。胡方平的这一系列细化工作，总体而言并没有超出朱熹的基本识见。他更多地希望通过对这一问题的解读，强化《周易》卦爻符号与万物变化之间的内在关联性，从而佐证伏羲作《易》的合理性。

正是在此一认识下，胡方平进一步对圣人作《易》与图书关系问题作了一番分析、探讨。他引用刘爚之说论之：

> 《易》画生于太极，故其理为天下之至精；《易》画原于《图》《书》，故其数为天下之至变。太极，理也，形而上者也，必有所依而后立，故虽不杂乎《图》《书》之数，而亦不离乎《图》《书》之数，则《图》《书》之数以作《易》，而太极之理行乎其中矣。《系辞》论圣人作《易》之由，又有及于观、察、求、取，则虽非独以《图》《书》而作，其实因《图》《书》之数而后决之耳。①

胡方平在这里同样接续了朱熹关于伏羲观象制《易》中与河图、洛书关系的基本认识，在朱熹看来，尽管"《易》非独以河图而作"，"然其法象之规模必有最亲切处"。即一方面强调伏羲作《易》并不局限于依托河图、洛书，但另一方面又认为河图、洛书对于圣人制《易》起到的启发作用，与《易》之间的内在关联又是十分密切的。两者之间能够得以统一的基础，即他们背后共通、共同的太极阴阳之理。胡方平继承了朱熹的基本理路并作了更为清楚的表述，直接开显出太极阴阳之理、图书之数、八卦之象之间不离不杂，既有

① 〔元〕胡方平撰，李秋丽校点：《易学启蒙通释》，见《儒藏·精华编》第5册，北京大学出版社2014年版，第38页。

内在一致性，又在外在形式上各自区别的特征。

（二）伏羲画卦过程

邵雍所开显的先天之学，很大程度上是通过解析、重构伏羲画卦历程得以实现的，他对《系辞传》中“易有太极，是生两仪，两仪生四象，四象生八卦”这段文辞进行了创造性诠释。他在《观物外篇》中说道：

> 太极既分，两仪立矣。阳下交于阴，阴上交于阳，四象生矣。阳交于阴，阴交于阳，而生天之四象。刚交于柔，柔交于刚，而生地之四象，于是八卦成矣。八卦相错，然后万物生焉。是故一分为二，二分为四，四分为八，八分为十六，十六分为三十二，三十二分为六十四。①

借助对《易传》中此一段话的阐发，邵雍将数字变化与《周易》符号的衍生过程巧妙地结合起来。即数字由一而二、二而四、四而八、八而十六、十六而三十二、三十二而六十四的叠加衍生过程被纳入《周易》卦爻阴阳符号的叠加增长背景下加以说明。

朱熹继承了邵雍凸显伏羲先天《易》独特地位的思想，认为伏羲先天《易》很重要，通过对先天《易》的研究可以追求《易》之本义，更好地诠释《易》之实然。在他看来，在圣人画卦之前，一种无形客观的易理就已然存在，他称其为“画前之《易》”。他说：“是皆自然而生，喷涌而出，不假智力，不犯手势，而天地之文、万事之理莫不毕具。乃不谓之画前之易……乃谓未画之前已有此理，而特

---

① 〔宋〕邵雍：《皇极经世》卷一二《观物外篇上》，见〔宋〕邵雍著，郭彧、于天宝点校《邵雍全集》第3册，上海古籍出版社2015年版，第1196页。

假手于聪明神武之人以发其秘，非谓画前已有此图，画后方有八卦也。此是《易》中第一义也。"①伏羲画卦也是根据"画前之《易》"来的。"六十四卦全是天理自然挨排出来，圣人只是见得分明，便只依本画出，元不曾用一毫智力添助。"②朱熹认为，只有弄懂了"伏羲之画"，才能知晓圣人作《易》之根本，这要比仅仅弄懂《周易》一书的文义要重要得多。故而他说："必欲知圣人作《易》之本，则当考伏羲之画；若只欲知今《易》书文义，则但求之文王之经、孔子之传足矣。两者初不相妨，而亦不可以相杂。"③只有这样，才能完整地把握易道、易理，才是有价值、有意义的。那么，未画之《易》是什么呢？"未画之前，在《易》只是浑然一理，在人只是湛然一心，都未有一物在，便是寂然不动，喜怒哀乐未发之中也，忽然在这至虚至静之中有个象，方发出许多象数、吉凶、道理来，所以灵，所以说洁静精微之谓《易》。"④朱熹所谓的画前之《易》就是指太极。《系辞传》的"易有太极，是生两仪，两仪生四象，四象生八卦"一句，被朱熹看成是易学的总纲领、开卷第一义。在朱熹看来，这句话说的是《周易》古经八卦生成次第的，而太极正是画卦的源头。他说：

---

① 〔宋〕朱熹：《晦庵先生朱文公文集》卷三八《答袁机仲》，见〔宋〕朱熹撰，朱杰人、严佐之、刘永翔主编《朱子全书》第 21 册，上海古籍出版社、安徽教育出版社 2002 年版，第 1677 页。

② 〔宋〕朱熹：《晦庵先生朱文公文集》卷三八《答袁机仲》，见〔宋〕朱熹撰，朱杰人、严佐之、刘永翔主编《朱子全书》第 21 册，上海古籍出版社、安徽教育出版社 2002 年版，第 1663 页。

③ 〔宋〕朱熹：《晦庵先生朱文公文集》卷三八《答袁机仲》，见〔宋〕朱熹撰，朱杰人、严佐之、刘永翔主编《朱子全书》第 21 册，上海古籍出版社、安徽教育出版社 2002 年版，第 1665 页。

④ 〔宋〕朱鉴：《文公易说》卷一，见《文渊阁四库全书》第 18 册，台湾商务印书馆 1986 年版，第 424 页。

“太极、两仪、四象、八卦者,伏羲画卦之法也。”①从画卦的次序看,是先有太极,进而有两仪、四象、八卦。就太极而言,“此太极却是为画卦说。当未画卦前,太极只是一个浑沦底道理,里面包含阴阳、刚柔、奇耦,无所不有。及各画一奇一耦,便是生两仪。再于一奇画上加一耦,此是阳中之阴;又于一奇画上加一奇,此是阳中之阳;又于一耦画上加一奇,此是阴中之阳;又于一耦画上加一耦,此是阴中之阴,是谓四象。所谓八卦者,一象上有两卦,每象各添一奇一耦,便是八卦”②。由此形成了朱熹易学的基本特征,这就是融《易》之象数与义理为一,立于象数而畅论义理。

朱熹于《易学启蒙》对伏羲画卦作了充分的说明。与邵雍强调数字变化规律的自然而然、不待安排相比,朱子则更为凸显了卦爻画叠加过程中的阴阳交合关系。以四象生八卦的过程为例,胡方平引用朱熹的话说:

> 太阴、太阳交而生艮、兑,少阴、少阳交而生震、巽,坎、离不交各得本画,坎、离之交在第二画,两仪生四象时交了。老阳过去交阴,老阴过来交阳,便是兑、艮上第三画。少阴、少阳交,便是震、巽上第三画。③

这里所论述的是伏羲画卦过程中由四象生八卦的阶段,象征太阴、

---

① 〔宋〕朱鉴:《文公易说》卷二,见《文渊阁四库全书》第 18 册,台湾商务印书馆 1986 年版,第 449 页。

② 〔宋〕黎靖德编,王星贤点校:《朱子语类》卷七五,中华书局 1986 年版,第 1929 页。

③ 〔元〕胡方平撰,李秋丽校点:《易学启蒙通释》,见《儒藏·精华编》第 5 册,北京大学出版社 2014 年版,第 42 页。

太阳、少阴、少阳四象的四组两爻构成的符号，通过阴阳爻继续叠加即可产生八卦。朱熹则进一步认为，产生的八卦可以看作两类。一类如艮、兑、震、巽，此四卦生成的方式体现为阴阳之交；另一类则如坎、离，朱熹认为此为"不交各得本画"，即没有体现阴阳相交之意。离之初爻为阳，上爻也为阳，坎之初爻为阴，上爻亦为阴。朱熹认为之所以如此，是因为坎、离两卦在两仪到四象的过程中即产生了阴阳之交。

胡方平则在朱熹的这一理念基础上，做了进一步推进工作。他认为"乾坤不言交而生者，以上爻阳生于太阳，阴生于太阴，于交之义无取也"①，"离之上得阳仪之阳，坎之上得阴仪之阴，亦非交而生也。坎、离之交在第二画生四象时，交者，阳仪交阴仪而生坎中爻之阳，阴仪交阳仪而生离中爻之阴也。此所以四象生八卦。独兑、艮、震、巽交，而乾、坤、坎、离不交也"②。他认为乾坤与坎离都应当被看作"不言交"者，是阳出于阳、阴生于阴的展现。胡方平引用了董铢乾坤震巽不交、兑离艮坎相交的说法。董铢说："自两仪生四象，则太阳、太阴不动，而少阴、少阳则交；自四象生八卦，则乾、坤、震、巽不动，而兑、离、坎、艮则交。盖二老不动者，阳仪还生阳之象，阴仪还生阴之象。二少则交者，阳仪乃生阴之象，阴仪乃生阳之象也。乾、坤、震、巽不动者，阳象还生阳爻，阴象还生阴爻。兑、离、艮、坎则交者，阳象乃生阴爻，阴象乃成阳爻也。"③与朱熹以

① 〔元〕胡方平撰，李秋丽校点：《易学启蒙通释》，见《儒藏·精华编》第5册，北京大学出版社2014年版，第42页。

② 〔元〕胡方平撰，李秋丽校点：《易学启蒙通释》，见《儒藏·精华编》第5册，北京大学出版社2014年版，第42页。

③ 〔元〕胡方平撰，李秋丽校点：《易学启蒙通释》，见《儒藏·精华编》第5册，北京大学出版社2014年版，第42页。

及胡方平上文四象生八卦中阴阳不动、相交问题的理解不同，董铢认为尽管八卦同样应当划分为两类，但划分方式不尽相同。一类为乾、坤、震、巽，另一类则为坎、离、艮、兑。前者为不动，后者为相交。这一看法显然与朱熹完全不同。董铢是在三画卦中爻、上爻之间关系的基础上确立不动与交的基本内涵。胡方平认为，此说与朱熹之说不同，参互求之，对理解“四象生八卦”相交之妙，其义甚备。而且，这是就八卦已成来逆推其阴阳相交的情况，“若论其初画时一齐俱定，本非有俟于交而生也”①。可见，胡方平还是认同朱熹提出的伏羲画卦“生则俱生”的理念。朱熹说：“如‘《易》有太极，是生两仪’，则先从实理处说。若论其生则俱生，太极依旧在阴阳里。但言其次序，须有这实理，方始有阴阳也。其理则一。”②

在分析了伏羲画卦之理后，胡方平进而诠释邵雍与朱熹关于先天方圆图的论述。邵雍认为，《说卦传》“天地定位，山泽通气……数往者顺，知来者逆，是故《易》，逆数也”这段文字，是用来说明伏羲八卦的。朱熹《易学启蒙》诠释了邵雍对这段话的解释。在胡方平看来，邵雍据《周易》经文解释，所以先论及圆图，而后及于横图。朱熹在诠释邵雍之说时，先说横图，后说圆图，“诚以横图可以见卦画之立，圆图可以见卦气之行。所谓圆图者，其实即横图规而圆之耳”③。此话揭示了朱熹《伏羲八卦图》与《伏羲六十四卦图》的特

---

① 〔元〕胡方平撰，李秋丽校点：《易学启蒙通释》，见《儒藏·精华编》第5册，北京大学出版社2014年版，第42页。

② 〔宋〕黎靖德编，王星贤点校：《朱子语类》卷七五，中华书局1986年版，第1929页。

③ 〔元〕胡方平撰，李秋丽校点：《易学启蒙通释》，见《儒藏·精华编》第5册，北京大学出版社2014年版，第46页。

质，即横图可见伏羲画卦生成之序，圆图可观阴阳消长卦气之行。

胡方平也是从横图说起。他说：

> 邵子曰："《易》之数由逆而成，若逆知四时之谓也。"此论横图之序自乾至坤，皆未生之卦也。所谓未生者，自卦之未画者推之。盖太阳未交以前，乾未生也。自其上生一奇则为乾，而兑犹未生也。然其生之势不容已，不必太阳上生一偶方知其为兑，已可即乾而逆推兑于未生之前，知其必为兑矣。少阴未交以前，离犹未生也。自其上生一奇则为离，而震犹未生也。然其生之势亦不容已，不必少阴上生一偶方知其为震，已可即离而逆推震于未生之前，知其必为震矣。自巽五至坤八，其所推者亦然。如自春而推夏，知春之后必为夏；自夏而推秋，知夏之后必为秋；自秋而推冬，知秋之后必为冬，所谓"若逆知四时之谓"者此也。①

即从横图看，根据卦画生成之序，所推未生之卦为逆推。胡方平的这一说法不同于朱熹"数往知来"说。在朱熹那里，"乾一兑二离三震四巽五坎六艮七坤八"是逆数。先天圆图根据横图卦画生成之序分为左、右两个半圆，有顺逆之别。按照卦气之行，左半圆由震四、离三、兑二至乾一，此谓"数往者顺"；右半圆由巽五、坎六、艮七至坤八，此谓"知来者逆"。在胡方平这里，只是顺着卦画生处即为逆推，即"知来者逆"。胡方平的这一解释也不同于邵雍的顺逆之说。邵雍说："顺数之，乾一兑二离三震四巽五坎六艮七坤

① 〔元〕胡方平撰，李秋丽校点：《易学启蒙通释》，见《儒藏·精华编》第5册，北京大学出版社2014年版，第46页。

八。逆数之,震一离兑二乾三巽四坎艮五坤六也。"①张克宾认为:"邵氏的'数往者顺,知来者逆'乃是就卦爻的阴阳生生而言,而非朱熹所理解的先天卦序意义上的已生未生。"②可见,胡方平所说"知来者逆"仅着眼于卦画的生成之序,他所说的逆数与朱熹所说的顺数相同,但他没有使用朱熹"半顺半逆"的圆图分析模式;他所说的逆数没有涉及卦气的运行,自然也就不同于邵雍之说。

在分析了横图"逆推"的基础上,胡方平论及了先天圆图,谈到了卦气运行之序,其说不出朱熹所论。但胡方平强调:"数往知来之说,以阴阳之节候次第观之,皆自微而至著;以人之推测言之,亦因微而识著。何则?震、巽本同居横图之中,今以横图中分而成圆图,则震乃居圆图之北,为阳之始,巽乃居圆图之南,为阴之始,各相对望,而不复同处其中。此阴阳之逆顺自复、姤而始,其势已于微而判矣。况曰'数'曰'知',皆是就人而言,亦皆是各据震巽地头而论,以此求之,则往来逆顺之旨居然可见矣。若论其初,则《易》画之所以成其先后始终,不过如横图之始乾终坤,及圆图右方自巽至坤之序而已,是皆以逆而成也。"③

(三)先天之学四象问题

朱熹于《易学启蒙》中借用邵雍的观点并加以阐发,形成了自己关于四象问题的基本看法。胡方平创制《邵子天地四象图》与

---

① 〔元〕邵雍:《皇极经世》卷一二《观物外篇上》,见〔宋〕邵雍著,郭彧、于天宝点校《邵雍全集》第 3 册,上海古籍出版社 2015 年版,第 1187 页。

② 张克宾:《朱熹易学思想研究》,人民出版社 2015 年版,第 180~181 页。

③ 〔元〕胡方平撰,李秋丽校点:《易学启蒙通释》,见《儒藏·精华编》第 5 册,北京大学出版社 2014 年版,第 46~47 页。

《朱子天地四象图》来论说其异同。

胡方平说："邵子《经世演易图》，以太阳为乾，太阴为兑，少阳为离，少阴为震，此四卦自阳仪中来，故为天四象。少刚为巽，少柔为坎，太刚为艮，太柔为坤，此四卦自阴仪中来，故为地四象。"①即邵雍以阴阳刚柔分四象，故有天四象与地四象。

胡方平又说："朱子释邵子说，以乾、兑、艮、坤生于二太，故为天四象。离、震、巽、坎生于二少，故为地四象。但以太阳为阳，太阴为阴，少阳为刚，少阴为柔，不复就八卦上分阴阳刚柔，与邵子本意不同，自为一说也。"②

在邵雍那里，天之四象是指出于阳仪乾、兑、离、震四卦，而地之四象则是出于阴仪的巽、坎、艮、坤四卦；在朱熹那里，天之四象则为乾、兑、艮、坤四卦，而地之四象则是离、震、坎、巽四卦。

在胡方平看来，之所以朱熹、邵雍两人在四象问题上会有如此大的差异，是因为"邵子以'阴阳刚柔'四字分之，朱子唯以'阴阳'二字明之"③，揭示出邵雍与朱熹在理解先天之学的基本进路上的差异。即朱熹往往以阴阳为进路把握先天之学，然而邵雍则是以数为基，以四为数之变化的重要节点，进而展开先天之学的具体过程。因此在朱熹的先天之学中，阴阳老少问题十分关键，成为区分天地四象的基础；然而在邵雍的视域下，天地四象则是在阴阳刚柔四象区分的前提下才得以开展的。

---

① 〔元〕胡方平撰，李秋丽校点：《易学启蒙通释》，见《儒藏·精华编》第5册，北京大学出版社2014年版，第15页。

② 〔元〕胡方平撰，李秋丽校点：《易学启蒙通释》，见《儒藏·精华编》第5册，北京大学出版社2014年版，第15页。

③ 〔元〕胡方平撰，李秋丽校点：《易学启蒙通释》，见《儒藏·精华编》第5册，北京大学出版社2014年版，第50页。

当然,胡方平尽管揭示了邵雍与朱熹关于先天之学的内在差异问题,但其目的不在于别其异,而是试图以朱熹观点为基础,进而会通二者。为此,他指出:

> 朱子尝言文王后天八卦,震东、兑西为长少相合于正方,巽东南、艮东北为长少相合于偏方,以长少之合为非其偶;必若伏羲先天八卦,震以长男而合阴长之巽为雷风不相悖,艮以少男而合阴少之兑为山泽通气,以长合长、少合少为得其偶。又言"无伏羲底,做文王底不成",其归却在伏羲上。今邵子说四象之交,即文王之说也。①

胡方平认为,朱熹关于四象问题的讨论"实广邵子未尽之意"②,并且认为朱熹的这一看法恰恰揭示出伏羲先天之学与文王后天之学之间的相互关联,展示出文王后天八卦在伏羲先天八卦基础上得以形成的内在根据,从而为朱熹关于四象的讨论张本。

三、阐文王后天之妙

经由图书之学与先天之学的阐释,胡方平对易学的形成、来源等易学元问题进行了探讨。在此基础上,胡方平进而由先天转进后天,对文王后天之《易》作了一番探讨。

(一)沟通先天与后天

文王后天之学展开的一个前提,就是如何恰当地建立先天

① 〔元〕胡方平撰,李秋丽校点:《易学启蒙通释》,见《儒藏·精华编》第5册,北京大学出版社2014年版,第51页。

② 〔元〕胡方平撰,李秋丽校点:《易学启蒙通释》,见《儒藏·精华编》第5册,北京大学出版社2014年版,第51页。

《易》与后天《易》之间的相互联系与转进关系。朱熹于《易学启蒙》中针对邵雍所说的“至哉，文王之作《易》也，其得天地之用乎。故乾坤交而为泰，坎离交而为既济也。乾生于子，坤生于午，坎终于寅，离终于申，以应天之时也。置乾于西北，退坤于西南，长子用事，而长女代母，坎离得位，而兑艮为耦，以应地之方也。王者之法，其尽于是矣”①这段文字，认为其中即有关伏羲先天之学与文王后天之学之间的关系问题，并对其作了详细的阐释。他指出：

> 此言文王改易伏羲卦图之意也。盖自乾南坤北而交，则乾北坤南而为泰矣。自离东坎西而交，则离西坎东而为既济矣。乾、坤之交者，自其所已成而反其所由生也，故再变则乾退乎西北，坤退乎西南也。坎、离之变者，东自上而西，西自下而东也。故乾、坤既退，则离得乾位，而坎得坤位也。震用事者，发生于东方。巽代母者，长养于东南也。②

在朱子看来，邵雍在文中所揭示的正是伏羲先天八卦图与文王后天八卦图之间的相互关联。原本“乾南坤北，离东坎西”的先天八卦次序，通过阴阳交合发用的方式，转进而成为“离南坎北，震东兑西”的后天形式。尽管朱熹的这一解读方式不乏巧妙之处，但并非全然符合邵雍本意，其中关于“乾生于子，坤生于午”“应天之时，应

① 〔宋〕朱熹：《易学启蒙·原卦画》，见〔宋〕朱熹撰，朱杰人、严佐之、刘永翔主编《朱子全书》第1册，上海古籍出版社、安徽教育出版社2002年版，第242页。

② 〔宋〕朱熹：《易学启蒙·原卦画》，见〔宋〕朱熹撰，朱杰人、严佐之、刘永翔主编《朱子全书》第1册，上海古籍出版社、安徽教育出版社2002年版，第242~243页。

地之方”等文辞，朱熹的解读并不能通融原意。

胡方平试图在朱熹整体理解的语境下，沟通两者的关系，对于邵雍原文中提到的“乾生于子，坤生于午”的说法，胡方平将其放置于先天六十四卦图中加以阐释。显然，这一阐释与朱熹的说法相比更符合邵雍原意。此外，胡方平解释说：“先天主乾、坤、坎、离之交，其交也将变而无定位，天时之不穷也，故曰‘应天’；后天主坎、离、震、兑之变，其交也不变而有定位，地方而有常也，故曰‘应地’。”①“应天之时”是指先天八卦图中乾、坤、坎、离四者相交全然变换位次，坎、离由东西而至南北，乾、坤则由南北而至四隅，因此彰显了天时的变化万方、无有穷尽。而“应地之方”则指后天八卦图中的坎、离、震、兑之交，坎、离、震、兑四者分别象征春、夏、秋、冬四季之常，因此有不变以应地之常的内涵。胡方平的这一解释尽管未必符合邵雍原意，但就发展和完善朱熹易学思想来说，是具有其合理之处的。

（二）文王后天之学

关于文王后天之学，邵雍认为其展现了易道之用。“《易》者，一阴一阳之谓也。震兑，始交者也，故当朝夕之位；离坎，交之极者也，故当子午之位。巽艮虽不交，而阴阳犹杂也，故当用中之偏位。乾、坤，纯阳纯阴也，故当不用之位。”②

朱熹在《易学启蒙》中吸纳了这一观点，他同样认为，易道于后天之学中展现其用，即表现为阴阳之间的交合化用。之所以文王

① 〔元〕胡方平撰，李秋丽校点：《易学启蒙通释》，见《儒藏·精华编》第5册，北京大学出版社2014年版，第60页。

② 〔宋〕邵雍：《皇极经世》卷一二《观物外编上》，见〔宋〕邵雍著，郭彧、于天宝点校《邵雍全集》第3册，上海古籍出版社2015年版，第1208页。

后天八卦图中震、兑、坎、离占据如此重要的位置，而作为阴阳之本的乾、坤退居一隅，就是以能否展现后天阴阳交合发用为参考标准的。

胡方平针对朱熹对于此一问题的解释，提出了自己的看法。他指出：

> 一阴一阳居正则相对，而有交易之义；居偏则不对，而于交之义无取。后天八卦正而对者，震、兑、坎、离；偏而不对者，乾、坤、艮、巽。故在东西南北者，相对则取其交；而在东北、东南、西北、西南者，不对则不取其交也。①

在胡方平看来，文王后天八卦所体现的易道之用还表现在后天八卦图本身四正、四隅的位置排列上。震、兑、坎、离居于四正之位，体现的正是阴阳相对、相交之义。而乾、坤、艮、巽四卦则居于偏位，不能呈现阴阳相交之内涵。这一看法显然是胡方平针对朱熹之说的进一步拓展与细化。关于这一问题，胡方平还专门引述了翁泳的说法加以解释。他说：

> 坎、离是乾、坤中爻之交，在八卦位中只有东西南北四正位，位之极好。先天则位坎、离以卯、酉，后天则位坎、离以子午也。只此四位阳中有阴，阴中有阳，皆是羲、文微意。②

① 〔元〕胡方平撰，李秋丽校点：《易学启蒙通释》，见《儒藏·精华编》第5册，北京大学出版社2014年版，第61页。

② 〔元〕胡方平撰，李秋丽校点：《易学启蒙通释》，见《儒藏·精华编》第5册，北京大学出版社2014年版，第61页。

于此，阴阳之交问题与卦的方位问题，通过对坎、离两卦的阐释结合在一起。在胡方平看来，无论是先天八卦方位，还是后天八卦方位中，坎、离两卦都居于十分重要的四正之位，这恰恰体现了阴阳相交的重要内涵。当然这一看法是对朱子之说的补充诠释。

此外，胡方平也并非完全遵从邵雍、朱熹之说。他说：

> 先天卦乾以君言，则所主者在乾。后天卦震以帝言，则所主者又在震。何哉？此正夫子明羲、文尊阳之意也，盖乾为震之父，震为乾之子，以统临谓之君，则统天者莫如乾，而先天卦位宗一乾也。此乾方用事，则震居东北而缓其用也。以主宰谓之帝，主器者莫若长子，后天卦位宗一震也。此乾不用，则震居正东，而司①其用也。先天所重者在正南，后天所重者在正东。如此则文王改易伏羲卦图，均一尊阳之心可见矣。②

胡方平认为，于伏羲先天之卦与文王后天之卦两者间，不仅应当看到两者的区别及体用关系，还应当在区分两者差异的基础上把握其内在关联。具体来说，贯通先天后天，体现于其中的是伏羲、文王之圣的尊阳之心。于先天之图中，伏羲之心体现在乾卦居南，以帝君之象行统御之能；于后天之图中，文王之心则体现于震卦居东，震以长子代父行帝君之能。于此我们不难看到，与朱熹强调先天后天之分相比，胡方平更为看重两者之同。当然，这一思路从根

---

① “司”，儒藏本作“同”，中华再造善本影印元刻明修本、清通志堂经解本、《文渊阁四库全书》本作“司”，今据改。

② 〔元〕胡方平撰，李秋丽校点：《易学启蒙通释》，见《儒藏·精华编》第5册，北京大学出版社2014年版，第60页。

本上来说，也是在朱熹“理一分殊”的思路下合乎逻辑的自然展开。不过就胡方平对于这一问题的偏重倾向上而言，也不难窥见其思想中重“理一”而轻“分殊”的特点。

诚然，通览胡方平对《易学启蒙》之《本图书》《原卦画》篇的诠释，可见胡方平的易学是对朱熹易学特别是朱熹河洛先天之学、后天之学的深化与发展。胡方平一方面注意到朱熹在吸收邵雍先天之学过程中与邵雍的不契合之处，邵雍与朱熹之说在具体分殊上略有不同。这些看法无疑是客观审慎、平实公允的。但另一方面，作为一名三传朱子之学的朱门笃信者而言，胡方平又力图通过自身的诠释调和彼此。胡方平一方面强调朱子的种种解释并未脱离邵雍原意，可谓是对邵雍先天之学的继承；另一方面认为朱熹对于邵雍文本的解释可能未必符合邵雍原意，但也是“广邵子未尽之意”，对于邵雍之学的发展和补充。

胡方平还对《易学启蒙》之《明蓍策》《考变占》篇进行了诠释，丰富了朱熹之说。《易学启蒙通释》卷首所载《挂扐过揲总图》《近世揲蓍后二变不挂图》把《明蓍策》《考变占》二篇思想清晰地勾勒出来。《挂扐过揲总图》把朱熹《明蓍策》所载挂扐图与过揲之数说总为一图，从而蓍之全数，粲然可见；《近世揲蓍后二变不挂图》，对有关大衍筮法第一变挂一、第二变不挂一的说法予以驳斥，认为其“三变之后，阴阳变动皆参差不齐，无复自然之法象矣”①。至于朱熹的变占说，胡方平也看到了卦爻辞占断的问题所在：辞与事应，吉凶可见；又有不相应者，如何定吉凶？他引用刘爚之说云：“盖人于辞上会者浅，于象上会者深。伏羲教人卜筮，亦有卦而已，随其

① 〔元〕胡方平撰，李秋丽校点：《易学启蒙通释》，见《儒藏·精华编》第5册，北京大学出版社2014年版，第18页。

所遇求之卦体、卦象、卦变，无不应矣。文王、周公之辞虽以明卦，然辞之所该终有限，故有时而不应，必如《左传》及《国语》所载，占卦体、卦象、卦变，又推互体，始足以济辞之所不及，而为吉凶之前知耳。”①对于朱熹的三十二幅变占图，胡方平指出图虽变化多端，但都是以乾、坤两卦变化为主。所以他在解释《易学启蒙》爻变占例规律的时候，以第一图以乾为本卦为例，解释变卦的情况。

对于《易学启蒙》的主旨，胡方平在《易学启蒙通释序》中说：“朱子尝言《易》最难读，以开卷之初先有一重象数，必明象数，而后《易》可读。《启蒙》四篇，其殆专明象数，以为读《本义》者设欤？象非卦不立，数非蓍不行。象出于《图》《书》而形于卦画，则上足以该太极之理，而《易》非沦于无体；数衍于蓍策而达于变占，则下足以济生人之事，而《易》非荒于无用。且其间又多发造化尊阳贱阴之意，《易》之纲领孰有大于是者哉？明乎此，则《本义》一书如指诸掌矣。”②此段文字是对朱熹“象数乃作《易》根本，卜筮乃其用处之实”③的精准诠释。于此我们不难窥见，朱熹《易学启蒙》语颇隽永，胡方平《易学启蒙通释》实际亦是“广朱子未尽之意”。较之对《本图书》《原卦画》的诠释，胡方平对《明蓍策》《考变占》的阐发以朱熹学说为准，无太多己见，故我们仅揭其诠释理路，其中内容不再赘述。

胡方平易学对于朱熹之学的继承与发扬意义卓著，尤其对朱

---

① 〔元〕胡方平撰，李秋丽校点：《易学启蒙通释》，见《儒藏·精华编》第5册，北京大学出版社2014年版，第97页。

② 〔元〕胡方平撰，李秋丽校点：《易学启蒙通释》，见《儒藏·精华编》第5册，北京大学出版社2014年版，第131页。

③ 〔宋〕朱熹：《晦庵先生朱文公文集》卷四五《答虞士朋》，见〔宋〕朱熹撰，朱杰人、严佐之、刘永翔主编《朱子全书》第22册，上海古籍出版社、安徽教育出版社2002年版，第2060页。

熹河洛先天之学的诠释可谓契合朱熹本意。同时，胡方平在阐释朱熹之学，调和邵雍、朱熹之间分歧的过程中，也张扬了自己的易学品格，阐释了自身的易学理念。

胡方平“解说和集说相结合”①的诠释模式对后世影响较大，元代朱子后学中以诠释《周易本义》《易学启蒙》为主旨的书籍迭现，其中有胡方平之子胡一桂的《周易启蒙翼传》《周易本义附录纂注》、熊良辅《周易本义集成》、胡炳文《周易本义通释》等，形成了以诠释朱子著作为主的经学诠释特色。林忠军评价说：“胡氏通过搜集朱子及后学诸家之说，对《易学启蒙》中的象数易学进行了全面的、系统的解说……他承传和高扬了朱子的象数易学，对于后世研究朱子象数易学乃至整个象数有重大的影响。元明之际，象数易学主流是朱子象数易学研究，包括其子胡一桂和同乡胡炳文在内的诸学者，以朱子为旗帜，致力于象数易学研究，阐发朱子象数之大义，推进了象数易学发展，这与胡方平的努力是分不开的。”②同时，在宋元易代时期，书籍惨遭损毁的情况并不少见，《易学启蒙通释》所辑九家易说，实际上起到了保存文献的作用。正如刘泾在《易学启蒙通释》跋文中所提到的“旧藏云庄所抄诸经师说数巨帙，兵烬之余，其存者盖千百之什一耳”，他见胡一桂所携《易学启蒙通释》“其所援引则当日云谷及门之士遗言余论多在焉”③，其心甚慰。胡方平对于文献的重视成为胡氏家学的重要内容。胡一桂深受胡方平影响，特别注重易学资料的搜集与整理。其《周易启蒙翼传》中篇主要就是关于《周易》版本、易学史、周易传注等文献方面

① 林忠军：《象数易学发展史》第二卷，齐鲁书社 1998 年版，第 373 页。

② 林忠军：《象数易学发展史》第二卷，齐鲁书社 1998 年版，第 376 页。

③ 〔元〕胡方平撰，李秋丽校点：《易学启蒙通释》，见《儒藏·精华编》第 5 册，北京大学出版社 2014 年版，第 133 页。

的知识。除了搜集有关史籍和书志记载的《周易》书目，他还广泛收集私人藏书，共计三百余家。更值得一提的是，胡一桂对其中一些书目作了提要。其意义在于，一方面为后世易学家研究易学提供了方便，通过看这些提要，可以掌握宋以前易学著作大致内容，以便研究时取舍。另一方面，为后世编写易学著作提要提供了典范。朱彝尊在撰写《经义考·周易考》时多参照此书，如对《周易口义》《周易枢》《周易解微》《周易卦类》《刘郑注周易》等的考证。四库馆臣在撰写《四库全书总目·经部·易类》提要时又多以此为形式，并常援引胡一桂此书资料、观点。譬如四库馆臣在撰《汉上易传》提要时就引用了胡一桂对朱震《集传》的评价。而且，胡一桂在《周易启蒙翼传》外篇专门对《周易》传注以外的象数或筮占的易学著作进行整理和研究，如发掘了《易纬》《焦氏易林》《京氏易传》等文献中所蕴含的象数或筮占思想，凸显了《周易本义》和《易学启蒙》二书在易学发展史上所具有的继往开来的价值和无与伦比的地位。可以说，胡氏一家于易学文献整理贡献良多。

第二节　熊禾对《易学启蒙》的发挥

熊禾(1247—1312)，字位莘，又字去非，号勿轩，又号退斋，元代著名儒者。他生于朱子故里建阳县，私淑朱子，致力于朱子学研究。① 熊禾在易学研究方面的贡献是对朱熹易学的阐扬。熊禾的易学著作

① 关于元儒熊禾生平、著作、思想等问题，朱鸿林撰《元儒熊禾的传记问题》《元儒熊禾的学术思想问题及其从祀孔庙议案》等文章，指出“熊禾以朱子的三传乃至四传门人之名、私淑后学之实，自称要做朱子的忠臣”，“正是一个立志从事朱子学术者的言行一致表现”。参见朱鸿林《中国近世儒学实质的思辨与习学》，北京大学出版社2005年版。

有《易经训解》和《勿轩易学启蒙图传通义》(以下简称《图传通义》)。相较于《易经训解》对《周易》经传的解释多言义理少言象数,《图传通义》对《易学启蒙》作了专门诠释,以期羽翼朱子,是阐发朱子易学的代表性著作。熊禾生前此书并未刊行,在其去世四十一年后,由其曾孙熊坃于1353年在鳌峰书院刊刻。书前有熊坃序,比照朱熹《易学启蒙》分为"本图书""原易卦""明蓍策""考变占"四部分内容,卷一为"本图书第一"及"原易卦第二"部分,卷二至卷五为"原易卦第二"之续,卷六为"明蓍策第三",卷七为"考变占第四"。考察整部《图传通义》发现,熊禾对《易学启蒙》不是简单地注释,他在诠释的过程中有自己独到的见解,既阐扬了朱熹的图书之学,又对朱子"《易》本卜筮之书"的卜筮之义作了发挥。在元代朱子后学中,熊禾以图与数来对《易学启蒙》作全面诠释,使其易学诠释具有独特性。以《图传通义》为据,梳理熊禾象数易学,既可见其易学特色,又可知晓朱子《易学启蒙》在元代的影响。

一、作书之缘由:承朱子易学之本

与胡一桂作《周易启蒙翼传》辅翼朱子之说相同,熊禾作《图传通义》也是为了承朱子易学之本。熊坃《图传通义序》云:

> 子朱子者出,宗邵子之传,合程氏之说,作《易本义》《启蒙》,而《易》道复明,其有功于羲、文、周、孔,岂小补哉?迨夫朱子既没未百年,而当时学者浸失其真,于是曾祖勿轩忧之,复著《通义》四篇,以承其统。①

① 〔元〕熊禾:《勿轩易学启蒙图传通义》卷首,见《续修四库全书》第2册,上海古籍出版社2002年版,第443页。

他指出朱子去世后不足百年,学界对其《周易本义》《易学启蒙》的思想的解读浸失其真。熊禾甚为忧虑朱熹易学得不到传承,故而作《图传通义》。熊坑进一步介绍了《图传通义》的思想主旨。他说:

> 为卦则本自太极,而仪象爻画之生,有不可遏;为蓍则分合进退,而纵横顺逆无往不值。河图、洛书固指其为阴阳进退之相交,而先天后天亦明其为阴阳进退之相交也。以至卦扐①之数,则以三四五六之中,各以一为进退之交。过揲之数,又以九八七六之中,各以一为进退之交也。及其末,又附以古人占法,以见随时变易之义焉。凡若此者,固将发挥乎朱子之《易》,由朱子之《易》以明乎羲、文、周、孔之《易》也。呜呼,《易》有圣人之道,岂易言哉!②

这就是说,熊禾《图传通义》四篇指出河图、洛书、先天图、后天图、大衍筮法的挂扐数与过揲数都是发明阴阳进退相交之义的,其所言古人占法也是讲随时变易的。《图传通义》所作是为了发挥朱熹易学,并由朱子易学来发明伏羲、文王、周公、孔子四圣之《易》。

熊禾自创了三十余幅图来诠释《易学启蒙》,凸显朱熹象数学的重要价值与意义。他认为刘牧"易置图书"的做法对后世影响太大,以至朱子去世之后,仍旧有人以刘牧之说为准,"近世学者以先

① 扐,原作"拐",今据文义改。

② 〔元〕熊禾:《勿轩易学启蒙图传通义》卷首,见《续修四库全书》第2册,上海古籍出版社2002年版,第443~444页。

天圆图四象之位合洛书不合河图，复墨守刘牧之说"[①]，从而使朱熹河图之说不得彰明。于是他批判了刘牧九图十书的说法，提出河图是易学之本，先天图、后天图皆与河图相合，论证了朱熹图书之学的合法性。

二、论证先天八卦图合于河图

熊禾根据《系辞传》关于伏羲画卦的记载，认为"圣人作《易》仰观俯察，远求近取，盖有以见天地之间莫非太极阴阳之妙，非独以图书而作也"[②]，指出圣人见天地之太极阴阳变易之神妙而作《易》，不仅仅只是效法图书。熊禾赞同朱熹天地自然之易的思想，并予以阐发。他说：

> 易字从日从月，日中有一为奇[③]，阳数也；月中有二为偶，阴数也。合日月为易，故观图书[④]迭出，可见天地自然之数；观日月相推，可见天地自然之易。《易》之作虽则乎图书，而其为义尤莫著于日月。[⑤]

熊禾这段文字与胡一桂在《周易启蒙翼传》上篇论述天地自然之易

① 〔元〕熊禾：《勿轩易学启蒙图传通义》卷一，见《续修四库全书》第2册，上海古籍出版社2002年版，第446页。

② 〔元〕熊禾：《勿轩易学启蒙图传通义》卷一，见《续修四库全书》第2册，上海古籍出版社2002年版，第447页。

③ 奇，原作"寄"，今据文义改。

④ 书，原作"者"，今据文义改。

⑤ 〔元〕熊禾：《勿轩易学启蒙图传通义》卷一，见《续修四库全书》第2册，上海古籍出版社2002年版，第447页。

的文字大意相同。胡一桂曾三次赴武夷山拜访熊禾①,二人之间于易学切磋良多,关于自然之《易》的思想当是互相发明。“易”字从日从月,观日月相推之象,可见天地自然之《易》。易字中有一、二之奇偶,观河图、洛书,可见天地自然之数。《易》虽然开端于图书,而《易》之义凭借日月的变化得以彰显。

熊禾认为涵具天地自然之数的图书承载了天地自然之义,从两方面来论述朱熹河洛之说的合法性。一是文献的根据。他说:

> 按《启蒙》述孔安国、刘歆、关②子明、邵康节之说用见十为图九为书,所以证刘牧自出意见,易置图书之谬也。③

即考察《启蒙》所述前代易学家之说可知十为图、九为书。

二是义理的根据。在熊禾看来,先天图、后天图、河图、洛书皆涵具天地自然之义,但各有本末之不同。他认为先天横图是本,横图合于河图,从而河图亦是本。他说:

> 伏羲八卦有横图,然后有圆图。横图八卦生出之叙,《大传》所谓太极生两仪,两仪生四象,四象生八卦是也。圆图八卦运行之序,《说卦》所谓“数往者顺,知来者逆”是也。④

---

① 参见史甄陶《家学、经学与朱子学——以元代徽州学者胡一桂、胡炳文和陈栎为中心》,华东师范大学出版社2012年版,第43页。

② 关,原作“闵”,今据文义改。

③ 〔元〕熊禾:《勿轩易学启蒙图传通义》卷一,见《续修四库全书》第2册,上海古籍出版社2002年版,第446页。

④ 〔元〕熊禾:《勿轩易学启蒙图传通义》卷一,见《续修四库全书》第2册,上海古籍出版社2002年版,第446页。

他认为先有讲八卦生成次序的横图，才有伏羲先天圆图。在横图的乾一兑二离三震四巽五坎六艮七坤八之序的基础上，把横图从中间一分为二，右边阳仪生成的乾一兑二离三震四自上而下居圆图左方，谓之“数往者顺”；左边阴仪生成的巽五坎六艮七坤八自上而下居圆图右方，谓之“知来者逆”。“学者不观横图生出之序自有合于河图，徒即圆图运行之序求合于洛书，误矣。”①所以，熊禾将横图与河图加以比较分析，专门就横图合于河图的问题进行论述。

他认为数是通达易理的重要途径。“人能知变化之道，由数以明理，则进退离合，皆自然而然，其知神之所为乎？”②人有知晓变化之道的能力，由数就可以知晓阴阳变化之道。所以，他由数来会通横图与河图。他分析了横图所呈现的八卦生成过程中的数理。先天横图符示了由太极、两仪、四象、八卦的生成过程。

就太极生两仪而言，可见一个阳爻符号⚊和一个阴爻符号⚋。他说：

> 《易》之未画，伏羲有见于天地人物之理熟矣。其象皆一者圆，二者方，其数皆一者奇，二者偶。倚象一起数，一奇皆象圆而围三，二偶皆象方而围四，于是始为阳一阴二之画焉。在河图则天一为阳数之始而三五七九皆一，在先天则一为阳画之始而百九十二阳画皆一也。在河图，则二地为阴数之始，而四六八十皆二，在先天则二③为阴画之始，而百九十二阴画皆

① 〔元〕熊禾：《勿轩易学启蒙图传通义》卷一，见《续修四库全书》第2册，上海古籍出版社2002年版，第446页。

② 〔元〕熊禾：《易经训解》卷三，见《续修四库全书》第2册，上海古籍出版社2002年版，第391页。

③ 二，原作“一”，今据文义改。

一也。图五十五，书四十五，皆一二之积；卦六十四，蓍四十九皆一二之交也。①

数始于一二之数。阳爻之数为一，是圆数，即天数。阴爻之数为二，是方数，即地数。一为奇，二为偶。在河图，天一是阳数之始，三、五、七、九都是一。在先天图，⚊是阳爻，一百九十二阳爻都是一。在河图，地二是阴数之始，四、六、八、十都是二。在先天图，⚋是阴爻，一百九十二阴爻都是二。河图之数五十五，洛书之数四十五，都是天地之数相加的结果。六十四卦，大衍之数四十九根蓍草的演算都是一二之数阴阳交易变化而来的。

他作图来说明两仪生四象的数理，如下图所示：

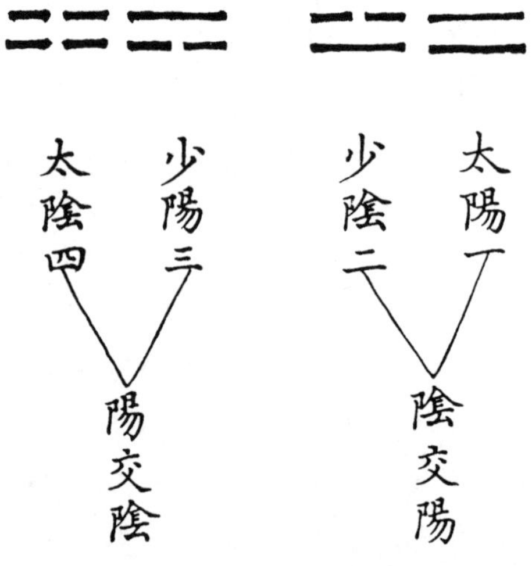

图 3.4　两仪生四象图

① 〔元〕熊禾：《勿轩易学启蒙图传通义》卷一，见《续修四库全书》第 2 册，上海古籍出版社 2002 年版，第 448 页。

熊禾分析了河图中一二三四数的运动变化规律。“河图之中，一而三，阳浮而升也。二而四，阴沉而降也……四交一而成五，阴降而交阳也。”①河图一三阳数升，二四阴数降，五是四阴降而交一阳而得。接着，他指出先天图中阴交阳生太阳少阴，阳升而交阴，即河图三交二成五。他论述了一二三四九八七六八个数之间的变化关系，指出一二三四在卦画方生的时候可见，更为重要。七八九六阴阳老少之数是在一二三四的基础上，由阴阳交易而来。“九八七六成数也，于《易》画已成见之；一二三四生数也，于《易》画方生见之。圆者径一而围三，阳用全，一进而三也。所以成数之阳七进而九。方者径一而围四，阴用半，四退而二也，所以成数之阴八退而六，四与一、三与二交而成五，所以八与七、九与六亦交而成十五。况蓍策三变余一二三四然后成七八九六，论卦象者舍一二三四而专论七八九六可乎哉?”②他认为不可脱离一二三四来论七八九六阴阳老少之数。这是熊禾在邵雍、朱熹先天象数学基础上作的发挥，他认为无论从卦画的生成还是从大衍筮法生成阴阳老少之数，都可以推出七八九六是来源于一二三四阴阳之数的交易变化的结论。所以，谈论卦象的时候，不应只看阴阳老少之数，还要看一二三四生数。

就四象生八卦而言，他亦作图（见图3.5）以说明：

这个图式更为清晰地说明了河图之数与先天图卦画各自的阴阳交易关系。河图之数一二三四与九六七八分别对应着阴阳老少的位与数。相较于七八九六阴阳老少之数，一二三四是位数，一是

① 〔元〕熊禾：《勿轩易学启蒙图传通义》卷二，见《续修四库全书》第2册，上海古籍出版社2002年版，第448页。

② 〔元〕熊禾：《勿轩易学启蒙图传通义》卷二，见《续修四库全书》第2册，上海古籍出版社2002年版，第448~449页。

太阳之位，二是少阴之位，三是少阳之位，四是太阴之位。他引用先儒的观点，说："河图四与九居西，太阴之位交太阳之数也。先天太阴交太阳，则生太阳之第三画之一奇一偶而为乾为兑。河图一与六居北，太阳之位交太阴之数也。先天太阳交太阴，则生太阴之第三画一奇一偶而为艮为坤。河图三与八居东少阳之位交少阴之数也。先天少阳交少阴，则生少阴之第三画之一奇一偶而为离震。河图二与七居南，少阴之位交少阳之数也。先天少阴交少阳，则生少阳之第三画之一奇一偶而为巽为坎。先天四象交而成八卦，河

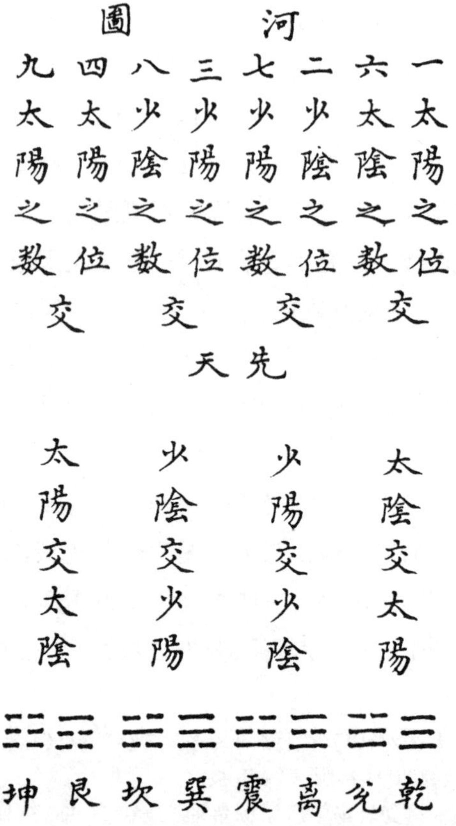

图 3.5　河图数配四象生八卦图

图四象交而成五行，造化之妙自然吻合。”①相较于两仪生四象，四象生八卦的过程阴阳之交更为细密。“易，交易也，变易也。非交固不能变也。学者不于横图考其阴阳老少之交妙合河图如此，而妄以书为图，果何见哉？”②他认为先天横图阴阳老少交合变化与河图八数位与数相交相合，与洛书并不相合，可见刘牧易置图书的做法是错误的。

在会通先天横图与河图的基础上，熊禾作《先天圆图配河图》（见图3.6），进一步分析了先天圆图与河图的关系：

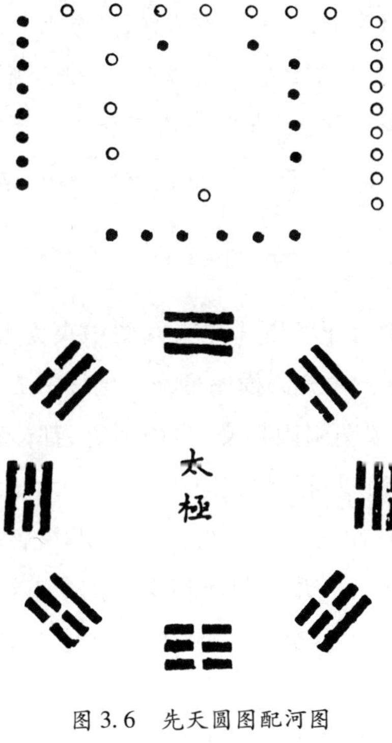

图3.6　先天圆图配河图

① 〔元〕熊禾：《勿轩易学启蒙图传通义》卷二，见《续修四库全书》第2册，上海古籍出版社2002年版，第449页。

② 〔元〕熊禾：《勿轩易学启蒙图传通义》卷二，见《续修四库全书》第2册，上海古籍出版社2002年版，第450页。

他解释说:

> 中间太极,即是虚五与十。第一画左一阳右一阴即是一与二,第二画阴阳之交即是一二三四,第三画阴阳老少之交即是一二三四交七八九六,其序皆自内而外,无有不同。但河图四象之交相依而同居其方,先天四象之交相对而各居其所。先天视河图,阴之老少居东北本位,而阳之老少西南易位者,河图一六交而为七,二七交而为九,九与七[①]老阳少阳之数也。其交也,成老阳少阳之数而不成老阴少阴,所以先天圆图视河图老阳少阳则相交,而老阴少阴不交也。然则河图之七已自变而为九,先天妙处正自相吻合,初不得以洛书较之,然后见其合也。[②]

这就是说先天圆图合于河图。先天圆图中央为太极,即河图中央虚五与十。先天圆图由先天横图变来。河图一二三四六七八九之数相交,合于先天圆图阴阳相交,自内而外,都体现出阴阳的交易变化。不同的是,河图四象相交同居一方,一六居北,三八居东,二七居南,四九居西;而先天圆图八卦两两相对,各居一方。按照先天图的一二三四交七八九六阴阳相交原则来审视河图,其六八居东北、七九居西南。一六交为七,二七交为九,以成老阳少阳之数。老阴少阴六八不相交。

熊禾反对易置图书说的"八卦与洛书位数合"的观点,作《先天

---

① 七,原作"之",今据文义改。

② 〔元〕熊禾:《勿轩易学启蒙图传通义》卷二,见《续修四库全书》第2册,上海古籍出版社2002年版,第450~451页。

圆图配洛书》(见图 3.7),认为洛书与先天图并不相合：

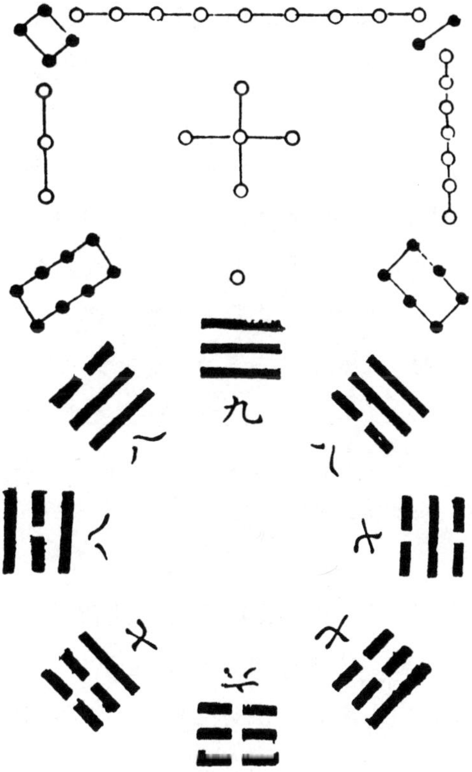

图 3.7　先天圆图配洛书

他指出,以洛书为河图的人认为“乾[①]兑生于老阳之四九,离震生于少阴之三八,巽坎生于少阳之二七,坤艮生于老阴之一六”[②],八卦之阴阳与洛书位数之阴阳相合。在熊禾看来,二者并不相合。因为这不符合先天图之阴阳相交之理。他说：

---

① 乾,原文作“金”,今据文义改。

② 〔元〕熊禾:《勿轩易学启蒙图传通义》卷二,见《续修四库全书》第 2 册,上海古籍出版社 2002 年版,第 451 页。

> 先天图太极两仪，仪，匹也。取一阴一阳之相对也。洛书阳居正，阴居偏，非仪之谓矣。两仪生四象，阴阳交而为老少之象也。洛书七九居西南之正，六八居下之偏，无复相交之象矣。若谓一六皆生于太阴，可以配坤艮之太阴，殊不知一得五成六，故一六同处于北而六遂成太阴之数。今一六分处，一是太阴之位，六自是太阴之数，以艮配六犹可也，以坤配一可乎？天地之数皆起于一，而谓之太阴可乎？八卦各分阴阳，乾坤坎离专配一三七九阳数，震兑巽艮专配二四六八阴数，可乎？惟以参两之法推之，乾三其三为九，坤三其二为六，九六合为十五。离一其二、二其三为八，坎一其三、二其二为七，八七合为十五，余七八亦合十五，与纵横十五偶合矣。然图五十五而十与五居中，未尝不自其此数也。①

先天图左右阴阳相对。而洛书阳数居正，阴数居偏，非一阴一阳相对，不合两仪之意。洛书七九居西南之正，六八居西北东北之偏，无阴阳相交之象。洛书一六分居两方，六为太阴之数，以艮配六尚可，但坤与一不能相配。天地之数始于一，一不可谓之太阴之数。若使洛书与先天图相合，唯有用阴阳之数三二推算之。乾卦爻画数为九，坤卦爻画数为六，合之十五。同样地，离之数为八，坎之数为七，合之亦为十五。其他四卦亦然。从合为十五这一角度看，可以说先天图与洛书偶合。但是河图中央亦有五与十。所以说，还是十数图的河图和先天图相合，二者皆体现了阴阳相交之理。

---

① 〔元〕熊禾：《勿轩易学启蒙图传通义》卷二，见《续修四库全书》第2册，上海古籍出版社2002年版，第451~452页。

三、诠释先天六十四卦图

在会通先天八卦图与河图的基础上，熊禾进一步诠释了先天六十四卦图。他认为先天八卦图和先天六十四卦图都涵具阴阳消长之理，称为阴阳进退。

熊禾用数字来说明阴阳进退。他认为先天图左右阴阳对待，三画卦八卦各为一，所以阴阳以一为进退。六画卦的八卦各有八个，所以阴阳以八为进退。就三画卦来说，震一阳进一为离兑二阳，自离兑二阳各进一为乾三阳，乾退一至巽。巽一阴进一为坎艮二阴，坎艮二阴进一为坤三阴，坤退一至震。所以先天图左方由震、离、兑至乾是阳进的过程，右方由巽、坎、艮至坤是阴进的过程。他总结说："阳在阳中，阴在阴中，各一次进其一则为顺；阴在阳中，阳在阴中，各一次退其一则为逆。"①

三画卦的阴阳各以一进退，那么六画卦的阳阴进退规律是怎样的呢？他用黑白框来表示阴阳符号，作图来展示伏羲先天六十四卦圆图的阴阳进退之理。

如图 3.8 所示，六十四可分为八组卦，六画卦的八卦每卦统领其他七卦。震属八卦有二十阳爻，进其八，为离兑二卦所属八卦的二十八阳。阳进其八，就为乾属八卦的三十六阳。乾三十六阳，退其八，则为巽属八卦二十阴。巽二十阴，进其八为坎艮所属八卦二十八阴。坎艮二十八阴，进其八为坤属八卦三十六阴。坤三十六阴，退其八为震二十八阴。他总结说："阳中之阴阳，阴中之阴阳，其进退皆以八，其逆顺亦如之。三画之卦共二十四画，阳

① 〔元〕熊禾：《勿轩易学启蒙图传通义》卷二，见《续修四库全书》第 2 册，上海古籍出版社 2002 年版，第 453 页。

十有二，阴十有二。所以六画之卦，阳极于乾之三十六，而十二阴犹存于乾。阴极于坤之三十六，而十二阳犹存于坤。无他，三画之左本皆十二阳也，阳得八而其四为阴所克，故右之阴八而其四即所克之阳。六画之左极而至于乾，乾左本皆四十八阳也，乾得三十六而其十二为阴所克。故右坤三十六阴而其十二既所克之阳。天地果孰非阴阳之消息盈虚哉？”①先天图八卦和六十四卦阴阳进退各有其规律，可通过阴阳进退之数来看先天图之阴阳消长盈虚。

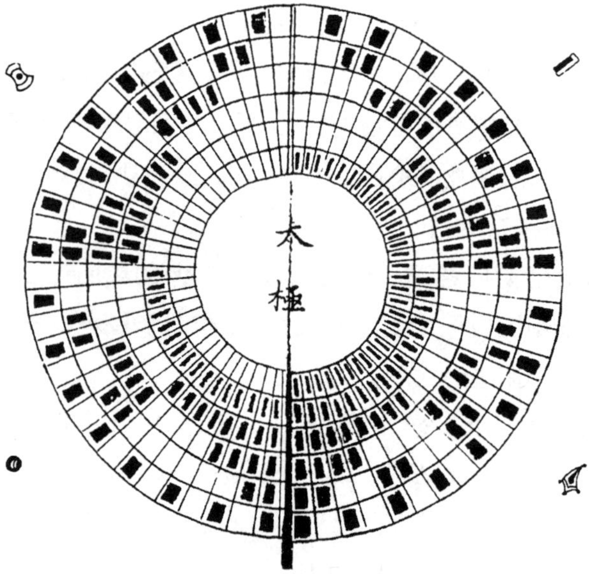

图 3.8

熊禾认为，不仅先天圆图涵具阴阳进退之理，先天六十四卦方图还符示了阴阳对待之理。他同意朱熹从方圆图内取出方图的做

① 〔元〕熊禾：《勿轩易学启蒙图传通义》卷二，见《续修四库全书》第 2 册，上海古籍出版社 2002 年版，第 453 页。

法。“愚以是推之，方图八卦之位即是横图生出之叙。横图乾一坤八自前而后，方图乾一居八自下而上，由卦之有八，故不相隔而交者，左右各七。隔一卦交者六，隔三卦交者四，隔四卦交者三，隔五卦交者二，隔六卦交者一，不相隔者其交最多，隔之最远者其交最少。兑与坤，西北与东南二偶交，西南与东北二偶交，无他，东北阳方，西南阴方，西北东南阴阳之交，故此二偶其交最密，而经世之数独于其交者取焉。”①横图和方图皆符示了阴阳之相交。他结合《说卦传》“雷以动之”章和邵雍“咸损见意”“图皆自中起”，将方图由内而外分为四个图。方圆之图起于中，“则有震巽之一阴一阳，然后有坎离艮兑之二阴二阳，又然后成乾坤之三阴三阳，其序皆自内而外”②。内四卦四震四巽组合为巽、恒、益、震四卦，有雷风相薄之象。此四卦外围有十二卦，纵横皆有坎离，有水火不相射之象。此十二卦之外有二十卦，纵横有艮兑，有山泽通气之象。此二十卦外有二十八卦，纵横有乾坤，呈天地定位之象。“四而十二，十二而二十，二十而二十有八，自内由外，皆有隔八相生之妙。”③由内而外，六十四卦四组卦之进退按照四、十二、二十、二十八的顺序，隔八相生。而且，八卦之间彼此前后联系，“其中为震巽者各四，自是而为坎离者各八，而坎离之上下四震四巽复存焉。自震巽坎离之外而为艮兑者各十二，而艮兑之上下而震巽坎离者各四。又自震巽坎离艮兑之外为乾坤者各十六，而乾坤之上下为震巽坎离艮兑

① 〔元〕熊禾：《勿轩易学启蒙图传通义》卷三，见《续修四库全书》第2册，上海古籍出版社2002年版，第454~455页。

② 〔元〕熊禾：《勿轩易学启蒙图传通义》卷三，见《续修四库全书》第2册，上海古籍出版社2002年版，第457页。

③ 〔元〕熊禾：《勿轩易学启蒙图传通义》卷三，见《续修四库全书》第2册，上海古籍出版社2002年版，第457页。

者又各四焉”①。熊禾还作图说明邵子所说的“四象相交,生十六事”先天六十四卦方图中八卦阴阳对待之妙。“四时春夏秋冬,而夏秋冬皆春也。四端仁义礼智,而义礼智皆仁也。四象六七八九,而六七八皆九也。”②

就先天六十四卦圆图而言,既有阴阳交易对待之义,也有消长盈虚变化之理。先天圆图符示了一年四季阴阳二气的运行变化。六十四卦含有汉儒所说的十二消息卦。熊禾看到先天圆图中十二消息卦分布不均,“自复一阳至临二阳,所历十六卦已逾四分之一。临之二阳之乾六阳,所历之卦八而四,四而二,二而一,不过四分之一,右之阴亦然”③。其实朱熹已看到这个问题,但无法找出真正的缘由,只好说:“伏羲《易》自是伏羲说话,文王《易》自是文王说话,固不可以交互求合。所看先天卦气嬴缩极仔细,某亦尝如此理会来,尚未得其说。阴阳初生,其气固缓,然不应如此之疏,其后又却如此之密。大抵此图布置皆出乎自然,不应无说,当更共思之。”④熊禾从阴阳进退的角度对这个问题作了回答。一是因为阴阳运行速度有迟缓。他说:“盖震离生于少阴,乾兑生于太阳,震一阳动而为复,即其初少阴中之一阳也。阴中之阳,其进也缓,此复之后所以历十六卦而后为临也。兑而阳动而为临,以得其初太阳中之一阳也。阳中之阳,其进也速,此临之后所以不越乎十六卦而为泰,

---

① 〔元〕熊禾:《勿轩易学启蒙图传通义》卷三,见《续修四库全书》第2册,上海古籍出版社2002年版,第457页。

② 〔元〕熊禾:《勿轩易学启蒙图传通义》卷三,见《续修四库全书》第2册,上海古籍出版社2002年版,第458页。

③ 〔元〕熊禾:《勿轩易学启蒙图传通义》卷三,见《续修四库全书》第2册,上海古籍出版社2002年版,第460页。

④ 〔宋〕黎靖德编,王星贤点校:《朱子语类》卷六五,中华书局1986年版,第1619页。

为壮，为夬，为乾也。右之阴亦然。”①即从先天卦画生成看，震离生于少阴，故其阳进甚缓；乾兑生于太阳，故其阳进迅速，阳进的速度有急缓之别，故而消息卦分布的疏密不同。圆图右方阴进之理亦然。很显然，熊禾的解释是接续了朱熹“伏羲《易》自是伏羲说话”的理路，但朱熹认为即便是阴阳初生，气的运行缓慢不应有如此之大的差别。熊禾则认同这种差别，同时认为此差别在卦画生成伊始就已经注定。二是复姤之所以各历十六卦才遇到另外的消息卦，是因为有以坎离为上下卦体的六画卦存在的缘故。本来十二消息卦上下体只有乾坤震巽艮兑，而没有坎离。三画卦坎离阴阳错杂，“离中有少阴而一阳分，必至于兑则阴在外而二阳合，遂可成三阳之乾。坎中有少阳而二阴分，必至于艮则阳在外而二阴合，遂可进而成三阴之坤。复姤一阴一阳之后，必历十六卦而后成二阳临二阴遁者，政以其间有坎离故也”②。的确，熊禾的这个解释从先天圆图的象上来看是有合理之处，但并没有揭示其本质。即便置包含坎离两卦的六画卦不顾，先天圆图中十二消息卦的排列还是无法做到疏密得当。事实上，从根本上而言，熊禾并没有意识到先天圆图是通过“加一倍法”的卦画叠加而生成，其中贯穿者乾一兑二离三震四巽五坎六艮七坤八之序，既有交易，又有变易，这与十二消息卦每卦六爻的阴阳单纯逐一消长的图式本来就不是一个系统。前者是先天学，后者属于后天学，自然不必放在一起论说。

---

① 〔元〕熊禾：《勿轩易学启蒙图传通义》卷四，见《续修四库全书》第2册，上海古籍出版社2002年版，第460页。

② 〔元〕熊禾：《勿轩易学启蒙图传通义》卷四，见《续修四库全书》第2册，上海古籍出版社2002年版，第460页。

四、诠释后天图

在诠释了先天图后，熊禾开始论证后天八卦方位图的数理。他作了《先天变后天图》(见图 3.9)。

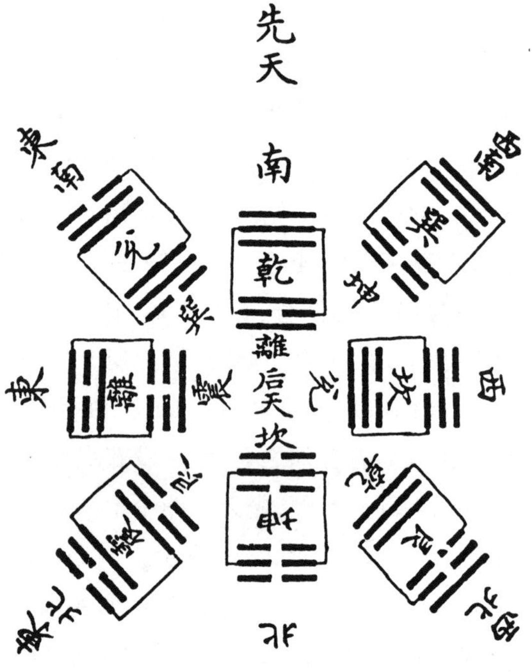

图 3.9　先天变后天图

他解释说:“先天对待，后天流行。先天变而为后天，流行中又自相对。所以《说卦》言先天必继之以后天，而后天之末又终之以先天也。易，变易也，交易也，在先天者自相交，故在后天者见其变。然先天乾坤坎离一爻变两爻不变，当从变爻。”①变化共分四组。第一

① 〔元〕熊禾:《勿轩易学启蒙图传通义》卷四，见《续修四库全书》第 2 册，上海古籍出版社 2002 年版，第 461 页。

组，根据“阴阳之精，互藏其宅”，先天乾坤中爻变为后天坎离。第二组，根据“火炎上，水润下”，坎下阴爻变为阳爻，先天坎变为后天兑。离上阳爻变为阴爻，先天离变后天震。第三组，根据爻之反对，震兑两爻变为艮巽，先天震兑变为后天艮巽。第四组，根据艮上阳爻属乾，巽下阴爻属坤，此上下一爻不变，故先天巽变为后天坤，先天艮变为后天乾。至此，先天八卦变为后天八卦，八卦分居不同的方位。

熊禾解释先天图变后天图，前三组阴阳变易有据可循，后一组看上去略显不同。他解释说：“先天巽艮阴下而阳上，尊卑之位也。变而为后天之坤乾，则乾在下坤在上，又有交泰之义矣。”①即这种变化既体现了阳尊阴卑之位，又体现了阴阳交泰之意。故而此四组卦的变化，因先天乾坤变为始，以变为后天坤乾为终。

熊禾进一步解释了后天八卦方位的合法性。首先，他提出中爻变的卦居四方之中，上下两爻变的卦居四隅之偏。他说：“若惟以后天对待之位推之，坎对离，乾坤中爻变也，故坎子中，离午中，代先天乾坤之位。震对兑，中爻自相变也，故震卯中，兑酉中，代先天坎离之位。其余非上爻变则下爻变，变之偏，故其位亦偏。”②其次，他根据《说卦传》乾坤阴阳互求生六子的说法，指出后天坤与巽离兑居上，乾与震坎艮居下。又说：“先天乾与离兑巽共处于上，离巽兑之三画本皆乾之阳也。后天乾求于坤则巽为长女，离为中女，兑为少女。而坤母遂与三女同处于上矣。先天坤与坎艮震共处于

① 〔元〕熊禾：《勿轩易学启蒙图传通义》卷四，见《续修四库全书》第2册，上海古籍出版社2002年版，第461页。

② 〔元〕熊禾：《勿轩易学启蒙图传通义》卷四，见《续修四库全书》第2册，上海古籍出版社2002年版，第461~462页。

下，坎艮震之三画本皆坤之阴也。后天坤求于乾则震为长男，坎为中男，艮为少男，而乾父遂与三男共处于下矣。”①熊禾认为，既然后天图可由先天图变来，而先天图又合于河图，那么后天图应当也是合于河图的。他以张栻八卦与河图四象合之说为根据，作《后天八卦合河图四象图》（见图 3. 10）：

图 3. 10　后天八卦合河图四象图

不同于张栻以三画相交来统论八卦的说法，他将八卦分为两类，四正卦取三画之三数，四隅卦取阳一阴二之数，由三画八卦之数与河图四象之数相合，来证明后天八卦图与河图相合。他说：“图数自天一地二始，卦画自阳一阴二始，乾三画各一其一为三，坤三画各二其二为六，震坎艮阳卦画各五，一乾之一而二坤之二也。

① 〔元〕熊禾：《勿轩易学启蒙图传通义》卷四，见《续修四库全书》第 2 册，上海古籍出版社 2002 年版，第 462 页。

巽离兑阴卦画各四，一坤之二而二乾之一也。"①所以，四阳卦乾三、坎五、艮五、震五居东北，四阴卦坤六、兑四、离四、巽四居西南。在东北，震五艮五之和去二得少阴八。坎五乾三为八，去二成太阴六。在西南，离四巽四之和去一得少阳七，兑四坤六之和去一得老阳九。八卦之数去一二而得九六七八阴阳老少之数。此皆因"阴阳互藏其宅"。而且阳卦共十八画，阴卦共十八卦，与先天三十六相合。"参之两之，乾与三男得三十，坤与三女得三十，与蓍策阴阳老少合，皆自然而然，非心智思虑所得为也。"②熊禾还作了《文王八卦次序合河图四象图》，进一步丰富了阴阳进退与相交的思想。

熊禾还分析了《杂卦传》自"大过，颠也"至文末所涉及八卦的合法性，认为其可由先天六十四圆图互体而来。《杂卦传》说卦两两相对，前五十六卦实为二十八卦正覆构成，只是大过卦之后的八卦显得错杂，没有章法。先儒常以错简或变例来论说，熊禾不以为然。与朱熹反对互体的态度不同，熊禾认为互体不可废，并从卦之二三四五爻四画互体的角度审视先天六十四卦圆图："分上下二体，则六十四卦互八卦之一体者各十六卦；合上下二体，则又于六十四卦之中互十六卦。乾坤居上下之极，复姤居上下之交，其序皆自然而然也。"③六十四卦互体得乾、夬、睽、归妹、家人、既济、颐、复、姤、大过、未济、解、渐、蹇、剥、坤十六卦。此十六卦再互体，是乾、坤、既济、未济四卦。与《序卦传》所云《易》之卦序始于乾坤终

① 〔元〕熊禾：《勿轩易学启蒙图传通义》卷四，见《续修四库全书》第2册，上海古籍出版社2002年版，第462页。

② 〔元〕熊禾：《勿轩易学启蒙图传通义》卷四，见《续修四库全书》第2册，上海古籍出版社2002年版，第463页。

③ 〔元〕熊禾：《勿轩易学启蒙图传通义》卷五，见《续修四库全书》第2册，上海古籍出版社2002年版，第466页。

于既济未济相合。熊禾指出,《杂卦传》文末所云自大过、姤而下八卦,其指的正是先天六十卦圆图所互之十六卦中的八卦。至于为何《杂卦传》不言十六卦而只言八卦,他说:"互体凡十六卦而此举八卦者,于左取夬①、归妹②、既济、颐四卦,于右取姤、大过、渐、未济四卦,整整有条如此,盖各举其半,则其半可知。吾以是知其互体而言也明矣。"③相较于先儒之说,熊禾此论颇有新意。他用先天图来释《易传》,正体现了他的易学会通先天学与后天学的特色。

朱熹《易学启蒙》言简意赅,经由熊禾形象的图解之后,其意义变得清晰明白。而且,熊禾在对朱熹图书之学诠释的同时,作了进一步的发挥,很多地方发朱子所未发,体现了元代朱子后学在图书之学上的创新。他所依据的阴阳进退的数理,在解释了图书学的合法性的同时,也用来解释《易学启蒙》关于大衍筮法之说。他作了《挂扐阴阳进退之图》和《过揲阴阳进退之图》,以明挂扐过揲之数阴阳进退的变化规律。其主要思想是挂扐之数以少为贵,老阳十二增益四变少阴十六是谓阳进,老阴二十四减损四变少阳二十是谓阴退。过揲之数以多为贵,老阳三十六减损四变少阴三十二,老阴二十四增益四变成少阳二十八。其思想不出朱熹所论,所画之图简单易懂,故在此不再赘述。相较于对筮法之数的论述,熊禾着重论述了《易》之象占。

五、画中有象,象中有变——论象与释占

熊禾对《易学启蒙》变占法的阐释,凸显了象的核心作用。熊

① 夬,原作"夫",今据文义改。

② 妹,原作"昧",今据文义改。

③ 〔元〕熊禾:《勿轩易学启蒙图传通义》卷五,见《续修四库全书》第2册,上海古籍出版社2002年版,第466页。

禾认为相对于占筮而言，象很重要，并阐发了象的占筮功能与意义。他说：

> 按《虞书》曰："龟筮协从。"是时有羲画，未有卦爻辞，筮者将何取决？窃意伏羲奇偶之画即象也。画中有象，象中有变，阴阳交错，其变何穷？古之筮者，占诸此而已。卦自有卦象，至文王则为卦下之辞。爻自有爻象，至周公则为爻下之辞。然而辞之所见有限，象之所蕴无穷。故占有事辞相应者，即辞可以断吉凶。事或不与相应，非泝而求之象不可也。然有上下卦体之象，有往来卦变之象，其他取象不一，是又不可以一例观也。①

这就是说，伏羲画卦，卦画本身就是象。象有无穷的阴阳交错变化之蕴。后文王周公根据伏羲卦爻象作卦爻辞，辞之所见有限。那么，在占卜的时候，通常有两种情况：若所占之事与所得卦爻辞相应，那么据卦爻辞就可以判断吉凶；若所占之事与所得卦爻辞不相应，那么只能诉诸卦爻象。而卦爻象的变化非常复杂，有上下卦体之象，有往来卦变之象，其他取象不一，不可以一例观之。故而，熊禾对卦爻象作了详细的论述。

关于取象方法，熊禾认为伏羲《易》有象，文王、周公之《易》卦爻辞中也有取象。他总结了文王取象法和周公取象法。

他认为有卦就有象，就文王之卦来看，有合卦之六爻取象者，有分卦之爻位取象者，有合卦之二体取象者，有分卦之二体取象

① 〔元〕熊禾：《勿轩易学启蒙图传通义》卷七，见《续修四库全书》第2册，上海古籍出版社2002年版，第472页。

者。有取象爻之分合,有取象卦之分合,有取象卦主,有取象卦义。“一象而各卦所取有不同者,有取象而两卦相应者,有以先天卦序取象者,有以后天卦位取象者,有有占无象者。学者因文王所系之卦辞,玩文王所取之卦象,触类而长之。有卦则有象,有象则变占无不可考者矣。”①可见,卦象可以来自卦体、上下卦体、卦主、先天卦序、后天卦序等。结合卦辞玩味卦象,遇到相应的事类就能增长发挥卦象的象征意义。

同时,他认为有爻就有象,就周公之爻来看,爻的取象比卦的取象方法更加繁多,有以位取象,有以爻取象,有兼爻位取象,有以应位取象,有以应爻取象,有兼取应位应爻取象,有爻位不相应而连二爻取象。此外,有连三爻取象,有以下承爻取象,有以上承爻取象,有以承乘二爻取象,有以承乘应三爻取象,有以主爻取象,有以往来爻取象,有以三爻之中取象,有以六爻之中取象,有以互体取象,有以并画取象。“有以主爻取象而与本卦彖同者,有以本爻取象而与他卦彖相应者,有一爻取三象而间见于他爻者,有一爻取五象而分见于他爻者,有两爻取象而总言于一爻者,有众爻取五象而总言于一爻者,有卦爻反对同象者,有卦爻分合取象者,有异卦同象者,有以一物之次序为象者,有以一身之次序为象者,有以一卦之次序为象者,有有占无象者。学者因周公所系之爻辞,玩周公所取之爻象,触类而长之。有爻则有象,有象则变占亦无不可考者矣。”②熊禾所说周公取象既涉及卦体、卦变、爻位之间的关系,也涉及卦与卦之间的关系,如指出有的互为反对之卦有相同之象。熊

① 〔元〕熊禾:《勿轩易学启蒙图传通义》卷七,见《续修四库全书》第2册,上海古籍出版社2002年版,第474~475页。

② 〔元〕熊禾:《勿轩易学启蒙图传通义》卷七,见《续修四库全书》第2册,上海古籍出版社2002年版,第475~476页。

禾说象大多注重解释方法，但有时候他只是总结出象之特点而不言方法。如他在说明爻辞中存在异卦同象的情况，总结有履卦与归妹卦九二爻都有“幽人”之象，履卦六三爻与巽卦初六爻皆有“武人”之象，否、泰两卦初爻皆有“拔茅茹”之象，中孚、小畜两卦九五爻皆有“有孚挛如”之象等。至于“象辞重出”的原因，他没有论及。他所强调的是如此众多的取象，若结合爻辞一起来看，就能触类旁通。有了卦象，有了爻象，变占则无不可考。

熊禾对文王之象与周公之象分而观之的解象理路与胡一桂有相通之处。不同的是，熊禾看重卦与爻象及其之间的关系，胡一桂所言的取象分类在关注了卦爻象本身的基础上，把象所涉及的宇宙万物分类更为细致。

熊禾关于卦爻象的论述融合了《易传》、汉易取象方法与朱熹先天象数学方法，既有传统象学的方法，也有颇具新意的己见。较之元代易学家对象学的大加阐扬，熊禾的象学因筮法而谈，论象是为占筮服务的。他对《易学启蒙》的占法作了诠释。就占法而言，六爻不变，有以本卦彖辞占、以内卦为贞外卦为悔而以内外卦象占、以内外卦分贞悔而以卦之主爻应爻占、以卦体卦爻之象占、分上下卦而以互体占、以本体互体变体占等几种情况。若是卦中有变爻，当以变爻占。变爻占，主要就是要依据前文所述文王、周公之象来占断。初爻变，《易学启蒙》认为当以本卦变爻辞占。熊禾补充说：“然曰利建侯而卫縶则不利，曰元吉而南蒯则不吉，事与辞反，则应与辞亦反，《易》不可以占险又如此。”①即占筮尚德，若一味占险，即便得到吉利的爻辞，最终得到的也是与爻辞相反的不利

① 〔元〕熊禾：《勿轩易学启蒙图传通义》卷七，见《续修四库全书》第2册，上海古籍出版社2002年版，第474页。

的结果。“非忠信之事,遇黄裳元吉反以为凶,占法概可知也。”①二爻变,《易学启蒙》当以本卦二变爻辞占,仍以上爻为主。四爻变,则以之卦二不变爻占,仍以下爻为主。熊禾指出,这两个规则虽然《易传》大衍章没有记载,但仍可考。他说:“二爻变,当以二变爻辞占,然咸初与三变为随,而独于咸之三曰执其随,盖可知其以上爻为主也。四爻变当以本卦二不变爻占,然革变为鼎,鼎之三与四不变,而独于鼎之三曰鼎耳革,盖可知其下爻为主也。”②即由其变爻爻辞所含变卦之名来确定当以变爻来占。熊禾又分析了一爻变与五爻变的情形。“至于丰之明夷,惟九四一爻变,而丰之九四遇其夷主。噬嗑之睽,惟第二爻变,而噬嗑之二曰噬肤,睽之五应二亦曰厥宗噬肤。所谓一爻变则以本爻辞占者,于此亦可见矣。随之艮,惟第二爻不变,而艮之二曰不拯其随。升之同人,惟三爻不变,同人之三曰升其陵。明夷之涣,惟第四不变,涣之四曰匪夷所思。所谓五爻变则以之卦不变爻占者亦可见矣。其余多有称别卦名者,固不皆如此。然观此,亦考变占之一义。”③他认为还有其他爻辞提到卦名的情况。一是上下卦体相易的两卦,爻辞包含卦名。如履、夬两卦上下卦体相易,履卦九五爻辞有“夬履”之语;益、恒两卦上下卦体相换,益卦上九爻辞有“勿恒”之语。二是本卦与之卦所变爻辞内容有呼应。如巽九五爻变,巽变蛊卦,巽九五爻辞有“先庚三日,后庚三日”,而蛊卦卦辞“先甲三日,后甲三日”,与之

① 〔元〕熊禾:《勿轩易学启蒙图传通义》卷七,见《续修四库全书》第2册,上海古籍出版社2002年版,第474页。

② 〔元〕熊禾:《勿轩易学启蒙图传通义》卷七,见《续修四库全书》第2册,上海古籍出版社2002年版,第476页。

③ 〔元〕熊禾:《勿轩易学启蒙图传通义》卷七,见《续修四库全书》第2册,上海古籍出版社2002年版,第476~477页。

相应。在他看来，由卦爻象来考变占是可行的。

综上所述，我们可知熊禾作《图传通义》之“通义”实指“《易》之为《易》，阴阳进退”。熊禾以阴阳进退之理贯通河图、洛书、先天横图、先天圆图、后天图，以明卦画阴阳之进退。他以阴阳进退之理诠释挂扐之数和过揲之数，以明蓍策阴阳之进退。大衍筮法十八变之后因蓍策以定卦画，观变玩占，以明变占阴阳之进退。他说：“《启蒙》四篇不过阴阳之进退而已也。虽然阴阳未分，易有太极，冲漠无朕，无思无为，此时此际，孰为进，孰为退，大本之立不在兹乎？先天学，心法也。图皆自中起，万化万事生于心也。邵子固尝教我矣。”①可见，熊禾对《易学启蒙》的解释所用阴阳进退的方法，其根据是太极之理，而这是受到了邵雍启发。的确，他会通河图与先后天图时，所用的由内及外、图皆从中起的方法、其以方圆之数一二为本所用的参两之法来分析阴阳进退的数理应当也是受到邵子先天学的影响。熊禾并没有解释《易学启蒙》三十二幅变占图。这或许是出于维护“《易》之为《易》，阴阳进退”的通义的缘故。熊禾《图传通义》本于《易学启蒙》，又有自己的创见，以图说理，以数明理，和胡方平父子《易学启蒙通释》《周易启蒙翼传》一起，成为元代朱子后学中象数易学的代表著作。熊禾还撰有《易经训解》四卷，是阐发《周易本义》的注疏之作。可以说，熊禾对于朱子易学作了全面阐发。他入元不仕，经过多年授徒讲学，对朱子易学的传播做了很大贡献。

胡方平、熊禾等元初朱子后学在研究易学中，对朱子易学的弘扬也贯彻着“‘广朱子未尽之意’的精神，并非单一地、片面地宗朱、

① 〔元〕熊禾：《勿轩易学启蒙图传通义》卷七，见《续修四库全书》第2册，上海古籍出版社2002年版，第477~478页。

述朱"①。这深深影响了他们的后学如胡一桂、董真卿等人。胡一桂有强烈的宗朱倾向,但并非一味述朱。正是这样的精神,使元代朱子后学的易学研究有了"广朱子未尽之意"的翼朱意识,犹如为朱熹《易学启蒙》撰写了"翼传"。

第三节　熊良辅《周易本义集成》思想研究

朱熹的易学著作除了《易学启蒙》,还有《周易本义》,其也随着程朱学说在元代逐渐兴盛而备受尊崇。元代朱子后学中先后有胡一桂、胡炳文、熊良辅等多人以《周易本义》为中心进行注释和研究,其中熊良辅《周易本义集成》以朱子本义为注,采辑诸家之善,对朱熹易学有重要的继承和发展作用。

一、生平著作概说

熊良辅(1310—1380),字任重,一作季重,号梅边居士,②元朝南昌忠孝里③人。延祐四年(1317)"领乡荐,试礼部不第,居乡授徒"④。据熊良辅《周易本义集成·序》载,其初从遥溪先生熊凯学《易》,元大德六年(1302)又学《易》于遥溪之友泉峰先生龚焕。据《宋元学案》载,熊凯、龚焕皆学于饶应中,其学渊源于饶鲁的双峰

① 李秋丽:《胡一桂易学思想研究》,山东大学2006年博士学位论文。

② 熊良辅生平事迹可见史籍者如下:邵远平《元史类编》卷三四,清嘉庆二年(1797)扫叶山房刻本;曾廉《元书》卷八八,宣统三年(1911)层漪堂刻本;柯绍忞《新元史》卷二三五,1930年退耕堂刻本。

③ 〔元〕陈櫟:《周易本义集成·序》,见〔元〕熊良辅《周易本义集成》,清康熙十九年(1680)通志堂刻本。

④ 邱江宁:《中国学术编年·元代卷》,华东师范大学出版社2013年版,第163页。

学派。[1] 而饶鲁学于黄榦，属于朱子门人。据《元儒考略》载，熊凯为南昌人，精通义理之学，以明经开塾四十余年，时称遥溪先生，其子熊东造诣尤高远，从游者众多。[2] 据《宋元学案》载，熊良辅是熊凯最知名的学生。龚焕，字幼文，一作右文，号泉峰，进贤（今江西南昌）人，居泉峰下，人称泉峰先生。熊良辅著作也直接体现出其受到朱熹及其后学的影响。除了研《易》，熊良辅能诗，善属文，有咏梅诗百首，著有《风雅遗音》《小学入门》等，惜已散佚。今查，熊良辅存诗文若干篇，如其文《豫章沟亭记》[3]。

熊良辅博览众多易学典籍，而独奉于朱熹易学。他说："古今《易》说或传千有余家，殊未信其说。据所见闻，由宋以前何啻百家，由宋以来亦二百家矣，或见其书而取之，或见其书而未暇遍览，或见其姓名而不及见其书，或有其姓名而亡其书。是何学《易》者之多也，虽然天地之间理一而已，《易》自朱子而本义大明，象占义理殆无余蕴。"[4]从这段话即可看出，熊良辅对朱熹易学的推崇。

熊良辅著有《周易本义集成》。他在元英宗至治二年（1322）自序中云："大德壬寅，先生之友泉峰龚先生授徒泉山之麓，良辅分教小学，山深日长，因得肆意于《易》。"[5]在此期间熊良辅"取诸说而

① 〔清〕黄宗羲原著，全祖望补修，陈金生、梁运华点校：《宋元学案》卷八三《双峰学案》，中华书局 1986 年版，第 2809~2810 页。

② 〔明〕冯从吾：《元儒考略》卷二，清光绪知服斋丛书本。

③ 该文落款为"大元至正五年岁次甲申孟春吉旦，元进士熊良辅字梅边撰"，参见中华罗氏通谱编纂委员会编《中华罗氏通谱》第三册，中国文史出版社 2007 年版，第 1741 页。

④ 〔元〕熊良辅：《周易本义集成》卷首，清康熙十九年（1680）通志堂刻本。

⑤ 〔元〕熊良辅：《周易本义集成 · 序》，清康熙十九年（1680）通志堂刻本。

涵泳之，顾以篇帙繁大，众说纷错，时有得失，乃以己意采辑成编”，始撰《周易本义集成》，得泉峰先生龚焕相助，龚焕亲自为其校正书稿。丁巳(1317)年，熊良辅以《易》贡，故该书可进一步确定完成于此前，即1317年。缮写成编时，此书为十三卷，初名《集疏》。据潘雨廷考查：“书中于二篇题曰《本义集成》，于十翼题曰《本义附录》，通志堂本定其书名曰《周易本义集成附录》，《经义考》《四库》等则无‘附录’二字，今从序言，不加‘附录’，况以十翼为附录，名亦不正。考黄虞稷谓熊氏于是书外有《易传集疏》不传，而《江西通志》曰：‘熊凯著《易传集疏》。’《四库提要》乃谓黄氏误熊凯为熊良辅，当为两人两书。今以《集疏》之名推之，似当为两人一书。盖凯如有书，良辅不当不引，必是师有其意而门人成之也。此书中于《本义》外所集之说曰《集疏》，且据《序言》，一书可知。”①潘先生此语，可澄清古书相传之谬也。

据熊良辅自序载，在竺溪刘直方的主张和其他人的资助下，熊良辅《易》著得以刊刻。该书的体例，熊良辅因袭朱熹《周易本义》而经传分开，尤其在坊间经传混编以后，更具有特殊的意义，故纳兰成德说：“良辅是书，犹仍旧本。上下经二卷，谓之《集成》；《十翼》十卷，谓之《附录》，总为十二卷，统名之曰《周易本义集成附录》。《授经图》但录《集成》二卷，盖未见全书也。嗟乎！自《周易传义大全》行，而世无知朱子《易》之为古文也久矣。故科试者往往合周公、孔子之辞以命题，割裂纰缪，良可怪叹。得是书，庶可一正之乎！”②熊良辅在书中旁征博引，约有八十四家，他说：“顾以篇帙

① 潘雨廷：《读易提要》，上海古籍出版社2006年版，第288页。

② 〔清〕纳兰成德：《周易本义集成附录·序》，见〔元〕熊良辅《周易本义集成》，清康熙十九年(1680)通志堂刻本。

繁大、众说纷错，时有得失，乃以己意采辑成编，以朱子《本义》为主，如《语录》，如《程传》，以及诸家之说与《本义》意合者，亦有与《本义》不合而似得其旨者，备录以相发。”①“良辅所采摭，自唐迄元凡八十四家，中姓氏多不著者，于以见《易》书之多，后世不可得尽见，犹赖是书以传，亦可尚也。”②熊良辅所引人物以宋代人居多，亦有其同时代人，如他多次引用胡一桂的观点。元人陈栎为熊良辅此书作序，评价甚高。他说：“以朱子《本义》为注，而集诸家之善以为疏。大纲一正，万目毕举，然后以己意折衷之，其有功于《易》为多，以是益知义理之无穷也。……其于朱子之大成，盖洋洋乎盈耳矣。”③陈栎指出，熊良辅《周易本义集成》有功于《易》之处，一是以朱熹《周易本义》为注，而集诸多之善为疏；二是以己意折中诸注疏。可以说，陈栎的评价中肯切实。

二、释图书之学

儒家易学的传统认为，《周易》是由伏羲、文王、周公、孔子四圣继承和发展的。而儒家易学的义理统绪正由孔子所形成，“夫子赞《易》，一以义理为主，吉凶消长之理，进退存亡之道于是乎大备”④。自汉代而后，象数与义理易学逐渐成为两大分派，但熊良辅认为二者之间关系紧密，“盖象占固义理之所寓，而以义理为主，象占

① 〔元〕熊良辅：《周易本义集成·序》，清康熙十九年（1680）通志堂刻本。

② 〔清〕纳兰成德：《周易本义集成附录·序》，见〔元〕熊良辅《周易本义集成》，清康熙十九年（1680）通志堂刻本。

③ 〔元〕陈栎：《周易本义集成·序》，见〔元〕熊良辅《周易本义集成》，清康熙十九年（1680）通志堂刻本。

④ 〔元〕熊良辅：《周易本义集成·序》，清康熙十九年（1680）通志堂刻本。

亦在其中矣”①。而宋代程子以来的易学，备受熊氏所推崇，其云：

> 善学者于此先求《易》之本旨，然后广而充之，体用一源、显微无间之旨，将不待卜筮而后见，此又自然之妙也。自后儒析经附传之余，学者支离蔓衍，欲以明《易》而反以晦《易》。至宋程子作《易传》而义理之学大明，然程子亦自谓某解《易》只说得七分。朱子一以卜筮为说，然后作《易》之本旨益著。②

熊良辅此语，首先代表了他对程朱易学的尊崇，肯定义理易学经《程氏易传》而得到阐扬；其次，熊氏尤其认为朱子易学较程子而更加圆成，对朱熹关于“《易》本卜筮之书”的说法亦为赞同，认为朱熹易学得《易》本旨，确如其“本义”之名。而且，根据朱子的说法，有天地自然之《易》，有文王、周公之《易》，有孔子之《易》，熊良辅进一步将程朱易学提升至圣人之《易》的高度，他说：“程子之《传》，孔子之《易》也；朱子之《本义》，文王、周公之《易》也。推本而论，孔子之《易》即文王、周公之《易》，文王、周公之《易》即伏羲之《易》，伏羲之《易》即天地自然之《易》也。虽其旨意微有不同，而其理则未尝有二，要在善观之耳。”③伏羲、文王、周公、孔子四圣人所阐发的易道一以贯之，经《程氏易传》《周易本义》得以显明。自儒家易学而观之，宋代理学易包罗多家，如张载所代表的关学、苏

① 〔元〕熊良辅：《周易本义集成 · 序》，清康熙十九年（1680）通志堂刻本。

② 〔元〕熊良辅：《周易本义集成 · 序》，清康熙十九年（1680）通志堂刻本。

③ 〔元〕熊良辅：《周易本义集成 · 序》，清康熙十九年（1680）通志堂刻本。

轼所代表的蜀学等多个学派，重要的易学著作也不断涌现，这些固然在朱熹那里得到某种程度的“集大成”。但对元代学者而言，必须对此前诸多流派予以合适的定位，对之前易学的成就有恰当的评价，换句话说，必须在官方、学说和个体理解的基础上，形成对以往学术史的整体性认识与评价。这是对元朝选择程朱学说为官学的顺应，也是完善其学说在汉文化结构中的定位，借此弥合国家文化形态遭逢激烈变革后的缝隙。

熊良辅推重《周易本义》，首先体现在他对《周易本义》图书之学的注解上。他在《周易本义集成》卷首列有十三图，保留了《周易本义》原有的卷首九图，除《卦变图》以外的八图，增加了《周子太极图》《杨氏太极图》《熊氏太极图》《大衍天一至地十图》《卦序图》五图。在这五图中，值得关注的是《大衍天一至地十图》（见图 3.11）颇有新意。

熊良辅称龚焕手录有此图，与其想法正相合，但并不确知此图渊源。熊良辅认为此图非常重要。他说：“或云上官求放得康节之遗说，出于希夷。果尔，不知朱子何以不曾见而不取。由今观之，良为有用，实千载之快事，实千载人衍之的论。”①

熊良辅还抄录了关于此图的解说文字，来说明此图的构图原理：

自天一至地十，盖有十图焉，乃大衍之数也。自天五而上，皆五行生数，故五九之数，自下而上，各增其一。地六而下，皆五行成数，故六九之数，自上而下，各减其一。天数一三

① 〔元〕熊良辅：《周易本义集成》卷首，清康熙十九年（1680）通志堂刻本。

五七九，而五居中。地数二四六八十，而六居中。五六者，天地之心也。五为天心，其图纵横八面，皆三五之数。六为地心，其图纵横八面，皆三六之数。得天地之中故也。其他所以参差不齐者，偏阴偏阳故也。①

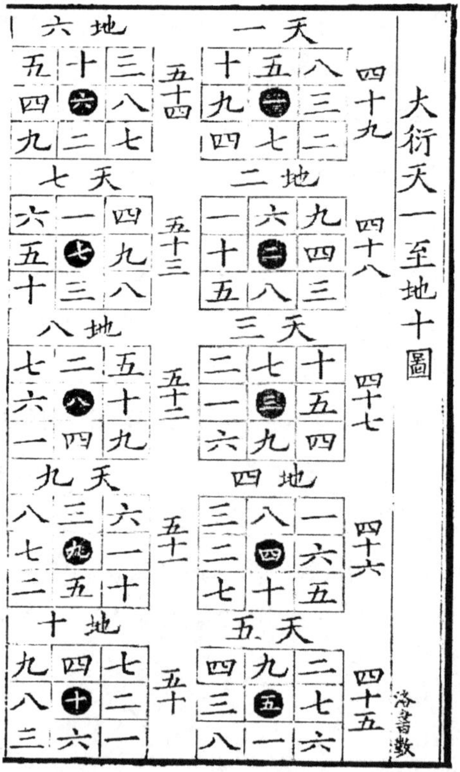

图 3.11　大衍天一至地十图

① 〔元〕熊良辅:《周易本义集成》卷首，清康熙十九年(1680)通志堂刻本。

此是说大衍之数有十个图。自天五图向上推，天一、地二、天三、地四皆五行生数。由天五图之数五九四十五，自下而上，各增一，故有四十六、四十七、四十八、四十九。同理，自地六图六九五十四而下，天七、地八、天九、地十都是五行成数。地六图之数由六九五十四，自上而下，各减一，故有五十三、五十二、五十一、五十。天五地六之图居十图中央，天五图纵横得十五，地六图纵横得十八，五六得天地之中，图中奇偶数或居四正，或居四隅。其他八图偏阴偏阳，所以数字排列参差不齐。

那么，此十图与大衍之数有什么关系呢？他抄录说："大衍体数五十，地十图之变。大衍用数四十九，天一图之变也。……而大衍之数五十者，由虚五而生也。天一图四十有九者，盖以二对十为十二，三对九为十二，四对八为十二，五对七为十二，其中一数，乃揲蓍挂一，以取四十八为六十四卦者也。而虚其六，故天地之数五十有五。而大衍之用数四十有九者，由虚六而生也。然大衍五十，而图以十居中者，盖十为数之终，而无变也，故为体数。大衍用四十九，而图以一居中者，盖一为数之始，而能变也，故为用数。"①天一图虚六即大衍之数四十九，一为数之始而居中能变，故为用数。地十图虚五即大衍之数五十，十为数之终居中不变，故为体数。"天五图四十五，虚十而不虚五，无与乎续终之事。而大衍之体数，虚五而不虚十，是于天五之数，增其五以为体，此其数之所以五十也。地六图五十四，虚一而不虚六，无与乎造始之功。而大衍之数四十九，则虚六而不虚一，是于地六之数，减其五以为用，此其数所以四十九也。天数皆生于虚，天五图不虚十，无以成纵横各十五之

① 〔元〕熊良辅：《周易本义集成》卷首，清康熙十九年（1680）通志堂刻本。

数。地六图不虚一，无以成纵横各十八之数。大衍不虚五，无以成五十之体。不虚六，无以成四十九之用。虚者，万物之府，故能生实。此大衍体数所以中虚其五而用十，大衍用数所以中虚其六而用一。”①

在抄录文字后，熊良辅加了案语，点明此图关键。他说：“小衍之成十，天一地二，天三地四，天五地六，天七地八，天九地十是也。大衍之成五十，此十图之所以衍也。其图皆依天五一图次序，如历家九宫，一白二黑，三绿四碧之次序，皆本诸此，又不可不知也。”②

同时，在注解《周易本义》之《系辞传》“大衍之数五十，其用四十有九”一段时，熊良辅在案语部分重申了此图的主旨。他解释说：

> 天地之数五十有五者，河图之数也。大衍之数五十者，洛书地十图之数也。洛书戴九履一，左三右七，二四为肩，六八为足，五为心腹，乃天五一图耳。天一至地十，盖有十图。天一图藏六成数得数四十九。地二图藏七成数得数四十八。天三图藏八成数得数四十七。地四图藏九成数得数四十六。天五图藏十成数得数四十五。地六图藏一生数得数五十四。天七图藏二生数得数五十三。地八图藏三生数得数五十二。天九图藏四生数得数五十一。地十图藏五生数得数五十③，大衍之数也。其图次序一由洛书天五图数所推。盖数始于一，小

① 〔元〕熊良辅：《周易本义集成》卷首，清康熙十九年（1680）通志堂刻本。

② 〔元〕熊良辅：《周易本义集成》卷首，清康熙十九年（1680）通志堂刻本。

③ “十”后原有“五”字，乃衍文，今据文义删。

衍之成十，天一至地十是也。大衍之成五十，天一至地十十图是也。舍地十图之五十而不用，而用天一图之四十有九者，一为数之始而能变，十为数之终而不能变也。故五十为体数，而四十九为用数。此十图乃康节之所推，言出于希夷。今以大衍之数合之，良为有用。然则章首天一地二天三地四天五地六天七地八天九地十正为此大衍张本，而彼则河图之数五十有五，而此则大衍之数五十，由虚五而生也，大衍之用数四十有九，由虚六而生也。①

这就是说，天地之数五十五，是河图之数；大衍之数五十，是洛书之数。而洛书共有十个图。朱熹所说的洛书只是洛书十图之一，即天五图。除此之外，还有九图。由天五图推衍，得洛书十图，可见朱熹所说的洛书确是十图的关键。地十图藏五而得五十，故为“大衍成五十，天一至地十十图是也”。他认为《系辞传》大衍章首“天一地二”关于天地之数的论述实为大衍十图张本而论。

综合来看，熊良辅所说大衍十图的顺序与抄录文字所言由居中的天五图、地六图上下推衍略有不同。他所言的洛书十图的顺序，表面上看是从天一图、地二图、天三图直到地十图。但是，天一、地二、天三直到地十的顺序又是从哪来的呢？其实是从天五图的九宫格里的一至九数小衍得来的。在洛书十图里，只有天五图符合数的增长规律，它是由一至九组成的。其他九张图里面都有十，而一至九不全，缺一个。从天五图数一直推到九，然后到十，到

① 〔元〕熊良辅：《周易本义集成》卷七，清康熙十九年（1680）通志堂刻本。

这里小衍就完成了,即"小衍之成十,天一至地十是也"。所以说,朱熹所说的洛书即天五图,是这十张图里最关键的一张。因为这张图讲了数从一至十的小衍过程。然后就按照这个天一到地十的顺序,也就是洛书十数从中宫数一、中宫数二一直查到中宫数十,从天一图、地二图、天三图一直查到地十图。地十图藏五而得五十,五十是大衍之数。即"大衍成五十,天一至地十十图是也",与前文"大衍之数五十者,洛书地十图之数也"呼应。

熊良辅用图式解释"大衍之数五十,其用四十有九"的渊源,丰富了易学的大衍说,可以说是有贡献的。但他说此图乃康节所出,出于希夷,这一说法并无实据。根据目前典籍所见,此图大概亦是托邵雍之名而作。

三、易学纲领

《周易本义集成》疏通元及其以前近百家之说,保存了众多宋元时期以及熊良辅同时期学者的资料。虽然在材料方面经过了撰作者的挑选,但始终围绕朱熹《周易本义》而展开。不过,即便是注释文献,也往往体现着注者所持有的独特态度与基本理解——或是承继前人之说,或是进一步有了新的表述、概括,或是提出商榷的意见,这些在熊良辅的书中皆有必要进行梳理,借此窥探他本人的易学观念、思考。

在《周易本义集成》卷首,设有"纲领"部分,摘录了以朱熹易学为主的资料,主要集中体现了《周易本义集成》一书所要着重诠释的内容。

首先,引用尹和靖《周易》为圣人粹言,《程氏易传》"体用一源,显微无间"乃其切要的说法。这与熊良辅自序所说契合。他说:"六经皆圣人垂训后世之书,而《易》经四圣人之手,乃成其为书也。大而天地性命之理无不包，微而事物纤悉之情无不尽，精入于无形，粗及于有象，人生日用、一动静、语默之间无非易道之流行。”①认为《周易》这本书经过伏羲、文王、周公、孔子四圣相继发明、完善，正如宋代学者尹和靖所言，应当成为学者专门攻读的经典。而易学的关要、切要，是程颐所说的“体用一源，显微无间”。

其次，引用朱熹易学主要观点。主要有如下内容：

“易有太极，是生两仪。两仪生四象，四象生八卦”为“易学纲领、开卷第一义”。

“天地间只是一个气。”“阴阳推行底只是一个，对待底则是两个。如日月水火之类，皆是两个。推行底如一动一静，互为其根，对待底如分阴分阳，两仪立焉。”这里和对太极、两仪的理解是一致的。两仪就是阴阳，两仪的相互区别与联系就是阴阳关系，而万事万物的本质构成是“一个气”，但又无时无刻不是以阴阳之气的运转而往复运动。

洁净精微之谓《易》，悬空而作。《周易》不像其他书，它并不是就事论事，“只悬空说一样道理”，“圣人一部《易》皆是假借虚设之辞，盖缘天下之理，若正说出，便只作一件用。唯以象言，则当卜筮之时看，是甚事来都应得”。所谓“悬空而作”，不是像《尚书》依于政事、《诗》依于人情风俗而作，“《易》却都无这以往底事，只是悬空做底。未有爻画之先，在《易》则浑然一理，在人则湛然一心。既有爻画，方见得这爻是如何，这爻又是如何。然而皆是就这个至虚至静中做出许多象数来。此其所以灵”。读《易》不仅要看卦爻辞，更要看画卦以前的“寂然不动，喜怒哀乐未发之中”。

① 〔元〕熊良辅：《周易本义集成·序》，清康熙十九年(1680)通志堂刻本。

《易》以卜筮为教。“伏羲作《易》，教之卜筮，使吉则行之，凶则避之，此是开物成务之道。”

“《易》本是卜筮之书。伏羲当时偶然见得一是阳，二是阴，从而画，放那里，只是阳为吉阴为凶，无文字；后文王见其不可晓，故为之作彖辞；或占得爻处不可晓，故周公又为之作爻辞；又不可晓，故孔子为之作十翼之辞。”卜筮之举，卜筮之用，实际暗含着许多神妙莫测的道理。

关于“阳吉阴凶”“正吉，不正不吉”“利字多为占者设”等看法。无论是阳吉阴凶还是偶然发生的阳凶阴吉，都要看当为不当为，也就是说从行为实践上来看，当为则吉，不当为则凶；正吉，则是《周易》本为君子之书，为君子设而不为小人谋；“利多为占者设”，利涉大川是利行舟，利有攸往是利于起行等，都是针对占问的人说的。这种对于卜筮结果的解释和把握，既要说精说具体，又要洞晓其中的道理。

读《易》当读经文的卜筮本义，虚心以求其词义所指，考察象之所以然，求得理之所以然，然后推之于事。今人读《易》，当分为三等：伏羲《易》自是伏羲《易》，文王、周公《易》自是文王、周公《易》，孔子《易》自是孔子《易》。

最后，熊良辅引用饶鲁之说，认为：“《易》之示人虽曰不外乎吾身日用之常，然其或消或息，或进或退，或常或变。莫非天理之妙，时措之宜，而非超然自得于言象之表者，不能识而用之也。”

从以上所列，大致可以看到，熊良辅把握了朱熹易学核心思想，其诠释《周易本义》不离此纲领。潘雨廷认为其“深得朱子之心”，在对经文的解释上也可圈可点：“本此旨以疏《朱义》，何往而不通耶！故开卷明‘乾元亨利贞’曰：‘此言乾之德大，亨而至正，筮得之者当得大通而利于贞。固乃文王作《易》之本意也。夫子赞

《易》，乃广之为四德。又以见乾道周流之妙，学《易》者且先于此而求文王作《易》之本意，次求夫子所以赞《易》发出许多义理之蕴，意不相妨，庶乎可与言《易》矣。'贯通程、朱，莫善于此。虽然文王、周公之意，卜筮未尝不本义理。孔子之理，亦未尝废卜筮。由意不相妨，而悟意无不同，则于易道几矣。"①

四、诠释特点

就文本诠释的模式看，《周易本义集成》分集疏、总论和通论三部分，集疏占比最大，总论次之，通论最少。这三部分内容各有引用程颐、朱熹等多人的观点疏解。值得关注的是熊良辅引用龚焕之语，及他自己的案语所占比重并不少。熊良辅的案语在集疏部分多见，并且在总论和通论部分有大段文字。就经文解释而言，总论部分多是在总结一卦之义时出现，并不是每个卦后面都有总论，如释蒙卦，就仅有集疏，而无总论。通论部分有的出现在一卦总论之后，有的不规则出现，用于总结一卦或数卦之义。如第一个通论在总论屯卦之后。他说："语录曰，屯是阴阳未通之时，蹇是流行中有蹇滞，困则穷矣。"②由一卦言及与其卦义相关联的另外一卦。就传文解释来说，以集疏为主体，总论、通论较少出现。

熊良辅在注解过程中有不少己见，有的遵从朱熹易学，有的则对其作出修正。修正之处颇多，兹列举一二，可观《周易本义集成》诠释不完全遵从朱子之说的特点。如释益卦初九爻辞"利用为大作，元吉，无咎"。《周易本义》注曰："初虽居下，当益下之时，受上

---

① 潘雨廷：《读易提要》，上海古籍出版社 2006 年版，第 289 页。

② 〔元〕熊良辅：《周易本义集成》卷一，清康熙十九年（1680）通志堂刻本。

之益者也，不可徒然无所报效，故利用为大作，必元吉，然后得无咎。”《朱子语录》云：“吉是事，无咎是理。盖有事虽吉，而理则过而差者，则谓之吉而有咎。”熊良辅引用龚焕的话提出质疑：“《本义》受益报效之说，似若可疑。当以程说为正。”并认为此处当以卦主说立论。他说：“益之成卦者，初九也。震阳性动，当益之时，为益之主，能大有为者也，故利用为大作，其位下，故元吉，然后无咎。”①

熊良辅注重卦爻象的解说，在解《易》体例方面，以《周易》经传本有的卦爻象为基础，还使用了上文所举卦主说，以及互体、卦变、反对等体例。如释涣初六爻辞“用拯马壮，吉”云：“九二以刚在下，健而能行，马壮之象也。初六上比于二，用拯之象也。坎为马，互震亦为马。”②即涣卦二三四爻互体为震卦，有马象。如释泰卦卦辞“小往大来，吉，亨”云：“阴阳各以类聚之说，深得卦爻之旨。盖《易》虽无所不变，必考其或言卦变，或不言卦变，其故何哉？然则《本义》自归妹来之说非矣。此往来盖言二体之往来，不指三四也。”③他不同意《周易本义》泰卦自归妹卦来的说法，认为此处言卦变并不是指归妹六三九四两爻往来而得泰卦，实指乾坤二体之往来。如释既济卦九五爻辞“东邻杀牛，不如西邻之禴祭，实受其福”时，他以反对卦来释：“西邻虽指六二，以反对而论，正未济之六五也。既济则时已过，未济则时方来。时已过，虽杀牛亦无福之可

① 〔元〕熊良辅：《周易本义集成》卷二，清康熙十九年（1680）通志堂刻本。

② 〔元〕熊良辅：《周易本义集成》卷二，清康熙十九年（1680）通志堂刻本。

③ 〔元〕熊良辅：《周易本义集成》卷一，清康熙十九年（1680）通志堂刻本。

侥；时未过，虽不杀牛而薄祭，福将大来。时乎，时乎，圣人不能违也。”①围绕象占诠释的中心，《周易本义集成》还有一些其他体例，此处不一一赘述。

可见，《周易本义集成》确如陈栎所说以己意折衷诸注疏。熊良辅既依托于程朱易学及各家易说，又有自己的态度。正如《四库全书总目》所言，其“《易》用程氏朱氏而亦兼用古注疏，不似明代之制，惟限以程朱，后并祧程而专尊朱。故其书大旨虽主于羽翼《本义》，而与《本义》异者亦颇多也”②。而且，他对诸家之说亦有批驳。虽然如此，熊良辅易学仍以维护朱熹易学为根本，确实起到了羽翼《周易本义》的作用。相较于胡方平、熊禾阐发《易学启蒙》先天象数学，熊良辅诠释《周易本义》文王、周公之《易》，朱熹易学的全貌大致得以传承。

然而，也如杭辛斋认为：“元明两代之言《易》学者，无甚发明，著录者大抵盘旋于程朱脚下为多。元之熊与可、胡一桂、熊良辅、王申之、董真卿，明之黄道周、乔中和，皆其杰出者也，然皆有所依傍，不能成一家之言。”③从元代易学及其以后的易学发展而言，熊良辅解《易》细密、丰富并兼有特殊的时代与个体背景，亦难能可贵，且其集合众说、保存散佚文献之功绩更加不可抹杀。

---

① 〔元〕熊良辅：《周易本义集成》卷二，清康熙十九年（1680）通志堂刻本。

② 〔清〕永瑢等：《四库全书总目》卷四，中华书局1965年版，第25页。

③ 杭辛斋：《杭辛斋学易笔谈》，吉林人民出版社2014年版，第14页。

第四章　明官方易学之先声：胡一桂、胡炳文、董真卿

元朝灭亡后，明代胡广等人奉敕编纂了《性理大全》，汇集了宋代理学家著作及言行，以该书作为官定的理学教材。另外，还编纂了《周易大全》（本名《周易传义大全》），作为官定易学研究教材。该书取材于胡一桂《周易本义附录纂注》、胡炳文《周易本义通释》、董真卿《周易会通》等书，尤其是董真卿的《周易会通》一书。①

胡一桂、胡炳文都是朱熹故里徽州学者，董真卿是胡一桂弟子，作为朱子后学，他们都对明代官方易学的形成做出了贡献。他们三人虽然都宗朱、述朱，但也有一些易学创见。

---

① 陈恒嵩详述了《周易大全》的材料来源，指出其共征引先儒之说五千余条，其中有三千余条出自董真卿《周易会通》，故《周易大全》当是以《周易会通》为底本，再增补两千余条宋元人经说而成。参见陈恒嵩《〈五经大全〉纂修研究》，台湾花木兰文化出版社2009年版。谢辉提出《周易大全》所引诸家之说，除主要来源于董真卿《周易会通》，其余多源自张清子《周易本义附录集注》，纂修者所自行采补者，仅有胡炳文、吴澄、胡方平三家。参见谢辉《〈周易传义大全〉纂修新探》，载《中国典籍与文化》2019年第1期。

第一节　胡一桂义理易学研究

胡一桂，字庭芳，徽州婺源（今江西婺源）人。生于1247年，延祐初卒，具体时间不详。据《元史·儒林传》的简短记载："胡一桂字庭芳，徽州婺源人。父方平。一桂生而颖悟，好读书，尤精于《易》。初，饶州德兴沈贵宝，受《易》于董梦程，梦程受朱熹之《易》于黄榦，而一桂之父方平及从贵宝、梦程学，尝著《易学启蒙通释》。一桂之学，出于方平，得朱熹氏源委之正。"①胡一桂出生在一个有着良好儒学氛围的家庭，其学源于其父胡方平，因胡方平为朱熹后学，对朱熹学说特别是朱熹易学有着精深研究。这种家学渊源深深影响着胡一桂。

自南宋末年兴起于徽州的新安理学，对胡一桂也产生了很大影响。元代新安理学家以朱子学为宗，针对朱熹之后"异说"纷起的学术界状况，致力于捍卫、阐明、发展朱子学，以排斥"异论"、发明朱子学本旨为重心，维护朱子学的纯洁性。胡一桂深受此风影响，以弘扬朱熹易学为宗，辨明其他儒者易学观点之得失，成为元代新安理学中严守朱学门户的易学代表人物。

在世代为儒的家风特别是其父的教诲以及以新安理学为代表的地域文化的浸润下，胡一桂承继家学，专治朱子易学，特别是在遭受了科举不第的打击后，退而专心讲学，先后著有《周易本义附录纂注》《周易启蒙翼传》《诗集传附录纂疏》《十七史纂》等书，成为元代朱子易学的维护者。他的易学思想被收录在明代胡广等人撰修的《周易大全》中，成为官学。在思想创新

① 〔明〕宋濂等：《元史》卷一八九，中华书局1976年版，第4322页。

相对不足的元代易学阵营中，胡一桂易学思想占据着重要的位置。

一、易学观

《汉书·艺文志》云："易道深矣，人更三圣，世历三古。"①《周易》这部凝结着中华民族古老智慧的经典，对中国传统文化产生了极其广泛且深远的影响。然而，由于史料缺乏，究竟三圣之《易》如何"更"？三古之《易》如何"历"？我们都无从得知。如何切进这部历史悠久、影响深远的经典？胡一桂的易学研究进路可以给我们以借鉴。

（一）申"易"之义

《论语·阳货》中有这样一段对话。子曰："予欲无言。"子贡曰："子如不言，则小子何述焉？"子曰："天何言哉？四时行焉，百物生焉，天何言哉？"在子贡看来，孔子的"言"至关重要。如果没有孔子这些教诲弟子的言语，孔门弟子就无法来传承夫子的学问。针对子贡的观点，善于启发学生的孔子用"天何言哉"的现象来点拨子贡，强调除了由自己平常孜孜教诲他们的言语所构成的符号世界，还有个无法用言语表达的"无言世界"。前者为"然""迹"，后者为"所以然""所以迹"。由孔子这一教诲出发，《周易》这部重要经典，除了呈现在我们面前的一个由象数、文字等所构成的"然""迹"的符号世界，还有没有一个无符号的"所以然""所以迹"的世界？就此，胡一桂指出：

> 日月继照，真天地自然之易。……而《易》之为义，尤著明

① 〔汉〕班固：《汉书》卷三〇，中华书局2012年版，第1517页。

于日月。故揭以为首。①

在胡一桂看来，《周易》这部经典也存在着一个在象数、文字等符号以外的“所以然”“所以迹”的世界。对于体现这一无符号的“所以然”“所以迹”世界的易学，他称为“天地自然之易”。这一“天地自然之易”的最好体现就是“日月为易”。胡一桂在《周易启蒙翼传》上篇便收录了一幅“日月为易”图，并诠释了“日月为易”的思想。

“日月为易”的观念是《周易》的核心观念。胡一桂之前的易学家就对这个问题进行了阐发。不过，以前的“日月为易”的思想，大都集中在对“易”字本义的训释上。

在没有成为“易学”之“易”之前，“易”字有着自己的本义。对于“易”字的含义，东汉许慎在《说文解字》中就列出了三种：一是蜥蜴说，二是日月说，三是从勿说。② 据刘大钧考证，汉人有“日月为易”的说法。如郑玄、魏伯阳、虞翻等。③

不过，以“日月”为易，显然不是从字的构造上来的，因为“易”字上休虽为“日”，但下休实非“月”。说“日月为易”近似《庄子·天下篇》“易以道阴阳”的道理。这一道理在《系辞传》中有着显著体现。一是《系辞传》中非常注重日月的作用。《系辞传》中说：“《易》者，象也。象者，像也。”又说：“在天成象，在地成形。”“日月运行，一寒一暑。”“阴阳之义配日月。”“悬象著明，莫大乎日月。”

① 〔元〕胡一桂撰，李秋丽校点：《周易启蒙翼传》，见《儒藏·精华编》第5册，北京大学出版社2014年版，第481页。

② 〔汉〕许慎撰，〔清〕段玉裁注：《说文解字注》，上海书店1992年版，第459页。

③ 刘大钧：《周易概论》，巴蜀书社1999年版，第2~4页。

“日月之道,贞明者也。”“日往则月来,月往则日来。日月相推而明生焉。寒往则暑来,暑往则寒来,寒暑相推而岁成焉。”二是《系辞传》又讲“生生之谓易”,生生是《周易》的核心思想。在《周易》看来,生的功能是由天地乾坤决定的,而天地乾坤的功能归根到底是通过日月运行产生的四时变化来完成的。从这两方面来说,《系辞传》中就蕴含着强烈的“日月为易”的思想。在此意义上,刘大钧认为汉人对“易”字所作的“日月为易”的解释是有根据的。①

在对《周易》之“易”的理解上,胡一桂显然是受了汉人“日月为易”观念的影响。不过,如前所述,胡一桂这一思想并不仅仅着眼于“易”字的本质内涵上,而是着眼于《易》卦符号对“天地自然之《易》”的体现上来论证。在他看来,这一未能呈现为象数、文字等符号世界的“天地自然之《易》”,同经历伏羲、文王、周公三圣所创设体现为象数、文字等的符号世界之间存在着一种“不即不离”的关系。说其“不即”,是指“天地自然之《易》”同“三圣《易》”不同,不能混淆;说其“不离”,是指“天地自然之《易》”又与“三圣《易》”不可分,内在于由象数、文字等构成的“三圣《易》”的符号世界中。胡一桂指出:

> 《易》有爻与位,九、六为爻之阴阳,九阳而六阴也;初、二、三、四、五、上为位之阴阳,初、三、五阳,而二、四、上阴也。以爻之阴阳言,唯坎、离二卦当日月之象。以位之阴阳言,初、二、三为位之离,四、五、上为位之坎。六十四卦之位皆坎离,

① 刘大钧:《周易概论》,巴蜀书社1999年版,第3页。

> 则六十四卦之位皆日月之象也。①

本来日月仅仅是坎离二卦之象，何以专称“日月为易”呢？由这段文字可知，《易》有爻之阴阳和位之阴阳之分。以爻之阴阳来说，只有坎离二卦当日月之象。以位之阴阳来说，初、二、三分别为阳位、阴位、阳位，当为离卦；四、五、上分别为阴位、阳位、阴位，当为坎卦。就爻位之阴阳来讲，六十四卦各卦之位皆为坎离之象，故而六十四卦的爻位皆可视作日月之象。由此可以说，天地间的日月运行情状为“天地自然之《易》”所呈现，每个卦体则符示了小天地，也呈现了日月运行之情状，从这个意义上可以说，每个卦体的爻位都内在呈现着一个“天地自然之《易》”。

（二）明《易》之旨

《周易》作为一部经典，虽然的确如胡一桂所云存在着一个无象数、文字等符号所构成的“天地自然之《易》”，但其呈现在我们面前的毕竟是一个由象数、文字等构成的符号世界，如何切入这一符号世界？胡一桂主张从《易传》入手，他说：

> 《易》之有十翼，犹天之有日月，人之有耳目，轻重之有权衡，长短之有尺度，诚《易》之门庭、象数之机括也。②

---

① 〔元〕胡一桂撰，李秋丽校点：《周易启蒙翼传》上篇，见《儒藏·精华编》第5册，北京大学出版社2014年版，第482页。

② 〔元〕胡一桂撰，刘彬校点：《周易本义附录纂注》，见《儒藏·精华编》第5册，北京大学出版社2014年版，第460页。

由这段文字可看出他对《易传》的推重。在他看来,如果没有了《易传》,就不知道《易》之名是什么意思,也不知道伏羲画卦、文王系辞的易学产生的历史,也不知道伏羲之《易》与文王之《易》。他说:

> 十翼不作,《易》之名且不立,卦画于谁乎?吾不得而知也。辞系于谁乎?吾不得而知也。卦辞将何用乎?吾不得而知也。乾乌知其为天乎?坤乌知其为地乎?震巽坎离艮兑,乌知其为雷风水火山泽乎?①

"十翼"作为对《周易》古经的诠释,由它可窥易学堂奥。由于"十翼"的诠释对象为"易",所以"十翼"中经常出现以"易"为主词或宾词的现象。如何理解这些"易"字?胡一桂指出:

> "易"有以理言者,有以书言者。以理言,即太极是也。以书言,即两仪、四象、八卦、六十四卦、三百八十四爻与夫文王之卦辞、周公之爻辞,皆书名者也。②

胡一桂将"十翼"中的"易"字从"理"和"书"两个层面进行了区分。譬如:"易与天地准"中的"易"字就不专以"书"言,是从"理"上言,"谓易之道与天地准,所以能弥纶天地之道也"③。在胡

① 〔元〕胡一桂撰,刘彬校点:《周易本义附录纂注》,见《儒藏·精华编》第5册,北京大学出版社2014年版,第460页。

② 〔元〕胡一桂撰,李秋丽校点:《周易启蒙翼传》下篇,见《儒藏·精华编》第5册,北京大学出版社2014年版,第597页。

③ 〔元〕胡一桂撰,李秋丽校点:《周易启蒙翼传》下篇,见《儒藏·精华编》第5册,北京大学出版社2014年版,第597页。

一桂看来，“要之，‘十翼’中称‘易’字以书言者为多，文王、周公之辞无‘易’字。”①

不过，虽然文王之卦辞、周公之爻辞之中无“易”字，但是其自身同两仪、四象、八卦、六十四卦、三百八十四爻一起构成了作为书名的“易”，并且文王、周公之辞为《易》书的重要构成。在比文王、周公更早的时候就有了“易”之名，所以据此，胡一桂反对将“周易”视为周代“易”之书名的看法。他说：

> 周公爻辞不言“易”字，而于《周礼》却有“三《易》”之名。冯厚斋谓“夏曰《连山》，商曰《归藏》，周曰《周易》”，则“易”乃周家之书名，文王之所命也。曰“三《易》”者，夏、商蒙《周易》之称尔。意恐未然。《说卦》谓“昔者圣人之作《易》”，非指伏羲乎？《系辞》谓“《易》之兴也，当殷之末世，周之盛德”，详其名义，“易”之称其来旧矣！必非自文王而始也。况以后蒙前可也，以前蒙后可乎？②

在这段材料中，胡一桂还引用了冯椅的观点，并进行了辨析。冯椅认为，“易”是周代书名，是文王命名的。胡一桂引用《说卦传》和《系辞传》中的话，认为《易》的名称由来已久，《周易》之称非始自文王，而是在其之前。

“十翼”中作为主词或宾词的“易”字，大多数都是作为书名的“易”。这一作为书名的“易”，首先具有由两仪、四象、八卦、六十四

① 〔元〕胡一桂撰，李秋丽校点：《周易启蒙翼传》下篇，见《儒藏·精华编》第5册，北京大学出版社2014年版，第597页。

② 〔元〕胡一桂撰，李秋丽校点：《周易启蒙翼传》下篇，见《儒藏·精华编》第5册，北京大学出版社2014年版，第597页。

卦、三百八十四爻、文王周公之辞一起构成的符号世界，这一符号世界为“然”“迹”，除了这一“然”“迹”的世界，还有一个“所以然”“所以迹”的理世界。由这一理路出发，胡一桂对《系辞传》“《易》有太极”一语进行了阐释：

“《易》有太极”，此“易”字以书言，谓《易》书之中原其始，具此太极之理，所以能生仪、象、卦也。①

这里的“易”字显然是指称书名。胡一桂认为先有了无形的太极之理所构成的理世界作根据，才有了有形的两仪四象八卦这些象数所构成的符号世界。不过，与王弼、程颐等易学义理派不同，胡一桂虽然也强调太极之理，但并不过于推重阐释《易》书中的“理世界”；也同汉代象数派不同，胡一桂虽然也具有丰富的象学思想，但并不一味关注解析《易》书中由象数构成的符号世界。胡一桂所崇尚的是对《易》书自身的性质和版本研究。

就《易》书的性质而言，胡一桂接受了朱熹的“《易》本卜筮之书”的理念。这一说法最早见于《汉书·儒林传》对于秦焚书情况的记载，“《易》为筮卜之书，独不禁”②。到了宋代，朱熹再次高扬这一观点，主要是说《周易》源起于卜筮。胡一桂认同朱子对《周易》一书的定性，也力主《周易》是一本卜筮之书。他说：

《易》所以知为卜筮书者，以《周礼》三《易》皆掌于太卜之

① 〔元〕胡一桂撰，李秋丽校点：《周易启蒙翼传》下篇，见《儒藏·精华编》第5册，北京大学出版社2014年版，第597页。

② 〔元〕班固：《汉书》卷八八，中华书局2012年版，第3597页。

官而知之。伏羲《易》无文字，只是教人随所占得卦爻，就卦爻之阴阳上看吉凶。文王周公始有辞，分明说吉凶，说利不利，又说神怪之象。如“载鬼一车”“见豕负涂”之类以示人。大概是教人以忠孝正顺，如所谓贞则利、不贞则不利，贞则吉、不贞则不吉，无非此意。①

这里，胡一桂详细论证了《周易》为卜筮之书的理由：一是据《周礼》一书所说的“三《易》”都为进行卜筮活动的太卜所掌管这一历史事实可以看出；二是在易学形成时期起着关键作用的伏羲、文王、周公都是注重卜筮的。他指出伏羲《易》虽无文字，但教人就卦爻阴阳本身来看所测之事情的吉凶。文王、周公从卦爻辞上来教人以忠孝正顺之德，譬如如果做到坚贞之德则利，做不到坚贞之德则不利。胡一桂还引用朱熹《周易本义》一书坤卦六五爻“黄裳，元吉”的注释作为例子，认为这一注释充分体现了当时的占法大旨。他说：“《本义》《坤》卦六五爻‘黄裳元吉’之义，便可见当时占法大旨。横渠先生谓‘《易》为君子谋，不为小人谋’，正谓此也。”②《周易本义》对这一爻辞的注释如下：

黄，中色。裳，下饰。六五以阴居尊，中顺之德充诸内而见于外，故其象如此，而其占为大善之吉也。占者德必如是，则其占亦如是矣。《春秋传》：南蒯将叛，筮得此爻，以为大吉。子服惠伯曰：忠信之事则可，不然，必败。外强内温，忠也。和

① 〔元〕胡一桂撰，李秋丽校点：《周易启蒙翼传》下篇，见《儒藏·精华编》第5册，北京大学出版社2014年版，第605~606页。

② 〔元〕胡一桂撰，李秋丽校点：《周易启蒙翼传》下篇，见《儒藏·精华编》第5册，北京大学出版社2014年版，第606页。

以率贞，信也。故曰“黄裳，元吉”。黄，中之色也。裳，下之饰也。元，善之长也。中不忠，不得其色；下不共，不得其饰；事不善，不得其极。且夫《易》不可以占险。三者有阙，筮虽当，未也。后蒯果败。此可以见占法矣。①

由朱熹这段注释可以看出，文王、周公发明的卦爻辞一方面教人行忠信之事，另一方面这些卦爻辞最终还要落实到占筮上。只有占筮者行的是忠信之事，卦爻辞所描述的吉的态势才能真正实现。《左传》所载的南蒯虽然占得具有吉的态势之卦，但仍然没有获得吉的结果，原因就在于南蒯未能行忠信之事。从这个意义上讲，也就是张载所说的“《易》为君子谋，不为小人谋”。

接下来，胡一桂又分析了后世学者之所以不接受《周易》为卜筮之书的理由。就此问题，朱熹指出：“今人才说《易》是卜筮之书，便以为辱累了《易》；见夫子说许多道理，便以为《易》只是说道理。殊不知其言‘吉凶悔吝’皆有理，而其教人之意无不在也。”②朱熹这段文字指出了两点思想：一是《周易》的本义就是卜筮之书，二是说《周易》为卜筮之书并不是辱累了《周易》，反而说《周易》仅仅为说理之书，却是对《周易》本义的遮蔽，从而也就辱累了《周易》。胡一桂服膺朱子学说，认为后世学者之所以不说“《易》为卜筮书”，是因为他们把卜筮当作一种术士的技艺，以为如果以《周易》为卜筮，那么《周易》就会流为技艺受到辱累。他说：

---

① 萧汉明：《〈周易本义〉导读》，齐鲁书社2003年版，第83页。

② 〔宋〕黎靖德编，王星贤点校：《朱子语类》卷一百五，中华书局1986年版，第2625~2626页。

后之学者不说《易》为卜筮书者，以为卜筮流于技艺，为《易》耻谈，故只就理上说，虽说得好，但非《易》之本旨，与《易》初不相干。①

这里，胡一桂也指出仅就从理上说《周易》，虽然说得很好，但并不是《周易》的本旨。实际上，被历代儒者素来视为说理之书的《易传》，归根结底说的也是卜筮。

朱子尝谓卜筮之顷，上通鬼神，下通事物，精及于无形，粗及于有象，天下道理无不包罩在其中，开物成务之学正有赖此，奈何以为非卜筮之书乎？夫子《文言》《象传》之类虽多发明道理，然而《系辞》中教人大衍之数、河图之数，教人卜筮，《象传》《说卦》中教人说象极详且备，人皆由之而未察尔。②

在胡一桂看来，《易传》不仅仅是一本说理的书，人们之所以误认为它只是一本说理的书，只是因为人们习惯上接受，而未经过理性审察。

(三) 辨《易》之流

胡一桂不仅认同朱子对《易》书卜筮性质的判定，而且还进一步探究了《易》书的版本问题。他考察了《周易》的流变情形，将其

① 〔元〕胡一桂撰，李秋丽校点：《周易启蒙翼传》下篇，见《儒藏·精华编》第5册，北京大学出版社2014年版，第606页。

② 〔元〕胡一桂撰，李秋丽校点：《周易启蒙翼传》下篇，见《儒藏·精华编》第5册，北京大学出版社2014年版，第606页。

分为三个时期：

一是汉初古《易》。据《汉书·艺文志》所载："《易经》十二篇，施、孟、梁丘三家。"①胡一桂认为这就是最初的古《易》。在他看来，《易经》十二篇指的就是"经则伏羲卦，文王卦下辞，周公爻下辞，翼则孔子传上下《彖》、上下《象》、上下《系辞》、《文言》、《说卦》、《序卦》、《杂卦》，共为十翼之辞。经分上下，则二篇矣。……施雠、孟喜、梁丘贺三家皆然也"②。这里，《艺文志》所说的"十二篇"是《易》书的经典版本，所以胡一桂指出：

> 所以古《易》者，孔子翼《易》不遽自附于先圣之后。伏羲画卦，文王卦辞，周公爻辞，自合为上、下经二篇。孔子所作十翼，则自分为十篇，是为古《易》十二篇也。③

二是汉魏古《易》之变。胡一桂主张汉魏古《易》之变主要经历了费氏《易》、郑康成《易》、王弼《易》三阶段。他在进行说明的时候，主要参照宋人吴仁杰《古周易》一书中所集的费氏《易》、郑康成《易》、王弼《易》。最初是费氏《易》，胡一桂指出："《西汉·儒林传》虽但谓费直以《彖》《象》《系辞》《文言》解说上、下经，初不言其分传以附经，然而将《彖传》、大小《象传》逐卦自聚成一类，统置于上、下经二篇之后，仅存一'传'字于《彖传》之首，以别经。悉去《彖》《象》《系辞》《文言》等篇目，则是古

① 〔汉〕班固：《汉书》卷三〇，中华书局2012年版，第1516页。

② 〔元〕胡一桂撰，李秋丽校点：《周易启蒙翼传》中篇，见《儒藏·精华编》第5册，北京大学出版社2014年版，第529页。

③ 〔元〕胡一桂撰，李秋丽校点：《周易启蒙翼传》中篇，见《儒藏·精华编》第5册，北京大学出版社2014年版，第537页。

经已变乱于此矣。”①其后是郑康成《易》，胡一桂认为郑玄所传的是费氏《易》。至王弼时，王弼注《易》用郑玄本。胡一桂摘录吴仁杰之语云：“谓孔子赞爻之辞本以释经，宜相附近，乃各附当爻。每爻加‘象曰’以别之，谓之小象。又取《文言》附于乾、坤二卦，加‘文言曰’三字于首。若《系辞》《说卦》《序卦》《杂卦》等篇，则仍其旧，别自为卷。”②“王弼乾卦一同郑氏，但移《文言》附其后，加‘文言曰’字。”③那么，王弼本导致的直接后果是怎样的呢？胡一桂提出：

> 古经始变乱于郑氏，卒大乱于王弼。惜哉！原其初二家，但欲学者寻省易了，日趋于简便。自是以来，古《易》十二篇遂亡，不复可见于后世。而后之读《易》者，但知有王弼本，猝莫别其何者为文王、周公之《易》，何者为孔子之《易》，殽乱千有余年。而圣人制作谦退之盛心，与夫示学者以盈科而后进之意，皆影响无传。④

三是宋时古《易》之复。以吕大防《周易古经》、晁以道《古周易》、程迥《古易考》、吕祖谦《古周易》及朱熹《周易本义》为例，说明宋代《周易》版本以复古本为主。吕大防《周易古经》“凡经二

---

① 〔元〕胡一桂撰，李秋丽校点：《周易启蒙翼传》中篇，见《儒藏·精华编》第5册，北京大学出版社2014年版，第530~531页。

② 〔元〕胡一桂撰，李秋丽校点：《周易启蒙翼传》中篇，见《儒藏·精华编》第5册，北京大学出版社2014年版，第532页。

③ 〔元〕胡一桂撰，李秋丽校点：《周易启蒙翼传》中篇，见《儒藏·精华编》第5册，北京大学出版社2014年版，第531页。

④ 〔元〕胡一桂撰，李秋丽校点：《周易启蒙翼传》中篇，见《儒藏·精华编》第5册，北京大学出版社2014年版，第538页。

篇，《彖》《象》《系辞》各二篇，《文言》《说卦》《序卦》《杂卦》各一篇，总十有二篇”①。晁以道《古周易》则分为八，“卦爻一，《彖》二，《象》三，《文言》四，《系辞》五，《说卦》六，《序卦》七，《杂卦》八”②。程迥《古易考》，经传十二篇，“曰《上篇》，曰《下篇》，曰《彖上》，曰《彖下》，曰《象上》，曰《象下》，曰《文言》，曰《系辞上》《系辞下》，曰《说卦》，曰《序卦》，曰《杂卦》。凡十有二篇，与康节《百源易》次序同”③，篇第亦“与二吕氏合，只以《文言》在《系辞》之前为不同尔”④。吕祖谦《古周易》“因晁氏书，参考传记，复定为十二篇⑤”，它与“微仲篇次一同，而微仲自一至十二之序小异尔”⑥。即吕大防将《周易》经传分篇自一至十二，而吕祖谦则分经为二，分《易传》为十。朱熹因吕祖谦所定本作《周易本义》。

虽然上述几家的《周易》版本都贯彻了经传相分的古《易》宗旨，但诸家之间孰优孰劣，胡一桂作了这样的评价：

微仲既为之倡，东莱已暗与之合。晁氏虽无失，但省去二

① 〔元〕胡一桂撰，李秋丽校点：《周易启蒙翼传》中篇，见《儒藏·精华编》第5册，北京大学出版社2014年版，第533页。

② 〔元〕胡一桂撰，李秋丽校点：《周易启蒙翼传》中篇，见《儒藏·精华编》第5册，北京大学出版社2014年版，第533~534页。

③ 〔元〕胡一桂撰，李秋丽校点：《周易启蒙翼传》中篇，见《儒藏·精华编》第5册，北京大学出版社2014年版，第535页。

④ 〔元〕胡一桂撰，李秋丽校点：《周易启蒙翼传》中篇，见《儒藏·精华编》第5册，北京大学出版社2014年版，第535页。

⑤ 〔元〕胡一桂撰，李秋丽校点：《周易启蒙翼传》中篇，见《儒藏·精华编》第5册，北京大学出版社2014年版，第536页。

⑥ 〔元〕胡一桂撰，李秋丽校点：《周易启蒙翼传》中篇，见《儒藏·精华编》第5册，北京大学出版社2014年版，第535页。

篇，亦未为当。今唯当以文公《本义》所从者为定，尚何容喙！①

可见，朱熹《周易本义》中的《周易》版本被胡一桂当作标准版本，胡一桂坚持："但自费氏至郑、王乱经之后，古经失其传，而十翼之次，说者亦多不同。今唯当以朱文公《本义》为据。"②

在《周易》版本流变之中，胡一桂更为关注和肯定的是古《易》之复阶段的价值。他说：

至吕氏微仲始为复古《易》之倡，晁氏继之，东莱吕氏复因晁氏书定为十二篇。文公《本义》则因东莱所定本，揭十二篇以教天下，且发明象、占大旨，真洗光咸池之日，为学者之一大快矣。③

可是，在古《易》之复阶段，世儒有的仍因袭古《易》之变时的本子。胡一桂看到这种在《周易》版本运用上失误的情况，深为痛心。他说：

今世儒解《易》又复仍王弼本，而莫觉其非，是何古《易》难谐于俗，而康成、辅嗣欲速好径之心使人胥醉魂迷而不返。推是心以往，舍范我驰驱而为之诡遇，不由其道而钻穴隙相窥、

① 〔元〕胡一桂撰，李秋丽校点：《周易启蒙翼传》中篇，见《儒藏·精华编》第5册，北京大学出版社2014年版，第538页。

② 〔元〕胡一桂撰，李秋丽校点：《周易启蒙翼传》中篇，见《儒藏·精华编》第5册，北京大学出版社2014年版，第530页。

③ 〔元〕胡一桂撰，李秋丽校点：《周易启蒙翼传》中篇，见《儒藏·精华编》第5册，北京大学出版社2014年版，第538页。

逾墙相从,亦何所惮而不为也哉!呜呼!数圣人之经,何其变之易而复之难,复之难而再变之愈易也。由是观之,乱经本末,康成、辅嗣之罪为尚小,以其未见正于文公也;世儒之罪为尤大,以其既见正于文公,故为而叛之也。康成、辅嗣,三圣之罪人,世儒其又康成、辅嗣之罪人欤?①

在胡一桂看来,朱熹的《周易本义》处于古《易》之复阶段,贯彻着经传相分的思想,可以作为标准版本。然而,事实上世儒多沿袭使用王弼本。胡一桂认为,郑康成、王弼虽然变化了经传相分的古《易》书,但其罪责是小的,更正起来相对容易,且他们的错误已经被朱子指出并更正,可在朱子之后的世儒既已见正于朱子,又叛之,可谓错上加错,使郑、王的错误越陷越深。所以从这方面说,郑康成、王弼是三圣的罪人,世儒又是郑康成、王弼的罪人。

总起来看,胡一桂在承继朱熹注重对易学客观研究精神的基础上,崇尚对《周易》自身的性质和版本研究。在这两项研究中,胡一桂吸取了朱熹"《易》本卜筮之书"的判定和经传相分思想,并把主张经传相分的朱熹《周易本义》作为《周易》的标准版本。

二、演太极之理的易理思想

在"《易》本卜筮之书"易学观的指导下,胡一桂围绕"象""理"关系,又对朱子易学进行了微观透析,以探究朱子易学的思想实质,建构自己的易学体系。

---

① 〔元〕胡一桂撰,李秋丽校点:《周易启蒙翼传》中篇,见《儒藏 · 精华编》第5册,北京大学出版社2014年版,第538页。

(一)“理”的界定

《周易》既彰显着一个“理”世界，又彰显着一个“象”世界。要想更好地理解易学中“理”的思想，首先必须厘清“理”与“象”“数”之间的关系，即理是超越于“象”“数”之上的，还是限定于“象”“数”之中。这涉及对“理”的界定问题。

胡一桂对“理”的界定，也受到了朱熹兼综象数与义理的易学思想的影响。

首先，与朱子有关“理”的思想界定相类似，胡一桂首先强调了“理”与“象”“数”相比，所具有的超越性和逻辑在先性。他说：

> 《易》有理而后有数，有数而后有卦，有卦而后有象。理者何？太极是也。数者何？《河图》、《洛书》、蓍、大衍之数是也。卦者何？由八卦重为六十四卦是也。象者何？乾天、坤地、乾马、坤牛之类是也。①

此段是胡一桂易学之纲领。在这里，胡一桂首先指出了理、数、卦、象间的关系。从本原层面说，他认为有了理才有河图、洛书、蓍数、大衍之数等数。有了数才形成卦，有了卦才有象。

其次，胡一桂也接受了朱熹将“太极”视为理的思想，明确主张：“理者何？太极是也。”如上所及，胡一桂将“易”区分为《易》之名和《易》之理两种指称，认为《易》之理就是指太极。先有了无形的太极之理，才有了有形的两仪四象八卦，这涉及《易》之理和《易》之象之间的关系，认为与象相比，理更为关键、根本。

---

① 〔元〕胡一桂撰，李秋丽校点：《周易启蒙翼传》下篇，见《儒藏·精华编》第5册，北京大学出版社2014年版，第602页。

再者,易学是一门天人之学。所以,胡一桂视为“太极”的“理”不仅作为《周易》象和数的根据,而且还贯穿于宇宙自然、社会人生诸领域之中。他在《题陈元仲诗集序》中讲道:“其高极乎无极太极之妙而实不离乎日用常行之间。其大包乎天地阴阳万事万物之富,而要不出乎君臣父子夫妇长幼朋友之外。”①可见,他所视为太极的“理”可谓“极高明而道中庸”,贯穿于宇宙自然、社会人生诸领域中。也正是由于《周易》一书蕴含着这一贯穿宇宙自然、社会人生诸领域中的“理”,所以这部被视为“卜筮之书”的经典,成为一部“道义”之书,胡一桂引用程迥的话说:“《易》以道义配祸福,故为圣人之书。阴阳家独言祸福,而不配以道义。”②认为程氏深得夫子之遗意。

(二)太极思想

受朱熹影响,在胡一桂看来,“理”就是“太极”。可以说,太极是易学家们关注的一个重要范畴。该范畴始于《系辞上传》:“《易》有太极,是生两仪,两仪生四象,四象生八卦。”后来对这段文字大致有两种不同的解释。一是认为讲筮法,即揲蓍或画卦的过程;一是认为讲世界观,即宇宙形成的过程。

大体言之,汉唐儒者在解读“太极”这一概念时,除了将太极解释为无,多是沿着由气说太极的路向,将太极解读为混沌未分的元气,譬如郑玄说:“极中之道,淳和未分之气也。”③唐代孔颖达说:

---

① 〔元〕胡一桂:《双湖先生文集》卷一,见《续修四库全书》第1322册,上海古籍出版社2002年版,第559页。

② 〔元〕胡一桂撰,李秋丽校点:《周易启蒙翼传》下篇,见《儒藏·精华编》第5册,北京大学出版社2014年版,第595页。

③ 〔汉〕郑玄撰,林忠军导读:《周易郑注导读》,华龄出版社2020年版,第121页。

“太极谓天地未分之前,元气混而为一,即是太初、太一也。”①宋周敦颐著《太极图说》,不讲筮法,直接论述宇宙形成的过程,以太极为阴阳二气混而未分的状态。太极动则生阳,静则生阴,阳变阴合,相互作用,生出水、火、木、金、土五行,五行顺布,即为四时,阴阳五行相交便生出万物和人类。但是太极之上,又安置了一个“无极”的阶段,认为太极是从无极来的。这是讲虚生气,以虚无为世界的本原,没有摆脱汉易和玄学的影响。

陈荣捷说:“太极的概念对朱熹则是必不可少的。”②在朱熹那里,太极说是其建构理本论哲学的基石。朱熹非常欣赏《太极图》,认为周敦颐对《太极图》的建构,不仅仅只停留在“象”上,而是更加关注对“象”中蕴含的义理的阐发,所以周敦颐又写了《太极图说》和《通书》。《太极图》虽很简易,但是其中表达了周敦颐的易学思想。从整个图式来看,可以说是关于宇宙生成问题的图解。其与《系辞上传》中“《易》有太极,是生两仪,两仪生四象,四象生八卦”的思想有贯通之处。其中,第一小图为“《易》有太极”,第二小图为“是生两仪”,第三小图为“两仪生四象”,第四、五小图为“四象生八卦”。《太极图》确实为说明宇宙生成问题提供了一个合理的诠释。

在朱子看来,“太极只是一个‘理’字”③,认为太极只能是作为天地万物之所以存在和变化的终极性本原与超越性根据的形上之

① 〔唐〕孔颖达:《周易正义》卷七,见李学勤主编《十三经注疏》(标点本),北京大学出版社1999年版,第289页。

② 陈荣捷:《新儒学论集》,台湾“中研院”中国文哲研究所筹备处1995年版,第78页。

③ 〔宋〕黎靖德编,王星贤点校:《朱子语类》卷一,中华书局1986年版,第2页。

理,而不可能是先儒所解读的形下之气。

就“《易》有太极”一句,朱熹画一圆圈图形加以解释:“太极者,象数未形而其理已具之称,形器已具而其理无朕之目,在河图、洛书,皆虚中之象也。周子曰‘无极而太极’,邵子曰‘道为太极’,又曰‘心为太极’,此之谓也。”①认为太极乃象数形成以前的无形之理,亦即河图、洛书的虚中之象。此太极以一圆圈来表示,即周敦颐所谓的“无极而太极”,朱熹将此解释为无形而有理,亦即邵雍所谓的“道为太极”,或谓“心为太极”。朱熹由太极生两仪阐发出的太极说在其易学思想体系里具有纲领性的重要地位,亦是《易》书开卷之第一义。

在太极范畴的理解上,如前所言,胡一桂也继承了朱子以理说太极的理路,在胡一桂看来,“太极”是天地自然万物发展变化的最终根据。另一方面,他又选择了从揲蓍或画卦的过程来解释“太极”,认为“太极是理至极之称”,是两仪、四象、八卦、三百八十四爻产生的最终根据。他说:

> 《易》本是卜筮书,有卦爻便可占,然伏羲画卦,岂但从阴阳起,必有不杂乎阴阳而实不离乎阴阳者以为之本,太极是也。此《易》之有太极,如木之有根,水之有源,必知乎此,则六十四卦、三百八十四爻莫不有极至之理在乎其间,所谓“六爻之动,三极之道”者是也。文王、周公虽严利贞、贞吉之教,贞固便是理,但未尝明说出太极来。夫子恐人惟以卜筮视《易》,

① 〔宋〕朱熹:《易学启蒙·原卦画》卷二,见〔宋〕朱熹撰,朱杰人、严佐之、刘永翔主编《朱子全书》第1册,上海古籍出版社、安徽教育出版社2002年版,第218页。

则卦爻涉于粗浅，故推本太极为言。太极者，是理至极之称，而为两仪、四象、八卦、三百八十四爻之祖。太极之名一立，而仁、义、礼、知、性命、性情、道德、道义、忠信、诚敬、中正之教发挥无余蕴矣。①

此是说伏羲画卦本于太极，太极不杂于阴阳，不离于阴阳，是两仪、四象、八卦、三百八十四爻之本。《易》有太极，如木之有根、水之有源。太极存在于六十四卦三百八十四爻之中，即六爻之动，三极之道。在胡一桂看来，文王、周公也说理，但并没有直接称"太极"。孔子恐人只是以卜筮视《易》，则卦爻沦为粗浅，失去其本根，所以孔子注重推究卦爻的最终根据，即太极。太极就是理，是理之至极之称，是两仪、四象、八卦、三百八十四爻的最终根据。有了太极，儒家道德性命之学才能发挥得淋漓尽致。

（三）阴阳学说

阴阳是《周易》的核心范畴。易学家们通过对阴阳观的探讨，建立了自己的易学理论。由于太极属于理的方面，阴阳属于气的层面，所以在讨论阴阳范畴时，离不开对理气关系的探讨。

如前所言，由胡一桂对"理"的界定可知，理不仅相对于象而言，作为两仪、四象、八卦、六十四卦、三百八十四爻等象的最终根据；而且还贯穿于宇宙自然、社会人生中，也是宇宙万化之原。《系辞上传》讲"圣人有以见天下之赜，而拟诸其形容，象其物宜，是故谓之象"，《周易》中的两仪、四象、八卦、六十四卦、三百八十四爻等象也是对宇宙万化之情形的模拟、象征、符示。所以，在某种意义

① 〔元〕胡一桂撰，李秋丽校点：《周易启蒙翼传》下篇，见《儒藏·精华编》第5册，北京大学出版社2014年版，第595页。

上也可以说，易学中理与象的关系贯穿到宇宙自然、社会人生中便成了理与气的关系。

理与气的关系，是朱熹哲学中一个非常重要的课题。在朱子看来，理与气有着形而上和形而下的分际，他说："天地之间，有理有气。理也者，形而上之道也，生物之本也；气也者，形而下之器也，生物之具也。"①所以，他主张先有理而后有气。胡一桂吸取了朱熹这一思想，认为：

> 有理而后有气，气之始莫先于阴阳。天地、山泽、雷风、水火与夫人物之万殊，何莫非阴阳之为者？《易》卦爻辞无"阴阳"二字，惟《中孚》"鸣鹤在阴"特以地言。夫子于《乾》初九爻《小象》曰"阳在下也"，于《坤》初六爻《小象》曰"阴始凝也"，阴阳之称始于此。盖以六十四卦阴阳之初爻即太极所生，三十二卦阳仪之一，三十二卦阴仪之一，以为诸卦初九、初六阴阳爻之通例也。阴阳之名一立，而动静、健顺、刚柔、奇偶、小大、尊卑、变化、进退、往来之称，亦由是而著矣。②

可见，胡一桂也主张先有理而后有气，认为阴阳为气之始，包括天地、山泽、雷风、水火与人物在内的宇宙万殊都是阴阳气化作用的结果。他还指出："盖混沌初开，先有天而后有地。既有天地

---

① 〔宋〕朱熹：《晦庵先生朱文公文集》卷五八《答黄道夫》，见《朱子全书》第23册，上海古籍出版社、安徽教育出版社2002年版，第2755页。

② 〔元〕胡一桂撰，李秋丽校点：《周易启蒙翼传》下篇，见《儒藏·精华编》第5册，北京大学出版社2014年版，第596页。

则气化而人生焉。"[①]认为由天到地，再到人都是气化的结果，并且"天之道生于春，长于夏，肃杀于秋"[②]，从而展现为一个阴阳二气不断消息的过程。

另外，胡一桂在这里还考察了阴阳之称的由来，指出阴阳之称始于《小象》关于坤初六爻和乾初九爻之论，认为有了阴阳的名称，宇宙间动静、刚柔、变化、往来等名称也得以彰显。

在阴阳观念指导下，胡一桂阐发了卦的位之阴阳与爻之阴阳的问题。他说："卦有初二三四五上，为位之阴阳。九六为爻之阴阳。位之阴阳一定而不易，爻之阴阳变易而无常。或以阳爻居阳位，或以阳爻居阴位，或以阴爻居阴位，又或以阴爻居阳位，皆无常也。"[③]认为位之阴阳是不变的，爻之阴阳是变的，所以出现了阴阳爻与阴阳位不同的搭配方式，也就是阳爻居阳位、阴爻居阴位、阳爻居阴位、阴爻居阳位等。

他认为"《易》以变者名爻"，所以称九六而不称七八。他说：

> 然初、上两爻，阳爻不曰"九一"而言"初九"，不言"九六"而言"上九"，阴爻不曰"六一"而言"初六"，不曰"六六"而言"上六"。盖初者，有始之谓；上者，有终之谓。言初、言上，卦之首尾可见也。又《易》言阴阳，不言阳阴，言终始，不言始终，犹言晦朔，不言朔晦，言死生，不言生死，取其有生生循环不穷

---

① 〔元〕胡一桂：《双湖先生文集》卷六《史纂通要纲断》，见《续修四库全书》第1322册，上海古籍出版社2002年版，第583页。

② 〔元〕胡一桂：《双湖先生文集》卷六《史纂通要纲断》，见《续修四库全书》第1322册，上海古籍出版社2002年版，第590页。

③ 〔元〕胡一桂撰，李秋丽校点：《周易启蒙翼传》下篇，见《儒藏·精华编》第5册，北京大学出版社2014年版，第598~599页。

之意也。①

《易传》最早把《周易》之“易”概括为“生生之谓易”。在这里，胡一桂在解释之所以“初上两爻不曰九一而言初九，不言九六而言上九。阴爻不曰六一而言初六，不曰六六而言上六”的原因时，揭示了《易》中蕴含了生生不已、循环始终的思想。

天地万物的生生不息离不开阴阳二气的流行变化。那么，阴阳二气究竟如何流行变化呢?

“《易》以变者名爻”，卦爻的变化是对天地万物变化情形的一种符示。阴阳二爻被看作阴阳二气的符示涵摄者，阴阳二爻之变动自然也就是对阴阳二气消息变化的符示。简而言之，阴阳二气之变动就寓于阴阳爻之变动之中。胡一桂在探讨卦爻变动的时候，提出有变易之易、交易之易和上下无常刚柔相易之易三种变化类型。他说：

> 《易》卦爻变动大率有三，有变易之易，有交易之易，又有一卦中六爻上下无常、刚柔相易之易。筮而得老阳重□，则变而为少阴拆--，得老阴交乂，则变而为少阳单—，此变易之易也。先天图左一边本都是阳，右一边本都是阴。左一边一画阴，自右一边一画阴来交易阳爻而成；右一边一画阳，自左一边一画阳往交易阴爻而成。其交也，乾、坤各八卦自相对而相交，兑、艮各八卦自相对而相交，离与坎对，震与巽对，相交亦然。其实非此往彼来，只是其象如此。此交易之易

① 〔元〕胡一桂撰，李秋丽校点：《周易启蒙翼传》下篇，见《儒藏·精华编》第5册，北京大学出版社2014年版，第599页。

> 也。又文王卦辞中如泰卦䷊小往大来、否卦䷋大往小来之类。孔子《彖传》中如随卦䷐“刚来下柔”，又如蛊卦䷑“刚上而柔下”之类。盖言一卦中阴阳自相上下往来，又变成一卦，此所谓“上下无常，刚柔相易”也。伏羲当初画卦，六十四卦一时俱定，此卦固非自彼卦变来，彼卦亦非自此卦变去。圣人观卦系辞，偶然见有此象，又从而取之，于以见易道之变无有终穷，而道理亦只在圣人口头说出便是也。卦爻之变动，无出此三者矣。①

在胡一桂看来，卦爻变动有三类。同一卦的爻本身阴变阳、阳变阴为变易之易；不同卦之间阴阳爻之间的交易为交易之易；同一卦之中阴阳爻之间的上下往来为上下无常刚柔相易之易。并指出伏羲在画卦时，六十四卦已经形成。所以说伏羲画六十四卦并不是依照这个卦爻变动的规律来的，也就是说，一卦不是由另一卦变易而来，而是圣人在观卦系辞的过程中发现了这个卦爻变动现象，所以作了说明，以此来彰显易道之变化无穷。

胡一桂所揭示的这三种卦爻变动类型，也说明了在阴阳二气分别在同一事物内部同一构成要素之中、不同事物之间以及同一事物内部不同构成要素之间所形成的三种运行情势。

另外，阴阳二气虽然共同推进天地自然的生生不息，但二者谁更占据主导地位？关于这个问题，胡一桂作了进一步解释：

---

① 〔元〕胡一桂撰，李秋丽校点：《周易启蒙翼传》下篇，见《儒藏·精华编》第5册，北京大学出版社2014年版，第601～602页。

> 天尊地卑。阴阳固有自然尊卑之象。然于《易》上欲见其尊卑处,何者最为亲切?曰:自太极生仪、象、卦最可见。太极动而生一阳,然后静而生一阴,则阳已居先矣。至于阳仪之上生一阳一阴,先阳固宜也。阴仪之上当以阴为主矣。其生一阳一阴,亦以阳居先焉。又至于四而八,八而十六,十六而三十二,三十二而六十四,其生一阳一阴莫不先阳而后阴,于是首乾终坤,乾不期尊而自尊,坤不期卑而自卑,于此见尊阳卑阴非圣人之私意,卦画自然之象,而亦造化自然之位也。①

可以说,尊阳卑阴是《周易》一以贯之的思想。《系辞上传》开篇即讲"天尊地卑,乾坤定矣"。显然,在易学视野下,与阴气相比,阳气在天地万物运行变化中起到了更为重要的作用。在这里,胡一桂提出从自太极生两仪、四象、八卦、六十四卦处最可见尊阳卑阴。如太极动而生一阳,静而生一阴,阳为先。后两仪生四象,一阴一阳也是以阳为先,先阳而后阴。并认为于此见尊阳卑阴,非圣人之私意,是卦画自然之象,是造化自然之位。

总之,在"理"的思想上,胡一桂一方面在理与象关系上吸收了朱熹所强调的理相对而言所具有的超越性、逻辑在先性的思想,提出理—数—卦—象的衍生关系,揭示了太极相对于两仪四象、八卦等以及先天之学相对于后天之学所具有的超越性,进一步丰富和发展了朱熹的太极、先天后天思想;另一方面在理与气关系上,吸

① 〔元〕胡一桂撰,李秋丽校点:《周易启蒙翼传》下篇,见《儒藏·精华编》第5册,北京大学出版社2014年版,第598页。

收了朱熹理先气后的思想，并对阴阳问题作了一定探讨，丰富了易学中的阴阳思想。当然，太极之理虽然是超越的、逻辑在先的，但还离不开数、卦和象来体现，由此胡一桂展开了他的易学象数学思想。

三、象数学思想

按照"有理后有数，有数后有卦，有卦后有象"的思想，胡一桂承继朱熹象数学理路而来，其象数学围绕着河图、洛书、伏羲画卦与《周易》文本易象而展开。首先，胡一桂认为图书是"数之原"，即朱熹所说的画前之《易》；伏羲画卦是由画前之《易》到卦画形成的自然过程。

（一）河图、洛书说

图书之学与数有关。就易学而言，数指的是筮法中的筮数。大衍筮法是现今能见到的保存最早的用数来计算的筮法。而当今考古发现的殷周时期甚至更早的刻在卜甲、卜骨、陶器上的一些数字符号，是公认的早于《周易》六十四卦的用数字表示的数字卦。这说明《周易》与数是密切关联的。《系辞上传》云："极其数，遂定天下之象。"《易传》中首次提出天地之数，即天一地二天三地四天五地六天七地八天九地十这十个自然数，一三五七九为天数，二四六八十为地数。汉儒之数有五行之数①、蓍数②、九

---

① 五行之数来自五行序数。《尚书·洪范》云："一曰水，二曰火，三曰木，四曰金，五曰土。"这里的一、二、三、四、五本来是表示五行的顺序的，后来被确立为五行数。

② 对《易传》"大衍之数"及其行蓍过程，有的易学家从天地之数与大衍之数的关系进行了探讨。

宫数①。胡一桂所说的数不是汉儒之数,而是蕴含汉儒之数,以图式形式表现出的河洛之数与先后天之数等,尤其是朱子的河洛之数。

胡方平的《易学启蒙通释》对朱熹《易学启蒙》数的问题作了详细解释,胡一桂深受启发。

胡一桂指出,卦爻中言数的有许多卦。凡卦爻数自初数之至上为六,或以一爻为一岁一年,或以一爻为一月,以一爻为一日,或以一爻为一人,或以一爻为一物,并列举卦爻辞作说明。譬如《同人》"三岁不兴",《坎》"三岁不得",就是以一爻为一岁。但是胡一桂易学中的数不仅是单纯自然数的指称,更多的是与图书、占筮联系在一起的"筮数"。

对于数,胡一桂比其父更为明晰地提出了自己的看法。他认为:"图书,数之原。蓍策,数之衍。挂扐定卦爻,过揲定乾、坤策及期万物之数。"②并作了详细的说明:

> 河图、洛书为作《易》而出也。河图自一至十为数五十五,洛书自一至九为数四十五,合之为数者百。蓍策、大衍为用《易》而生也。王道得则其丛生满之数亦百,可当大衍之数者二,则作《易》与用《易》之不外乎数者,非出于圣人之私意也,天也。故图、书位数隐然与羲、文之卦合。而揲蓍挂扐之数所

① 九宫之说始于先秦。《管子·幼官》《吕氏春秋·十二纪》《礼记·月令》等典籍中有关于天子在一年四季分居九个不同宫室的说法(前文已有说明)。明确记载九宫之数的是《大戴礼记·明堂》和1977年安徽阜阳双古堆汝阴侯汉墓出土的九宫式盘等。汉时对九宫数多有阐述。

② 〔元〕胡一桂撰,李秋丽校点:《周易启蒙翼传》下篇,见《儒藏·精华编》第5册,北京大学出版社2014年版,第596页。

以定卦爻，过揲之数所以定乾、坤之策，而当期之日。合二篇之策，而当万物之数也。或曰：数固不能相通欤？曰：图、书不过列数之文，以发圣人之独知而已。蓍则真可执持分合进退以求卦，故不同也。然图、书虚中之外，其余九、六、七、八可以画卦；蓍策用全用半之后，亦视九、六、七、八以别阴阳之老少。二者初未尝不同也。①

这里，胡一桂强调“河图、洛书为作《易》而出也”“蓍策大衍为用《易》而生也”，认为作《易》和用《易》都离不开数，这不是出于圣人的私意，而是出于天，出于自然。图书、大衍之数与伏羲、文王卦画与卦辞暗合。图书与蓍策最初没有什么不同，只是“图书不过列数之文以发圣人之独知而已，蓍则真可执持分合进退以求卦”，从而二者才有所不同。可见，这种出于自然的数成了沟通图书与蓍策的媒介。

由于数是图书的构成要素，又是图书思想的表现形式，所以自宋代始，言数就与图书之学联系在一起。朱熹亦重视河图、洛书，他视河图为作《易》本原的理路，也被胡一桂继承。胡一桂评价《周易本义》说：

《本义》之为书也，图书位定而天地自然之《易》明。先后天图列，而羲、文之《易》辨，二篇、十翼不相混杂，《易经》始为之复昌明于后世。②

① 〔元〕胡一桂撰，李秋丽校点：《周易启蒙翼传》下篇，见《儒藏·精华编》第5册，北京大学出版社2014年版，第596~597页。

② 〔元〕胡一桂撰，刘彬校点：《周易本义附录纂注》，见《儒藏·精华编》第5册，北京大学出版社2014年版，第465页。

胡一桂的这一评断,可谓深得朱熹著书之意。在这里,胡一桂指出“图书定位而天地自然之《易》明”,把图书当作《易》的本原,认为图书之学也体现着天地自然之运行节律。胡一桂指出:“日月继照,真天地自然之《易》;图书迭出,真天地自然之数。作《易》之原虽肇于图书,而《易》之为义尤著明于日月,故揭以为首。”①他区分了“天地自然之《易》”和“天地自然之数”,主张《易》之原虽然开端于图书,而《易》之义因凭日月得以彰显。

胡一桂还进一步指出,“易”字中不仅有日月变化之象,而且还有奇偶之数。日月奇偶已具,变化之道贯穿其中。他说:“于文日中有一,奇也;月中有二,偶也。一而二,二而三,三才道立,万物生生变化无穷矣。”②

与朱熹一致,胡一桂也主张《系辞上传》中关于“天地之数”的记载是专门用来说明河图之数的,指出:“古今言数学者盖始于此。”③他把天地之数一至十定为河图之数,并视其为数之原,百、千、万、亿皆为此十数之积。而十数又始于一数,在一之前,“理而已矣,此所谓‘《易》有太极’是也。太极之理虽超乎数之外,而实行乎数之中也”④。一至十数目相加,就是五十五,乃天数二十五、地数三十之和。这十数含义广泛,“天地人物,古往今来,万事万变与

---

① 〔元〕胡一桂撰,李秋丽校点:《周易启蒙翼传》上篇,见《儒藏·精华编》第5册,北京大学出版社2014年版,第481页。

② 〔元〕胡一桂撰,李秋丽校点:《周易启蒙翼传》上篇,见《儒藏·精华编》第5册,北京大学出版社2014年版,第482页。

③ 〔元〕胡一桂撰,李秋丽校点:《周易启蒙翼传》上篇,见《儒藏·精华编》第5册,北京大学出版社2014年版,第483页。

④ 〔元〕胡一桂撰,李秋丽校点:《周易启蒙翼传》上篇,见《儒藏·精华编》第5册,北京大学出版社2014年版,第483~484页。

夫鬼神之情状皆在此数包罗中矣"①。由此可见，胡一桂相当重视这十数的地位，认为一至十数构成了河图。胡一桂将"天地之数"和金、木、水、火、土五行相配。数与五行相配始自《尚书·洪范》："一曰水，二曰火，三曰木，四曰金，五曰土。"胡一桂认为，言六七八九十因一二三四五生数加五而成。为什么要加五呢？他指出主要是突出了五行中土的作用。他说：

> 以五行之生皆不能离乎中五之土以成形质。天一生水矣，水非土则原泉从何出？故一得五则成六，是地六成之也。地二生火矣，火非土则归宿于何所？故二得五则成七，是天七成之也。天三生木矣，木非土亦无所培植，故三得五则成八，是地八成之也。地四生金矣，金固土之所滋长，故四得五则成九，是天九成之也。天五生土矣，生而必成，则积之深厚，故五得五则成十，是地十成之也。②

五在十数中如此重要，因此他说："一、二、三、四、五者，生之之序也；六、七、八、九、十者皆因五而后得，非真借六、七、八、九、十之数以成之也。"③

五行之数决定了河图的结构，即三八生成木在东方，干为甲乙，支为寅卯，在人五脏为肝。二七生成火在南方，干为丙丁，支

① 〔元〕胡一桂撰，李秋丽校点：《周易启蒙翼传》上篇，见《儒藏·精华编》第5册，北京大学出版社2014年版，第484页。

② 〔元〕胡一桂撰，李秋丽校点：《周易启蒙翼传》上篇，见《儒藏·精华编》第5册，北京大学出版社2014年版，第484页。

③ 〔元〕胡一桂撰，李秋丽校点：《周易启蒙翼传》上篇，见《儒藏·精华编》第5册，北京大学出版社2014年版，第484页。

为巳午，在人五脏为心。四九生成金在西方，干为庚辛，支为申酉，在人五脏为肺。一六生成水在北方，干为壬癸，支为亥子，在人五脏为肾。五十生成土居中央，干为戊己，支为辰戌丑未，在人五脏为脾。若以五常相配，则东属仁，南属礼，西属义，北属智，中宫属信。

胡一桂指出，《易传》虽河图、洛书并提，但是并没有明言洛书之数。所以他又对洛书作了详细的说明。他认为洛书之数为一至九，与河图北、东、中位数相合，西、南二方之数是河图数易置而来。"自二图并观，河图五行之数各协五方之位，洛书之数三同而二异焉，其居中者不可易矣。纵使东、北二方之数相易，亦不过有相生而无相克。至西、南二方之数相易，则金乘火位，火入金乡，有相克制之义焉。此造化所以必易二方之数者，正以成其相克之象也。自二方既易之后，书皆右转相克。"①即洛书北方一六水克西方二七火，西方二七火克南方四九金，南方四九金克东方三八木，东方三八木克中央五土，五土又克北方水。这一点是继承胡方平的思想而来。若再将东北二方之数亦交换，"非但无相克之象，又且于右转之序紊其位次，而无复自然之法象矣"②。胡一桂认为无论是生还是克都是不可缺少的。"河图主左旋相生，洛书主右转相克。造化不可无生，亦不可无克。不生则或几乎熄，不克则亦无以为之成就也。"③河图左旋相生，此"生者理之常，数之顺"；洛书右转相克，

① 〔元〕胡一桂撰，李秋丽校点：《周易启蒙翼传》上篇，见《儒藏·精华编》第5册，北京大学出版社2014年版，第485页。

② 〔元〕胡一桂撰，李秋丽校点：《周易启蒙翼传》上篇，见《儒藏·精华编》第5册，北京大学出版社2014年版，第486页。

③ 〔元〕胡一桂撰，李秋丽校点：《周易启蒙翼传》上篇，见《儒藏·精华编》第5册，北京大学出版社2014年版，第486页。

此“克者理之变，数之逆”。[①] 他指出，与河图相比，洛书之数没有十，“然一九、二八、三七、四六之合环而向之，未尝无十焉，正造化之妙处”[②]。

胡一桂以弘扬朱子学说为旨志，辨斥朱子之异学。在图书问题上，胡一桂批判了两个人的思想：一是刘牧以九为河图，一是欧阳修否定河图、洛书。

胡一桂坚持十为河图、九为洛书的思想，对刘牧的观点展开了批驳。

首先，胡一桂认为，刘牧图书之学虽传自陈抟，却与陈抟以十为河图的思想相背离。他说：

> 孔安国、刘向父子、班固、关子明、陈希夷、邵康节皆以十为河图、九为洛书。至刘牧乃以己意易置，以九为图、十为书，托言出于希夷，与诸儒旧说不合，而不知希夷《龙图序》固自以十数为河图也。[③]

他根据《宋史·艺文志》的记载，指出陈抟《龙图序》所言以十数为河图，而刘牧自称其学来自陈抟，但是与史书记载不符，所以从学术源头而言，刘牧之说是妄说。且自有《易》以来，易学家没有以戴九履一之图为河图者，只是到了刘牧这里才以此为河图，以十

① 〔元〕胡一桂撰，李秋丽校点：《周易启蒙翼传》上篇，见《儒藏·精华编》第5册，北京大学出版社2014年版，第486页。

② 〔元〕胡一桂撰，李秋丽校点：《周易启蒙翼传》上篇，见《儒藏·精华编》第5册，北京大学出版社2014年版，第486页。

③ 〔元〕胡一桂撰，李秋丽校点：《周易启蒙翼传》下篇，见《儒藏·精华编》第5册，北京大学出版社2014年版，第677~678页。

为洛书，刘牧的说法没有文献学的依据。

其次，胡一桂指出，伏羲则九数之图、大禹则十数之图是说不通的。他指出，既然刘牧以为图书出于伏羲之世，那么就可以说伏羲则图书以作《易》：

> 今云伏羲独则九数之图以作《易》，而十数之书于《易》无预，却数千年后待大禹取之以作《范》。若使诚如牧说，则大禹叙畴乃舍自然九宫之数而不则，却去则十数之书，不知将九畴与十数如何配合？①

既然图书皆出于伏羲之世，则应当说伏羲则图书而作《易》。但只说伏羲则九数之图而作《易》，十数之书于《易》没有什么关系，却要待千年后大禹取之而作《范》。如刘牧之说为真，则大禹叙九畴时弃九数之图而取十数之书，那么九畴与十数如何相配？所以说，这是刘牧臆度无理之妄谈。

再次，为什么要说十为河图、九为洛书呢？《系辞上传》"天一地二章"言一至十数极为详备，因为《易》是由此而作的。而"河出图洛出书"的说法也是先言河图后言洛书，从这里也可以看出"天一地二章"说的就是河图，而未明言一至九数。刘牧将图书易置，开始以参伍以变论。而《易传》中圣人言五十五数详，而四十五数略，又不论"参伍两字该四十五数"，故以参伍以变为论，指九为河图"不可以此当之"。

第四，从造化显自然之数先后顺序看，"当先其多而后其少，先

① 〔元〕胡一桂撰，李秋丽校点：《周易启蒙翼传》下篇，见《儒藏·精华编》第5册，北京大学出版社2014年版，第678页。

其全而后其略。多而全者，体数也，体数不可有一之或缺；少而略者，用数也，纵缺而无害”[①]。如同人的四肢，缺一块骨骼也不成其为全体。到用的时候，或用手而不用足，或用目而不用耳，这也是显而易见的事情。在百数当中，以五十五数为天地之体数，以四十五为天地之用数，“必体立而后用行，十图、九书义亦昭矣”[②]。

基于以上理由，胡一桂认为刘牧之说“可谓意度无理之妄谈”，指出“盖先、后天卦与图、书合，而十为图、九为书，正不必易置也”[③]。不仅如此，胡一桂还说：“案，《龙图序》希夷正以五十五数为河图，则刘牧乃以四十五数为图，托言出于希夷者，盖亦妄矣。”[④]“《钩隐》一书，自易置河图、洛书二图外，余皆破碎穿凿。”[⑤]

另外，欧阳修对图书之学的怀疑态度，也成为朱熹主张的十为河图、九为洛书观点的一个重要威胁，必须予以正面回应。

欧阳修《易童子问》以设问的方式，对易学中的许多问题提出了有力的质疑。总结欧阳修的质疑，主要在两个方面。其一，若河图、洛书与伏羲画卦有关，则将陷入自相矛盾的境地。根据《系辞上传》“河出图，洛出书，圣人则之”的记载，河出图之图就

① 〔元〕胡一桂撰，李秋丽校点：《周易启蒙翼传》下篇，见《儒藏·精华编》第5册，北京大学出版社2014年版，第679页。

② 〔元〕胡一桂撰，李秋丽校点：《周易启蒙翼传》下篇，见《儒藏·精华编》第5册，北京大学出版社2014年版，第679页。

③ 〔元〕胡一桂撰，李秋丽校点：《周易启蒙翼传》下篇，见《儒藏·精华编》第5册，北京大学出版社2014年版，第678、679页。

④ 〔元〕胡一桂撰，李秋丽校点：《周易启蒙翼传》中篇，见《儒藏·精华编》第5册，北京大学出版社2014年版，第564页。

⑤ 〔元〕胡一桂撰，李秋丽校点：《周易启蒙翼传》中篇，见《儒藏·精华编》第5册，北京大学出版社2014年版，第569页。

是八卦之文，神马负之出于河以授伏羲，则八卦是天之所降，不是人之所为。根据《系辞下传》关于伏羲近取远取的说法，八卦是人之所为而非天之所降，不是根据河图而画。所以这两种说法本身是矛盾的。其二，若河图、洛书与伏羲画卦有关，则又有不近人情之处。欧阳修认为既然河图出现，八卦之文已具，伏羲就不必仰观、俯察、近取、远取了。如果伏羲仰观、俯察、近取、远取了，河图的作用就没有存在的必要。如果说，已授河图还要有为而立卦，也是不近人情的说法。①

对于欧阳修的这两点质疑，胡一桂没有从学理的角度进行论证，而是列举出一段文献材料来反驳欧阳修的说法。胡一桂看到司马光《资治通鉴》中记载的一则史料："魏明帝青龙间，张掖柳谷口水涌宝石负图，状象灵龟，立于川西，有石马、凤凰、麒麟、白虎、牺牛、璜玦、八卦、列宿孛彗之象。"②胡一桂认为这是说明图书之学真实性的极有力的证据，即因欧阳修未见此记载，而否定图书之学，从而怀疑孔子作十翼。胡一桂非常推崇《系辞传》，进而慨叹欧阳修没有发现《系辞传》的重要性。他说："若夫《系辞》乃象数之总括，义理之渊薮，《易》无《系辞》，犹天无日月，人无眼目矣，其可哉！是何欧公无见于此也！"③

（二）伏羲画卦

在易学史上，河图、洛书的问题往往与八卦起源即伏羲画卦问

---

① 参见〔宋〕欧阳修《文忠集》卷七八《易童子问》，见《文渊阁四库全书》第1102册，台湾商务印书馆1986年版，第612~614页。

② 〔元〕胡一桂撰，李秋丽校点：《周易启蒙翼传》下篇，见《儒藏·精华编》第5册，北京大学出版社2014年版，第679页。

③ 〔元〕胡一桂撰，李秋丽校点：《周易启蒙翼传》下篇，见《儒藏·精华编》第5册，北京大学出版社2014年版，第679~680页。

题联系在一起。在八卦起源问题上，《系辞上传》看似简单的"河出图，洛出书，圣人则之"一句话给后人留下了许多想象的空间，历代有众多的争论。①

胡一桂主张"有数后有卦"，坚持了伏羲据河图画八卦、禹据洛书叙九畴的观点。他指出："盖尝论之，河图虽授羲以画八卦，窃意伏羲见是图奇偶之数，卦便可画，初非规规然模仿其方位与数也。卦画既成，隐然自与图之位数合。洛书虽云授禹以叙九畴，然九畴自初一五行之外，次二五事以下，与洛书之位数初不相关。"②认为伏羲初画卦时，是受到了河图奇偶之数的启发，但并没有刻意模仿图书的方位与数。而卦画完成后，却与河图方位与数相合。

---

① 关于八卦起源问题，说法主要有以下几种：伏羲观象说，认为卦画来源于对自然现象的观察认识，此说影响较大，为大多数易学家所认可；画前有易说（宋邵雍、朱熹），此说认为起于对数和理的领悟；文字说（《易纬·乾坤凿度》和宋杨万里、明黄宗炎），此说认为来于上古时代的象形文字。近人则提出卦画源于先民对男女生殖器的崇拜（章太炎、郭沫若），或来于上古时代结绳记事（刘师培），等等。现在中外易学提出的假说更多，如有人认为起于古人观象于月，有光则阳，无光则阴，或缺或盈，以八种分别而成八卦，有人认为起于古人应用二进记数法，八卦是依此给事物的编号等，近年，由于马王堆帛书及阜阳汉简等文献的出土，学者们对出土的主要由六位数组成的数字图形画进行了深入研究，为卦画的起源提供了新的解释（见朱伯崑《周易知识通览》，齐鲁书社 1993 年版，第 29～33 页）。张晓林在《八卦起源说综述》一文中也作了总结：八卦起源于数、八卦起源于测量术、八卦源于龟卜、八卦源于上古结绳、八卦起源于原始文字、八卦源于古代的阴阳观念、八卦源于一种占月术等（载《社科纵横》1995 年第 4 期）。另外，詹石窗在《八卦起源新探》中认为八卦以具体事物为法象，是我们祖先对自然变化关系的发现，更是我们的祖先的自我发现，是华夏民族"人天相感"的辩证思维知识体系之母［载《福建师范大学学报（哲学社会科学版）》1996 年第 1 期］。

② 〔元〕胡一桂撰，李秋丽校点：《周易启蒙翼传》上篇，见《儒藏·精华编》第 5 册，北京大学出版社 2014 年版，第 486 页。

胡一桂又将河图、洛书与先后天八卦图相比较，发现伏羲先天八卦与洛书位数相合，文王后天八卦与河图位数相合。他说：

今合二图以观先、后天之《易》，且以伏羲先天八卦乾、兑生于老阳之四、九，离、震生于少阴之三、八，巽、坎生于少阳之二、七，坤、艮生于老阴之一、六，其卦未尝不与洛书之位数合。文王后天八卦，坎一六水，离二七火，震巽三八木，乾兑四九金，坤艮五十土，其卦未尝不与河图之位数合。①

那么伏羲是怎样画卦的呢？胡一桂认为分为两个过程：一是伏羲画八卦，一是伏羲重六十四卦。

首先，他在解释《系辞上传》"《易》有太极，是生两仪，两仪生四象，四象生八卦"时说明了伏羲画八卦的过程。他采用了朱熹的叠加法来加以解释。同时，他在此对伏羲则河图、洛书画卦提出自己的观点。他说："河图、洛书皆木数居东方，伏羲画卦自下而上，即木之自根而干、干而枝也。其画三，木之生数也。其卦八，木之成数也。重卦则亦两其三，八其八尔，三、八木数大备而后六十四卦大成。一六水，二七火，四九金，五十土，皆在包罗中矣。"②即伏羲画卦、卦画与六十四卦与河图、洛书木数居东方之位相合。经卦为三画八卦，重卦为六画六十四卦，这与木之生数三、木之成数八相合。从这方面说明，伏羲画卦时效仿了河图、洛书，取的也是"木

① 〔元〕胡一桂撰，李秋丽校点：《周易启蒙翼传》上篇，见《儒藏·精华编》第5册，北京大学出版社2014年版，第486~487页。

② 〔元〕胡一桂撰，李秋丽校点：《周易启蒙翼传》上篇，见《儒藏·精华编》第5册，北京大学出版社2014年版，第488页。

行春也，春贯四时；木德仁也，仁包四端”①的意义。

其次，胡一桂坚持伏羲重卦的思想。他专门作了《伏羲重卦图》说明自太极至两仪，至四象，至八卦，至十六卦，至三十二卦，至六十四卦的生成过程。他指出伏羲重卦不是将三画放在八卦之上，而是“又自八卦上逐卦各生一阳一阴，则八分为十六卦。十六卦上又各生一阳一阴，则十六分为三十二卦。三十二卦上又各生一阳一阴，则三十二分为六十四卦，而六画卦成矣”②。另外，他还对伏羲六十四卦横图作了说明，即伏羲六十四卦横图是按照伏羲先天八卦的次序来的，并认同邵雍对于伏羲先天之《易》“加一倍法”。他说：

> 以六十四卦横图观之，其卦亦首乾终坤，重乾居一，重兑居二，重离居三，重震居四，重巽居五，重坎居六，重艮居七，重坤居八。乾一坤八之序亦不易焉。且前三十二卦一画阳便对后三十二卦一画阴，前三十二卦一画阴便对后三十二卦一画阳，阴阳两边各各相对，莫非自然之序，此伏羲先天之《易》。邵子谓“　分为二，二分为四，四分为八，八分为十六，十六分为三十二，三十二分为六十四”是也。③

---

① 〔元〕胡一桂撰，李秋丽校点：《周易启蒙翼传》上篇，见《儒藏·精华编》第5册，北京大学出版社2014年版，第488页。

② 〔元〕胡一桂撰，李秋丽校点：《周易启蒙翼传》上篇，见《儒藏·精华编》第5册，北京大学出版社2014年版，第489页。

③ 〔元〕胡一桂撰，李秋丽校点：《周易启蒙翼传》上篇，见《儒藏·精华编》第5册，北京大学出版社2014年版，第489~490页。

(三)四圣易象说

主张“有卦后有象”的胡一桂,在探讨了《易》卦之所来之后,又接着探究了易象的历史演化。他吸取朱子“三圣易”的划分方法,提出了“四圣易象说”,认为伏羲、文王、周公和孔子所取的象各自不同。该学说是胡一桂象学思想的核心。

朱熹的“三圣易”说是对《易》之起源和《易》之性质的问题的回答。朱熹分析了《周易》成书的历程及先后天之区别,认为《周易》经历了相对独立的三个发展阶段,即伏羲《易》、文王《易》、孔子《易》。①

胡一桂承继朱熹“三圣易”说,区分了四圣之取象。这主要是基于他对卦、彖、爻、《说卦传》在象上不同的划分。他认为:“卦者,象之原也。彖者,言象之始也。爻者,言象之衍也。《说卦》者,总彖爻取象之例也。”②这就是说,伏羲之卦是象之根源,文王之彖是象之开始,周公之爻是象之衍,而《说卦传》对前三圣之象作了总括。胡一桂进而指出:“由文王而周公,由周公而孔子,故彖而后有爻,爻而后有《说卦》,其人非一时,其书非一手,其取象非一端。”③《周易》并非出自一时一人之手,具体地说,伏羲画卦,文王作卦辞,周公作爻辞,孔子作《说卦传》。从易象言之,四圣之间也不一致,既有联系,又有区别。

首先,胡一桂指出了四圣易象之间的联系。他说:

---

① 〔宋〕黎靖德编,王星贤点校:《朱子语类》卷六六,中华书局 1986 年版,第 1629 页。

② 〔元〕胡一桂撰,刘彬校点:《周易本义附录纂注》,见《儒藏 · 精华编》第 5 册,北京大学出版社 2014 年版,第 452 页。

③ 〔元〕胡一桂撰,刘彬校点:《周易本义附录纂注》,见《儒藏 · 精华编》第 5 册,北京大学出版社 2014 年版,第 453 页。

> 羲之象在卦中。文之象取其大纲。周公虽本之文王，已多其所自取。夫子虽本之文王、周公，然其同者间见，而其所自取者，抑不止如周公之多于文王矣。①

在胡一桂看来，后圣取象本之前圣。伏羲之象在卦中，文王本伏羲所画之卦而作卦辞，在卦辞中言象。周公本于文王而作爻辞，其象多为自取。孔子本于文王、周公而作《说卦传》，《说卦传》成为象学大全。

其次，胡一桂还指出了四圣易象之间的区别。由于易象并非一人一时所取，自前而后，虽后本于前，但自取者多，故其象有所不同。文王取象不同于周公，孔子取象又不同于文王、周公。譬如他指出："坤为马，离为牛，文王之象也。乾称'龙''马'，震坎称'乘马'，周公之爻也。自文王取象观之，乾何尝称马？坤何尝称牛？震何尝称龙？周公虽于《大畜》之乾称马，而于乾本卦但称'龙'。坤亦未尝称牛，震亦未尝称龙也。夫子则直曰：'乾为马，坤为牛，震为龙。'是岂故欲异于文王、周公哉？又自有见于卦爻之象而取之也。"②

最后，对于四圣取象，胡一桂又作了总括说明：

> 然伏羲之象在卦中，卦即象也。文王取象犹略，乾无所取象、坤象牝马、离象牝牛、中孚豚鱼、小过飞鸟之类，寥寥可数。周公于六爻取象甚多，其要者如乾六爻象龙，屯震、坎象马之

① 〔元〕胡一桂撰，刘彬校点：《周易本义附录纂注》，见《儒藏·精华编》第5册，北京大学出版社2014年版，第455页。

② 〔元〕胡一桂撰，刘彬校点：《周易本义附录纂注》，见《儒藏·精华编》第5册，北京大学出版社2014年版，第452页。

类，不可胜数；又自有所见而取，不必尽同于文王。至夫子于《说卦》八卦取象，如乾天、坤地、乾马、坤牛之类；于六十四卦取大象，如乾天、坤地、屯云雷、蒙山泉之类尤备。其间亦有括文王、周公所取例者，然而同于文王周公者少，而所自取者多，盖夫子梦周公、心文王、参包羲于未画，其于名象又自有所见，不必尽同于先圣也。……缘自先儒分经合传之后，学者随文苟且，混淆莫别，径以孔子之象即文王、周公之象，遂以《说卦》为祖，而六十四卦之象、三百八十四爻之象尽求合于《说卦》，皆有所不通矣。必知乎此，而后取象之同异如揭日月而行天，流河汉而注地也。愚于《本义》后《卦象图》说详矣。姑陈其概于此。①

在这个总括说明中，胡一桂对孔子取象作了特别的说明。他认为《易》之取象，到了孔子那里就很完备了。他一再申明："然则《易》之取象，实至夫子而大备也。微夫子之象不可也。"②

胡一桂又指出：

愚尝妄论夫子于八卦取象，有括文王周公象爻之例者，有自括《大象》之例者，又有于《说卦》别取者。如上章天地山泽雷风水火，是括《大象》之例。如此章乾马兑羊巽鸡离雉，是括周公爻例。周公于大畜乾爻称马，大壮似兑称羊，中孚巽爻称鸡，睽互坎卦称豕。至若坤牛震龙艮狗，实夫子于《说卦》又有

① 〔元〕胡一桂撰，李秋丽校点：《周易启蒙翼传》下篇，见《儒藏·精华编》第5册，北京大学出版社2014年版，第603页。

② 〔元〕胡一桂撰，刘彬校点：《周易本义附录纂注》，见《儒藏·精华编》第5册，北京大学出版社2014年版，第455页。

> 所取，而前圣未有其例者也，下章皆然。数圣人取象，本各不同，如必欲执彖爻之象，尽求合于《说卦》，则多不通矣。①

这就是说，孔子取象既承继、总括了文王、周公彖爻之例，又自括了《大象》之例，除此之外，就是于《说卦传》中所自取的象。所以，这四圣之象既然有所不同，如果定要用彖爻之象以求合于《说卦传》之象，就有不通的地方。

由此，胡一桂指出，读《易》时应端正对待四圣易象的态度。他说："读《易》者，毋执周公之象以求之文王，又毋执夫子之象以求之文王、周公。同者自同，异者自异，要皆各明夫伏羲之卦可也。必欲牵合傅会，尽强而同之，是乱数圣人之象也。乱数圣人之象，而象终不可悟，其亦弗思之甚也。"②这就是说，既然四圣作《易》不同，而且所取之象有所不同，所以读《易》之人不应强而同之，不可以拿后者之象来附会前者，以求其言象之合。

那么，胡一桂为什么要坚决作出这样的划分呢？林忠军指出："胡氏反复申明当区分不同时代圣人之象，其目的是要纠正易学界长期以来因混淆不同易象而导致的象学上的牵合之弊。"③这一观点极为确当。

自两汉儒生专门治《易》以来，易学就成为一门专门之学。两汉注《易》基本的方法就是象数，尤其是注重象理论的建构。他们在《说卦传》的基础上进行推衍，象学理论非常复杂，牵合附会现象

---

① 〔元〕胡一桂撰，刘彬校点：《周易本义附录纂注》，见《儒藏·精华编》第5册，北京大学出版社2014年版，第423~424页。

② 〔元〕胡一桂撰，刘彬校点：《周易本义附录纂注》，见《儒藏·精华编》第5册，北京大学出版社2014年版，第455页。

③ 林忠军：《象数易学发展史》第二卷，齐鲁书社1998年版，第474页。

严重。王弼明象，于象也有所失。“然辅嗣虽知非先儒之失，实自未尝勘破夫子取象本不必同于先圣。是以卒无一说以为之剖决，但谓不必泥象，至有忘象之论，是亦甚未为得也。”①“近世西蜀大儒隆山李先生，优于明象者也。其论坤卦，直曰：‘乾既称马，坤不得不称牝以别之。’……此亦祖《说卦》以为论。”②“多祖《说卦》，子彖爻，孙卦体。其有不合《说卦》者，则委曲牵合傅会，以幸其中，而数圣人取象之意胥失之矣。”③之所以出现这样的情况，根本原因是混淆了四圣所取之象。而朱熹易象说指出了这些弊端。他说：“朱夫子易象说既深，足以破古今忘象泥象者一偏之见。”④

为了更清晰地说明四圣之象的特点，胡一桂作了“卦象图”，区分了伏羲、文王、周公、孔子取象。

胡一桂列举了四圣对乾、坤、震、巽、坎、离、艮、兑八经卦所取之象。诚然，通过此图我们可以清晰地掌握象的产生和演化的状况，即伏羲取何象、文王取何象、周公取何象、孔子取何象，这样在注《易》时就能够避免在取象问题上牵合的毛病，但是这种简单的列举并不能说明四圣所取之象的本质差别，即我们只能通过机械记忆来掌握，而不能找到其中的规律。而且，分类中仅限于八经卦，没有普及六十四卦。所以，这个卦象图就显得不完善。胡一桂自己也认识到了这个问题：“愚于《本义》后既分八卦为象图，而系

---

① 〔元〕胡一桂撰，刘彬校点：《周易本义附录纂注》，见《儒藏·精华编》第5册，北京大学出版社2014年版，第452页。

② 〔元〕胡一桂撰，刘彬校点：《周易本义附录纂注》，见《儒藏·精华编》第5册，北京大学出版社2014年版，第452~453页。

③ 〔元〕胡一桂撰，刘彬校点：《周易本义附录纂注》，见《儒藏·精华编》第5册，北京大学出版社2014年版，第452页。

④ 〔元〕胡一桂撰，刘彬校点：《周易本义附录纂注》，见《儒藏·精华编》第5册，北京大学出版社2014年版，第454页。

之以说矣。大概欲见三圣人取象不同之意，以今观之，尚有未备。”[①]因此，胡一桂在《周易启蒙翼传》中针对六十四卦及十翼中的四圣之象作了详细的分类，以求完备。除了伏羲所画卦画，把文王、周公、孔子取象“分天文、地理、人物等为类。首文王卦象，次周公爻象，次孔子十翼中《彖传》《象传》《说卦传》所取象以该之，庶乎不致有遗”[②]。他对易象的分类非常详细，共分为“天文类”“地理类”“岁月日时类”“人道类”“身体类”“古人类”“邑国类”“宫室类”“宗庙类”“神鬼类”“祭祀类”“田园类”“谷果类”“酒食类”“卜筮类”“佑命类”“告命类”“爵禄类”“车舆类”“簪服类”“旌旗类”“讼狱类”“兵师类”“田猎类”“金宝类”“币帛类”“器用类”“数目类”“五色类”“禽兽类”“鳞介类”“草木类”“杂类”三十三类。然后于每一类中按照文王、周公、孔子再进行细致分类。每一个象下都注明所引之象在《周易》经传中的出处。如此详细的分类使我们对《周易》经传所取之象一目了然。

总而言之，胡一桂所言易象是自汉儒以来最详细最全面的，而且他最可贵的地方就在于同朱熹一样，本于《周易》经传来言象，反对穿凿附会，他所说的每一个象都来自经传本身，没有自身的臆造。通过他的整理总结，我们对《周易》经传中的象有了清晰的认识，对象学发展的历史性有了整体的认识。

概而言之，胡一桂继承了朱熹本于《周易》经传、反对牵强附会的取象原则，并对朱子易象思想又有所丰富和发展。

---

① 〔元〕胡一桂撰，李秋丽校点：《周易启蒙翼传》下篇，见《儒藏·精华编》第5册，北京大学出版社2014年版，第609页。

② 〔元〕胡一桂撰，李秋丽校点：《周易启蒙翼传》下篇，见《儒藏·精华编》第5册，北京大学出版社2014年版，第609页。

（四）取象方法

除了探讨了卦象历史演化，胡一桂又对取象方法进行了研究。同朱熹一样，都扣住《周易》经传来言象。那么，如何取象呢？如前所及，朱熹针对汉儒在取象中所存在的穿凿附会、主观臆测的毛病，主张遵循“自然之势”的原则。所以在取象方面，推崇卦变，反对汉易及朱震等宋代易学家所采用的诸如互体、纳甲、卦气等取象方法。

何谓卦变？《系辞上传》“往来不穷谓之通”讲的就是卦变。西汉京房的八宫卦说，以八纯卦各变出一世、二世、三世、四世、五世、游魂、归魂七卦，可以视为一种较早的系统卦变说。东汉末荀爽的乾坤升降说和虞翻的卦变说体系是易学史上比较有代表性的卦变说。朱熹依据前人卦变的思想，创造了一套卦变体系。这套体系由两大内容构成：一是卦变图，二是上下经卦变歌。卦变歌中体现的卦变思想与前人相比并无多大的超越，而卦变图代表了他卦变说的主体思想。在卦变图中，他提出了五种卦变模式，分别是“凡一阴一阳之卦各六，皆自复、姤而来”“凡二阴二阳之卦各十有五，皆自临、遁而来”“凡三阴三阳之卦各二十，皆自泰、否而来”“凡四阴四阳之卦各十有五，皆自大壮、观而来”“凡五阴五阳之卦各六，皆自夬、剥而来”①。

可见，朱熹是以十二消息卦为母体，以此生出其他五十二卦。就是说，复、姤生卦侧重于一阳一阴之卦；夬、剥侧重于五阳五阴之卦；泰侧重于三阳之卦，否侧重于三阴之卦；临、遁侧重于二阳二阴之卦；大壮、观则侧重于四阳四阴之卦。在此基础上，朱熹在《易学启蒙》中作卦变三十二图，其中第一图就是《周易本义》中

---

① 萧汉明：《〈周易本义〉导读》，齐鲁书社 2003 年版，第 73~78 页。

的卦变图。他又取第一图中的前三十二卦，凭借其中的每一卦变出其他的六十三卦，这样总共就有三十二图。对此，胡方平解释说："三十二图反复其变，悉如乾、坤二卦变图例。每图各以第一卦为本卦，顺变将去，则自初而终，自上而下，是由乾以至于坤；反之，则又以末一卦为本卦，逆变转来，则自终而初，自下而上，是由坤以至于乾，一顺一逆，每图遂以两卦为本卦，而成两图矣。"①

经过这一番努力，朱熹建立起严密的卦变体系，把卦变说发展到了一个高峰。

胡一桂也注重卦变学说，提出易有变易之易、交易之易和上下无常刚柔相易之易三种变化类型。然而，与朱熹不同的是，在取象方法上，胡一桂认为圣人"取象非一端"，不主张仅仅囿于"卦变"一端。他在《周易本义附录纂注》中大致提供了八种方法：

> 有取之全体者，有取之各体者，有取之互体者，有取之似体者，有取之应体者，有虽无其象而取卦名义者，有取之逐爻者，有取之远近，取之阴阳之爻者。②

其一，这里所说的全体，就是指整个卦取象，如颐卦取象口、井卦取象水井，鼎卦取象鼎器。"此伏羲取之全体者"，卦本身就是象。又如大过卦之"栋桡"，小过卦之"飞鸟"，剥卦之"床"，咸卦、艮卦之"身"，如六十四卦之《大象》，"此文王、周公、孔子取之全体

① 〔元〕胡方平撰，李秋丽校点：《易学启蒙通释》卷下，见《儒藏·精华编》第5册，北京大学出版社2014年版，第130页。

② 〔元〕胡一桂撰，刘彬校点：《周易本义附录纂注》，见《儒藏·精华编》第5册，北京大学出版社2014年版，第454页。

者”,根据卦中六爻之含义取象。

其二,所谓各体,指一卦内外卦而言,即八卦取象为内卦之象或外卦之象,较之全体来说,称为各体。“如屯、豫‘建侯’,则侯属震;大畜‘良马’,则马属乾。《说卦》八物各属八卦,此皆取之各体者。”①

其三,他这里所说的互体与前贤并无不同,譬如“中孚、贲称‘马’,兼取互体震、坎”。②

其四,所谓“似体”,指某卦中数爻构成象某卦,如“大壮似兑而称羊”。朱熹就用过似体。譬如朱子《周易本义》于《大壮》六五爻辞“丧羊于易”注云:“卦体似兑,有羊象焉。”③

另外,还有应体、逐爻取象等。就逐爻取象,胡一桂说:“愚既分八卦为图,各疏羲、文、周、孔之尤,而逐爻取象,则别为图以该之。庶几不至混淆,以便观玩,非敢自谓有得于《易》也。”④就逐爻取象,胡一桂还列举了详细的例子。他说:

> 如《随》二、三指初为“小子”,《渐》初亦称“小子”。大过指初为“女妻”,《噬嗑》《贲》《大壮》《夬》《鼎》《艮》指初为“趾”,《遁》《既》《未济》指初为“尾”,《晋》《姤》上象“角”,《大过》上象“顶”,《既济》上象“首”,皆是也。他爻

① 〔元〕胡一桂撰,刘彬校点:《周易本义附录纂注》,见《儒藏·精华编》第5册,北京大学出版社2014年版,第454页。

② 〔元〕胡一桂撰,刘彬校点:《周易本义附录纂注》,见《儒藏·精华编》第5册,北京大学出版社2014年版,第454页。

③ 萧汉明:《〈周易本义〉导读》,齐鲁书社2003年版,第125页。

④ 〔元〕胡一桂撰,刘彬校点:《周易本义附录纂注》,见《儒藏·精华编》第5册,北京大学出版社2014年版,第455页。

可类推。①

意思是说，爻位低的就以取人、物中相应低的象，爻位高的亦然，其他爻位的可类推。

就象爻取象，胡一桂在《周易启蒙翼传》中作了补充，提出《易》中卦爻及《象传》中取象有取变体、似体、互体、伏体、反体，不一而足。他分别作了举例说明：

变体如《小畜》上九称"既雨"，无坎而取雨象者，以上九变而为坎也。似体如《颐》似离而称"龟"，《大壮》似兑而称"羊"之类也。互体如《震》九四称遂泥，以自三至四互坎也。伏体如同人象辞称"大川"，以下体离伏坎也。反体如《鼎》卦初六爻称"妾"，以下体巽正兑之反，初阴爻妾也。此说愚得之婺源州判澹斋吴先生。此类皆不可省，象意方通。②

就爻之取象而言，胡一桂提出"六位取象说"：

《易》六十四卦惟既济一卦坎上离下，六爻之阴阳与六位之阴阳协，故曰"既济，定也"，言爻位阴阳皆定之义。余六十三卦中皆具坎、离阴阳之位焉，又足以见日月为《易》之妙。故卦中取象亦有以位之阴阳取者，初不以爻拘。如乾九三以位言居离位之上，有终日、夕象，九四以位言居坎位之下，

① 〔元〕胡一桂撰，李秋丽校点：《周易启蒙翼传》下篇，见《儒藏·精华编》第5册，北京大学出版社2014年版，第604页。

② 〔元〕胡一桂撰，李秋丽校点：《周易启蒙翼传》下篇，见《儒藏·精华编》第5册，北京大学出版社2014年版，第604页。

有跃在渊象，义则昭然矣。朱汉上解《乾·彖传》曰："六爻天地相函，坎、离错居。坎、离者，天地之用也。云行雨施，坎之升降也。大明终始，离之往来也。"愚因是推之，得六位取象之说焉。①

指出由既济爻之阴阳与位之阴阳相合，从而开辟一个新的角度：认为其余的六十三卦的每爻所在也就是坎离之位所在，既可见日月为易之妙，又可以更好地取象，并举乾卦九三、九四为例。而这一点是在看到朱震在《汉上易传》对《乾·彖》的解释中推出的结论。这也很有意义。

这里需要说明的是，胡一桂与朱熹的取象方法不尽相同。在诸多取象方法中，胡一桂尤其重视互体，甚至感叹："谓互体非《易》中一义，断断乎其不可也，读《易》者其可忽诸！"②这与朱熹突出卦变的观点显然有别。

朱熹从反对牵强附会的立场出发，对汉易和朱震等人治《易》多取互体、卦变、纳甲、卦气等学说尤其是互体说进行了一一否定。他说："朱震又多用伏卦互体说阴阳，说阳便及阴，说阴便及阳，《乾》可为《坤》，《坤》可为《乾》，太走作。近来林黄中又撰出一般翻筋斗互体，一卦可变作八卦，也是好笑！"③其中他专门对宋人取互体说进行了批判。他说："'互体'，自左氏已言，亦有道理，只是

① 〔元〕胡一桂撰，李秋丽校点：《周易启蒙翼传》下篇，见《儒藏·精华编》第5册，北京大学出版社2014年版，第604~605页。

② 〔元〕胡一桂撰，刘彬校点：《周易本义附录纂注》，见《儒藏·精华编》第5册，北京大学出版社2014年版，第460页。

③ 〔宋〕黎靖德编，王星贤点校：《朱子语类》卷六七，中华书局1986年版，第1651~1652页。

今推不合处多。”①“王弼破互体，朱子发用互体。”②“今人言互体者，皆以此为说，但亦有取不得处也，如《颐卦》《大过》之类是也。”③在朱震看来，一卦二三四五互体两卦，又伏两卦，即一卦可求四卦，而林黄中“便倒转推成四卦，四卦里又伏四卦”，此谓宋人互体。而朱熹认为，颐、大过两卦，二三四五皆相同，求不出四卦，因而与一卦互四卦说相违背，有“不得处”。

胡一桂由“取象非一端”立场出发，并不拒斥互体说。为了更好说明六十四卦中互体八卦的情况，他作了《卦互体图》，进行了全面的概括。互体乾为十二卦、互体坤为十二卦，互体其他六卦各为十六卦。如互体乾的卦有乾、夬、大有、大壮、同人、革、姤、大过、鼎、恒、遁、咸十二卦，与此相对互体坤有坤、剥、比、观、师、蒙、复、颐、屯、益、临、损十二卦。他以六十四卦横图说明了互体八卦的情况。他说：“若以六十四卦横图观之，尤有可言者。自第二画至第四画，阳仪中互四乾、四兑、四离、四震、四巽、四坎、四艮、四坤。阴仪中亦互四乾至四坤。两以四卦数之，而周六十四卦。自第三画至第五画，阳仪中前十六卦互二乾至二坤，后十六卦亦互二乾至二坤。阴仪中互体亦然。四以二卦数之，而周六十四卦。”④

而且，他还探讨了八卦自身的互体情况：乾卦中四爻互体为二乾，加上上下二乾，为四乾。坤卦亦是如此。六子卦，三男之卦互

---

① 〔宋〕黎靖德编，王星贤点校：《朱子语类》卷六七，中华书局 1986 年版，第 1668 页。

② 〔宋〕黎靖德编，王星贤点校：《朱子语类》卷六七，中华书局 1986 年版，第 1668 页。

③ 〔宋〕黎靖德编，王星贤点校：《朱子语类》卷六七，中华书局 1986 年版，第 1669 页。

④ 〔元〕胡一桂撰，刘彬校点：《周易本义附录纂注》，见《儒藏·精华编》第 5 册，北京大学出版社 2014 年版，第 459 页。

体则各为其他男，一卦之中各聚三男，三女之卦互体各为其他女，一卦之中各聚三女。“如震卦自二至四互艮，自三至五互坎；坎卦自二至四互震，自三至五互艮；艮卦自二至四互坎，自三至五互震。”①其三女之卦互体也是同样的道理。在他看来，八卦自身的互体是“阳皆互阳，阴皆互阴，女不紊男，男不紊女，此又自然而然，不加人力，有不容言之妙者”②。

综上所述，胡一桂虽然坚持了朱熹扣住《周易》经传、反对牵强附会的取象原则，但他对朱子象的思想又有所丰富和发展，一是吸取朱子三圣易的划分方法，探讨了易象的历史演化状况，提出了四圣易象说；二是在取象方法上，他又提出“圣人取象非一端”，认为大致有八种取象法，并一改朱子轻视互体取象的倾向，特别重视互体之象，深刻地探讨了六十四卦互体八卦及八经卦互体的情况。

可以说，胡一桂一方面总结研究前人成果，并在此基础上着眼于《周易》经传本身，根据《周易》经传文辞对易象加以概括、分类和总结；另一方面也批判了汉儒象学存在的弊端及王弼明象的缺陷，有益于象数易学的发展。“若没有胡一桂等人对易象的总结，很难想象会有清儒惠栋、张惠言、焦循等人对易象的考辨。”③由此可以看出，胡一桂易学在宋代易学向清代易学转型中的作用。

需要特别指出的是，胡一桂的“四圣易象说”，探讨了易象的历史演化状况，注重了易象发展的历史性，还原了真实的象学发展历史，并凸显了孔子对象学发展的贡献。可以说，胡一桂的“四圣易

① 〔元〕胡一桂撰，刘彬校点：《周易本义附录纂注》，见《儒藏·精华编》第5册，北京大学出版社2014年版，第460页。

② 〔元〕胡一桂撰，刘彬校点：《周易本义附录纂注》，见《儒藏·精华编》第5册，北京大学出版社2014年版，第460页。

③ 林忠军：《象数易学发展史》第二卷，齐鲁书社1998年版，第478页。

象说”通过对孔子象学在易象学发展史上重要地位和价值的凸显，创新了易象学。

在此之前，在易学家的眼中，孔子对易学的贡献就在于《易传》本身的哲学思想价值，人们较少地去关注孔子在象学方面的贡献。胡一桂也推重《易传》的学理价值和重要地位。他说：“《易》之有十翼，犹天之有日月，人之有耳目，轻重之有权衡，长短之有尺度，诚《易》之门庭、象数之机括也。”①他认为《易传》贯穿着儒家道德性命之学，内中包含着许多诸如进君子退小人、尊卑之分、贵贱之等，以及幽明之故、死生之说、鬼神之情状等一系列发明性命道德之蕴以修身养性的道理，这些反映了《易传》对社会人生的道德关怀。但是同时，他也推重孔子在象学方面的价值和贡献，目的就是要告诉我们一个真实的象学史、一个真实的易学史。而这一点，显示了胡一桂严谨求真的广阔的史学家的视域。

胡一桂秉承父志，以匡正和阐发朱子易学为目的，对朱子易学进行了一次全面的、系统的整理和研究。胡一桂易学在元代朱子后学中具有非常重要的地位，其价值与影响在元代朱子后学中是卓著的。

首先，在易学思想自身发展方面，“从今天看，胡氏易学价值远不止于此。如他对《周易》版本考辨，易学承传的阐述和历代易学文献著录，评价是不能仅以阐发朱子易学来概括的”②。林忠军将他的易学思想尤其是象数易学思想归结为：一是诠释和阐发了朱子的象数学，其论取象及取象方法等皆以朱子象学为据，其言河

---

① 〔元〕胡一桂撰，刘彬校点：《周易本义附录纂注》，见《儒藏·精华编》第5册，北京大学出版社2014年版，第460页。

② 林忠军：《象数易学发展史》第二卷，齐鲁书社1998年版，第500页。

图、洛书、先天之数及筮占也未离朱子数学；二是研究了包括象数易在内的易学承传、易学文献，并站在象数易的立场对象数易学家及玄学易作一个评价；三是对已失传的《易纬》《京氏易传》等汉代象数易学代表作加以阐述，而对其中一些疑难进行考辨，林忠军认为这在盲目崇拜权威、义理风气占主导的元代极为可贵。①

其次，就思想所造成的社会影响而言，其易学因“得朱氏原委之正”，而为当时乃至后世易学家尤其治朱子易学者所肯定。譬如，胡炳文作《周易本义通释》、董真卿撰《周易会通》皆受其影响。因为胡炳文、胡一桂皆与朱熹是同乡人，所以胡炳文治朱子易学，除了“笃志家学”，不能不受到胡一桂父子易学的影响。而董真卿从父命“从先师新安双湖胡先生读《易》武夷山中”②，其作《周易会通》，“诸家之解有相发明者，以先师《纂疏》为本，又以平日所闻父师者增益之，更广参众说”③。尤其到了明代胡广等人奉命撰修《周易大全》，则取胡一桂、胡炳文、董真卿等易著，胡一桂易学被定为官学，“且二百余年以此取士，一代之令甲在焉”④。正因如此，朱伯崑才说胡一桂易学对明代官方易学的形成颇有影响。⑤

总之，胡一桂易学思想基本避免了对朱子易学本来面目和思想精义的遮蔽和歪曲，实现了他弘扬朱子易学的为学目标，不仅对明代官方易学形成有着重大影响，而且他在易学文献搜集和整理

---

① 林忠军：《象数易学发展史》第二卷，齐鲁书社 1998 年版，第 501 页。

② 〔元〕董真卿：《周易会通·序》，见《文渊阁四库全书》第 26 册，台湾商务印书馆 1986 年版，第 70 页。

③ 〔元〕董真卿：《周易会通·凡例》，见《文渊阁四库全书》第 26 册，台湾商务印书馆 1986 年版，第 74 页。

④ 〔清〕永瑢等：《四库全书总目》卷五，中华书局 1965 年版，第 28 页。

⑤ 朱伯崑：《易学哲学史》第三卷，昆仑出版社 2005 年版，第 6 页。

等方面所做的工作以及图书之学、易象说等方面的思想，也对清代易学发展产生了深远影响。

第二节 胡炳文《周易本义通释》思想研究

胡炳文(1250—1333)，字仲虎，号云峰，徽州婺源(今江西婺源)人。生于宋理宗淳祐十年，卒于元顺帝元统元年，寿终84岁，终其一生出宋入元，亲历了两个文化风尚截然不同的朝代，与胡一桂、吴澄约同时，并为元代易学发展史上的重要代表人物。

胡炳文的学问成就得益于其家学渊源，而远宗朱子。“程朱之先皆出新安，而朱子又婺产也。云峰先生近私淑之。其家学渊源有所从来。”①胡炳文祖父胡师夔，曾求学于朱熹门下，精通五经，尤其对《易经》颇有造诣，撰有《易传史纂》等。胡炳文父亲胡斗元，14岁拜朱熹从孙朱洪范为师，“四书”“五经”靡不深研，易学研究尤为精湛。胡炳文为家中长子，自幼勤奋好学，年十二岁，便夜读不辍，既长，“笃志朱子之学，上溯伊洛，凡诸子百氏、阴阳、医卜、星历、术数，靡不推究”②。云峰治学以朱子为宗，侧重于儒家经典，潜心“四书”“五经”，终以治《易》知名，著作有《周易本义通释》《四书通》《书集解》《春秋集解》《礼书纂述》《大学指掌图》《五经会义》《尔雅韵语》等。其中收入《四库全书》的有《周易本义通释》十二卷、《四书通》二十八卷、《云峰集》十卷以及《纯正蒙求》四种。从《四书通》至《周易本义通释》，胡炳文以捍卫、阐扬朱子学

① 〔明〕程曈辑撰，王国良、张健点校：《新安学系录》，黄山书社2006年版，第233页。

② 〔明〕程曈辑撰，王国良、张健点校：《新安学系录》，黄山书社2006年版，第231页。

为己任，对于当时儒学界流行的“与熹抵牾”的学说，“炳文深正其非，作《四书通》，凡辞异而理同者，合而一之；辞同而指异者，析而辨之，往往发其未尽之蕴。东南学者，因其所自号，称云峰先生”①。《新安学系录》援引吴澄的话说：“有功朱子，炳文居多。自晦庵没，学者载其说于四方，更传递授，源远益分。先生晚得其传，精思力践，望其涯涘而直止焉。”②胡炳文成为元代阐扬朱子理学的重要代表人物。

胡炳文以《易》名家，在易学上的主要贡献在于对朱子易学思想的全面系统的整理、诠释。胡炳文易学以朱熹易学为宗，兼取程颐、邵雍等诸家之说，贯以己说，而成一家之言。他以阐扬《周易本义》作为构建其易学思想的基础，“据朱子《本义》，折中是正，复采诸家易解，互相发明”③，晚年几易其稿终于完成凝聚其心血的《周易本义通释》。《周易本义通释》是一部集中反映胡炳文易学思想的代表作。

四库馆臣对《周易本义通释》一书评价道：“说者谓非《本义》无以见《易》，非《通释》亦无以尽《本义》之旨。主一先生之言，以尽废诸家，虽未免于太狭，然宋儒说《易》，其途至杂，言数者或失之巧，言理者或失之凿，求其平正通达，显有门径可循者，终以朱子为得中，则炳文羽翼之功，亦未可没矣。”④可以说，胡炳文易学对于朱子易学有增益之功。

---

① 〔明〕宋濂等：《元史》卷一八九，中华书局1976年版，第4322页。

② 〔明〕程曈辑撰，王国良、张健点校：《新安学系录》，黄山书社2006年版，第233~234页。

③ 〔清〕永瑢等：《四库全书总目》卷四，中华书局1965年版，第24页。

④ 〔清〕纪昀等：《周易本义通释》提要，见《文渊阁四库全书》第24册，台湾商务印书馆1986年版，第305页。

一、易学观

透过《周易本义通释》，胡炳文提出了他对《周易》其书的名称、形成、内容、性质的基本看法，形成了他的易学观。

（一）先交而后变

对于《周易》的成书和书名的认识，易学史上众说纷纭。我们知道，在《周易本义》卷首，朱熹对《周易》之名和作者作了简单解说。在胡炳文看来，朱子的判定对于这一悬而不决的问题有重要意义。他说："解《易》者或以'周'字为'普遍'之义，或以卦为文王所重，必子朱子《本义》出，然后其说始定。"①可见他对朱子易学观点的维护和对《周易本义》的推崇。

关于《周易》一书之名的含义，历来颇多争议。关于《周易》之"周"，历史上有两种说法，一为"周代"，二为"周普"。② 显然，朱子主"周"为代名说。关于《周易》之"易"，历来形成了简易、变易、不易三种说法，朱子则谓"易"另有交易、变易之义。胡炳文把朱子的"易"义贯彻于经传的疏释中，并进一步提出交易、变易在时间上的先后之分：

> 交者，阴阳之对待；变者，阴阳之流行。……上经首乾坤，气化之始也，乾坤而后十卦阴阳各三十画，然后为泰为否，而天地之交不交者可见矣；下经首咸恒，形化之始也……《程传》

---

① 〔元〕胡炳文：《周易本义通释》卷一，见《文渊阁四库全书》第 24 册，台湾商务印书馆 1986 年版，第 307 页。

② 刘大钧：《周易概论》，巴蜀书社 1999 年版，第 1 页。汉郑玄认为《周易》之义在于说明"易道周普，无所不备"，唐孔颖达则认为，《周易》称"周"，乃取岐阳地名，文王演《易》时题之以"周"，是用以区别于其他朝代。

曰:“易,变易也。”《本义》曰:“易有交易、变易之义。”先交而后变,《本义》之旨深矣哉!①

胡炳文释“交”为阴阳之间的对待,把“变”解释为阴阳的交融变化。他从卦序先后的角度,指出上经乾坤是气化之始,下经咸恒是形化之始,认为气化、形化皆先交而后变。他还将朱子的观点与程颐相比较,突出朱子诠释的精确性,以此证明朱子对“易”的诠解旨意更全面、深远,由此可见他对《周易本义》之推崇。

关于《易》之成书,《易纬·乾凿度》有“垂皇策者羲,益卦德者文,成名者孔也”的说法,以为伏羲仰观天文、俯察地理而画卦,文王拘羑里而演《周易》,孔子作《传》以彰易理。但是,对于重卦之人的问题,历来有争议。② 朱子主张卦是伏羲所画。胡炳文引经据典,力图对朱子“其卦本伏羲所画”的观点进行更为详细的论证。他指出:“三《易》经卦皆八,其别皆六十四,况《禹谟》已曰龟筮,而箕子《洪范》曰贞曰悔,则卦有内外久矣,故《本义》以六十四卦为伏羲所重。”③三《易》即《连山》《归藏》《周易》。胡炳文第一条证据来自《周礼》,第二、三条论据来自《尚书》,意在说明,八卦重为六十四卦、六十四卦用于占筮、卦分内卦和外卦,乃文王之前早已有之。应该指出,胡炳文此番论证,虽不能证实朱子所谓“其卦本伏羲所画”,然而对证伪六十四卦乃文王所重的观点尚有一定的说服力。

---

① 〔元〕胡炳文:《周易本义通释》卷一,见《文渊阁四库全书》第 24 册,台湾商务印书馆 1986 年版,第 307~308 页。

② 关于何人将八卦重为六十四卦的问题,历来莫衷一是。司马迁谓文王重卦,郑玄谓神农重卦,王弼谓伏羲重卦。

③ 〔元〕胡炳文:《周易本义通释》卷一,见《文渊阁四库全书》第 24 册,台湾商务印书馆 1986 年版,第 307 页。

尽管朱熹关于《周易》的基本界定是承继前人说法而来，但是胡炳文认为正是由于朱子《周易本义》的出现，才使这一问题的答案终有定论。他是看到了朱子易学对后世易学的巨大影响，也由此可见其对朱子的推崇，鲜明地反映了他“宗朱”的学术立场。

（二）天地自然之易

朱熹的天地自然之易给出了圣人作《易》的先天根据，这一根据也为胡炳文所认同。胡炳文对朱熹天地自然之易的思想进行了阐明，从天地之定位、万物之尊卑、善恶吉凶的角度解释画前之易，区分《易》书之《易》与画前之易的不同，从《易》书创作原由和创作过程说明四圣之《易》出于天地自然之易，为天地之易的自然流露，不假人力安排。从《易》书的思想、内容角度阐明《易》书之道本于天地之道，《易》书中易象、易数乃至《易》书之卦序安排，皆出于自然之易，《易》之辞变象占也是出于自然之易理。甚至圣人制器尚象也是出于自然之天，是天理之自然者。最后连《易》书之学习、易道之流传也是自然之易的自然展现。

胡炳文认为卦画之《易》是对自然之易的摹写，自然之易在卦画之《易》完成之前已然存在，卦画画成后，自然之易存在于卦画之《易》中。这一点继承发挥了朱熹对“画前之易”的界定。

胡炳文认为天地之理在《易》成书之前已然存在，即自然之易。他说：

盖乾坤之卦未画，观之天尊地卑，乾坤之位已定矣。贵贱之位未齐，观天地万物之卑高，卦爻之贵贱已位矣。《易》未有卦爻，则未有刚柔之称也。天地间，阳者常动，可见其为刚；阴者常静，可见其为柔矣。《易》未有爻位，则未有吉凶之辞也。

天地间事事物物，善恶各以其类而分，善者可知其为吉，恶者可知其为凶也。未有蓍卦固未见所谓阳变阴、阴化阳也，天成象，地成形，蓍卦之变化已于此乎见矣。①

这就是说，在卦画未成之前，自然之易已然存在。乾坤二卦象征天地，乾坤二卦未画时，已有天地之易。未有卦爻贵贱之位，已有天地万物的尊卑。未有卦爻之前，天地间万事万物各依其善恶而以类聚，吉凶早就可以分辨。他又说：

宇宙间皆自然之易，《易》皆自然之天。天不能画，假伏羲以画；天不能言，假文王、周、孔以言，然则是羲、文、周、孔之画之言皆天也。《易》言于象数，而天者具焉；《易》作于卜筮，而天者寓焉。善乎！子朱子之言曰："伏羲《易》自是伏羲《易》，文王、周公《易》自是文王、周公《易》，孔子《易》自是孔子《易》。"乌乎！此其所以为羲、文、周、孔之天也。必欲比而同之，非天也。《易》解凡几百家，支离文义者无足道，附会取象者尤失之。盖凡可见者，皆谓之象，其或巧或拙，或密或疏，皆天也。《易》之取象，壹是巧且密焉，非天矣。惟邵子于先天而明其画，程子于后天而演其辞，朱子《本义》又合邵、程而一之，是于羲、文、周、孔之《易》会其天者也。学必有统，道必有传，溯其传，羲、文、周、孔之《易》非朱子不能明；要其统，凡诸家解《易》，非《本义》不能一。然其统其传，非人之所能为也，亦天也。予此书融诸家之格言，释《本义》之奥旨，

① 〔元〕胡炳文：《周易本义通释》卷五，见《文渊阁四库全书》第 24 册，台湾商务印书馆 1986 年版，第 494 页。

> 后之学者，或由是而有得于《本义》，则亦将有得于羲、文、周、孔之天矣。①

这就是说，圣人之《易》当来自自然之天。胡炳文认为画前自然之易为自然之天，是四圣《易》书之《易》的所以然之故。四圣作《易》，并非出于圣人思虑，而是自然之天在人身上的体现，或者说，是人通过对自然之易的摹写而成《易》。易学家解四圣之《易》多支离文义，更有甚者附会取象，不能真正把握四圣之《易》的精神。只有程颐、邵雍发明四圣《易》旨，而朱子《周易本义》又综合了二者之思想，从而使四圣之《易》彰明，使学有统、道有传。所以胡炳文作《周易本义通释》是融合邵雍、程颐之《易》，阐释《周易本义》之旨，方便后学者来探究自然之易。

（三）圣人制为卜筮以教人

《周易》作为儒家重要经典之一，它不仅有一套由卦爻辞所构成的符号世界，更重要的是还借助于一套占筮文化来体现的意义世界。

朱熹反复强调"《易》本卜筮之书"。关于朱熹的这一观点，我们已经在前文中交代过，这里只论述胡炳文对朱熹这一观点所作的诠释。

胡炳文首先从发生学上解释，《易》之产生是起于卜筮。在注释《系辞上传》"是故天生神物，圣人则之；天地变化，圣人效之；天垂象，见吉凶，圣人象之；河出图，洛出书，圣人则之"一段话时，他说："四者，言圣人作《易》之由，而《易》之所以作，由于卜

① 〔元〕胡炳文：《云峰集》卷三《周易本义通释序》，见《文渊阁四库全书》第1199册，台湾商务印书馆1986年版，第760～761页。

筮，故又以天生神物始焉。”①所谓“四者”，即天生神物、天地变化、天垂象见吉凶、河出图洛出书，圣人则之、效之、象之、则之，而成《易》。这就是说，圣人出于卜筮的需要，受天地变化的启发而作《易》。

其次，胡炳文从卜筮的功用上来论证。他认为，《易》本是效法天道变化而成，《易》之卜筮包罗天地万物之理，所以，学《易》能“开物成务”。他说：

> 学者以为《易》专言卜筮，易至于小吾《易》。殊不知未有卜筮以前，人无以知吉凶而成事业。有卜筮则可开示吉凶，而天下事事物物之理，无不包括在此。故曰：冒天下之道。开示天下以吉凶，所以通天下之志；成务，所以定天下之业；冒天下之道，所以断天下之疑。②

这就是说，《易》虽专言卜筮，并不能使人因此否定或漠视《易》本身。在没有卜筮以前，人在成就事业时无法预知吉凶。有了卜筮后，可以开示吉凶，那么天地万事万物之理皆在卜筮之中。而《易》书又是专言卜筮的，所以《易》中包含了宇宙人生之理。学《易》能够开物成务，通天下之志，定天下之业，断天下之疑。

胡炳文力证朱熹“《易》本卜筮之书”的说法，并进一步深化圣人“《易》以卜筮为教”的观点。以他对《系辞上传》中一段话的注释为例进行分析。《系辞上传》曰：“是故阖户谓之坤，辟户谓之乾，

① 〔元〕胡炳文：《周易本义通释》卷五，见《文渊阁四库全书》第24册，台湾商务印书馆1986年版，第513页。

② 〔元〕胡炳文：《周易本义通释》卷五，见《文渊阁四库全书》第24册，台湾商务印书馆1986年版，第511页。

一阖一辟谓之变，往来不穷谓之通，见乃谓之象，形乃谓之器，制而用之谓之法，利用出入，民咸用之谓之神。”朱子《周易本义》曰：“阖辟，动静之机也。先言坤者，由静而动也。乾坤变通者，化育之功也。见象形器者，生物之序也。法者，圣人修道之所为；而神者，百姓自然之日用也。”①胡炳文从卜筮的角度对“阖辟动静之机”进行解读。他说：

> 此章《本义》以为专言卜筮。此段若从卜筮说，阖户谓之坤者，四十九策之合也，辟户谓之乾者，四十九策之分也，一合一分，是谓蓍之变。分合进退之中，有往来不穷之妙，是谓蓍之通，见而为七八九六之数，谓之象；形而为刚柔动静之爻，谓之器。此乃圣人制为卜筮以教人，是为揲蓍之法，民一出一入，咸用之以为利，则为用蓍之神。②

他认为，大衍筮法所用的四十九策合在一起的状态，就是“阖户谓之坤”；四十九策经过挂一象三、揲之以象四时、归奇于扐以象闰、再扐而后挂的衍算过程，就是“辟户谓之乾”。无论是象形还是制器，既体现了圣人以卜筮为教，又显示了用蓍的神妙。

概而言之，在易学观上，胡炳文的易学从整体上继承了朱熹的基本易学理念，试图将《易》为卜筮之书与《易》为义理之书的内涵统合为一，进一步细化和发展了朱子易学。

① 萧汉明：《〈周易本义〉导读》，齐鲁书社 2003 年版，第 242 页。

② 〔元〕胡炳文：《周易本义通释》卷五，见《文渊阁四库全书》第 24 册，台湾商务印书馆 1986 年版，第 512 页。

二、与天地准的易理思想

撇开《周易》的符号世界与占筮文化，那么《周易》深层意义世界是什么？《系辞上传》“《易》与天地准，故能弥纶天地之道”的论述，把《周易》提升为澄明天地之道、实现与天地准的高度。

胡炳文在注释“《易》与天地准，故能弥纶天地之道”时说：“此‘易’字指《易》书而言，书之中具有天地之道，本自与天地相等，故于天地之道弥之则是合万为一，浑然无欠，纶之则一贯万分，粲然有伦。”①这就是说，《易》中包含天地之道，具阴阳之理，所以圣人用《易》以穷阴阳之理，“《易》不曰阳阴而曰阴阳，此所谓幽明死生鬼神即阴阳之谓也。即天地而知幽明之故，即始终而知死生之说，即聚散而知鬼神之情状，皆圣人穷理之事也”②。

既然《周易》所蕴含的是天地阴阳之理，这一阴阳之理究竟如何展现？围绕这一问题，胡炳文通过太极与阴阳等思想展开了自己的《周易》的义理世界。

（一）太极阴阳之理

“无极而太极”是朱熹整个理学体系中的一个重要支撑，由“无极”“太极”两个范畴的创造性诠释，维护了周敦颐开创的道学体系，同时也深化了程朱理学的思想内涵。当然，这也成为朱陆之争的一个焦点问题。胡炳文的著作中很少使用“太极”，而是直接用“易”或“理”字来代替“太极”。在《太极赋》中，胡炳文对太极的渊

---

① 〔元〕胡炳文：《周易本义通释》卷五，见《文渊阁四库全书》第 24 册，台湾商务印书馆 1986 年版，第 498 页。

② 〔元〕胡炳文：《周易本义通释》卷五，见《文渊阁四库全书》第 24 册，台湾商务印书馆 1986 年版，第 499 页。

源作了梳理，“夫文王、周公未尝言太极也，而发之者仲尼。仲尼未尝言无极也，而明之者濂溪”，认为“太极”非《易经》原初所有，而“易者，阴阳代换之名；极者，阴阳代换之理”，“阴阳在是，太极不离乎是尔。不离者物物各具，不杂者物物统体，浑然者如此，灿然者如彼”①，太极不离乎阴阳变化，物物各具太极之理，综而言之，易即太极，亦即理。可见，在胡炳文那里，易、理、太极是同等意义的范畴。

在卦画之《易》形成之前，就存在太极之理，太极之理存，且具有“生”的功能，“其所以阖辟往来而不穷者，以其有是太极之理也”②，故两仪、四象、八卦的生成过程，就是太极之理自我展开的过程。“所谓两仪四象八卦，即《易》也。又原其始而言者，惟其有太极之理，所以生仪生象生卦，而谓之《易》也。以画卦，则始为一画以分阴阳而谓之两仪。次为二画以分老少，谓之四象。又次为三画，而谓之八卦。以揲蓍，则一揲而有两仪之象，次二揲而有四象之象，又三揲而有八卦之象。自一生两，皆有太极之理存焉。吉凶生大业，有理必有用也。”③在胡炳文看来，卦画生成的过程和揲蓍的过程，就是太极之理自我展开的过程。大衍筮法中，经过三揲而有八卦之象，都是“自一生两”，其间太极之理一以贯之。

在中国传统思想史上，较早地把“太极”解释为“理”的是朱熹。在朱熹那里，“太极”与“理”是同等意义上的概念。朱熹在《周易

---

① 〔元〕胡炳文：《云峰集》卷七《太极赋》，见《文渊阁四库全书》第1199册，台湾商务印书馆1986年版，第795页。

② 〔元〕胡炳文：《周易本义通释》卷五，见《文渊阁四库全书》第24册，台湾商务印书馆1986年版，第512～513页。

③ 〔元〕胡炳文：《周易本义通释》卷五，见《文渊阁四库全书》第24册，台湾商务印书馆1986年版，第513页。

本义》中说道："易者，阴阳之变。太极者，其理也。"①朱熹把"太极"解释为"理"是其理本论体系架构的需要。理本论认为，宇宙万物的存在根据是理，而在太极的相关论域中，太极为万物之本源，这两种论域一旦贯通，那么就必然要求把太极解释为理，否则理本论体系不能自洽。胡炳文说："广矣大矣，赞《易》之理也。以言乎远则不御，语大天下莫能载也；以言乎迩则静而正，语小天下莫能破也。《本义》以为即物而理存者，盖言此理非特动时可见，即眼前事物观之，未动时亦无非此真实之理也。以言乎天地之间则备矣。盈天地之间唯万物，此理无物不有也。"②这就是说，《易》之理广大悉备，无时无刻不存在，理在万物之中。

胡炳文认为，圣人因形而上的理之自然而画卦，理无穷，将画裁制之为六画。他说：

> 形者谓动而可见之时，自此以上则无体，故谓之道，即上文所谓所谓易也。自此以下则有体，故谓之器，即上文所谓乾坤奇偶之画也。理一而神，器两而化，圣人因其自然之化而裁制之，故谓之变。理无穷，画之生也亦无穷，圣人则裁制之为六画，裁为上下，为内外。裁有定体，行无定用，如乾之爻，当潜而行潜之事，则潜为通，当见而行见之事，则见为通。事者业之未成，业者事之已著。③

---

① 萧汉明：《〈周易本义〉导读》，齐鲁书社2003年版，第242页。

② 〔元〕胡炳文：《周易本义通释》卷五，见《文渊阁四库全书》第24册，台湾商务印书馆1986年版，第502页。

③ 〔元〕胡炳文：《周易本义通释》卷五，见《文渊阁四库全书》第24册，台湾商务印书馆1986年版，第514页。

这就是说，“易”即形而上之“道”，“画”即形而下之“器”，道为器之根，易为画之本，“理一而神，器两而化”，成就万千变化。

胡炳文继而论道：

> 自形而上之道至事业，由至微推出至著；自极天下之赜至德行，由至著收归至微。《上系》凡十二章，末乃曰：“书不尽言，言不尽意。”盖欲学者，自得于书言之外也。自立象尽意至鼓天下之动者存乎辞，反复《易》之书言可谓尽矣。末乃曰：“默而成之，不言而信，存乎德行。”然则《易》果书言之所能尽哉？得于心为德，履于身为行，《易》之存乎人者，盖有存乎心身而不徒存乎书言者矣。①

这就是说，人心得形而上之太极之理就可以成就德性，践履之就可以成就德行。

受到朱熹的影响，胡炳文从“理”的角度解释易、天等概念。他解释“易”曰：“所谓自然之理者，何？易也，简也。”②解释“天”曰：“天者，理而已。圣人之制器不能先天而强为，不能后天而不为，非一时之所可为也，非一人之所能为也，皆天理之自然者也，所以亦曰自天佑之。”③易与天也是等同的。他说：“动静无非易，即无非

① 〔元〕胡炳文：《周易本义通释》卷五，见《文渊阁四库全书》第24册，台湾商务印书馆1986年版，第515页。

② 〔元〕胡炳文：《周易本义通释》卷五，见《文渊阁四库全书》第24册，台湾商务印书馆1986年版，第496页。

③ 〔元〕胡炳文：《周易本义通释》卷六，见《文渊阁四库全书》第24册，台湾商务印书馆1986年版，第520页。

天，故自天佑之，吉无不利。”①

可见，《易》搭建了一座沟通天、人的桥梁。《周易》的太极阴阳之理不仅体现在宇宙的生化中，而且也体现在人生的百行中。我们的人生百行都是为心所主宰，人之心也体现着太极阴阳之理。

在朱熹那里，心有体用，心有道心和人心的二层划分，而道心为理。朱熹说：“指其生于形气之私者而言，则谓之人心；指其发于义理之公者而言，则谓之道心。”②道心出于天理，人心出于私欲。胡炳文在此基础上发挥，心有内外之分，内心即本心，又为其初之心，即天地生物之心，即为天理所命。“天地生物之心，即人之本心也，皆于几息而复萌之时见之。”③既然本心是“皆于几息而复萌之时见之”，那么，此本心当是心之已发之后的事。外心即人心，指充满人欲之心。可见，胡炳文所说的“本心”与朱熹所说的“道心”是相似的概念。

胡炳文认为，得天地生物之本心是善的，是天理之自然之所为，这在圣人身上得以体现，“圣人理与心会，自然得之者也”④。“物物各具一性，物物各一自然之天。圣人因物之所性，以育万物，圣人一自然之天也。”⑤可见，物之所性是万物之所以然的根据，圣

① 〔元〕胡炳文:《周易本义通释》卷五，见《文渊阁四库全书》第 24 册，台湾商务印书馆 1986 年版，第 497 页。

② 〔宋〕朱熹:《晦庵先生朱文公文集》卷六五，见〔宋〕朱熹撰，朱杰人、严佐之、刘永翔主编《朱子全书》第 23 册，上海古籍出版社、安徽教育出版社 2002 年版，第 3180 页。

③ 〔元〕胡炳文:《周易本义通释》卷一一，见《文渊阁四库全书》第 24 册，台湾商务印书馆 1986 年版，第 560 页。

④ 〔元〕胡炳文:《周易本义通释》卷五，见《文渊阁四库全书》第 24 册，台湾商务印书馆 1986 年版，第 496 页。

⑤ 〔元〕胡炳文:《周易本义通释》卷三，见《文渊阁四库全书》第 24 册，台湾商务印书馆 1986 年版，第 475 页。

人天生就有此性，所以圣人能成就万物。然圣人之性何以来？胡炳文说："蓍本自神明，圣人幽赞之而已，天圆地方之象，自其一二之数，圣人不过参之两之而已，其为数也自有阴阳之变，其为变也自成刚柔之爻，圣人不过观其变而发挥之尔，于蓍卦之德则和顺之，而一无所逆，于六爻之义则条理之，而各有其序。穷天地之理，尽人物之性，圣人作《易》之功，至是与天命为一矣。天命自然而然，圣人之《易》亦非心思智虑之所为也。"①即圣人之心与理是自然而然契合的。

胡炳文从阴阳之气的升降来解释本心的幽明。"人一身，阳上充，而阴下滞。元气竭矣，匪人也。人之一心，人欲为主于内，天理缘饰于外，失所以为人矣。匪人也。"②一般人却因人欲的影响，本心被遮蔽了。那么，如何去掉人欲，复归本心呢？

(二)成性明德之方

对已发未发中和气象的体认，构成朱子心性论的指诀。于静中体验未发，以尽中道；通过理会的方法认识万物之理，在曲成中节中践履和道，是朱子理学的"为学"之要。朱子认为，未发之中为性，是心之体；已发为情，是心之用；而心则主(统)性情，贯通于已发未发之间。由此，要通达已发未发之旨、中和之道，心必以敬主性情，居敬穷理，在日用处省察推明，这就是格物致知的为学工夫。

在解释"继之者善，成之者性"时，胡炳文说：

---

① 〔元〕胡炳文：《周易本义通释》卷八，见《文渊阁四库全书》第24册，台湾商务印书馆1986年版，第539页。

② 〔元〕胡炳文：《周易本义通释》卷一，见《文渊阁四库全书》第24册，台湾商务印书馆1986年版，第341页。

阴阳非道也，一阴又一阳所以循环而不已者，道也；继者，静之终动之始，最可见一阴又一阳之妙。《本义》曰："继言其发，成言其具。"盖在造化者方发而赋于物，其理无有不善，在人物者各具是理以有生，则谓之性，其发者是天命之性，其具者，天命已不能不丽于气质矣。仁者、知者、百姓，指气质而言也。①

继之者善即是造化显诸仁处。善者，天地赋予万物之理；仁者，天地生生万物之心，人得天地之心以为心，即谓之仁，而善之本也。②

他认为，道即阴阳循环不已之理，阴阳变化即道之用。人得天地之心，即心之体，为善之本。道之体用，不外乎阴阳，"显诸仁，是用之迹，而盛德之所以行；藏诸用，即仁之心，而大业之所以立。显诸仁，是发生可见者，藏诸用，是所以发生者，即藏于中而不可见"③。天理终落实于人心，心有体用，贯通于已发未发之间，故能"心统性情"。"孰为天地之太极？曰人。孰为人之太极？曰心。太极动而生阳，静而生阴，人者阴阳二气之会，心者阴阳不测之神，人之一身万物咸备，一方寸中具一天地，所当得者，将发之际，原夫未发，无偏无倚。在图书则中各有五，五中有一，一非心之体乎？在先天则万化万事生乎心，非即图书之自中而起者乎？动宜省察，静宜涵

① 〔元〕胡炳文：《周易本义通释》卷五，见《文渊阁四库全书》第24册，台湾商务印书馆1986年版，第500页。

② 〔元〕胡炳文：《周易本义通释》卷五，见《文渊阁四库全书》第24册，台湾商务印书馆1986年版，第501页。

③ 〔元〕胡炳文：《周易本义通释》卷五，见《文渊阁四库全书》第24册，台湾商务印书馆1986年版，第501页。

养，诚心在致其知，勿忘勿助之长，立身以德行为先，立言以明经为尚，太极在我，真实无妄。"①

胡炳文发挥程子的"静中春意"之意，阐明了"主静工夫"体认中道的作用。"无极太极，心之本体，无思无为，其本恒静，天地万物之春皆出乎此，而人往往自以动失之。予尝论太极图、《通书》与《中庸》相表里。太极生生，春意何穷，《图说》主静，《通书》终之以蒙与艮，即《中庸》所谓渊渊浩浩皆自大本中出，而不睹不闻不动不言之际，主静工夫始终具焉，及其静之极而无声无臭之天，即吾无思无为之《易》，即吾喜怒哀乐未发之中，即周子所谓太极本无极也。天地自位，万物自育，天下自平，静之功用渊且宏矣。"②

胡炳文贯彻了朱子体用不二的心性论思想。他认为："太极之妙，动静无始，动者其用，静者其体。乾坤阖辟，为《易》之门，未辟之先，阖户谓坤。喜怒哀乐，未发之时，浑然在中，鬼神莫知。无思无为，不睹不闻，非诚曷有，非敬曷存。惟静故虚，惟虚故明，尸居龙见，渊默雷声。乾专而直，坤翕而辟，静以制动，心为太极。动则为智，静则为仁，维仁之充，万物皆春。"③心就是太极，如乾坤之阖辟为《易》之门，心也是体与用、动与静的统一，要体认"喜怒哀乐未发"之中道，就要"静以制动"，敬以直内，使此心中正不偏，纯一不已。

---

① 〔元〕胡炳文：《云峰集》卷七《太极赋》，见《文渊阁四库全书》第1199册，台湾商务印书馆1986年版，第796页。

② 〔元〕胡炳文：《云峰集》卷二《静春斋记》，见《文渊阁四库全书》第1199册，台湾商务印书馆1986年版，第755页。

③ 〔元〕胡炳文：《云峰集》卷七《静室铭》，见《文渊阁四库全书》第1199册，台湾商务印书馆1986年版，第791~792页。

在体验未发之中,理会已发之情的基础上,以存天理、正人欲为出发点,以"止于至善"为追求,胡炳文提出了"持敬明德"的涵养工夫。"善曰至善,极曰太极,人心天理,自然之则。如居之安,兹维其宅,如射之中,兹维其的。人莫能至,至或易迁,志之未果,守之未坚。心决所向,知止有定,欲坚所守,莫如持敬。明德之中,至善存焉,必止于是,乃纯乎天。人欲蝉蜕,天理春融,自新新民,春意何穷。"①心为神明之"宅",理为箭矢之"的",人生的操存涵养,应该立足本心,瞄准"至善"的目标,摒弃人欲,勇猛精进,最后达到"天理春融"的境界。

显然,《周易》的基本精神被胡炳文在工夫修养论的视域下加以解读。

胡炳文吸收了宋代以来的工夫论传统,并将其引入《周易》的具体阐释中。同时,他还将理学中"持敬"工夫发挥到《周易》的具体学习之道中。他在继承理学存敬涵养的传统基础上,将其具体应用于学《易》的实践操作中,认为"学《易》之法,先正其心"②,把"正心"列为治《易》的首务,而正心的关键在于"正其用"。他说:

> 吾心之体,本无不正,欲正其用,宜主乎敬。心兮本虚,有如太空,能无喜怒,不留于中。如衡之平,如鉴之明,衡无留物,能权重轻,鉴中无有,能照妍丑,密察吾心,或存或否。吾心之存。可检吾身,吾失此心,失吾为人。常应乎物,不与物

---

① 〔元〕胡炳文:《云峰集》卷七《止善斋铭》,见《文渊阁四库全书》第1199册,台湾商务印书馆1986年版,第792页。

② 〔元〕胡炳文:《云峰集》卷七《正心斋铭》,见《文渊阁四库全书》第1199册,台湾商务印书馆1986年版,第792页。

驰。防其邪曲，敬以直之。况于学《易》，尤当主敬。舍此一心，曷承三圣。①

胡炳文一方面继承了朱熹关于心分体用的看法，同时又将持敬工夫纳入心之用一面，认为主敬的作用在于正其心之用。显然这一看法与理学中“涵养需用敬”，将持敬看作未发工夫的理念有所差异。对他来说，主敬工夫是指向心之发用过程中，以敬来照察自己的行为、思想，从而时时保证心体之正的自然展现。因此，胡炳文认为在学《易》过程中，更应当持敬以待，不失心体之正，方能契合、体认《易》中的圣人之道。

（三）辞变象占之功

程朱理学本主体用一源，显微无间，天地有此理，圣人因之而成书，以通幽明之故，反映在易学哲学上即理象无碍，即象而求理。胡炳文秉承朱子易学之旨，极为重视辞、变、象、占四者，以为易道可从辞、变、象、占以得窥。“《易》之道不外乎辞、变、象、占。吉凶，占也，占以辞而明。故曰系辞焉而明吉凶。刚柔相推，象也，变由象而出，故曰刚柔相推而生变化。”②“辞占是一类，变象是一类。辞以明变象之理，占以断变象之应，故四者之目以辞与占始终焉。”③“象与变，有刚柔变化之殊；辞与占，有吉凶悔吝之异。君子居而学《易》，已穷乎象与辞之理，动而用《易》，又适乎变与

① 〔元〕胡炳文：《云峰集》卷七《正心斋铭》，见《文渊阁四库全书》第1199册，台湾商务印书馆1986年版，第792页。

② 〔元〕胡炳文：《周易本义通释》卷五，见《文渊阁四库全书》第24册，台湾商务印书馆1986年版，第496页。

③ 〔元〕胡炳文：《周易本义通释》卷五，见《文渊阁四库全书》第24册，台湾商务印书馆1986年版，第508~509页。

占之宜。动静无非《易》,即无非天,故自天佑之,吉无不利。天地间刚柔变化无一时间,人在大化中吉凶悔吝无一息停,吉一而已,凶悔吝三焉。故上文示人以吉凶悔吝者,圣人作《易》之事,此独吉而无凶悔吝者,君子学《易》之功也。"①这就是说,易道包含辞、变、象、占四部分,四者有着不可分割的关系。占以辞而明,所以系辞而明吉凶,离辞难以明占之吉凶悔吝之结果;变由象而出,离象无法言其变化。辞、占是一类,变、象是一类,辞以明变象之理,占以断变象之应。就辞、变、象、占四者而言,辞、占之用贯穿始终。

胡炳文对《易》之象作了阐释。他说:"至著者象,至微者理;易之象,理之似也。"②可见,"象"是易理的载体,由"象"可得见易理。在解释《系辞下传》"其称名也小,其取类也大;其旨远,其辞文;其言曲而中,其事肆而隐。因贰以济民行,以明失得之报"一句时,胡炳文说:"称名虽小,而取类于阴阳也甚大,不可以浅近卑吾《易》也;其旨虽远,而其文经纬可见,不可以高远荒吾《易》也;其言虽委曲,而又皆中于理,《易》岂高远之书哉?其事虽横陈,而实本于至隐,《易》岂浅近之书哉?上古之时,唯有《易》画以明失得之报,而民无疑;至于衰世,不得不因民之疑而明之以辞矣。"③其实,也正因《周易》象数符号看似简单的形式,但内在无限可能的象征性指向,才使得"其言曲而中,其事肆而隐"成为可

① 〔元〕胡炳文:《周易本义通释》卷五,见《文渊阁四库全书》第 24 册,台湾商务印书馆 1986 年版,第 497 页。

② 〔元〕胡炳文:《周易本义通释》卷六,见《文渊阁四库全书》第 24 册,台湾商务印书馆 1986 年版,第 520 页。

③ 〔元〕胡炳文:《周易本义通释》卷六,见《文渊阁四库全书》第 24 册,台湾商务印书馆 1986 年版,第 523~524 页。

能，使得隐喻具有了“言有尽而意无穷”的效果。

《易经》提供的把握世界的方法是“观物取象”。《系辞上传》说：“圣人有以见天下之赜，而拟诸其形容，象其物宜，是故谓之象。”胡炳文解释说：“圣人见天地之间阴阳相杂，于是拟之而为六十四卦，其象亦如此之杂也。拟者，象之未成；象者，拟之已定。”① 他以乾坤二卦为例说明“画”与“象”的关系，“未画则拟阴阳之形容，而象乾坤之宜，于是为奇耦之画，画则象也。已画又拟乾坤之形容，而取象天地、首腹、牛马，以至于为金、为玉、为釜、为布之类，皆象也”②。又说：“象非特天地山泽之类，即八卦之画成列，而象即在画矣。未动之先，有八卦之画，而未见八卦之交也。因而重之，爻在其中者，爻之为言，交也，有交则有变，故刚柔相推而变在其中。变统指卦爻而言，动专指所值之变爻而言也。系辞焉而命之，则文王、周公之《易》也。”③

胡炳文特别申明了“占”的价值，于卜筮以明天理之处多有阐述。“圣人明天道而知神物之可兴，察民故而知其用之不可不有以开其先。然圣人非斋戒无以神明圣人之德，教人卜筮，人不斋戒亦无以神明人之德也。”④“天地有此理，不能以告人，圣人作为卜筮之书，明则谋诸人，幽则谋诸鬼，百姓亦得以与其能，此圣人所以成天地之能也。圣人成天地所不能成之能，百姓得以与圣人所已成

① 〔元〕胡炳文：《周易本义通释》卷五，见《文渊阁四库全书》第24册，台湾商务印书馆1986年版，第504页。

② 〔元〕胡炳文：《周易本义通释》卷五，见《文渊阁四库全书》第24册，台湾商务印书馆1986年版，第504页。

③ 〔元〕胡炳文：《周易本义通释》卷六，见《文渊阁四库全书》第24册，台湾商务印书馆1986年版，第517页。

④ 〔元〕胡炳文：《周易本义通释》卷五，见《文渊阁四库全书》第24册，台湾商务印书馆1986年版，第512页。

之能也"①,圣人作《易》之事,君子学《易》之功,由占而行,寻机而动,则会获吉。

三、即象求理的解《易》方法

胡炳文承继了朱熹的治《易》理路。朱熹易学思想的基本理路,是通过象数而入于义理。他说:"某之说……如过剑门相似。须是蓦直撺过,脱得剑门了,却以之推说《易》之道理,横说竖说都不妨。"②胡炳文也是以象数为基础,由象数来谈义理,其义理易学有两个突出特点,一是即象数、卜筮求易理,极为重视象数、卜筮在开显义理内涵上的重要功能;二是即易学以弘扬理学,站在理学的立场上,丰富和扩充易学的理学内涵。

(一)即象数、卜筮求易理

胡炳文主张即象数、卜筮求易理。他在《周易本义通释》中全面继承了朱熹《周易本义》的基本思想,进而融释了朱熹的易学整体观,将图书之学、先天之学、后天之学融会合一,从时间向度上而言,尽管伏羲之《易》、文王之《易》、孔子之《易》先后各有其别,并且在具体形式及基本内容上也各有所别。然而在内在根本义理,也就是内涵的圣人之道上,三者则是一以贯之的。也正是在这一理念下,朱熹一方面将《周易》还原为卜筮之书,并且肯定图书象数之学在易学中的根源性地位,另一方面,则又将以天理为核心的义理易学内涵灌注其中,从而实现了《周易》在象数与义理、卜筮之道

① 〔元〕胡炳文:《周易本义通释》卷六,见《文渊阁四库全书》第24册,台湾商务印书馆1986年版,第528~529页。

② 〔宋〕朱鉴:《文公易说》卷二一,见《文渊阁四库全书》第18册,台湾商务印书馆1986年版,第835页。

与圣人之道方面的融通汇合。胡炳文的易学同样是在朱熹的这一整体易学理念下具体开展的。

关于圣人如何制《易》的问题，胡炳文接续了朱熹的基本主张。一方面认为河图、洛书对于圣人制《易》起到了关键性作用；另一方面，又不执着于河图、洛书一途，认为于圣人创《易》而言，河图、洛书所起到的作用即点醒、印证圣人对于天地万物之理的认识和把握，起到辅助和参考的作用。当然，这样做的目的，一方面是为了回应自宋代以来关于《系辞传》中所谓圣人观河图、洛书以作《易》与圣人观天地万物之象以作《易》之间的矛盾问题，另一方面则是将圣人作《易》问题与天地万物之理内在地关联起来，从而为贯通象数与义理以及卜筮与义理提供了基础。

于朱熹而言，《周易》的演进与发展，历经从仅有象数符号，到配以相应文辞，进而阐释内在义理的具体过程。那么要全面把握《周易》内涵，则必然也应当既要理解其卜筮的基本内涵，进而掌握其象数背后的符号内涵，从而全面理解圣人制《易》的内在之理。他说："圣人作《易》之初，盖是仰观俯察，见得盈乎天地之间，无非一阴一阳之理；有是理，则有是象；有是象，则其数便自在这里，非特河图、洛书为然。……于是圣人因之而画卦……卦画既立，便有吉凶在里。……盖是卦之未画也，因观天地自然之法象而画。"①显然，在朱熹看来，圣人仰观俯察也好，受启于河图、洛书也罢，之所以能够创设《周易》，原因在于掌握了万事万物内在的根本之理。象数、义理、卜筮在这一意义上而言具有了内在的统一性。胡炳文接续了朱熹的这一基本理念，在其看来，正因为《易》本为卜筮而

① 〔宋〕黎靖德编，王星贤点校：《朱子语类》卷六七，中华书局 1986 年版，第 1646 页。

作，其言皆依象数，以断吉凶。因此，尽管《周易》本来面目即一部占筮之书，但占筮吉凶背后体现的仍然是圣人之道、天地之理。因此，后世极力试图将《周易》阐释为一部纯然的义理之书，并将其与卜筮的关联剥离开来的做法，尽管看似是为了凸显《周易》作为圣人所创经典的重要价值，但很大程度上遮蔽了《周易》整体的内涵，使得后世易学发展中出现了象数与义理的分途、占筮与易学的互斥。因此，胡炳文接续了朱熹的基本理念，认为要明了《周易》，不但不能简单地拒斥《周易》中本就存在的卜筮问题，将之贬低为术数占验小术，反而应当正本溯源，从《易》为卜筮之书出发，从卜筮过程中理解体会圣人之道。

总而言之，胡炳文《周易本义通释》一书是在朱熹易学所建构的象数、义理、卜筮通而为一的易学整体视域下具体展开的。胡炳文的易学既肯定了《周易》作为圣人所制经典，内涵圣人之道的义理价值一面，又强调了圣人之道于《周易》而言，并非是与《周易》中的卜筮析而为二、各自分离的两套系统。《易传》中所言的辞、变、象、占圣人之四道，只有在肯认《易》为卜筮之书的前提下才能够得到彻然朗显。

（二）即易学以弘扬理学

一如我们所熟知，易学在漫长的中国传统经学发展演变过程中，逐渐形成了象数与义理两个基本派别。开启义理易学的王弼，批判了汉易拘泥象数之弊，重新界定了象数、义理的关系，由象数入手而又超越象数直透义理，挺立起义理易的学理宗趣和学术追求。王弼在诠释《周易》过程中，运用了道家的运思方式，并将之灌注到《周易》经文的具体阐释中，使得《周易》的内在精神被注入了玄学色彩。程颐继承了王弼治《易》路数，以儒门之义理诠释着

《易》,实现了由玄学化了的义理向儒门义理的彻底转换。

就儒学发展而言,两宋之际的儒学发展完成一大转型:即从"五经"之学到"四书"之学的转换。宋代理学重建了宇宙本体论及其心性修养论,实现了由突显治国平天下与人文化成的优先性的"周孔之教"向强调提升个体生命境界、成就圣贤人格优先性的"孔孟之道"的实质更替。胡炳文自幼濡染其中,其义理易学打上了这一学术转型的烙印。

元初,"科举未兴,学者但知临晋帖、诵晚唐诗,笔迹声气稍似之,哆然以士自名,漫不知经学为何事"①。在这样的学术风气下,胡炳文为了倡明经学,使学者免入迷途,非常重视书院讲学,"孜孜矻矻,相与讲求经学,旦夕不辍,寒暑不渝"②。在其看来,如果持续不断地以此方向努力为之,"循明经之名,责明经之实,他日安知无明体适用者出焉?安知其无能继绝学、开太平者出焉?"③可见其旦夕之间以弘扬儒学道统为己任之心。

经历宋元易代的胡炳文,在面对治道分离的现实情势下,更加以传统儒家道统为己任。他指出:"三代以上,经未全而经之道行;秦火而后,经不全而经之道弥破。至明道、宋元间,安定先生始教人明经学,然后为士者稍知经有体有用,既而明于伊洛,大明于我新安。经非不明也,然学者沦于旧学,非绝类离伦以为高,则

① 〔元〕胡炳文:《云峰集》卷一《代族子淀上草庐吴先生求记明经书院书》,见《文渊阁四库全书》第1199册,台湾商务印书馆1986年版,第738页。

② 〔元〕胡炳文:《云峰集》卷一《与草庐吴先生书》,见《文渊阁四库全书》第1199册,台湾商务印书馆1986年版,第739页。

③ 〔元〕胡炳文:《云峰集》卷一《与草庐吴先生书》,见《文渊阁四库全书》第1199册,台湾商务印书馆1986年版,第739~740页。

以希世取宠而安于卑，于是经学始若无用于天下。”①胡炳文以儒家之经典为依据，对历代传承之道进行了判定。在他看来，三代以上，尽管儒家的经典还未出现，然而此时天理流行，是经不全但道全彰之时。秦汉之后，儒家经典则又因秦火之焚更受破坏，儒家之道在后世因此被遮蔽而黯然不彰。直到北宋庆历之际，在被后世称为“宋初三先生”的胡瑗、孙复、石介那里，才再次接续起儒家已断之道统，初步开显了“明体达用”之学。进而经过北宋五子的阐扬，特别是在程颐揭示了天理内涵后得到了进一步的开显，到了南宋朱熹那里，儒家体用一源的道学内涵得到了彻然揭示，这即朱熹所说的“体是这个道理，用是他处用。如耳听目视，自然如此，是理也；开眼看物，着耳听声，便是用”②。不过，在胡炳文看来，尽管朱熹已然清晰地揭示了儒家通体达用之道，然而时至今日，许多士人仍然受蛊惑于前人误说，往往析体用为二，要么追求玄远不实之体，要么仅仅着眼于无根之用。因此，对其而言，正是通过着力凸显《周易》乃至其他儒家经典体用一源的特点，胡炳文以接续儒家道统为己任。

胡炳文的义理易学，彰显了儒家思想的光辉。《易经》本身就是一部“忧患之作”，忧患意识也是《易经》智慧最杰出的表现。这种忧患意识突出地表现为儒家学者以道自任、为道献身的精神，具有高度的自觉性和实践性，为理学家所尊奉传承。胡炳文《周易本义通释》全书处处贯穿着对忧患意识的阐发，忧患精神

① 〔元〕胡炳文：《云峰集》卷一《代族子淀上草庐吴先生求记明经书院书》，见《文渊阁四库全书》第1199册，台湾商务印书馆1986年版，第737～738页。

② 〔宋〕黎靖德编，王星贤点校：《朱子语类》卷六，中华书局1986年版，第101页。

不但作为《周易》的基本精神的一个面向被深入而透彻地揭示出来，同时也在这一过程中折射出胡炳文作为一个身处易代之际的儒家知识分子内心饱含的忧患精神。

以既济为例，来看《周易本义通释》对忧患意识的引申和扩充。既济卦象为离下坎上，卦辞为“亨小利贞，初吉终乱”，胡炳文对朱子“大抵此卦及六爻皆有警戒之意”一语引而申之，他指出，尽管从卦象上看，阴阳各爻各得其正位，所以有万事皆得其位，有安稳之象。然而卦辞中“亨小利贞”一语仍透出警戒之意，于是胡炳文指出：“既济之时，阴阳各得其正，小者且无不亨，而圣人犹戒之曰利贞。”①特别是对卦辞中所说的“初吉终乱”，胡炳文认为此一段文辞正是对圣人充满戒惧、忧患之情的充分展现，因此他说：“《易》之道一阳一阴，天下之生一治一乱，阳一而阴二，故治常少而乱常多。创业之主以忧勤而吉，守成之君以逸乐而乱，初吉不几时，终乱乃迭见，圣人所以于既济之时深戒之也。”②他以卦爻画阳卦多阴，即一阳而二阴为阳卦为喻，揭示现实社会治乱更替，但总体治少而乱多，以此揭示圣人忧患意识，尽管这一看法似乎并不符合《周易》以及朱熹本意，甚至有过度诠释之嫌，然而正是这一理念背后折射出对其所在时代的痛切反思，呈现出胡炳文易学独特的时代风貌。

当然，总体而言，胡炳文的注疏基本因循了朱子的思路，同样在既济六爻的解释中，贯穿着对忧患意识的阐明，比如将初九爻解读为“勉其谨戒”，六二爻解释为“戒以勿逐”，九三爻则凸显了

---

① 〔元〕胡炳文：《周易本义通释》卷二，见《文渊阁四库全书》第24册，台湾商务印书馆1986年版，第457页。

② 〔元〕胡炳文：《周易本义通释》卷二，见《文渊阁四库全书》第24册，台湾商务印书馆1986年版，第457页。

“戒以小人勿用”。在解释六四爻辞时,胡炳文明确指出,把握“既济之道”的关键是时刻保持“忧患意识”,“备患之具不失于寻常,而虑患之念又不忘于顷刻,此处既济之道”①。在其看来,忧患意识并不仅仅指向危难之时,也不仅仅需要在承平之世予以点醒。只有在寻常日用常行中时时常保,念念不忘,才是既济之世所能常保的内在根源。那么,忧患意识所忧者何?胡炳文借助对《既济》九五爻辞“东邻杀牛,不如西邻之禴祭,实受其福”之辞的阐释进行了具体的说明。他指出:“然福在天地间,未尝不以与人,非吝于纣而私于文王也,文王实有以受之,纣自无受之之道耳。”②最终,胡炳文将忧患意识导向儒家德行伦理,认为个人、社会的福祸、治乱,根本取决于如何展现德行,天地赋予每个人以德性,并无少缺,然而并非每个人都能在生命中时时展现,因此出现了如文王等圣人,也出现了如纣王等恶君。

纵览《周易本义通释》全书,胡炳文易学中呈现的最大特色,不仅仅是对朱熹易学的详细阐发和细化,更为突出的则是在阐释朱子之学的同时,抒发出充满忧患、戒惧色彩的时代反思。

考察一个人的思想,不能脱离其所处的时代和学术源流。元朝当政者为了强化自身统治的合法性,通过大力弘扬以朱熹之学为代表的儒家之学,将原本在宋代长期受到压制然而在民间日渐产生重大影响的朱熹之学定为官学,从而笼络士人之心。尽管朱子之学在被官学化之后逐渐因成为致仕之学而丧失鲜活生命力,但也在很大程度上产生了更大的现实影响力。不少士人仅仅因考

① 〔元〕胡炳文:《周易本义通释》卷二,见《文渊阁四库全书》第24册,台湾商务印书馆1986年版,第459页。

② 〔元〕胡炳文:《周易本义通释》卷二,见《文渊阁四库全书》第24册,台湾商务印书馆1986年版,第459页。

取功名而研读朱熹之学，但同样有许多有识之士在这一过程中，真正受到朱子之学精深、宏达气象的影响，以接续儒家道学为己任，在积极推进朱子之学细化的同时，进一步产生了自己独特的思想。胡炳文的易学以传承弘扬朱子易学为旨归，在研读邵雍易学、二程易学的基础上，以自己独特的治《易》方法，逐渐形成了治《易》特色。

胡炳文兼取象数义理以解《易》，参照诸家易解来相互发明以求《易》之精义。他继承朱熹理象数辞未尝相离的传统，以象数、卜筮求易理而彰显理学，统一义理与象数两派，而落脚于“理本论”。在象数方面，尽管《周易本义》主张要从卦德卦体和卦变的角度解《易》，对汉易中互体说、飞伏说多有排斥，但胡炳文对此并不放弃，而是继承了汉易中的互体说、飞伏说等并有所发挥。他解《易》往往都是先进行一番象数的说明，再阐发其中人生哲理，象数成为探究义理的重要手段。在义理方面，他承继程朱理学，通过“四书”“五经”等深厚的儒学积淀来全面注释朱子《周易本义》，以《大学》《中庸》《论语》《孟子》《诗经》《尚书》《礼记》《春秋》等儒家经典来诠释易学的义理意蕴，使儒学义理易学发扬光大。胡炳文的易学思想，一方面迎合了当时统治者的客观需要，但同时，也在接续宋代以来易学，特别是弘扬朱子之说，下启明代易学的历史流变过程中成为重要的一环。

胡炳文易学对后世产生了很大的影响，其后的易学家有多人在著作中援引他的思想，如蔡清《易经蒙引》、林希元《易经存疑》、胡居仁《易象钞》、陈士元《易象钩解》、吴桂森《周易像象述》、孙奇逢《读易大旨》、刁包《易酌》、乔莱《易俟》、张烈《读易日钞》、陈梦雷《周易浅述》、杨名时《周易札记》、查慎行《周易玩辞集解》、胡煦《周易函书约注》及《周易函书别集》、沈起元《周易孔义集说》、王又朴《易翼述信》、赵继序《周易图书质疑》、李光地《御纂周易折中》、翟均廉《周易章句证异》等。

但是,当胡炳文在弘扬朱熹易学的同时,自然也暴露出拘泥于朱子一家而尽废别家的缺陷。正如四库馆臣所言,他“主一先生之言以尽废诸家,虽未免于太狭”①。胡炳文对朱子易学的坚守反而禁锢了其自身易学思想的阐明,使得其思想的创造性、超越性不强。

当然,我们也看到,有元一朝,儒学发展始终不是高扬的状态,官学背景下的元代易学重在文献整理和义理的疏释普及,《周易大全》收录的胡炳文、胡一桂等注本,也主要是对程朱二本的注疏解释而已,创见不多。尽管如此,胡炳文以深厚的儒学积淀,力图在儒家视野下诠释、理解《周易》,在注《周易》过程中折射出的充满忧患精神的人文品格,呈现出身处易代之际的思想家独特的思想品格。凡此种种,共同成就了胡炳文易学在元代易学发展史上不可忽视的历史地位。

第三节　董真卿的《周易》会通思想

林庆彰在《〈五经大全〉之修纂及其相关问题探究》一文中指出:“今检视《周易大全》全书体例,前有凡例,引用先儒姓氏、《周易大程子传序》、朱子《本义》图说、《易说纲领》,正文录程颐的《易传》和朱子的《本义》,两者之下,汇集古今相关的说《易》文字,但以宋、元人为多。如果将《周易大全》这种体例和前述数书相核对,

① 〔清〕纪昀等:《周易本义通释》提要,见《文渊阁四库全书》第 24 册,台湾商务印书馆 1986 年版,第 305 页。

可知董真卿的《周易会通》体例最相近。当时修纂《周易大全》是以董氏的书为底本，再加进少数宋、元人的《易》说而成。"[①]的确，由董真卿《周易会通》对明代官学《周易大全》编纂的影响可见其书本身之价值与意义。

董真卿是元代中期易学家。《宋元学案》将其列入《介轩学案》"双湖门人"："董真卿，字季真，鄱阳人，深山先生鼎之子也。学于双湖、勿轩。著有《周易会通》十四卷，明杨士奇称为集大成之书。子僎。""董僎，季真子。季真著《易会通》，尝供检阅参校之职。""董鼎，字季亨，鄱阳人，介轩之族弟也。其自序曰：'鼎生也晚，于道未闻，赖族兄介轩亲受学于勉斋、盘涧，故再传而鼎获私淑焉。'别号深山。所著《尚书辑录纂注》六卷，草庐极称之。其采拾诸家极博，不守一师之说，有功于《尚书》者也。子真卿。"[②]由上述可知其父董鼎学于勉斋先生黄榦、盘涧先生董铢，有功于《尚书》研究，著有《尚书辑录纂注》六卷，还撰有《孝经大义》一卷、《四书疏义》、《书诗二经训释》，但没有专门的易学著作。董真卿学《易》于双湖先生胡一桂、勿轩先生熊禾。[③] 胡一桂学于胡方平，胡方平学于董梦程[④]。董梦程是黄榦门人。在易学师承方面，董真卿→胡一桂→

---

① 林庆彰：《明代经学研究论集》（增订本），华东师范大学出版社 2015 年版，第 47 页。

② 〔清〕黄宗羲原著，全祖望补修，陈金生、梁运华点校：《宋元学案》卷八九《介轩学案》，中华书局 1986 年版，第 2988、2989、2972～2973 页。

③ 董真卿说："大德甲辰（1304），先父深山府君命真卿从先师新安双湖胡先生读《易》武夷山中，并携先父所著《书蔡氏传辑录纂注》访求文献。"参见〔元〕董真卿《周易会通·自序》，见《文渊阁四库全书》第 26 册，台湾商务印书馆 1986 年版，第 70～71 页。

④ 《宋元学案》云："董梦程，字万里，鄱阳人，盘涧先生铢之从子也。初学于盘涧与程正思，其后学于勉斋。"参见〔清〕黄宗羲原著，全祖望补修，陈金生、梁运华点校《宋元学案》卷八九《介轩学案》，中华书局 1986 年版，第 2971 页。

胡方平→董梦程→黄榦→朱熹，当属朱子后学。天历元年(1328)，董真卿撰成《周易会通》十四卷，又名《周易经传集程朱解附录纂注》，汇集自先秦至元代近二百位易学家思想，书后有《朱子启蒙五赞附录纂注》一卷、《朱子筮仪附录纂注》一卷。杨士奇称其为"《易》书集大成者"①。从《周易会通》的内容看，董真卿受胡一桂易学影响最大。他跟随胡一桂在福建武夷山游学过程中，亦受到熊禾易学的影响。可以说，董真卿是元代朱子后学的代表性人物。

一、文本形式上的会通

《周易会通》之会通，就是会通程朱易学。董真卿在《周易会通》自序里对于会通的价值与意义作了交代。他说：

> 文有古今之异，义有理象之殊。今《易》则自费直、郑玄以孔子《彖》《象》之传，附释正经之末，而参解文王、周公《彖》《象》经文之间，并附《文言》，则始于王弼，程《传》主理义而仍其旧。古《易》则自吕微仲、晁以道始复而未尽。吕伯恭复分羲、文、周公上下经六十四卦为经二篇，而以孔子十翼为传十篇，各自为卷，以合于古。《本义》主象占而用其本。二子之书并行于今，天下万世师尊之无异辞矣。但其经文体统，传义主张，各有攸当，不能合为一书，读《易》者犹病焉。②

在董真卿看来，《程氏易传》和《周易本义》所据经传的文本不同，主

① 〔明〕杨士奇：《东里续集》卷一六，见《文渊阁四库全书》第1238册，台湾商务印书馆1986年版，第579页。

② 〔元〕董真卿：《周易会通・自序》，见《文渊阁四库全书》第26册，台湾商务印书馆1986年版，第70页。

张有异，不能将二者合为一书来看的话，对读《易》者来说实在是个问题。他又说：

> 夫朱子之所以宗晁、吕者，不过欲使学者分别四圣之《易》，以求之古耳。若一切例以古人著书，经传必各自为卷，窃意解经者之谦德，兼竹简刀篆之烦而然。若以孔子之传，附羲、文、周公之经，亦犹程朱子之《传》《义》，附四圣之书尔，固未见其不可也。①

这就是说，朱子之所以推崇晁说之与吕祖谦的《古周易》，是想让学者区别四圣之《易》。若依古人著书，解《易》者重谦德，不会将自己的文字与经文并列，必然各自成卷，这样同时也就避免了同一卷中篆刻大量文字的困难。撇开这些因素不谈，将孔子《易传》附于经文之后，将《程氏易传》与《周易本义》附录在四圣易之后，也未尝不可。

那么，如何会通？文本形式上怎么安排，既能体现程朱易学原貌，又能使其不混杂在一起，达到神妙会通的目的？董真卿说：

> 四圣之《易》，伏羲卦画，文王卦辞，周公爻辞，此三圣人者谓之经。今于各卦之首，标以"经"字。孔子《大象传》《彖传》《小象传》《文言传》，有经可附者，附各卦之后。其总论一书之大体凡例，无经可附，如《系辞上传》《系辞下传》《说卦传》《序

① 〔元〕董真卿：《周易会通·自序》，见《文渊阁四库全书》第26册，台湾商务印书馆1986年版，第71页。

卦传》《杂卦传》，则以附于六十四卦之后，各于篇题仍存传名，并作白字。庶几不与正文相混。①

这就是说，经的部分指的是每一卦有伏羲卦画、文王卦辞、周公爻辞的三圣《易》。加上孔子《大象传》《彖传》《小象传》《文言传》附于各卦经文之后。总论全书的传的部分，《系辞传》《说卦传》《序卦传》《杂卦传》附录于六十四卦经文之后。

董真卿认为这样做并不违背朱子之意。他说：

> 律以今《易》乾卦义例，其合传之经，则《彖》《象》《文言》混而不分；其附经之传，则卦、《彖》、《象》、爻紊而无序。今特标列而次第之，于羲、文、周公之经，孔子之传，初不相杂而相统，有经可附者附之，无经可附者则总附于六十四卦之后，亦岂非朱子之意？而程子之传，可合而观之矣。苟如是读之，则周公之爻辞，孔子之《彖》《象》《文言》，与夫《系辞》以后四篇，莫不各有声韵音律，焕乎会通，又何以为读《易》者之病哉？②

如此一来，上下经、十翼、《程氏易传》、《周易本义》既各有其特色，彼此之间又能会通，读《易》之人也能深受其益。

《周易会通》卷首内容丰富，体现出会通程朱易学的特色。首

① 〔元〕董真卿：《周易会通·凡例》，见《文渊阁四库全书》第26册，台湾商务印书馆1986年版，第73页。

② 〔元〕董真卿：《周易会通·自序》，见《文渊阁四库全书》第26册，台湾商务印书馆1986年版，第71页。

先，列举了《周易会通》所引用的众多人物①，其中"程子门人"二十余家，"朱子门人"一百余家，其他"古今名贤"近二百家，含有姓名、传略、著作等；录有程子《易传序》《易程子序》《古易朱子后序》《易学启蒙序》四篇序言，后面有附录、纂注，以便读者了解程朱易学之基本情况。为了更好地呈现易学史上经传演变的基本面貌，董真卿专设《因革》章，总结了自伏羲画卦以来历代二十八家易的经传注解，考察其所因所革，述其大概。他说："朱子以伏羲《易》、文王《易》、孔子《易》，当分为三等。又曰：'《易》自伏羲至伊川，自成四样。'因而推之，由伏羲始画八卦以来，历代圣贤经传注解，其所因所革，何啻三等四样之不同哉？姑据师授及所闻见，叙其大概，列于是编之首。非唯使读《易》者不惑于古今之同异，具知程朱子之因革，则于愚所更定者，庶无大过矣。"②接着，董真卿作《程子说易纲领》《朱子说易纲领》，分别摘录了程颐、朱熹对经传的"总论一经之大体凡例，及杂举众说，与自言著述，难以分附各处"③的经典解释。两相比较，《朱子说易纲领》内容更多一些。这种卷首列有纲领的模式，与熊良辅《周易本义集成》相同。董真卿设《朱子易图》章，录有《周易本义》卷首九图，附以附录、纂注，力图发明天地自然之易、伏羲《易》及文王后天以至于卦变的体例。他录有其老师双湖先生胡一桂的四幅易图，认为因为双湖先生先有四圣《易》的划

① 有学者统计为315家，参见许维萍《董真卿〈周易会通〉在'复古〈易〉运动'中的意义》，见陈晋龙主编《元代经学国际研讨会论文集》，台湾"中央研究院"中国文哲研究所筹备处2000年版，第318页。

② 〔元〕董真卿：《周易会通》卷首，见《文渊阁四库全书》第26册，台湾商务印书馆1986年版，第92页。

③ 〔元〕董真卿：《周易会通·凡例》，见《文渊阁四库全书》第26册，台湾商务印书馆1986年版，第73~74页。

分，才接着朱熹讲，作卦象图、爻象图、卦序图、卦互体图等图式来补充朱子易学所未及。《周易会通》卷末附有《周易本义》所附之《五赞》《筮仪》，附以附录、纂注。

董真卿《周易会通》体例实是效仿其老师胡一桂《周易本义附录纂注》而来。在打好这些基础之后，董真卿开始对程朱易学思想进行会通。

二、对程朱易学思想的会通

董真卿所收集的程朱易学资料主要来自《程氏易传》、《周易本义》、董楷的《周易传义附录》和胡一桂的《周易本义附录纂注》。他在《周易会通》卷首《凡例》章交代了会通的形式与资料的核心来源。大体来说：

第一部分是《经传》部分。经有卦画、卦辞、爻辞三部分。各卦之首标注“经”字。《大象传》《彖传》《小象传》《文言传》分附各卦之后，《系辞传》《说卦传》《序卦传》《杂卦传》附于六十四卦之后。

第二部分是《音训》部分，列有吕祖谦的《古易音训》。

第三部分是《集解》部分。《程氏易传》、朱熹《周易本义》两家全文称“程子曰”“朱子曰”以相识别而总称之“集解”，这是主体部分，放在吕祖谦《古易音训》之后。吕氏《古易音训》原书已佚，唯因《周易会通》而留存于世，实在是学界幸事。

第四部分是《附录》部分。至于程、朱两家的语录，程子语录尽用董楷所纂《周易传义附录》，又遍阅董楷之书未录的程子诸书及其他纂录的文字内容增益，程颢之说也在其中，依朱熹四书的体例并称程子，不复分别。《朱子语类》除了引自董楷之书，更多地使用了胡一桂《周易本义附录纂注》，并博览朱子诸书及其纂录之文以补齐增益。“大约各以顺经文为序，杂碎之说居先，通论经文者次之，旁及他爻他卦及朱子语中论《程传》《本义》处又次之，称程子语、朱子语以相识别，而总谓之附录，在集解之次。”①

第五部分是《纂注》部分。以胡一桂《周易本义附录纂注》为主，增益众说，用“某某曰”“某某曰”的文字相区别。还是以顺经文为序，旁及他爻他卦者次之，总论数节数卦者放在后面，并于文末间缀董氏见解。

诚然，相较于宋元时期同类型的书籍来说，董真卿《周易会通》就程朱易学资料收集的广度而言，是最全面的，但是仍然不无遗漏。他说：“是书以程朱二家为主，故凡语录诸书，应有与《易经》相关者，悉加搜辑。然其间岂无有录者之详略工拙，议论之先后异同，审定去取，以备参考。”②也就是说，对于有些材料，他是做过取舍的。

我们列举《周易会通》卷四释谦卦卦辞“谦，亨，君子有终”所引文献来参看其对程朱易学思想的会通之一斑。《集解》部分引用程朱观点如下：

> 程子曰：谦有亨之道也。有其德而不居，谓之谦。人以谦巽自处，何往而不亨乎？君子有终：君子志存乎谦巽，达理，故乐天而不竞，内充，故退让而不矜，安履乎谦，终身不易，自卑而人益尊之，自晦而德益光显，此所谓君子有终也。在小人则有欲必竞，有德必伐，虽使勉慕于谦，亦不能安行而固守，不能有终也。

---

① 〔元〕董真卿：《周易会通·凡例》，见《文渊阁四库全书》第26册，台湾商务印书馆1986年版，第73页。

② 〔元〕董真卿：《周易会通·凡例》，见《文渊阁四库全书》第26册，台湾商务印书馆1986年版，第74页。

朱子曰：谦者，有而不居之义。止乎内而顺乎外，谦之意也。山至高而地至卑，乃屈而止于其下，谦之象也。占者如是，则亨通而有终矣。有终，谓先屈而后伸也。①

从《集解》部分可知，所引程子的话，来自《程氏易传》，主要从谦道的角度进行诠释；所引朱子的话，来自《周易本义》，主要从卦体、卦象、占筮的角度来进行分析。

《附录》部分引用如下：

程子语：他卦皆有悔凶咎，唯谦未尝有，他卦有待而亨，唯谦则便亨。（《罗氏拾遗》）

朱子语：谦便能亨，又为"君子有终"之象。渊。②

所引《罗氏拾遗》中程子的话，仍然是就谦亨之理而讲；所引《朱子语类》中朱子的话，侧重于谈象。这样，可以看到董真卿从理、象两方面来会通程朱易学。

《纂注》部分引用如下：

蔡氏曰：刚屈乎柔之下，谦之义也。刚下柔交通之道，故亨，君子三也。君子有是德，始虽卑而终益尊，始虽晦而终益光，故有终。

徐氏曰：九三一卦之主而居下卦之终，故曰有终。又诸卦

① 〔元〕董真卿：《周易会通》卷四，见《文渊阁四库全书》第26册，台湾商务印书馆1986年版，第257页。

② 〔元〕董真卿：《周易会通》卷四，见《文渊阁四库全书》第26册，台湾商务印书馆1986年版，第257页。

三爻多言终。

司马公曰：君子之德诚盛矣，业诚大矣。不谦以持之，无以保其终也。

李氏舜臣曰：设卦命名多以卦之反对取象。谦、豫二卦反，履、小畜之对也。履、谦取画在三，豫、小畜取画在四，特阴阳之画不同耳，皆五阴一阳、五阳一阴之卦也。一阴在下卦三阳之上，其位不顺，故名之小畜。一阳在下卦三阴之上，其位则顺，故名之豫。一阴在上卦三阳之下，其位则宜，故名之履。一阳在上卦三阴之下，其位非宜，故名之谦。

冯氏椅曰：一阳五阴之卦，其立象也，一阳在上，下者为剥、复，象阳气之消长也。在中者为师、比，象众之所归也。至于三四在二体之际，当六画之中，故以其自上而退处于下者为谦，自下而奋出乎上者为豫，此观画立象之本旨也。象立矣而玩焉。以实象言之，则山在地中；以虚象言之，则高处卑下，内止外顺，皆其义也。艮三爻尤吉。盖自处者下也。

双湖先生曰：谦唯阳刚君子能之，阴柔之人无取于谦也。盖阳为大，为尊，为贵，阴为小，为卑，为贱，然一阳卦六，必至三而后名谦者，三人道也。有公侯之尊贵，乃肯自卑，而处上卦三阴之下，此所以为谦也。自九居三成谦，有艮之笃实，有坎之劳，有震之动，而又承坤之重，盛德如此，安止不迁，谓之君子有终宜哉。①

---

① 〔元〕董真卿：《周易会通》卷四，见《文渊阁四库全书》第26册，台湾商务印书馆1986年版，第257页。

以上所引六家解说,蔡渊《周易经传训解》从阴阳爻位的角度进行分析,认为乾居坤下为谦。徐氏用卦主说来解析。司马光《温公易说》从义理的角度来解释谦德。李舜臣从反对卦之取象来分析。冯椅《厚斋易学》阐观画立象之本旨。胡一桂《周易本义附录纂注》认为唯有君子能守谦德,既言象又言人事。其中,蔡渊、冯椅、胡一桂皆朱子门人。董真卿还引用了司马光的思想来进行比照,呈现出其会通程朱而并不拘泥于程朱的诠释特点。

我们将此部分与其师胡一桂《周易本义附录纂注》相比较发现,董真卿所引《周易本义附录纂注》部分徐氏之言是直接摘录胡一桂此书而来。胡一桂在解释谦卦爻辞时,多次引用程颐的话来发明朱熹《周易本义》,这些内容也被董真卿直接摘录。不仅是谦卦,胡一桂对《周易本义》其他内容的纂注、附录内容也多被董真卿直接摘录过来。但是,胡一桂《周易本义附录纂注》中所引程颐的文字还是偏少。通过比较可以发现,董真卿摘录了董楷《周易传义附录》中有关程颐的大量文字。可见,在引用程朱易学方面,胡一桂、董楷二人之书是董真卿《周易会通》主要的资料来源。董真卿集解二家易说,再证以其他诸家学说,以发明会通程朱易学。

三、对历代诸家易学的收集与整理

前文已述,《周易会通》卷首《因革》章收集了自伏羲画卦以来历代二十八家《易》的经传注解,不仅区分古《易》与今《易》系统,还对所集文献作了文献作者、版本、卷数、内容等评价。相较于《周易会通》通篇董真卿个人的寥寥数条案语,《因革》章里的案语非常丰富。《因革》章的设立当是受其师胡一桂的影响。胡一桂《周易启蒙翼传》中篇收集了从夏、商、周直至宋代的易学书目三百余种,并就部分书目作了提要。相比较而言,胡一桂对于《周易》传注著作的收集注重全面。他说：

> 大抵义理文辞胜，发挥卦爻象数变占者寥寥间见，魏晋以下谈玄无庸论矣。犹幸先代周程张邵诸大贤勃兴，其于象数理义之学直接千载不传之秘。而集厥大成于我朱夫子，作为《本义》《启蒙》二书，以继往圣，开来学。①

胡一桂所说，目的在于突显朱熹作《周易本义》《易学启蒙》二书是“继往圣，开来学”之作的重要地位。对此，徐志锐评价说：“这段话既是对历代传注的一个总评，同时又说明对传经的考辨评断目的在于肯定朱熹的贡献。朱熹的《本义》《启蒙》二书是历代之大成，在《易》学的发展史上起着继往开来的作用，在《周易》的传注上它是无以伦比的。”②而且，对于像《易纬》《京氏易传》这些传注之外的易学文献，胡一桂也有辑录，并作了阐发。董真卿在胡一桂文献整理的基础上，从经传编排的格式出发，考察古《易》和今《易》的发展流变过程。据董真卿的统计，属于经传相分的古《周易》系统的分别是伏羲《易》、文王《易》、周公《易》、孔子《易》、商瞿《易》、田何《易》、施孟梁丘《易》、胡旦《周易演圣通论》、胡瑗《易传》、吕大防《周易古经》、邵雍《古周易》、晁说之《古周易》、程迥《古易考》、吕祖谦《古周易》、朱熹《周易本义》、冯椅《易辑》；属于经传相合的非古《周易》系统的有费氏《易》、郑玄《易》、王弼《易注》、李鼎祚《周易集解》、程颐《易传》、林栗《周易经传集解》、李过《西溪易

---

① 〔元〕胡一桂撰，李秋丽校点：《周易启蒙翼传》中篇，见《儒藏·精华编》第5册，北京大学出版社2014年版，第593页。

② 徐志锐：《宋明易学概论》，辽宁古籍出版社1997年版，第283页。

说》、蔡渊《周易经传训解》、方逢辰《易外传》。在罗列经传格式排列的基础上，董真卿还考察这两个系统的思想传承，其间夹杂着一些与经传编排无关的其他著作。相对于众多的易学史著作而言，这样的总结的确是不全面的，故而潘雨廷说："唯所及尚未广，仅重视经传之编次。"①事实上，《周易会通》所征引的近二百家易说是董真卿对于易学文献收集的重要内容。其中，收集的元代易学就有二十余家。所引不仅包含易学专著，还有部分文集、笔记、史志等内容。董真卿对于历代诸家易学著作的收集与整理仍然具有保存前代与当世文献之功。

《周易会通》内容非常庞杂，其征引人物之多，人物时间跨度之大，是其他同类书籍难以企及的。已然知晓了其会通的理路后，再来论其易学特色，把握其易学内容，也是难度相当大的事情。元代折中程朱易学的著作各有特色，如赵采《周易程朱传义折衷》"节录程子《易传》、朱子《本义》之说，益以语录诸书，列之于前，而各以己说附于后"②，梁寅《周易参义》"以《程传》主理，《本义》主象，稍有异同，因融会参酌，合以为一，又旁采诸儒之说以阐发之"③。相较于赵、梁二家，董真卿重在展现程朱解《易》的全貌，"以为诸家之《易》，途虽殊而归则同，故兼搜博采，不主一说，务持象数、义理二家之平。即苏轼、朱震、林栗之书为朱子所不取者，亦并录焉"④。作为元代朱子后学的重要成员，在当时浓厚的宗朱的学术氛围下，董真卿会通程朱，博采众家之说，是需要相当大的勇气的。我们也可以从董真卿之子董僎在元统二年(1334)为《周易会通》所作序文

① 潘雨廷：《读易提要》，上海古籍出版社 2006 年版，第 293 页。

② 〔清〕永瑢等：《四库全书总目》卷四，中华书局 1965 年版，第 23 页。

③ 〔清〕永瑢等：《四库全书总目》卷四，中华书局 1965 年版，第 27 页。

④ 〔清〕永瑢等：《四库全书总目》卷四，中华书局 1965 年版，第 26 页。

中的一段话得知董真卿是下了很大决心的。董僎说："家君……以程子、朱子《易传》《本义》合为一书，而未能决，乃箧之。遇师之坤，于是尊经以统传而不失于古，订传以附经而且便于今，合程朱《传》《义》之全，采诸家著述之要。"①对于董真卿会通程朱的做法，有同时期的学者对其进行了批评。吴师道在《与刘生论易书》中专门论说《周易会通》一书。他说："董氏之说甚美，而慨然欲任'会通'之责，其志甚大，独惜其于朱子之说，著之不详；而所以论诸儒之乱古者误，至其求欲自异，则又蹈于前儒乱古之辙而不自知。……且朱子《本义》自与程传体例不同，而《程传》发明之义理，虽自为一经可也，不当强求其通。"②

尽管如此，董真卿《周易会通》仍因其对于诠释程朱易学的贡献，在明代被收录于《周易大全》，成为官学。其对于程朱易学传播的作用和意义，更是不言而喻。

---

① 〔元〕董真卿：《周易会通·原序》，见《文渊阁四库全书》第26册，台湾商务印书馆1986年版，第72页。

② 〔元〕吴师道：《礼部集》卷五《与刘生论易书》，见《文渊阁四库全书》第1212册，台湾商务印书馆1986年版，第123页。

第五章　元代汉化少数民族易学：耶律楚材、保八

随着元灭南宋，中国再次实现了大一统。伴随大一统的进程，北方少数民族进一步加快了汉化的过程。北方少数民族大都重视占筮文化。也正是在这一背景下，蒙古族统治者征服中原后对《周易》十分重视。随着汉化程度加深，《周易》的人文意蕴被越发重视，出现了汉化少数民族易学形态。其中，耶律楚材、保八堪为代表。

第一节　耶律楚材的易学

成吉思汗在统一蒙古过程中，吸纳了多个民族的人才，其中最值得关注的是契丹族的耶律楚材。耶律楚材提倡“以儒治国”，对蒙古族汉化发挥重要作用。耶律楚材接受汉文化程度很高，特别对《周易》有着较深的理解。

前文论述许衡易学时提及的金代易学家耶律履就是耶律楚材的父亲，他的《揲蓍之说》对《周易》中的大衍筮法有一定的研究心得。

耶律楚材在家学熏陶下，“博极群书，旁通天文、地理、律历、术

数及释老、医卜之说，下笔为文，若宿构者”①，具有很高的文化素养。他擅长卜筮，据史籍记载：

己卯夏六月，帝西讨回回国。祃旗之日，雨雪三尺，帝疑之，楚材曰：“玄冥之气，见于盛夏，克敌之征也。”庚辰冬，大雷，复问之，对曰：“回回国主当死于野。”后皆验。②

壬午八月，长星见西方，楚材曰：“女直将易主矣。”明年，金宣宗果死。帝每征讨，必命楚材卜，帝亦自灼羊胛，以相符应。③

不难看到，正是由于耶律楚材精通占卜，因而受到成吉思汗的重视并“日渐亲用”。而且据史籍所载，耶律楚材不仅长于占卜，而且对太乙、六壬等术数皆为精通，比如他曾“以太乙数推之，亟言其不可”④，阻止成吉思汗外出打猎。显然，耶律楚材对于《周易》中术数文化的一面有着十分深入的研究。

当然，除了精通术数，耶律楚材对于易学蕴含的人文义理也有相当的认识，在其撰写的许多诗词中，我们都能看到其化用《周易》之处。比如：

坎止流行以待终，幽人射隼上高墉。穷通世路元多事，艰险机关有几重。⑤

---

① 〔明〕宋濂等：《元史》卷一四六，中华书局 1976 年版，第 3455 页。
② 〔明〕宋濂等：《元史》卷一四六，中华书局 1976 年版，第 3456 页。
③ 〔明〕宋濂等：《元史》卷一四六，中华书局 1976 年版，第 3456 页。
④ 〔明〕宋濂等：《元史》卷一四六，中华书局 1976 年版，第 3463 页。
⑤ 〔元〕耶律楚材：《湛然居士集》卷五《河中春游有感五首》，见《文渊阁四库全书》第 1191 册，台湾商务印书馆 1986 年版，第 528 页。

这里耶律楚材化用《周易》中蹇、解两卦的易象，不仅从卦象角度分析蹇卦上坎下艮之所象，还直接化用了解卦爻辞，将之十分贴切地纳入其诗词中。

另外，与成吉思汗等蒙古族其他统治者相比，元世祖忽必烈更为重视汉文化。对《周易》而言，忽必烈十分重视《周易》的卜筮作用。《元史》记载：

> 是时天下大定，世祖思与民休息，留孙待诏尚方，因论黄老治道贵清净、圣人在宥天下之旨，深契主衷。及将以完泽为相，命留孙筮之，得同人之豫，留孙进曰："'同人，柔得位而应乎乾'，君臣之合也；'豫，利建侯'，命相之事也。何吉如之，愿陛下勿疑。"①

可见，善于以《周易》进行占卜之人十分受到重视。1291年，忽必烈还专门设立阴阳学，"其在腹里、江南，若有通晓阴阳之人，各路官司详加取勘，依儒学、医学之例，每路设教授以训诲之。其有术数精通者，每岁录呈省府，赴都试验，果有异能，则于司天台内许令近侍"②。由此形成了自上而下重视易占的社会风气。

忽必烈也重视《周易》的义理之学。据《元史》所载，"世祖在藩邸，访求遗逸之士，遣使聘鹗。及至，使者数辈迎劳，召对。进讲《孝经》《书》《易》，及齐家治国之道、古今事物之变，每夜分，乃罢"③。显然，《周易》作为一门汉文化的重要典籍，除了因其独有的卜筮功能在元代得以备受推崇，其内涵的义理价值也在这一过程中逐渐得到肯定。正是在此一背景下，少数民族易学家保八的

---

① 〔明〕宋濂等：《元史》卷二百二，中华书局1976年版，第4527页。

② 〔明〕宋濂等：《元史》卷八一，中华书局1976年版，第2034页。

③ 〔明〕宋濂等：《元史》卷一六〇，中华书局1976年版，第3756页。

以义理为核心的易学才得以产生。

第二节　保八的易学

保八，出生年不详，卒于1311年，蒙古人（一说色目人）。据《元史·仁宗本纪一》记载，保八于元至大四年春正月丙戌日，以“变乱旧章，流毒百姓”的罪名伏诛。① 保八曾先后担任过黄州总管、尚书右丞等职。同时，保八一生精研《周易》，著有《周易原旨》八卷、《周易尚占》三卷、《易源奥义》一卷，其中《周易尚占》已经散佚。就其易学著作的基本内容而言，既涉及汉代象数问题，又有对宋代义理易学的继承。其中《易源奥义》以图书之学为核心内容，而《周易原旨》则全面展现了他的象数与义理之学。总体来说，保八易学作为元代易学研究的少数民族代表之一，其易学既重义理阐发，在象数学研究上也有独到之处，值得深入研究。

一、易学观

关于《周易》的起源问题，自《汉书·艺文志》提出“人更三圣，世历三古”之后，历代易学家往往都会在圣人制《易》的前提下，去契会、体认蕴含在《周易》背后的圣人之道。特别是宋代理学兴起，易学被注入全新的义理内涵，圣人如何制《易》问题、圣人之道本身都成为易学研究的重要方面。保八易学所关注的基本问题也是在前人的基础上进行的。其在接续朱熹以来关于伏羲、文王、（周公）、孔子，三（四）圣创制《周易》的基本识见下，系统阐释了自己的基本易学观。

---

① 参看陈少彤《保巴生平、著作及哲学思想》，载《孔子研究》1988年第1期。

保八于《易源奥义》中指出："作《易》者其有忧患乎？所以伏羲、文王、周公、孔子四圣人忧民而设也。"①他将《系辞下传》中所说的"作《易》者，其有忧患乎"一句与"人更三圣，世历三古"之间的内涵衔接起来，认为《周易》就创作时间先后而言，分别经由伏羲、文王、周公、孔子四位圣人逐步完善而成，但就其目的而言，都有一致性，即皆为"忧民而设"。他认为伏羲仰则观象于天，俯则观法于地，取象比类，始作八卦。周文王作卦名、卦辞，周公作爻名，孔子作十翼。

在承认四圣之《易》共同组成《周易》经传的前提下，四圣之《易》之间有何不同是一个重要的问题。如我们所知，朱熹对于如何认识《周易》成书及其发展的问题，有十分客观的审视。他认为："孔子之《易》，非文王之《易》；文王之《易》，非伏羲之《易》；伊川《易传》又自是程氏之《易》也。故学者且依古《易》次第，先读本爻，则自见本旨矣。"②显然是看到了不仅《周易》的文本是在不同的历史条件下不断发展丰富的，而且在不同圣人手中，《周易》的内涵被以不同的方式加以理解，因此"须是将伏羲画底卦做一样看，文王卦做一样看；文王周公说底《彖》《象》做一样看，孔子说底做一样看；王辅嗣伊川说底各做一样看"③。只有将《周易》放置于各自时代下去分别审视，才可能把握到《周易》的全貌和内涵。

于保八而言，虽然他也指出了四圣之间的区别，但基本上是以先天与后天的区分来审视四圣《易》。他说：

---

① 〔元〕保巴撰，陈少彤点校：《周易原旨·易源奥义》，中华书局 2009 年版，第 312 页。

② 〔宋〕黎靖德编，王星贤点校：《朱子语类》卷六七，中华书局 1986 年版，第 1648 页。

③ 〔宋〕黎靖德编，王星贤点校：《朱子语类》卷六七，中华书局 1986 年版，第 1645 页。

> 夫子曰："昔者圣人之作《易》也，幽赞于神明而生蓍，参天两地而倚数，观变于阴阳而立卦，发挥于刚柔而生爻，和顺于道德而理于义，穷理尽性以至于命。"又曰："古者伏羲氏之王天下也，仰则观象于天，俯则观法于地，观鸟兽之文与地之宜，近取诸身，远取诸物，于是始作八卦，以通神明之德，以类万物之情。"此伏羲氏之《易》也，所谓先天者是也。又曰："《易》之兴也，其当殷之末世，周之盛德耶？当文王与纣之事耶？"此文王之《易》也，故曰"《周易》"，所谓后天者是也。①

显而易见，保八这里接续了宋代以来邵雍、朱熹等人的识见，以先天与后天为分界，认为伏羲所作之《易》为先天易学，而殷周之际的文王、周公之《易》则是后天易学。当然，保八并没有对周公《易》和孔子《易》之间的区别、联系作出具体说明。于此可见，保八尽管继承了朱熹以来理学家的基本认识，但又在具体认识上存在许多不同之处。

进而言之，关于圣人制《易》的问题，《说卦传》中专门有"昔者圣人之作《易》也，幽赞于神明而生蓍"的说法。如何对这一观点予以解释，如何理解这一看法与以上四圣之《易》的内在关系，保八对此诠释道：

> 《易》胡为而作者？幽隐之间有神明焉，能前知人之吉凶，而不能以言语告人也。圣人隐然助神明之所不能，而为之揲蓍焉，蓍由此而生也，《易》由此而作也，神明由此而赞也。生蓍者，非圣人幽赞于神明而蓍草方生也，言夫卦爻象以吉凶祸

① 〔元〕保巴撰，陈少彤点校：《周易原旨·易源奥义》，中华书局 2009 年版，第 1 页。

福由蓍而生也。①

在其看来,圣人作《易》与幽赞于神明之间内在关联,是为一体之两面。《易》之所以能够被创制而成,并非仅仅依靠圣人自身单方面的天才洞见。“幽隐之间有神明”,“神明”能够“前知人之吉凶”,但无法表达出来,而圣人则正是通过“幽赞神明”,借助《易》将吉凶彰显出来。似乎“神明”在保八这里被看作具有人格神意味,只是这一神意要通过圣人表达出来。不过我们进一步从其对“神也者,妙万物而为言者也”的解释来看,似乎这一论断并不恰当。他指出:

形而下者谓之物,形而上者谓之神。神也者,物而不物于物,《易》之所以为《易》,圣人之所以为圣人,造化之所以为造化,蓍龟之所以为蓍龟,皆此而已,故曰“妙万物而为言者也”。②

形上、形下的道器之分,这里被保八用来界说物与神。“神”不是有意志的人格神,而是“物而不物于物”的神化功能。所以,圣人作《易》不是在窥测“神明”意志的结果,而是圣人辅助“神明”之功能的结果,是助其“所不能而为之”。他进一步解释说:

天文地理之可见者为明,其不可见者为幽,不出阴阳两端而已。《易》仰则观象于天,俯则观法于地而作也,知《易》则知

① 〔元〕保巴撰,陈少彤点校:《周易原旨·易源奥义》,中华书局 2009 年版,第 263 页。

② 〔元〕保巴撰,陈少彤点校:《周易原旨·易源奥义》,中华书局 2009 年版,第 269 页。

幽明之故矣。①

正是因为四圣有着“助神明”的智慧，所以能知“幽明之故”，那么圣人何以能够拥有这样的智慧？难道四圣生来就具有一种不同于凡人的神秘能力？持守圣人可学而至传统的理学家们，显然不再认同神化圣人的路向，更多强调圣人的“内圣”功夫。圣人“幽赞于神明”本身被进一步进行了理性化的解读。所谓的吉凶祸福之道、万物变化之理，最终被归结到“阴阳两端而已”。由此，圣人仰观俯察也好，幽赞神明也罢，统统被置于共同的视野下加以看待。保八继承这一理路，从内圣角度诠释了圣人的生命智慧。譬如他在解读《系辞传》“观物取象”的说法时说道：

伏羲观天察地，观鸟兽草木，取身取物，于是始作八卦。观不以目而以神遇，取不以力而以心稽，其妙不容言也。姑以《说卦》求之，此卦于天文地理则为某物，于鸟兽草木则为某物，于身于物则为某物。触类而长之，犹可见其一二。其微妙可以通神明之德，其切当可以类万物之情，夫岂可以私意小智求哉！②

保八对伏羲仰观俯察的过程进行了颇具新意的解读。在其看来，所谓的“观”与“察”、“取身”与“取物”，并非指个体物理上的“目观”“力取”，不是简单的感性经验的积累过程，而是“观以神遇”“取以心稽”，是主体充分参与并且融释于其中的心物相通、主

① 〔元〕保巴撰，陈少彤点校：《周易原旨·易源奥义》，中华书局2009年版，第218页。

② 〔元〕保巴撰，陈少彤点校：《周易原旨·易源奥义》，中华书局2009年版，第245页。

客合一的过程。这一看法显然是在宋代以来高扬人文理性、高扬人类自身的主体性的理学视野下发展而来。这里的“神遇”“心稽”都不是圣人所生而即具的特殊神通,不过就是理学家所讲的“心与理一”的功夫。有了这个功夫就可以超越、突破小我的局限,成就一个既能一天人、通神明之德又能合内外、类万物之情的“大我”,所以伏羲观物取象的智慧,并非小我的“私意小智”能够契会。

二、义理无穷的易理思想

《周易》因其独特的符号与文字双重结构,经由《易传》的进一步开显,形成了影响后世深远的象数与义理之学。汉代易学家偏重于象数,着力通过对周易象数符号的研究与阐释,揭示符号与文字之间的内在必然性联系。相对于象数易学而言,义理易学家则更为关注《周易》在符号与文字背后所蕴含的圣人微言大义。保八作为一名深受宋代以来义理易学洗礼的元代学者,其易学有着明确的义理指向。

对于义理易学家而言,《周易》一书为圣人揭示天地万物之道而设,学《易》之人可以透过把握天地万物之道,进而明了自身性命之理,正定个人在天地万物中的应然位置。正如《系辞传》所指出的“昔者圣人之作《易》也,将以顺性命之理”,保八同样十分赞同这一理念,并进一步指出:

> “天命之谓性,率性之谓道。”昔者圣人之作《易》也,夫岂徒哉?将以教人顺性命之理耳。①

---

① 〔元〕保巴撰,陈少彤点校:《周易原旨·易源奥义》,中华书局 2009 年版,第 265 页。

在保八看来，古圣先贤创制《周易》是有其明确目标指向的，而这一指向即《易传》所揭示的“性命之理”。学《易》、用《易》的根本目的是传递、教导人们能够了解、把握、顺应此性命之理。应当说，保八的这一看法是在程颐观点的基础上展开的。程颐说道：“易，变易也，随时变易以从道也。其为书也，广大悉备，将以顺性命之理，通幽明之故，尽事物之情，而示开物成务之道也。”①“《易》又不只是这一部书，是《易》之道也。”②同样，于保八而言，《周易》内在涵具的圣人之道，即儒家揭示的道德性命之学。尽管《周易》的符号、文字幽深多变，展现的形式也是五花八门，但其核心归根结底不外乎性命之理。一如天地自然乃至人间百态，虽然看似纷繁莫测，其实内在之道也不外乎此。

正是在此识见下，保八从揭示“《易》之道”的立场出发，全面展开了对《周易》经传的具体解读。正如前文所言，保八的这一理念深受程颐影响。如果我们认真对比其《周易原旨》与程颐《程氏易传》，就不难看到《程氏易传》对其的重要影响。保八在解卦的过程中时常直接沿用《程氏易传》的注文，如《同人》卦六二爻，《师》卦六三爻，《损》卦六三爻，旅卦卦辞以及六五爻辞，兑卦卦辞，《涣》卦九二、六四爻辞，巽卦卦辞及初六、九二、九五爻辞，节卦九二、六四、九五、上六爻辞等。

当然，保八并非简单地止步于因循前人的观点，在注疏《周易》的过程中同样展现出其自身关于圣人之道的理解与思考，挺立其颇具原创精神的学术自我。比如，关于《系辞传》中所言的“《易》有圣人之道四焉，以言者尚其辞，以动者尚其变，以制器者尚其象，

① 〔宋〕程颢、程颐著，王孝鱼点校：《二程集》，中华书局 2004 年版，第 689 页。

② 〔宋〕程颢、程颐著，王孝鱼点校：《二程集》，中华书局 2004 年版，第 31 页。

以卜筮者尚其占"这段文辞,保八就并不认同程颐的解释,还借此系统表达了自身关于圣人之道的理解。

下面我们分别对两者于此段文辞的解读加以分析,借此更好地彰显保八义理易学的特色。程颐说:

吉凶消长之理,进退存亡之道,备于辞。推辞考卦,可以知变,象与占在其中矣。君子居则观其象而玩其辞,动则观其变而玩其占。得于辞,不达其意者有矣;未有不得于辞而能通其意者也。至微者理也,至著者象也。体用一源,显微无间。观会通以行其典礼,则辞无所不备。故善学者,求言必自近。易于近者,非知言者也。予所传者辞也,由辞以得其意,则在乎人焉。①

程颐认为,《易传》中所揭示的尚辞、尚变、尚象、尚占四道,并非横向的平列关系,而是纵向的统摄关系。辞之所以被放置在第一的位置上加以界说,就在于其在圣人之道中具有重要的作用。程颐认为,只要能够彻然地把握《周易》文辞的内涵,就能够理解易之变化,而象与占的内涵也自然在中。而之所以程颐凸显"辞"的重要性,是在于为其"体用一源,显微无间"的易学本体论思考张本。因为《周易》之理就体现在具体的文辞之中,不能脱离文辞而直达背后之理,所以承载了天地万物之理的辞本身也因此上升为第一序的地位。

而在保八看来,辞、变、象、占四者并重,无需以第一序的地位突出"辞"的意义。他指出:

① 〔宋〕程颢、程颐著,王孝鱼点校:《二程集》,中华书局2004年版,第689页。

《易》有圣人之道四，辞也、变也、象也、占也。何谓辞？文王作彖辞六十四，周公作爻辞三百八十四，精可以穷理尽性，粗可以开物成务，此辞也。何谓变？七、八不变，九、六变。不变视彖，变视其爻。变及二爻，视上爻。变及三爻，视两卦之彖。变及四爻，视卦之不变者，主下爻。变及五爻，视卦之一不变爻。六爻变之尽，视之卦之彖。此变也。何谓象？近取诸身，如乾为首、坤为腹之类。远取诸物，如乾为马、坤为牛之类。观象于天，如离为日，坎为月。观法于地，如艮为山，兑为泽之类。他如《说卦》乾为金、为玉，坤为布、为釜之类。此象也。何谓占？五十蓍，虚一，分二，挂一，揲四，归奇，四营为一变。三变为一爻，六变为一卦。中不中，正不正，有应无应，当位不当位，而吉凶生焉。此占也。"以言者尚其辞"，如《论语》云"不恒其德，或承之羞"是也。"以动者尚其变"，易道穷则变，变则通，君子体《易》，"化而裁之存乎变，推而行之存乎通"是也。"以制器者尚其象"，如十三卦网罟取诸离，耒耜取诸益是也。"以卜筮者尚其占"，如《春秋传》陈厉公生敬仲，筮遇观之否；晋公子重耳筮得国，遇贞屯悔豫是也。君子居则观其象而玩其辞，动则观其变而玩其占。①

显然，在保八看来，四者之间并不存在纵向的统摄关系，而是易道本身在不同层面的具体展现。正是在此识见下，他才会进一步说："极其数以定天下之象，象也。通其变以成天下之文，变也。遂知未来，占也。极深研几，辞也。此大《易》之道

① 〔元〕保巴撰，陈少彤点校：《周易原旨·易源奥义》，中华书局2009年版，第229页。

也，亦圣人之道也。"①可见，与程颐对圣人四道的哲学性阐发不同，保八则从更为客观、朴实的角度对圣人之道加以说明。

当然，保八尽管没有如程颐那般通过凸显"辞"的第一序地位的方式，进而凸显辞与意之间的密切关系，但通过"玩辞则义理无穷"②的具体表达，同样建立了"由辞达意"的具体义理阐发。他说：

> 占既施矣，象既著矣，变既值矣，辞既立矣，然后因其辞，推其义。趋避之方，进退之道，开物成务之理，性命道德之妙，皆由是可见。《易》其神矣乎！③

这就是说，学《易》、用《易》的目的并非仅仅停留在占卜预测或观变万象之上，而是需要上升至对《周易》之义的把握。从这个角度上讲，保八的看法与其他义理易学家并无本质不同。只是在其看来，这一认识背后之理的过程，需要通过对《易》之辞、变、象、占都有一整体之把握。

保八之所以不再着力强调"辞"在彰显《易》之理方面的重要意义，正是因为看到了"辞"本身的局限性。他说："伏牺画卦而无语言文字，文王始于卦下系之以辞，周公始于爻下系之以辞，将以告诏天下后世耳，非谓《易》可尽于言也。"④显然，保八进一步吸收了朱熹

① 〔元〕保巴撰，陈少彤点校：《周易原旨 · 易源奥义》，中华书局 2009 年版，第 231 页。

② 〔元〕保巴撰，陈少彤点校：《周易原旨 · 易源奥义》，中华书局 2009 年版，第 224 页。

③ 〔元〕保巴撰，陈少彤点校：《周易原旨 · 易源奥义》，中华书局 2009 年版，第 225~226 页。

④ 〔元〕保巴撰，陈少彤点校：《周易原旨 · 易源奥义》，中华书局 2009 年版，第 238 页。

的基本易学观，强调易象、易占本身的重要意义，并借此凸显“言不尽意”的观点。他认为：“辞不足以尽其意，故设象以示人。”①对此，保八专门进行了详尽的解说：

> 义理无穷，言语有限。书不能尽言也，言不能尽意也。然则圣人之意，其终不可得而见乎？曰：圣人各卦立各卦之象，各爻立各爻之象，如牝马之象，阴不可先之意也，亢龙之象，阳不可过之意也，则亦可以尽意矣。设为之卦，如小往大来为泰，大往小来为否，五阴侵阳为剥，五阳去阴为夬，君子、小人之情伪已尽，由是而系之以辞焉，则亦可以尽言矣。②

显然，保八一方面接续了自《易传》、王弼以来“言不尽意”的基本识见，强调意本身在《周易》中的核心地位；另一方面，不同于王弼“得意忘象”的主张，保八则更为凸显象在尽意方面起到的关键性作用，从而给予《周易》的象数符号系统以独特的地位，也为其象数之学留下了足够的理论空间。

三、易卦之基的象数学思想

既然“辞不足以尽其意，故设象以示人”，那么《周易》的卦爻符号本身就必须得到特别的重视，它不仅是我们得以理解圣人之意的桥梁，也是理解圣人制《易》方法的基础。

---

① 〔元〕保巴撰，陈少彤点校：《周易原旨·易源奥义》，中华书局2009年版，第2页。

② 〔元〕保巴撰，陈少彤点校：《周易原旨·易源奥义》，中华书局2009年版，第239页。

保八的象数易学思想集中体现在其《易源奥义》一书中。① 他吸取了邵雍、朱熹以来的图书、先天之学，将河图、洛书、八卦分别与天、地、人三才之道匹配，同时，又借助建构先天图、中天图、后天图的基本形式，进一步凸显数的重要作用，从而赋予数以多方面的内涵。

(一)起一而极九的先天数

朱熹、蔡元定所界定的河图被保八改造为先天图，借此先天图，保八阐释了他的先天象数学思想。

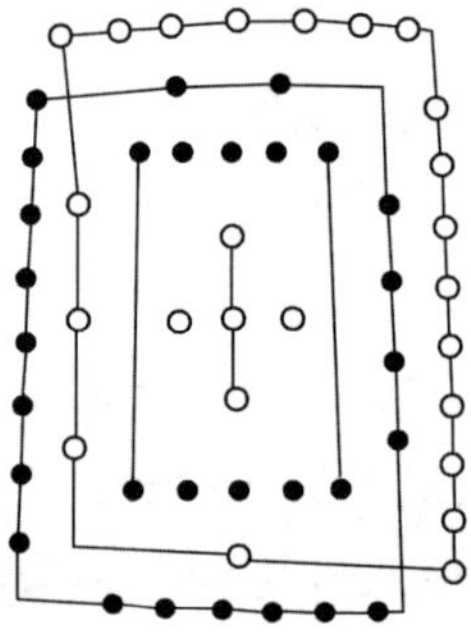

图 5.1　先天图

他指出：

> 天一，地二，天三，地四，天五，地六，天七，地八，天九，地十。中五见皇极。观物之理，变化感应，脉络贯通，皇极

① 陈少彤认为，《易源奥义》的宇宙发生说借用了干令升关于“先天”“中天”“后天”之说，吸取邵雍“根、干、枝、叶”的比喻及部分象数学观点，承继了周敦颐的“太极”之理。经此熔冶加工，铸成了其宇宙发生说体系结构的主体框架。参见陈少彤《关于〈易源奥义〉一书的哲学思想》，载《哲学研究》1981 年第 12 期。

> 之数，本末源流。以天地阴阳刚柔之气，必交合而后生物，必进退而后运其初本。于天中为五阳，地中为六阴。盖河图之数，载于《周易》，分阴分阳。以为天数二十有五，地数三十，合得五十有五。而去阳中之五，为大衍之数五十。去阴中之六，为大衍之用四十有九。故前河图之阴阳点数计五十有五，以其阴阳未分，根干支末混淆之时，所谓先天，故位数自一而起。①

在其看来，河图五十五之数象征着天地阴阳刚柔之气最初的阴阳未分、浑然一体的状态，因此被称为“先天”，体现在数字上则表现为由一数而起、顺序而排。保八同样分析了河图之数与大衍之数之间的关系，并提出了与前人不尽相同的观点。在其看来，五、六两数代表了天地阴阳之中数，其中五为阳中，六为阴中，而河图之数去阳中之五即为大衍之数五十，去阴中之六则为其中四十九。

保八的先天之学，不仅从河图十数图的角度考察《易》之本源，而且他还吸收了洛书九数的相关理念。他说：

> 先天数者，无极而太极。先天数取纯一不杂之意，以九数为则，故数起于一。一即三，三即九，九即一，故起于一而极于九为老阳。老阳数老，可致神极。神极必变，故曰易。易者，变易不穷，冒天下而言也，可为天地准。所谓参天两地而倚数者，一、三、五也。考其端，一、三成四，四、五成九。校其实，即张子所谓“乾称父，坤称母。予兹藐焉，混然中处”。天地人三

① 〔元〕保巴撰，陈少彤点校：《周易原旨·易源奥义》，中华书局2009年版，第296页。

才无间，其义虽殊，其神气即一也。所以成言乎一，一复为九。效诸文王，元而亨，亨而利，利而贞，贞而复元。法诸伏羲，乾三连也。所谓三者，岂非天下之大本乎！无极而太极者，乾坤之元也。故先天譬为根，其位皇极以之。①

保八在这里借助对数字关系的阐释，力图将数的规律性变化与天地万物自然之理结合在一起，从而展现三才之道发乎自然并且展现于万事万物之中。数的由一而三、三而九的累次变化，被看作阳气的自然息长，至九而极，所以为老阳。阳极则必变，这一变易过程即体现《易》之内涵。"参天两地而倚数"也被保八创造性地与张载的《西铭》相结合。"参天"是为一、三、五阳数，两地则是一、三之和四，四、五之和九。保八认为这一数字之间阴阳相通，且相互流转变化的内涵就是张载描述的天、地、人三才之道。

（二）彰太极之运化的中天数

在先天图的基础上，保八进一步创制了中天图（见图 5.2），并以此彰显人道。他说："大概谓一阴一阳之谓道。乾称父，坤称母。乾坤生六子，然后人伦序。所以君君、臣臣、父父、夫夫、妇妇，人道立。"②他认为与先天图体现的天道阴阳浑然一体相对，中天图体现的是阴阳交合、乾坤阴阳生六子之意。

此图近似于后世依《说卦传》"帝出乎震"一段所构建而成的"文王后天八卦图"，但又有很大的不同之处。其中坎、离、震、艮、乾的方位两图是一致的，巽于文王后天八卦中位在东南，而在保八

① 〔元〕保巴撰，陈少彤点校：《周易原旨·易源奥义》，中华书局 2009 年版，第 297 页。

② 〔元〕保巴撰，陈少彤点校：《周易原旨·易源奥义》，中华书局 2009 年版，第 299 页。

的中天图中位在正西；坤于文王后天八卦中位在西南，而中天图中则位在东南；兑于后天八卦中位在正西，在中天图中则位在西南。并且，保八在中天图中还将八卦与天干、五行、数字分别相配，形成了颇具特色的易图形式。具体而言：

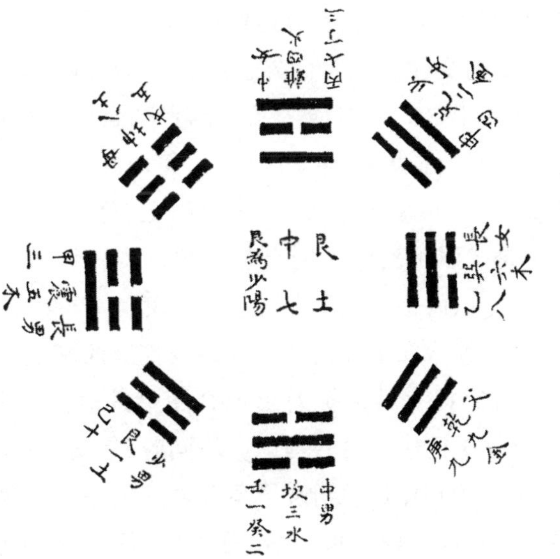

图 5.2　中天图

中天数取以奇数为阳，偶数为阴。据一、二之数为则，是故一生二，即是画卦之象⚏。此一奇一耦成三，即天、地、泰也。然中天八卦位数内，惟艮居一、七之数，何也？盖起于艮而止于艮。《说卦》云："艮，东北之卦也。万物之所成终而成始也。"即元而亨，亨而利，利而贞，贞而元。故周子所谓："中正仁义而主静，立人极焉。"艮与静周，起于静而止于静也。所谓太极之运化者，自元而亨也。故以中天譬为干，其位范围以之。①

① 〔元〕保巴撰，陈少彤点校：《周易原旨·易源奥义》，中华书局 2009 年版，第 299~300 页。

在奇数为阳、偶数为阴的基本识见下，保八将四阳卦艮、坎、震、乾分别与数字一、三、五、七、九相配，卦四数五，于是艮分别纳一、七两数，以此象征“成终而成始”之意。成始配一、成终配七，至于为何配七而不配九，保八则又以周敦颐的“中正仁义而主静”之说加以圆融；四阴卦兑、离、巽、坤则分别对应二、四、六、八四数，分别象征着阴阳的变化息长。此外，保八还将八卦与十天干之数相对应，八卦与天干之间的对应关系与两者蕴含的五行属性及阴阳关系相一致，乾金配庚金、坤土配戊土、震木配甲木、巽木配乙木、坎水配壬癸水、离火配丙丁火、艮土配己土、兑金配辛金。不过天干数字并不是按照甲乙丙丁的自然序数排列，而是以洪范五行数相配，甲三、乙八、丙七、丁二、戊五、己十、庚九、辛四、壬一、癸六。

不能否认，保八在中天图的这一系列构造匹配是极富新意的，并且在易图的形式背后也折射出他企图借此表达的阴阳交合变化、乾父坤母生生证成人道的理念。但同时，易图看似巧妙地相互连接，背后呈现的同样是不同符号系统之间的差异与隔阂，强行的相互连接导致常常顾此失彼，捉襟见肘。而这一问题也体现出保八在沟通调和图书之学与义理之学关系时所面对的困境与问题。

（三）现三极之妙用的后天数

保八以先天图象天道，中天图象人道，最后则以通过改构洛书而成的后天图象征地道。“以其地道当耦，故《洛书》点数四十。”① 只是与四十五数的洛书图不同，保八以“地道常偶”为依据，认为后天图应当以四十数为用，虚五不用。

与中天图的相对繁复相比，保八的后天图基本上是在文王后天八卦图和洛书九宫的基础上创制而成的。为了进一步凸显地道，他

① 〔元〕保巴撰，陈少彤点校：《周易原旨·易源奥义》，中华书局 2009 年版，第 301 页。

又将十二地支与刚柔纳入图中，其中十二地支的配比方式依旧是按照五行对应关系进行，且地支与数字的对应关系与天干的对应方式一致，也是采纳洪范五行的序数进行。于是得到子一亥六之水配坎一、寅三之木配震三、卯八之木配巽四、午七巳二之火配离九、酉四之金配乾六、申九之金配兑七、辰戌五丑十之土配艮八、未十之土配坤二。显然，这种匹配方式同样导致了不同系统之学形式不匹配的问题，洪范数与地支之间的对应往往显得顾此失彼。

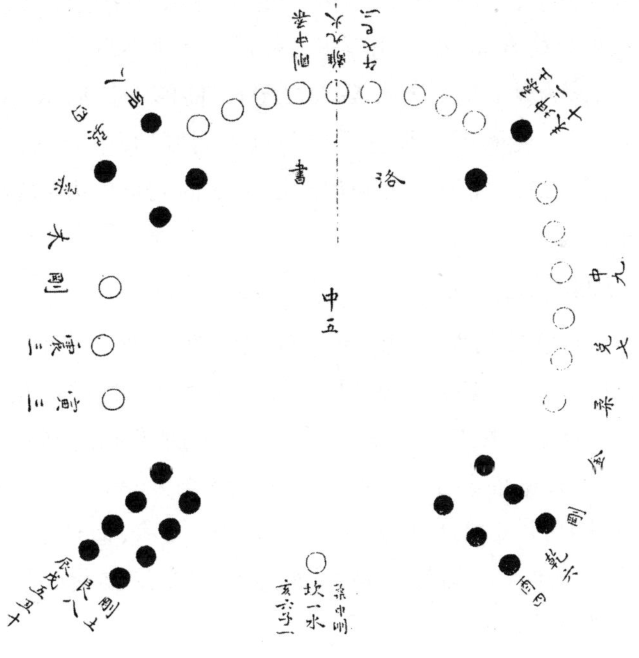

图 5.3　后天图

当然，保八之所以不遗余力地构造这一图式，是因为在其看来，后天数图本身体现了三极之妙用。他指出：

后天数取一动一静互为其根之理，退乾、坤却进坎、离，为上下宗体,以五行为妙用。五行中而又分刚柔,使致充廓万物,万物各得其宜。故放之则弥满六合,敛之退藏于密。所谓三极之妙用者,自亨而利贞也。故以后天譬为支,其位大定以之。①

保八认为后天数展现了动静互为其根之理,彰显了天、地、人三才之妙用。直接表现即乾父坤母退隐于四隅之位,而阴阳交合之坎离则居于正位以显用,五行于此也展示出生生流转、运转不息、刚柔变换之样态,彰显出万事万物由此生生不息,各得其所。

保八认为其先天、中天、后天之图式,能够彻然揭示《周易》元亨利贞之旨。先天图象征着元亨利贞周而复始,中天图揭示又元而亨的生物之能,而后天数则彰显了由亨而利贞的万物皆得正定之内涵。

(四)解《易》体例

保八的象数易学思想,不仅仅表现在其对图书、先天之学的继承和发展上,还具体展现于其对《周易》经传的注解中。保八不仅吸收了程颐以来注解《周易》经传所采取的基本象数体例,同时还大量借鉴了汉《易》的象数体例。总体而言,保八的解《易》体例主要涉及互体、卦变、卦主、飞伏、似体、十二消息卦、肖体、半象等。篇幅所限,下面仅就其中最具代表性的四种象数体例加以说明。

1. 卦主说

卦主说在保八解经体例中占据着重要位置。在《易源奥义》一书中,他所提出的"易源心法"(即解《易》的具体方法)中,第一条

① 〔元〕保巴撰,陈少彤点校:《周易原旨·易源奥义》,中华书局2009年版,第302页。

就是“定卦主求卦义”。在其看来，《周易》中不仅八经卦皆有其卦主，六十四卦更是如此。确定卦主是解《易》的重要手段之一。比如，他在解释蒙卦卦辞“亨”字时指出：“九二为卦之主，以刚居中，自有亨通之道。”①认为之所以为“亨”，就在于九二刚中为卦之主。因此，九二爻辞“包蒙吉”。他又说：“九二卦主刚中，以六五柔中而下应，降心相从，又介乎众阴群蒙之间。阴来求阳，喻蒙来求我，有师傅之象。包者，何所不容，归斯受之之意。”②再比如于《需·象》“位乎天位”一句，注解为：“九五，卦主之君位。”③注解《同人》卦卦辞“同人于野”为：“五阳一阴之卦，以一阴为主。简御繁，寡制众也。一阴中正，而五阳俱从之，有同人于野之象。”④以上皆从卦主说的角度阐释《周易》文本内涵。

2. 互体说

除了卦主说，保八还经常使用互体说解读经文，更多的是采用三爻互体得经卦的方法。如释《屯初九·象》“大得民也”曰：“互体见坤，坤众也，众者，民也。”⑤是说屯卦六二、六三、六四三爻互体得出坤卦，坤为众，众为民，故屯卦初九阳爻有“大得民”之象。在释涣卦初六爻辞“用拯马壮，吉”曰：“下卦坎又互震，故称马。”⑥是

---

① 〔元〕保巴撰，陈少彤点校：《周易原旨·易源奥义》，中华书局 2009 年版，第 13 页。

② 〔元〕保巴撰，陈少彤点校：《周易原旨·易源奥义》，中华书局 2009 年版，第 14 页。

③ 〔元〕保巴撰，陈少彤点校：《周易原旨·易源奥义》，中华书局 2009 年版，第 16 页。

④ 〔元〕保巴撰，陈少彤点校：《周易原旨·易源奥义》，中华书局 2009 年版，第 40 页。

⑤ 〔元〕保巴撰，陈少彤点校：《周易原旨·易源奥义》，中华书局 2009 年版，第 10~11 页。

⑥ 〔元〕保巴撰，陈少彤点校：《周易原旨·易源奥义》，中华书局 2009 年版，第 191 页。

说涣卦九二、六三、六四互体得震卦。

3. 卦变说

卦变也是保八解《易》的常用体例之一。比如注屯卦曰:“以卦变言,屯自观来。观之初柔交上九之刚,故为水雷也。”①认为屯卦是由十二消息卦中的观卦初爻与上爻相易所得。注屯卦时也有用到应爻易位的情况。注释《讼·象》“刚来而得中”时说道:“以卦变言刚柔相易之意。讼自遁来,二、三相易,阳画居二而得下卦之中。‘窒惕’者,虽是得中,其位未当。当以畏敬慎守其中则可矣。”②注解《随·象》“刚来而下柔”时指出:“卦自否来,上来居初,用卦变也。”③若三阴之卦,二阴在下卦,一阴在上卦,自三阴之消息卦否而变。否初、上相易,成随。此外,保八有时还将爻变、飞伏等也纳入卦变。如注坤卦用六爻辞用的是爻变,注同人九三爻辞用的是飞伏。

4. 似体说

所谓“似体”,即借助比拟、约略的方式,建构本不完全相同的两卦之间的关系,这一方法并非保八所独创,不过在其注《易》过程中多次应用了此一方式。保八认为,根据《说卦传》“乾,健也。坤,顺也。震,动也。巽,入也。坎,陷也。离,丽也。艮,止也。兑,说也”的说法,六十四卦中有乾之体的,都有刚健的意义,比如在注解《大畜·象》“不家食,吉,养贤也”时,保八注云:“以卦之似体言,三四五上似颐,有养贤之象。”④大畜卦三四五上四画构成的卦体从

① 〔元〕保巴撰,陈少彤点校:《周易原旨·易源奥义》,中华书局2009年版,第10页。

② 〔元〕保巴撰,陈少彤点校:《周易原旨·易源奥义》,中华书局2009年版,第19页。

③ 〔元〕保巴撰,陈少彤点校:《周易原旨·易源奥义》,中华书局2009年版,第52页。

④ 〔元〕保巴撰,陈少彤点校:《周易原旨·易源奥义》,中华书局2009年版,第77页。

形象上整体与《颐卦》相似，因此大畜卦蕴含了颐卦“颐养”的含义，所以《彖传》才会说“有养贤之象”。再如，《豫卦》卦辞“利建侯行师”，保八注解道：“所谓易者，取义无穷，以似体而取之者，假若比卦一阳居五统五阴，比之《大象》曰‘先王以建万国，亲诸侯’，故有建侯之义。一阳在二为师卦，师之初六曰‘师出以律’，故有行师之义。此豫卦一阳居四为卦主，统五阴，群阴悦而从之，故名豫。豫之刚上行而柔下应，是有建侯行师之义。盖以似体而然也。”①这就是说，豫卦卦辞有“利建侯行师”之语，是因为其卦象既似比卦，又似师卦，所以卦辞既有比卦的“建侯”之文，又有师卦的“行师”之义。

当然，保八十分重视象数体例对于理解《周易》经传的重要意义，但总体而言，他的易学倾向仍然偏重于义理的一面。他指出：“《易》卦为书，象数也，而义理寓焉。取之卦体、卦象、卦变、卦德。每爻之义，论贵贱，论承乘，论初终，论中不中，正不正，有应无应，而义理无穷矣。”②象数本身的探讨，归根结底还是为了揭示义理之无穷，象数的多样不过是表现无所不包的义理的绝佳工具而已。

四、以心会心的解《易》方法

保八在《易源奥义》一书中专设《易源心法》一章，以期把握朱子所说的画前之《易》。

保八认为，要想得悟画前之《易》，须从定卦主、究卦义、求卦位、推中正、究爻义、穷事理、明易道、尽三《易》八个方面入手，此乃

① 〔元〕保巴撰，陈少彤点校：《周易原旨·易源奥义》，中华书局 2009 年版，第 49 页。

② 〔元〕保巴撰，陈少彤点校：《周易原旨·易源奥义》，中华书局 2009 年版，第 264 页。

“《易》之关键”①。

其一，定卦主。卦主就是一卦之主爻。保八根据《系辞传》中指出的“阳卦多阴”“阴卦多阳”理念，阳卦多阴则以阳为主，阴卦多阳则以阴为主。因此作为阳卦的震、坎、艮三卦，其卦主即分别在初爻、二爻、三爻；而作为阴卦的巽、离、兑三卦，其卦主则分别在初爻、二爻、三爻。而对于纯阳、纯阴的乾、坤两卦，则卦以其中正之二爻为卦主。前文已述保八在具体解《易》时对卦主的使用，此处不再赘述。

其二，究卦义。就是通晓一卦之义理。根据《说卦传》对八卦卦德的规定，三画卦的八卦各有其独特的卦义。这卦义同样可以代入到六画卦的六十四卦中去。那么，六十四卦中，有乾所在的八个卦，都有刚健不息的卦义。有坤所在的八个卦，都有柔顺之义。有震所在的八个卦，都有震动之义。有巽所在的八个卦，都有入之义。有离所在的八个卦，都有附丽之义。有艮所在的八个卦，都有止之义。有坎所在的八个卦，都有陷之义。有兑所在的八个卦，都有喜悦之义。在这一点上，保八与许衡的思想有共通性。

其三，求卦位。指的是阐明一卦六爻之阴阳地位。保八认为初爻与上爻无位，这是继承了王弼“初上无阴阳定位”②的观点。其他几爻的爻位依据《易传》而来，如五爻为君，二爻为臣；初爻二爻为地，三爻四爻为人，五爻上爻为天；阳爻居三，阴爻居四，皆为得位。

其四，推中正。指的是得时、得位。二爻、五爻为中。初爻、三爻、五爻皆阳位，阳爻居之谓之得正；二爻、四爻、上爻皆阴位，阴爻居之谓之得正。当位即得正。得中则无不善，得中便有正。得正

① 〔元〕保巴撰，陈少彤点校：《周易原旨·易源奥义》，中华书局 2009 年版，第 311 页。

② 〔魏〕王弼撰，楼宇烈校释：《周易注校释》，中华书局 2012 年版，第 288 页。

而不中，不完善，有小疵。中正最好。爻位不中又不正，爻辞必有凶辞。不中正而爻辞为吉的，很少。保八此说与其"初与上无位"说矛盾。

其五，究爻义。指的是玩味三百八十四爻。一百九十二阳爻都是乾阳，因而与乾六爻之义是相通的。在初位的阳爻，都有潜龙勿用之义。在二爻的阳爻，都有利见大人之义。在三爻的阳爻，都有乾乾之义。在四爻的阳爻，都有危厉之义。在五爻的阳爻，都有天德天位之义。在上爻的阳爻，都有亢龙之义。同样地，一百九十二阴爻都是坤阴，分居在不同的爻位，也都具有坤六爻之义。保八在这一点上与许衡易学有相似之处。不同的是，许衡对爻义的分析更为细化、具体。

其六，穷事理。保八认为："因时者，理也；作为者，事也。又卦者，事也；爻者，时也。当然者，理也；所以然者，《易》之大本也。"①

保八以乾卦为例进行说明。"刚断果决，事也；元亨利贞，理也；潜见飞跃，时也。"即经过对卦爻的解读可以穷尽万事万物发展变化的事理，明晓之所以然，此乃《易》之根本。

其七，明易道。指的是明《系辞传》所说的"《易》有圣人之道四"。明晓了辞、变、象、占四者，才是真正把握了圣人之道。因此，保八认为如程颐在《程氏易传》中那样只是强调"辞"和"象"的作用是不够的，还应当更为全面地加入"变"与"占"作为补充。他指出：

> 卦既设矣，象既立矣，辞既系矣，又观其变用某象某爻，则知所趋避，吉无不利。变者，又《易》中鼓之舞之之神也，然则如之何？曰：书不尽言求之卦，言不尽意求之象，卦象不尽求

① 〔元〕保巴撰，陈少彤点校：《周易原旨·易源奥义》，中华书局2009年版，第310页。

之变，变又不尽求之心，以心会心，余皆筌蹄耳。①

当然，辞、象、变、占四道，最终也只是达到明了圣人之道的工具，“以心会心”，最终体会圣人作《易》之心、之理才是最终目的，其余皆筌蹄一般的工具。

其八，尽三《易》。正是在“以心会心”的视域下，保八进一步揭示出了他的三《易》理论，即所谓天《易》、圣《易》、心《易》。具体来说：

尽三《易》者，天《易》、圣《易》、心《易》。极至《易》之妙也。乾坤阖辟，阴阳消长，四时行，百物生，天《易》也。元亨利贞，言四时成岁，辞有险易，各指其所之，圣《易》也。仰观俯察，远求近取，化而裁之，推而行之，心《易》也。②

所谓《天》易即自然之易，即其所说“天地开辟，未有文籍之先已有此《易》。天地初设位，而《易》已行乎其中，是《易》与天地参而为三也”③。通过化用《易传》中的“易与天地参”的观念，保八凸显了天《易》与天地并立的重要地位。四时流转、阴阳消息、万物生长这些自然的变化都被看作《易》之表现，因此天《易》也被看作自然之易。保八认为此天《易》充分彰显了天地生化万物的神妙功能，指出：

---

① 〔元〕保巴撰，陈少彤点校：《周易原旨·易源奥义》，中华书局2009年版，第239页。

② 〔元〕保巴撰，陈少彤点校：《周易原旨·易源奥义》，中华书局2009年版，第311页。

③ 〔元〕保巴撰，陈少彤点校：《周易原旨·易源奥义》，中华书局2009年版，第223页。

《易》吾知其为《易》也，神果何物耶？《易》即神也，神即《易》也。非于神之外，他有所谓《易》；亦非于《易》之外，他有所谓神。不言神，则《易》几于一物，故此下出神字不一①，是皆《易》之神也。神也者，妙万物而为言者也。《易》其神也乎！《易》者，天地之匡廓；《易》者，万物之陶冶；《易》者，昼夜之明鉴。谓《易》为神耶？神则无方也。谓神为《易》耶？《易》则无体也。此夫子赞易道之妙也。②

但是，天地无心而成化，能够充分澄明天地生化万物之神妙、之大德的是圣人。保八指出：

圣人为人道之极，与天地参者也。天地之大德曰生，圣人以天地之德为德，将何如哉？圣人居崇高之位，处富贵之极。大宝曰位，贵也，而所以守位者曰仁。聚人曰财富也，而所以理财正辞禁民为非者曰义。在天曰阴阳，在地曰刚柔，在人曰仁义。圣人由仁义行民，何得有为非者？如此则可以与天地参矣。③

在其看来，"元亨利贞，言四时成岁，辞有险易，各指其所之"，即圣人之《易》。正是《易》之道体现了圣人的生命智慧，圣人的生命智慧又澄明了《易》之道。不能契会天地四时成岁所体现的"元亨利贞"天地之大德，圣人就不会有与天地参的智慧；同样，没有圣

① 点校本脱"一"字，据《文渊阁四库全书》本补。

② 〔元〕保巴撰，陈少彤点校：《周易原旨·易源奥义》，中华书局 2009 年版，第 219 页。

③ 〔元〕保巴撰，陈少彤点校：《周易原旨·易源奥义》，中华书局 2009 年版，第 245 页。

人由仁义行的智慧，就不能澄明天地"元亨利贞"生生之大德。正是在此识见下，保八提出："《易》一圣人也，圣人一《易》也。故《易》乃圣人之道，而圣人乃尽《易》之道。指《易》以为圣人可也，指圣人以论《易》亦可也。"①

圣人之所以能有与天地参的生命智慧，关键在于圣人有"以心会心"的内圣功夫。有了这个功夫，圣人得以"仰观俯察，远求近取，化而裁之，推而行之"，这种"以心会心"的观物取象、观象画卦就是心《易》。保八在解释《系辞传》"圣人以此洗心"时说：

> 圣人之心本无垢也，何以洗为哉？圣人犹以此洗其心焉，涤之以蒙泉，沃之以兑泽，润之以坎水，而沧浪不足以喻其清，沂浴风雩不足以喻其乐，洁静精微，心即《易》矣，《易》即心矣，神矣哉！②

在保八看来，一方面圣人以《易》道洗心，让心处于洁净精微状态，另一方面正是圣人的"无垢"之心才能更好地澄明《易》的生生之道。为了更好地修养这颗无垢之心，保八在注释《系辞下传》关于咸卦的诠解时指出：

> 咸虽是感动之义，然六爻皆静吉而动凶。取象人身，四当心位。心尤宜以主静为本。若思虑太过，憧憧然于往来之间，则思虑所及者，其类从之，思虑所不及者，将不从矣。故莫若

① 〔元〕保巴撰，陈少彤点校：《周易原旨·易源奥义》，中华书局2009年版，第229页。

② 〔元〕保巴撰，陈少彤点校：《周易原旨·易源奥义》，中华书局2009年版，第232页。

先静其心。①

保八认为咸卦九四爻，其位就人身观之则象心。心为思虑的主体本主变动不居，但在其看来，心应当以主静为本，并指出，由着这个功夫，可以实现“寂然不动，感而遂通”的境界，进而可以成就天下“殊途同归、一致百虑”的圣功。他说：

《易》无思也，无为也，寂然不动，感而遂通天下之故耳。何以思虑为哉？天下同归而已，而途殊何多；天下一致而已，而百虑何劳。何以思虑为哉？日月寒暑之往来，尺蠖龙蛇之屈信，不往则不来，不屈则不信，皆是感应自然之理，正不必憧憧然于其间。夫动而无静，物也；动而无动，神也。得其精义而入于神，则可由体以致诸用。用既利矣，复归于体，必安其身以崇其德焉。主静如此，寂则能感，定则能应，心法之妙也。过此以往，他无法矣。谓别有法焉，吾未之或知也。知此者知，大而化之，圣矣。知圣而不可知之，神矣。知“所过者化，所存者神”之事矣，故曰“德之盛”也。②

保八认为，以上八个方面，“贵在默会心通可也。向此八段上得意，则未画以前之《易》，不言而知也”③。借助天《易》、圣《易》、心《易》的阐释，保八系统阐释了其易学的天人内涵。

---

① 〔元〕保巴撰，陈少彤点校：《周易原旨·易源奥义》，中华书局2009年版，第250页。

② 〔元〕保巴撰，陈少彤点校：《周易原旨·易源奥义》，中华书局2009年版，第250页。

③ 〔元〕保巴撰，陈少彤点校：《周易原旨·易源奥义》，中华书局2009年版，第311页。

总之，保八虽然在认同程朱易学前提下，以“照着讲”兼“接着讲”的形式诠释着《周易》的思想，但是在这种创造性不足的形式下，还有着“自己讲”的创造性诠释的内容。保八易学是对程朱易学的继承与发展，与元代易学阵营中的其他思想家相比，他的易学也是相当出色的。

第六章　元代图书易学：张理、钱义方、陈应润

在经过汉唐易学鼎盛发展之后，易学在宋元时期进入了一个崭新的发展阶段。易学研究虽然还是沿袭义理和象数两条路子，但是内容较前代易学相比，大不相同。就象数学而言，在传统象数易学发展的基础上，图书易学思潮兴起。宋代图书易学内容多样，至元代，图书易学承继宋代而来，内容更为丰富。在图书易学发展的同时，亦有易学家开始对图书易学进行反思与批判。

第一节　张理《易象图说》研究

张理，生卒年不详，字仲纯，元代清江（今江西清江）人。《宋元学案·草庐学案》云："张理，字仲纯，清江人。举茂才异等，历任泰宁教谕、勉斋书院山长，终福建儒学副提举。著《易象图说》三卷、《大易象数钩深图》三卷。"王梓材案语云："先生尝从杜清碧于武夷，尽得其学，以其所得于《易》者，演为十有五图，以发明天道自然之象。"①可

① 〔清〕黄宗羲原著，全祖望补修，陈金生、梁运华点校：《宋元学案》卷九二《草庐学案》，中华书局 1986 年版，第 3091 页。

知张理师从杜本，其学渊源于吴澄。贡师泰作《勉斋书院记》云："至正十九年冬十月，福州始作勉斋书院。……己丑，经略使李公国凤谒祠下，用便宜署今额，以儒人张理为山长。"①作为儒士，在对《周易》理境阐发上，张理继续了宋代以来的以图书阐述易理的路子。张理所著《易象图说》注重对易图的诠释，由图来说理。故而我们以《易象图说》为文献根据，来探讨他的易学思想。

张理于至正二十四年（1364）撰成《易象图说》。张理重视象，推崇河图、洛书和朱熹易学，其《易象图说》内篇的结构是本于朱熹的《易学启蒙》而来，即亦由《本图书》《原卦画》《明蓍策》和《考变占》构成。张理非常重视易象的地位与作用。其《自序》云："《易》曰：'河出图，洛出书，圣人则之。'图、书者，天地阴阳之象也。《易》者，圣人以写天地阴阳之神也……卦以表象，象以命名，名以显义，义以正辞，辞达而《易》书作矣。将以顺性命之理，究礼乐之原，成变化而行鬼神者，要皆不出乎图书之象与数而已。……故天下之理得而成位乎其中，是知《易》即我心，我心即《易》，故推而图之，章之为六位而三极备，叙之为六节而四时行，合之为六体而身形具，经之为六脉而神气完，表之为六经而治教立，协之为六律而音声均，官之为六典而政令修，统之为六师而邦国平。是故因位以明道，因节以叙德，因体以原性，因脉以凝命，因经以考礼，因律以正乐，因典以平政，因师以慎刑，而大《易》八卦之体用备矣。八卦相错相摩相荡，因而重之，变而通之，推而行之，而六十四卦圆方变用之图出矣。圆者以效天，方者以法地，变者以从道，用者以和义，然后蓍策以综其数，变占以明其筮，分挂揲归，交重支变，悉皆为图以显其象，为说以敷其趣。虽其言不本于先儒传注之旨，或者庶几乎

---

① 〔元〕贡师泰：《玩斋集》卷七，见《文渊阁四库全书》第1215册，台湾商务印书馆1986年版，第615页。

圣人作《易》之大意。”①他认为河图、洛书就是天地阴阳之象。圣人作《易》乃写天地阴阳变化之神妙。《易》之象与天地准，性命之理和礼乐之原皆来自图书的象与数，故而力图用图象的方式来说《易》。以图象来说《易》是其易学的特色。

一、天地之数到河图、洛书：对陈抟《龙图序》的解释

张理在书中录有失传已久的陈抟《龙图序》，并作以解释。陈抟是道教学者，认为龙图出于“羲皇之代在太古之先”，“所以天意先未合而形其象，圣人观象而明其用”，“天散而示之，伏羲合而用之，仲尼默而形之”②。《龙图序》云：

> 始龙图之未合也，惟五十五数，上二十五，天数也，中贯三五九，外包之十五，尽天三天五天九并十五之位。后形一六无位，又显二十四之为用也。兹所谓天垂象矣。下三十，地数也，亦分五位，皆明五之用也。十分而为六，形地之象焉。六分而成四象，地六不配，在上则一不配，形二十四，在下则六不用，亦形二十四。后既合也，天一居上为道之宗，地六居下为器之本。③

此段话言简意赅。张理创制图式，对其进行诠释。他先解释了天地未合之数。

① 〔元〕张理：《易象图说·自序》，见《文渊阁四库全书》第806册，台湾商务印书馆1986年版，第373～374页。

② 〔元〕张理：《易象图说》内篇卷上，见《文渊阁四库全书》第806册，台湾商务印书馆1986年版，第375页。

③ 〔元〕张理：《易象图说》内篇卷上，见《文渊阁四库全书》第806册，台湾商务印书馆1986年版，第375页。

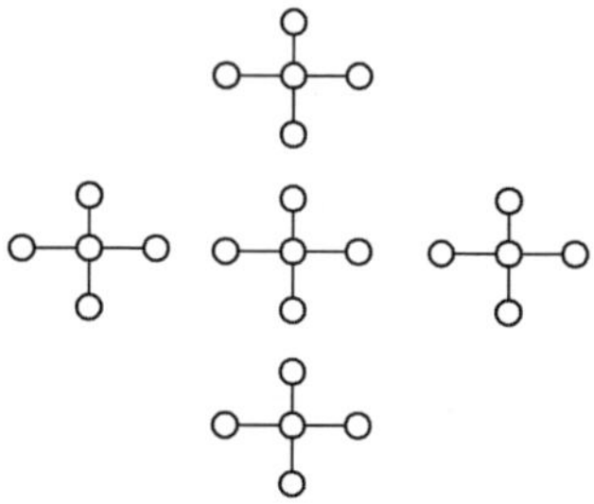

图 6.1　龙图未合之天数

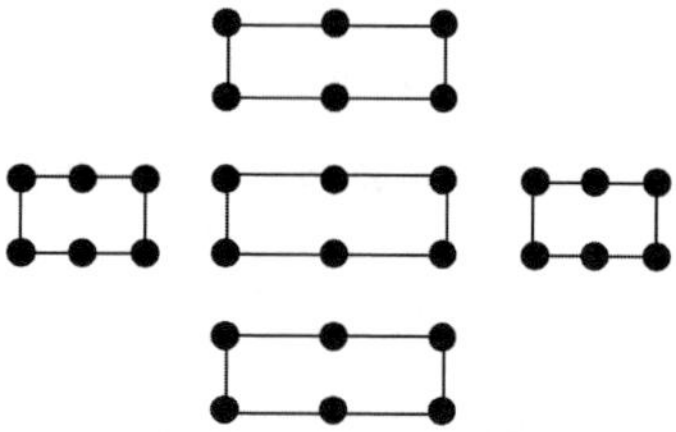

图 6.2　龙图未合之地数

上面左图是关于未合之天数,他解释说:

天数中于五,分为五位,五五二十有五,积一、三、五、七、九,亦得二十五焉。五位纵横见三,纵横见五,三位纵横见九,纵横见十五。①

即天数以五为中,分为五组,纵横皆见三位,每位之纵横亦各三,合之为九,每组皆为五,纵横皆为十五。

上面右图是关于未合之地数,他解释说:

地数中于六,亦分为五位,五六凡三十,积四、二、六、八、十,亦得三十焉。②

即地数以六为中,分为五位,五六三十,二、四、六、八、十之和亦是

① 〔元〕张理:《易象图说》内篇卷上,见《文渊阁四库全书》第 806 册,台湾商务印书馆 1986 年版,第 376 页。

② 〔元〕张理:《易象图说》内篇卷上,见《文渊阁四库全书》第 806 册,台湾商务印书馆 1986 年版,第 376 页。

三十。

张理认为天数二十五,地数三十,各自为组,合计为十组,亦与天地之数为十相合。

天地之数未合是如此,那么已合的状态是怎样的呢?

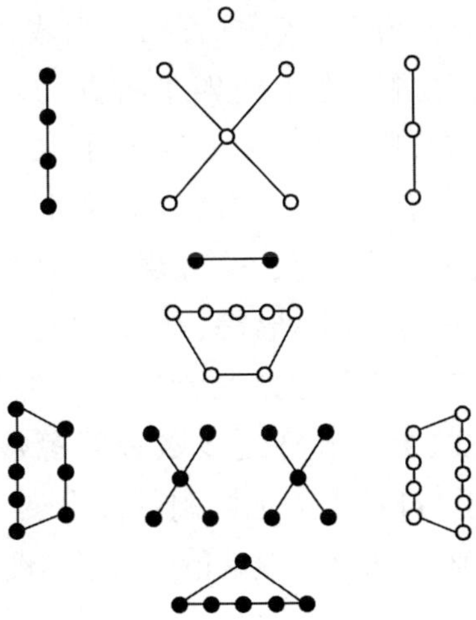

图 6.3 龙图天地已合之位

他说:“上位象也,合一、三、五为参天,偶二、四为两地,积之凡十五,五行之生数也。”①即如图所示,天地之数相合,天地之数原本的数与位重新相配,形成了新的数与位。天数一、三、五为参天,地数二、四为两地,参天两地之和为十五,是五行之生数一、二、三、四、五。此是由天数未合之图演变而来。“即前象上五位,上五去四得一,下五去三得二,右五去二得三,左五去一得四,惟中×不动。

① 〔元〕张理:《易象图说》内篇卷上,见《文渊阁四库全书》第806册,台湾商务印书馆1986年版,第376页。

《序》言天一居上，为道之宗者，此也。”①天数未合之数经过如此减法，分别减去一二三四，呈现出五行之生数的样态。中五居中不动，天数一居上，为道之宗。故而，其中蕴含了八卦阴阳爻、三才、四时、五行之象。他又说：“即前象下五位以中央六分开，置一在上六而成七，置二在左六而成八，置三在右六而成九，惟下六不配而自为六。《序》言六分而成四象，地六不配者，此也。案七者，蓍之圆，七七而四十有九。八者，卦之方，八八而六十有四。九者，阳之用，阳爻百九十二。六者，阴之用，阴爻亦百九十二。十者，大衍之数，以五乘十，以十乘五，而亦皆得五十焉。是故下形六、七、八、九者，蓍数卦爻之用也。上体而下用，上象而下形，象动形静，体立用行，而造化不可胜既矣。”②即地数未合之数由原来的六数分居五位，变成了五行之成数六、七、八、九、十。五行之成数表明蓍数卦爻之用。上体而下用，有象有形，符示了天地阴阳的交合变化。

那么在此基础上，天地之数就衍生出了河图、洛书。他说：

一在南起，法天象动而右转，初交一居东南，二居西北，三居西南，四居东北，四阳班布居上右，四阴班布居下左，分阴分阳而天地设位。再交一居东北，二居西南，三居东南，四居西北，则牝牡相衔而六子卦生，合是二变而成先天八卦，自然之象也。然后重为生成之位，则一六、二七、三八、四九阴阳各相配合，即邵子朱子所述之图也。三交一居西北，二居东南，三居东北，四居西南，则刚柔相错而为

---

① 〔元〕张理：《易象图说》内篇卷上，见《文渊阁四库全书》第 806 册，台湾商务印书馆 1986 年版，第 376 页。

② 〔元〕张理：《易象图说》内篇卷上，见《文渊阁四库全书》第 806 册，台湾商务印书馆 1986 年版，第 377 页。

坎离震兑。四交一居西南，二居东北，三居西北，四居东南，则右阳左阴而乾坤成列，合是二变而成后天八卦，裁成之位也，再转则一复于南矣。①

可见，河图、洛书是通过转动天数一、二、三、四和地数六、七、八、九而得来的。“一转居北，而与六合；二转居南，而与七合；三转居东，而与八合；四转居西，而与九合；五十居中，而为天地运行之枢纽。”②经过如此转换的图式即河图，如下图所示：

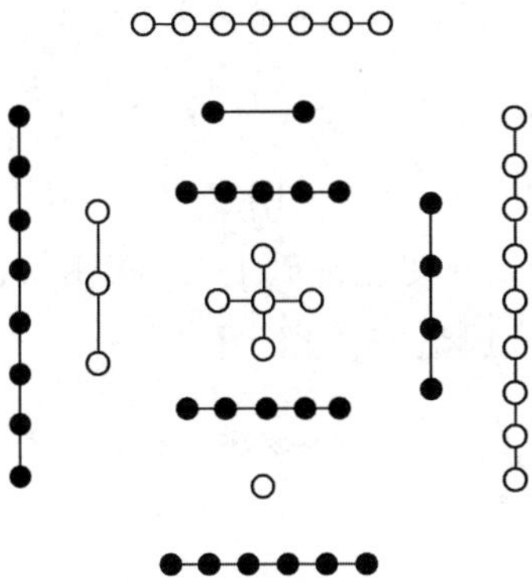

图 6.4　龙图天地生成之数

接着，“一居西北，二居东南，三居东北，四居西南”与地数已合之数六、七、八、九相合，而形成“洛书天地交午之数”，如下图所示：

① 〔元〕张理：《易象图说》内篇卷上，见《文渊阁四库全书》第 806 册，台湾商务印书馆 1986 年版，第 377 页。

② 〔元〕张理：《易象图说》内篇卷上，见《文渊阁四库全书》第 806 册，台湾商务印书馆 1986 年版，第 378 页。

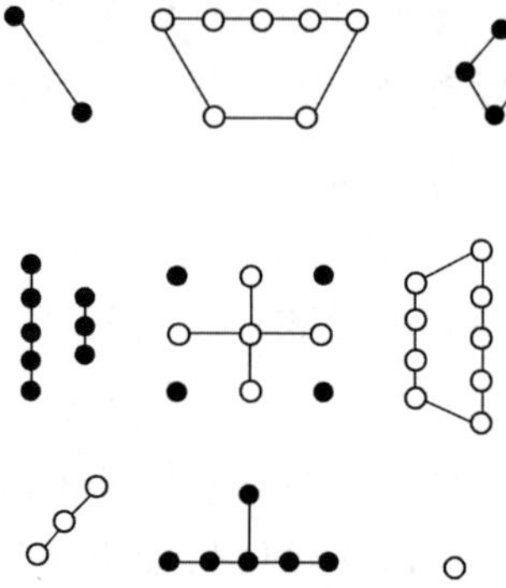

图 6.5　洛书天地交午之数

他引用了朱熹的观点："析六、七、八、九之合以为乾、坤、坎、离，而居四正之位；依一、二、三、四之次以为艮、兑、震、巽，而补四隅之空者，与此数合。"①在此基础上，二四相易，七九相易，一六相易，三八相易，此图变成洛书，如下图所示：

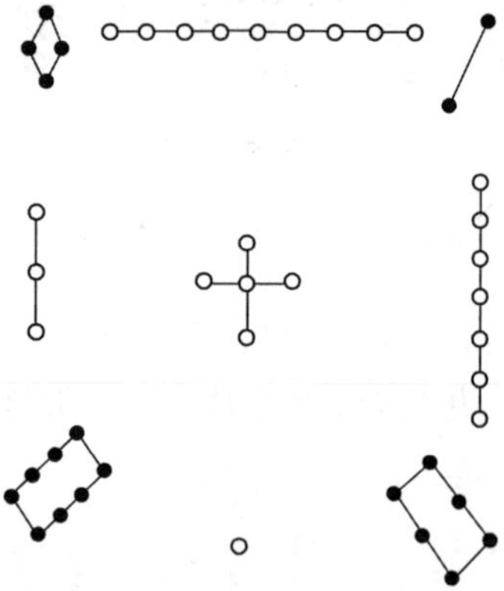

图 6.6　洛书纵横十五之象

①　〔元〕张理：《易象图说》内篇卷上，见《文渊阁四库全书》第 806 册，台湾商务印书馆 1986 年版，第 379 页。

在张理看来，天地之数经过以上“参伍以变，错综其数”的变化过程，形成了河图、洛书。他在对《系辞传》以及易学史上孔安国、关朗等关于河图、洛书的思想进行解说时，指出天地之数五十五是来“发明图书之数”的。“天数一、三、五、七、九，积之为二十五。地数二、四、六、八、十，积之为三十。合是二者为五十有五，而天地变化，阴阳屈伸，举不出乎此数。是数也，两之为二仪，参之为三才，伍之为五行，分之为八卦，究之为九宫，此其大要也。”①由天地之数可以变换出两仪、三才、五行、八卦及九宫数。同时，他认为《系辞传》所说的“参伍以变，错综其数”是发明图书之变的。“考之图变，如一、二、三、四，参居六、七、八、九之间者是也。伍谓伍于五位，如什伍、部伍之伍。考之图变，如一、二、三、四伍于六、七、八、九之上者是也。错者，交而互之，一左一右之谓。考之图变，则三、四左右互居是也。综者，综而挈之，一低一昂之谓。考之图变，则一、二上下低昂是也。既参以变，又伍以变，错而互之，综而交之，而天地之文成，天下之象定，然则河图、洛书，其肇天下之至变者与。”②

张理认为，陈抟《龙图序》中所言“仲尼默示三陈九卦”，是孔子对天地未合之数和天地已合之位之象了然于胸后作出的诠释：

履，德之基。序卦次十，明用十，示人以辨上下也。谦，德之柄。次十五，明用十五，示人以裒多益寡。复，德之本。次二十四卦，示气变之始。

---

① 〔元〕张理：《易象图说》内篇卷上，见《文渊阁四库全书》第806册，台湾商务印书馆1986年版，第380页。

② 〔元〕张理：《易象图说》内篇卷上，见《文渊阁四库全书》第806册，台湾商务印书馆1986年版，第380~381页。

恒,德之固。下经次二卦,示形化之始。损,德之修。益,德之裕。此二卦,示人以盛衰之端。困,德之辨。井,德之地。此二卦,示人以迁通之义。巽,德之制。巽以行权。权者,圣人之大用也。因事制宜,随时变易之义备矣。①

履卦在今本六十四卦卦序中排序为十,十为地数,明用十,以辨上下。谦卦是第十五卦,"纵横见十五",用十五以示裒多益寡,天地阴阳相配。复卦是第二十四卦,以示一年二十四节气的阴阳变化的开端。恒卦是下经的第二卦,以示天地万物形化之开端。损卦和益卦为盛衰之端。困卦和井卦以示变通之义,巽卦以示随时变易之圣人之大用。

在张理看来,河图、洛书是道之呈现。道乃天、地、人之道。圣人观变于天地阴阳之变而立天之道,察于地之刚柔立地之道,本于仁义立人之道。圣人作《易》和顺于道德,条理各适其宜,穷理尽性以至于命,乃圣人至诚之大功。

二、原卦画:对八卦生成和六十四卦关系的解释

八卦生成是圣人作《易》的基本问题。在张理看来,这一问题也可以由图式来解释。关于这一问题,他借鉴了周敦颐《太极图说》的思想,作出了独特的解读。

关于太极,张理使用周敦颐所画的太极图式,认为太极就是一个圆。他引用朱熹和《说文解字》的话来解释太极的本原地位:"朱子曰,《易》者,阴阳之变。太极者,其理也。谓之太极者,至极之义,兼有标准之名,实造化之枢纽,品汇之根柢也。本无形体声臭

① 〔元〕张理:《易象图说》内篇卷上,见《文渊阁四库全书》第806册,台湾商务印书馆1986年版,第375页。

之可指，至宋濂溪先生始画一圈，而今图因之。《说文》曰：惟初太极，道立于一，造分天地，化成万物。一者，数之始也。”①太极为道，为一，是造化的关键，万物的根本。

关于太极生两仪，张理作了“天地设位”的图式进行说明，如下图所示：

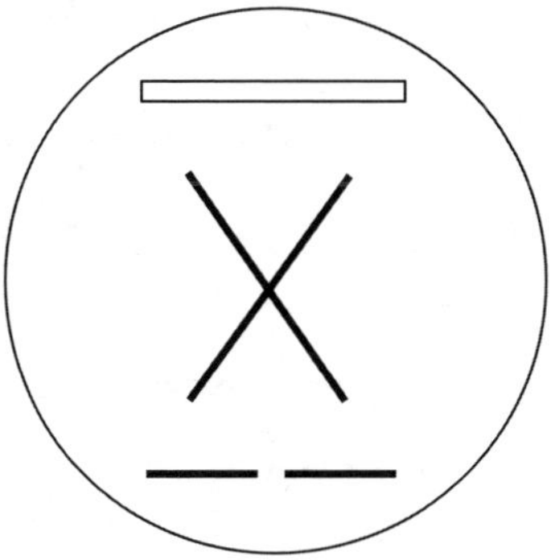

图 6.7　太极生两仪之象

圆圈即太极，圆圈里面上为天、为奇、为阳，下为地、为偶、为阴。他解释说：“太极判，而气之轻清者上浮为天，气之重浊者下凝为地。圣人仰观俯察，受河图，则而画卦……中×者，天地气交四象、八卦，万物化生之本。”②张理引用《乐记》之说，认为一动一静是天地之间的阴阳交感，并用周敦颐太极阴阳动静之说来说明动静之间的关系。

关于两仪生四象，就是在太极生两仪的基础上，阳仪又生一奇

① 〔元〕张理：《易象图说》外篇卷上，见《文渊阁四库全书》第 806 册，台湾商务印书馆 1986 年版，第 409 页。

② 〔元〕张理：《易象图说》内篇卷中，见《文渊阁四库全书》第 806 册，台湾商务印书馆 1986 年版，第 383 页。

一偶,阴仪亦生一奇一偶。如下图所示:

乾坤成列

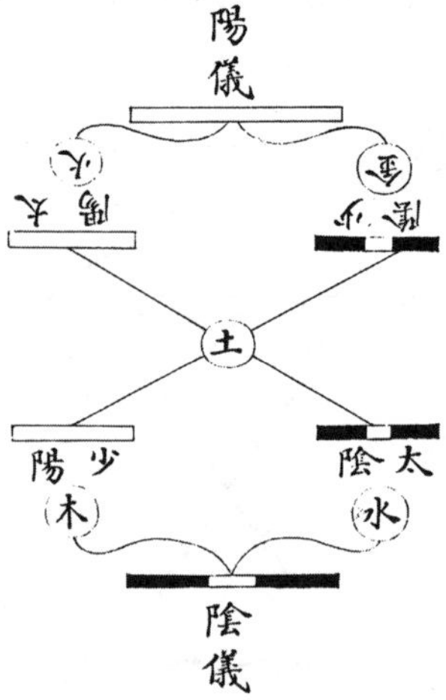

图 6.8　两仪生四象之象

他认为朱熹《易学启蒙》所说的两仪生四象的图式四象平布,即两仪之上并列四象,由太极到两仪、四象,层层递进,符示了大《易》生生不息的精神。张理注重的是天地上下阴阳刚柔相交而生万物。他说:“阳仪下生一奇一偶为阴阳;阴仪上生一奇一偶为刚柔,四象圜转循环不穷,刚交于阴,阴交于刚,阳交于柔,柔交于阳,上下左右相交而万物生焉。”①他对四象的解释也不同于先儒。他把四时、方位、五行等因素融入四象中,即少阳为木,东方,春季;太阳为火,南方,夏季;少阴为金,西方,秋季;太阴为水,北方,冬季。中央是阴阳之中,四方之内,于时为四季,在天为湿,在地为土,土

① 〔元〕张理:《易象图说》内篇卷中,见《文渊阁四库全书》第 806 册,台湾商务印书馆 1986 年版,第 383 页。

为镇星，在德为诚。

关于四象生八卦，也是同样的道理，即注重天地上下刚柔相交。天之阳下交于柔，地之柔上交于阳，生成乾、坤、艮、兑四卦。地之刚上交于阴，天之阴下交于刚，生成震、巽、坎、离四卦。八卦相错，“上者交左，下者交右，则乾南坤北，离东坎西，而先天八卦圆图之象著矣。震、艮互观，反震为艮，反艮为震，则乾、坤、艮、巽居隅，坎、离、震、兑居中，而后天八卦方图之象著矣。由是动静相资，先后互体，圆方变用，而天地造化之义不可胜既矣”①。这样的话，先天八卦图和后天八卦图就形成了。进而，他认为《说卦传》“天地定位”是说先天六十四卦，于是作《六十四卦循环之图》来说明六十四卦之间的关系。他认为《说卦传》“雷以动之”说的是先天六十四卦方图，故作《六十四卦因重之图》来说明。

张理又作《六十四卦变通之图》和《六十四卦致用之图》来反复说明六十四卦之间的变化关系。《易》有三才之道，人道合于天地之道，于是《六十四卦变通之图》亦为人体修炼图。他说：“按朱子谓《参同契》以乾坤为鼎器，坎离为药物，余六十卦为火候，今以此图推之，盖以人身形合之天地阴阳者也。乾为首而居上，坤为腹而居下，离为心，坎为肾。心，火也，肾，水也。故离上而坎下，阳起于复，自左而升，由人之督脉起，自尻循脊背而上，走于首。阴起于姤，自右而降，由人之任脉至，自咽循膺胸而下，起于腹也。”②这一图式也被道教修炼人士当作内丹修炼的方法予以借鉴，这也是图书易学与道教易学关系密切的一个体现。

张理为八卦的生成这一问题的诠释提供了新的视角，他用这

① 〔元〕张理：《易象图说》内篇卷中，见《文渊阁四库全书》第 806 册，台湾商务印书馆 1986 年版，第 385 页。

② 〔元〕张理：《易象图说》内篇卷下，见《文渊阁四库全书》第 806 册，台湾商务印书馆 1986 年版，第 396~397 页。

一系列图式揭示了宇宙发生发展变化的过程是由太极生发,由一到多的过程值得关注。

张理还对大衍筮法进行了解释。关于大衍之数五十来源,他引用朱熹“盖取河图中宫天五乘地十而得之”“以五乘十,以十乘五,而亦皆得五十焉”的说法。其用四十九根蓍草,未分之前,效法太极全体之象。对于蓍草演算的过程,多从《易学启蒙》的说法。在三变是否都挂一的问题上,与朱熹不同,张理认为初变挂一,后二变不再挂一。他解释《系辞传》“再扐而后挂”之挂并不是指再变挂一,而是“总所归二奇置于挂一之所,如挂一法,《韵会》曰合而置之是也”①,并制作了图式,列举了蓍策出现的不同情况。对于占筮的原则,张理直接用了朱熹的“变占说”,并没有作任何评论。

三、明易道:易象图之指归

张理推明了河图洛书之原、八卦、六十四卦之生成皆本于易道。他说:“是道也,迎之莫探其始,循之莫测其终,其小无内,其大无垠。”②易道无始无终,因八卦之象而显明。“阳而纯者,乾之健。阴而顺者,坤之元。阳而外明者,离为火。阴而内昭者,坎为川。阳而隆者,艮之象。阴而洼者,兑之原。鼓舞而震动者,震雷之属。嘘吸而披拂者,巽风之宣。八象相交,而易道著。”③“大而揖让放伐,小而动静语默,其道皆备于《易》,明之为礼乐,幽之为鬼神,三纲五常,百世相因。传曰:天地设位,而《易》行乎其中。成性存存,道义之门。

① 〔元〕张理:《易象图说》内篇卷下,见《文渊阁四库全书》第806册,台湾商务印书馆1986年版,第400页。

② 〔元〕张理:《易象图说》外篇卷上,见《文渊阁四库全书》第806册,台湾商务印书馆1986年版,第407页。

③ 〔元〕张理:《易象图说》外篇卷上,见《文渊阁四库全书》第806册,台湾商务印书馆1986年版,第407~408页。

夫《易》,圣人所以崇德而广业也。惧后世之弗明,是故作《易》,而以其道觉诸人。愚末小子,敢曰希贤、希圣、希天,观象述图,而次第之,曰大《易》卦画之原。”①可见,张理推崇的是儒家的圣人观。

那么,如何用图象来彰显易道呢?《易象图说》外篇列有八种图式②,配以天时气候、人体结构、儒家经典、乐律、国家政制、军队等内容,从道、德、性、命、礼、乐、政、刑八个侧面来彰显易道的深刻内涵。其中,《四象八卦六体之图》(见图 6.9)体现了其易学医易会通的特色。

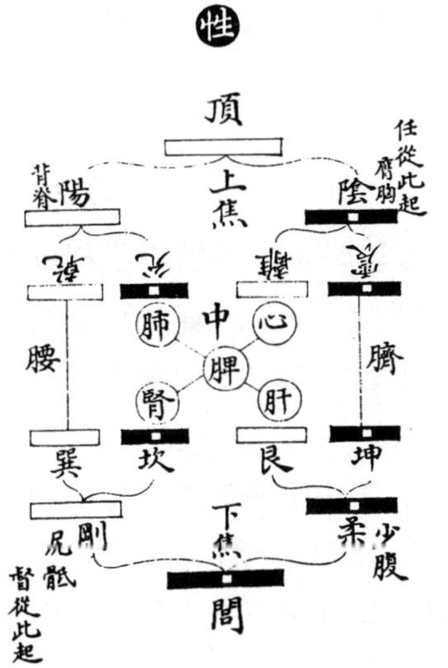

图 6.9　四象八卦六体之图

① 〔元〕张理:《易象图说》外篇卷上,见《文渊阁四库全书》第 806 册,台湾商务印书馆 1986 年版,第 408 页。

② 〔元〕张理:《易象图说》外篇卷上,见《文渊阁四库全书》第 806 册,台湾商务印书馆 1986 年版。八个图式分别是《四象八卦六位之图》《四象八卦六节之图》《四象八卦六体之图》《四象八卦六脉之图》《四象八卦六经之图》《四象八卦六律之图》《四象八卦六典之图》《四象八卦六师之图》。张理用这些图式来言说易道,与《周易》经传注释没有什么关联。

他解释说：

《易》曰：乾坤成列，而《易》立乎其中。斯理也，成之在人，故人受天地、阴阳、五行之气以成形，大抵一身同乎天地。此图背阳腹阴，头圆象奇，窍阴象偶，身半以上同乎天，身半以下同乎地。督脉，阳脉也，起于下极之俞，并于脊里，上至风府，入属于脑。冲脉，阴脉也，起于气冲，并少阴之经，侠脐上行，至胸中而散。故右象自巽中爻至乾上爻，象尻至顶，督脉之行也。自震中爻至坤下爻，象胸至少腹，冲脉之道也。①

将四象、八卦与人体相配，说明其中的阴阳变化关系，并引用《黄帝内经》的话进行说明。他还借用了程颐的话："世之人，务穷天地万象之理，不知反之一身，五脏六腑毛发筋骨之所存，鲜或知之。善学者，取诸身而已。自一身以观天地。"②即推重以一身观天地万物之理的简易方法。

张理所创图式，大多用于表达其思想，有时还借《周易》经传为其图式论证。如《革·象》讲："君子以治历明时。"他认为革卦有离兑二卦，而离兑二卦有日月星三辰之象。所以《革·彖》曰"水火相息"，水为月，火为日，日月相推而发生变化。他将《易》与天文、历法相合，作《周天历象气节之图》（见图 6.10）。

① 〔元〕张理：《易象图说》外篇卷中，见《文渊阁四库全书》第 806 册，台湾商务印书馆 1986 年版，第 416~417 页。

② 〔元〕张理：《易象图说》外篇卷中，见《文渊阁四库全书》第 806 册，台湾商务印书馆 1986 年版，第 417 页。

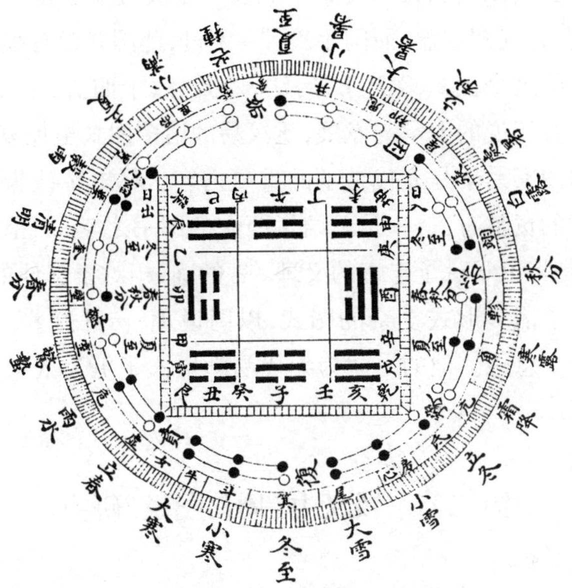

图 6.10　周天历象气节之图

由图中央向外延伸，图中央为后天八卦图，配以子、丑、寅、卯、辰、巳、午、未、申、酉、戌、亥十二辰和甲、乙、丙、丁、戊、己、庚、辛、壬、癸十天干，再配以一年四季的二至二分，再配以复、姤、节、旅、贲、小畜、困、豫等京房的八卦一世卦，再配以二十八星宿和二十四节气。在张理看来，从象的角度上说，《易》之象与天地四时、二十四节气、七十二候皆可对应。他解释说："《易》有四象，以应四时。少阳为春，太阳为夏，少阴为秋，太阴为冬。易有八卦，以应八节。立春为艮，春分为震，立夏为巽，夏至为离，立秋为坤，秋分为兑，立冬为乾，冬至为坎，八卦以应八节。卦有十二辟以应十二辰。复，十一月。临，十二月。泰，正月。大壮，二月。夬，三月。乾，四月。姤，五月。遁，六月。否，七月。观，八月。剥，九月。坤，十月。为十二辟卦。八卦二十四爻，以应二十四气。辟卦七十二爻，以应七十二候。反易之卦二十有八，以应二十八舍。六十四卦，三百八十四爻，当期之日，以应周天三百六十五度。是故履端于始，表正于中，归余于终，合气朔虚盈，而闰生焉。”①不过，此图并没有配以七十二候。张理的这个图式融天文、历法、八卦、六十四卦、干支于一体，是对汉易卦气说的继承与发展，比汉易的诸多图式更加复杂。

张理图书易学是元代易学的重要内容。林忠军认为张理对于象数易学的贡献有三：一是总结了两宋的图书之学，二是融象数为一体，三是将象学赋予丰富的义理。② 的确，相对于其他的易学家，张理创制了诸多形式复杂的图式，以图说理，借助这些图式，阐发自己的易学思想。他的易学为元代易学增添了更为浓重的图书易学的色彩。

第二节　钱义方《周易图说》研究

钱义方，生卒年不详，字子宜，元末湖州吴兴（今浙江省湖州市吴兴区）人，曾举进士，然仕履已不可考。自言伏读《易》之经传而学之三十年，反复潜玩而有所自得③，于元至正六年（1346）撰成《周易图说》二卷，后收入《四库全书》。在易学研究上，钱义方深受当时学风影响，宗主邵雍、朱熹，深研图书之学，务期“求合与圣人之旨”。然而，也正是出于对《易》之“本义”的探求，使得他不唯古是尚，“先儒之合乎圣人者取之，异乎圣人者正之”④，从而又对邵

---

① 〔元〕张理：《易象图说》外篇卷下，见《文渊阁四库全书》第806册，台湾商务印书馆1986年版，第424页。

② 林忠军：《象数易学发展史》第二卷，齐鲁书社1998年版，第547~548页。

③ 〔元〕钱义方：《周易图说·自序》，见《文渊阁四库全书》第26册，台湾商务印书馆1986年版，第619页。

④ 〔元〕钱义方：《周易图说·自序》，见《文渊阁四库全书》第26册，台湾商务印书馆1986年版，第619页。

雍、朱熹的某些易学观点提出质疑与批评。《周易图说》作为其易学思想的集中体现，上卷七图旨在明“圣人作《易》其本旨如此”①，下卷二十图意在晓“后之圣人因已成之《易》推演出其义”②，可谓自成一家之言。

一、八卦乃得之仰观俯察

对于八卦的创制过程，《系辞传》有多种说法。③ 所谓“太极生八卦说”，即《系辞上传》中所讲的自太极至两仪、四象、八卦的生成过程，而“仰观俯察说”即《系辞下传》中所讲：“古者包牺氏之王天下也，仰则观象于天，俯则观法于地，观鸟兽之文与地之宜，近取诸身，远取诸物，于是始作八卦，以通神明之德，以类万物之情。”

在钱义方看来，“仰观俯察说”与“太极生八卦说”并非矛盾之二事，而是伏羲创制八卦的全副过程。伏羲透过广泛的观察包括人在内的万事万物，洞晓其理则，效法其变化，描摹其情状，从而以“太极—两仪—四象—八卦”的理序画出八卦。他在对《伏羲太极两仪四象八卦横图》（见图 6. 11）的注解中特别强调，伏羲之所以能够通过仰观俯察、近取远取创制八卦，是因为天地万物均“有理”：

---

① 〔元〕钱义方：《周易图说》卷上，见《文渊阁四库全书》第 26 册，台湾商务印书馆 1986 年版，第 620 页。

② 〔元〕钱义方：《周易图说》卷下，见《文渊阁四库全书》第 26 册，台湾商务印书馆 1986 年版，第 631 页。

③ 就八卦生成的问题，刘保贞总结说：“《易传·系辞》里起码有四种说法：大衍之数说、太极生八卦说、圣人‘则河图、洛书’说、仰观俯察说。”参见刘保贞《〈易图明辨〉导读》，齐鲁书社 2004 年版，第 22 页。

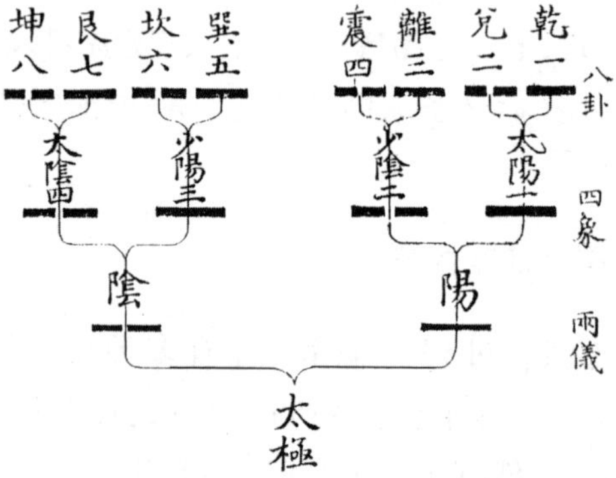

图 6.11　伏羲太极两仪四象八卦横图

伏羲所以画八卦，乃得之仰观俯察、近取远取，盖在天地、在人物莫不有理，莫不有阴阳，莫不有生生不穷之妙。其所以为太极、两仪、四象、八卦者，的确详明，晓然易见。包牺模写于书以示人，非假纤毫私智穿凿成之者。①

天阳也而有日月，则日阳月阴也；地阴也而有山川，则山阴川阳也。人物之男者为阳，然交于阴则可以生男可以生女；女者为阴，然交于阳则可以生女可以生男。朱子所谓阴阳各生一阴一阳之谓。而此图两仪生四象、四象生八卦之谓也。此圣人仰观俯察、近取远取，画卦之最亲切而明白者，又何待于傅会牵合而后成之邪！②

需要指出的是，尽管钱义方的《伏羲太极两仪四象八卦横

① 〔元〕钱义方：《周易图说》卷上，见《文渊阁四库全书》第 26 册，台湾商务印书馆 1986 年版，第 620 页。

② 〔元〕钱义方：《周易图说》卷上，见《文渊阁四库全书》第 26 册，台湾商务印书馆 1986 年版，第 621 页。

图》是通过改造朱熹《周易本义》卷首九图中的《伏羲八卦次序图》而作，但其所言之“理”只是万物阴阳有序、生生变化的理则，而非朱熹所讲山河大地万事万物得以生成存在的本体意义上的天理。其图一分为二、二分为四、四分为八、阴阳互相涵摄的架构，意在晓示的也恰是万物所涵具的阴阳与生生的理则。

八卦既如此而作，钱义方认为，六十四卦的创制自然也遵循这一理序。因此，他又改造朱熹的《伏羲六十四卦次序图》而作《六十四卦横图》（见图 6.12）：

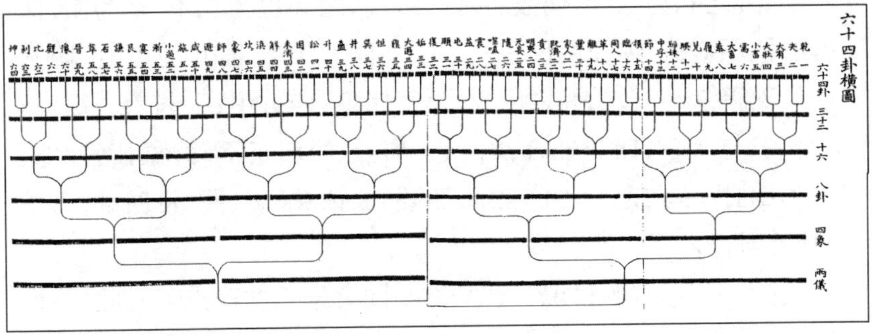

图 6.12　六十四卦横图

钱义方将此图与上图配合，共同论证“画卦乃伏羲作《易》之本”①。在这里，钱义方着重强调“画卦”二字，一方面是就伏羲作《易》纯粹出于理势之自然，不假造作而言；另一方面是针对朱熹河图是伏羲作《易》依据的观点来讲的。

朱熹认为《系辞上传》所说的“圣人则之”即圣人依据河图而作《易》，依据洛书而作《洪范》。在《周易本义》卷首，朱熹依从蔡元

① 〔元〕钱义方：《周易图说》卷上，见《文渊阁四库全书》第 26 册，台湾商务印书馆 1986 年版，第 623 页。

定的观点将黑白点的十数图定为河图、九数图定为洛书，并在《易学启蒙·本图书》篇中对伏羲具体是如何依据河图而作《易》的进行了详细说明。他说：

> 河图之虚五与十者，太极也。奇数二十偶数二十者，两仪也。以一、二、三、四为六、七、八、九者，四象也。析四方之合以为乾、坤、离、坎，补四隅之空以为兑、震、巽、艮者，八卦也。①

依朱熹之见，河图中宫五与十两数为虚，象征太极；奇数一、三、七、九之和为二十，偶数二、四、六、八之和也为二十，奇为阳，偶为阴，阴阳对待，象征两仪；一、二、三、四之生数，加中宫之五，阴阳互易，而得六、七、八、九之成数，象征四象；四方中，一与六合、二与七合、三与八合、四与九合，六、七、八、九居四正不动，象征乾、坤、坎、离四卦，一、二、三、四补之于四隅，象征兑、震、巽、艮四卦，由是以成八卦。

立足于“仰观俯察说”，钱义方不同意朱熹的观点。对此，他批评道：

> 自汉孔安国、刘歆以为伏羲则河图画八卦，传袭既久，世以为信。贤如朱子亦谓，虚五与十者太极；奇偶数各二十者两仪；以一、二、三、四为六、七、八、九者四象；析四方之合为乾、坤、离、坎，补四隅之空为兑、震、巽、艮者八卦。言两仪四象通矣，而言八卦，则析四方之合，补四隅之空，所以为乾、坤、离、坎、兑、震、巽、艮者，皆未见灼然之法象，而能使人释然无疑

① 〔宋〕朱熹：《易学启蒙·本图书》，见〔宋〕朱熹撰，朱杰人、严佐之、刘永翔主编《朱子全书》第1册，上海古籍出版社、安徽教育出版社2002年版，第215页。

> 者。然朱子《本义》尝谓："伏羲仰观俯察，见阴阳有奇偶之数，故画一奇以象阳，画一偶以象阴。见一阴一阳有各生一阴一阳之象，故有下而上再倍而三，以成八卦。"《原象篇》又谓："惟皇昊羲，仰观俯察，奇偶既陈，两仪斯设。既干乃支，一各生两，阴阳交错，以立四象。两一既分，一复生两，三才在目，八卦指掌。"《感兴诗》又谓："皇羲古神圣，妙契一俯仰。不待窥马图，人文已宣朗。"《附录》又谓："仰观俯察，远求近取，安知河图非其中之一事。"得非《启蒙》之书已行，而晚年始悟其失，遂不及改欤！①
>
> 愚尝考之吾圣人所谓"河出图，洛出书，圣人则之"者，言"圣人则之"而已，未尝指言则为何事也。自汉孔安国、刘歆皆谓伏羲则河图以画八卦，后世遂信其说，相承而不悟，贤如朱子，亦未免曲说求之，而卒不可通。②

所谓"晚年始悟其失"，是指朱熹所讲："而自今观之，如论河图、洛书亦未免有剩语。"③尽管朱熹多次强调"'河出图，洛出书，圣人则之'与伏羲氏仰观俯察、远求近取而画八卦的说法并不相抵触，圣人于二者之中照见天地自然之理，二者皆显现了阴阳奇偶之义，只是前者较之于后者更为鲜明，启发性更强"④。但是，在钱义方看来，则河图与仰观俯察毕竟为两事，既言"画一奇以象阳，画一

① 〔元〕钱义方：《周易图说》卷上，见《文渊阁四库全书》第 26 册，台湾商务印书馆 1986 年版，第 620~621 页。

② 〔元〕钱义方：《周易图说》卷上，见《文渊阁四库全书》第 26 册，台湾商务印书馆 1986 年版，第 624 页。

③ 〔宋〕朱熹：《晦庵先生朱文公文集》卷六〇《答刘君房(二)》，见〔宋〕朱熹撰，朱杰人、严佐之、刘永翔主编《朱子全书》第 23 册，上海古籍出版社、安徽教育出版社 2002 年版，第 2886 页。

④ 张克宾：《朱熹易学思想研究》，人民出版社 2015 年版，第 162 页。

偶以象阴”，又言“析四方之合”“补四隅之空”而作八卦是明显的前后扞格抵牾。应当讲，钱义方的这一质疑直指要害。

追溯则河图而作八卦观点之源流，钱义方直斥：“吾圣人言包牺仰观俯察作八卦，而安国以为则河图作八卦也。刘歆不过信安国之说，而踵为之论耳。然安国误于前，歆误于后，人之信之千古一律，安国诚《易》之罪人矣！”①

二、圣人则图揲蓍

虽然否定河图是圣人作八卦的依据，但钱义方并未彻底否定河图。依其之见，伏羲所作之《易》有体有用，所谓“体”即八卦、六十四卦之卦爻画，所谓“用”即揲蓍得卦、教人用《易》卜筮之法，而河图即圣人用以揲蓍的依据。他说：

> 圣人之则河图，盖谓揲蓍，非谓画卦也。②
>
> 伏羲所自画卦与夫则河图之用，愚已论之于前矣。且《系辞》既明有天一至地十之数、大衍五十之说，而朱子易图说亦以“天一地二”章继“圣人则之”之后，则圣人则河图以揲蓍者，至甚明白而无可疑也。③

我们知道，今本《系辞上传》中的“天一，地二；天三，地四；天五，地六；天七，地八；天九，地十”句与“天数五，地数五，五位相得

① 〔元〕钱义方：《周易图说》卷上，见《文渊阁四库全书》第26册，台湾商务印书馆1986年版，第625页。

② 〔元〕钱义方：《周易图说》卷上，见《文渊阁四库全书》第26册，台湾商务印书馆1986年版，第621页。

③ 〔元〕钱义方：《周易图说》卷上，见《文渊阁四库全书》第26册，台湾商务印书馆1986年版，第624页。

而各有合。天数二十有五，地数三十。凡天地之数五十有五。此所以成变化而行鬼神也”句均不在“大衍之数”章前，但朱熹认为这两句作为河图的文字性诠释行文靠后当为错简所致，故在《周易本义》中作了文本上的调整，将其挪至“大衍之数”章前。而且，朱熹在为卷首河图作简略说明时，先引“河出图，洛出书，圣人则之”句，又引“天一，地二”句。按照朱熹的思想，其用意仍是在强调圣人则河图而作八卦的优先地位。而钱义方则对朱熹这一文本上的调整作了新的理解，将“天一，地二”句、“天数五，地数五”句和“大衍之数”章视作具有前后因果关联的文本，即“大衍之数”章所表述的筮法内容是根据“天一，地二”句和“天数五，地数五”句所描述的黑白点图式的河图推衍而来的。

既然伏羲则河图是用以揲蓍，那么，具体是如何效法的呢？对此，钱义方仅作了三点说明，其先引朱熹为“天一，地二”句所作之注解：

> 此言天地之数阳奇阴偶，即所谓河图者也。其位一、六居下，二、七居上，三、八居左，四、九居右，五、十居中。就此章而言，则中五为衍母，次十为衍子，次一、二、三、四为四象之位，六、七、八、九为四象之数也。①

又说：

> 圣人则图揲蓍，以一、二、三、四为四象之位，六、七、八、九为四象之数。阳主进，七进未极，而九进已极，极则退，而后变

① 〔元〕钱义方：《周易图说》卷上，见《文渊阁四库全书》第26册，台湾商务印书馆1986年版，第624页。

为少阴之八。阴主退，八退未极，而六退已极，极则进，而复变为少阳之七。《易》用其变所以应天下万事之变，此所以老变少不变，用九六而不用七八也。①

可以看出，钱义方所作的说明集中在了大衍之数五十和行蓍结果六、七、八、九的来历与《易》用九六而不用七八的原因。前文已述，朱熹认为大衍之数五十，是河图中宫之说天五乘地十的积数。钱义方引朱熹"中五为衍母，次十为衍子"之语即指此。按照大衍筮法"分二""挂一""揲四""归奇"的程序，五十根蓍草经过四次操作演算，最后所得之数不出七、八、九、六。在钱义方看来，这正是圣人通过则河图而设定的结果，即河图中的六、七、八、九黑白点代表最后的筮占之数。之所以用九六而不用七八在于阳主进，阴主退，七进于九，八退于六，九六再进退则阴阳属性发生变化，《易》以变应万事，故筮占中用九六。

平心而论，钱义方的此番解释过于简略，相对于大衍筮法的复杂性，寥寥数语只是将河图之数与筮法之数作出某种程度上的类比，也没有解释清楚至于河图中一、二、三、四为四象之位的说法与筮法的关联。因此，虽然意在肯定河图的价值，但钱义方"圣人则图揲蓍"的说法在其理论内部稍欠自洽。

在"圣人则图揲蓍"部分，钱义方所论的另一重要内容就是在阐述具体行筮方法时，明确肯定并运用了朱熹提倡的"挂扐法"。朱熹认为依照大衍筮法经过四营三变定一卦之爻，可以根据手中的挂扐之数，也可以根据过揲之数，但挂扐之数定阴阳老少为原，过揲之数定阴阳老少为委。其理由是，过揲之数

---

① 〔元〕钱义方：《周易图说》卷上，见《文渊阁四库全书》第26册，台湾商务印书馆1986年版，第628页。

众,挂扐之数寡,定爻当以寡御众。对此,钱义方将朱熹《易学启蒙》中的有关解释予以摘录,并配《蓍变奇偶图》(见图6.13),而后补充道:

> 揲蓍所余凡四为奇,凡八为偶,少者为奇,多者为偶。盖蓍以四茎而揲,故所余之策亦必以四约之,而一其四者为奇,二其四者为偶。然倚为七八九六之数,则四之奇者以三计之,取天圆径一围三,参其天圆之径而得三之象。八之偶者以二计之,取地方径一围四,两其地方之径而得二之象。方其挂扐则四为奇、八为偶,及其倚数则四为三、八为二。①

大衍筮法经过第一变,手中所扐蓍草不是五根就是九根;除去第一变手中所扐蓍草数,进行第二变,手中所扐蓍草不是四根就是八根;再除去第二变手中所扐蓍草数,进行第三变,手中所扐蓍草不是四根就是八根。钱义方所谓"少者为奇,多者为偶",即以四、五为奇,八、九为偶,因为四、五中只包含一个四,八、九中则包含两个四。奇象征天,天

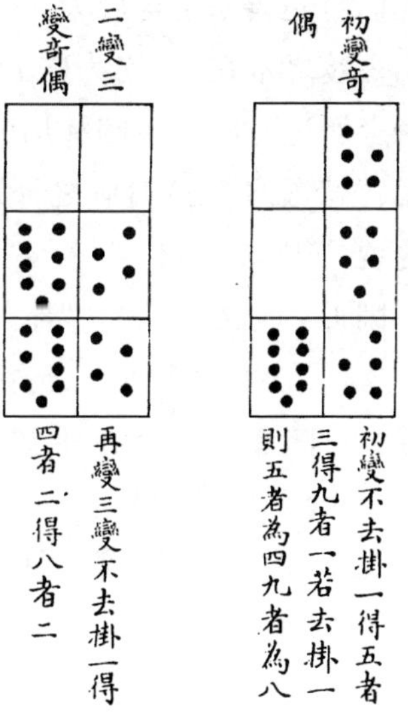

图 6.13　蓍变奇偶图

① 〔元〕钱义方:《周易图说》卷上,见《文渊阁四库全书》第 26 册,台湾商务印书馆 1986 年版,第 626 页。

圆,半径为一,周长则为三,因此奇用全数三表示,即手中所扐蓍草数为四或五时计为三。偶象征地,地方,边长为一,周长则为四,因此偶用半数二表示,即手中所扐蓍草数为八或九时计为二。由此,大衍筮法的三变结果成为数字三与二的组合,从而得出七、八、九、六之数。

钱义方的此番解释对“挂扐法”作了进一步说明,有助于学者理解朱熹关于筮法的思想。当然,对于“挂扐法”是否符合《系辞传》作者本意,以及按照“挂扐法”如何解释“乾之策二百一十有六,坤之策百四十有四”诸语,钱义方则未作出考察。

三、有文字注释即后天推衍之说

钱义方认可邵雍和朱熹先天易学与后天易学的区分,但不同于他们对先天易学与后天易学的分判标准。在他看来,前文所论,包括占筮之术在内,均为先天学,即伏羲之《易》;凡在伏羲之《易》基础上所进行的文字阐释均为后天学,即文王、周公、孔子之《易》。他说:“伏羲之《易》卦画之外别无文字,但有文字注释,即是后天推演之说。”①

因此,钱义方将《八卦天地定位圆图》(即朱熹《伏羲八卦方位》)、《六十四卦八卦相错圆图》(即朱熹《伏羲六十四卦方位》外圆图)两个在邵雍和朱熹那里属于先天易学的图式划归为后天易学,认为是孔子所推衍,将邵雍和朱熹认为文王所演之《八卦帝出乎震圆图》(即朱熹《文王八卦方位》)也视为孔子所作。

---

① 〔元〕钱义方:《周易图说》卷下,见《文渊阁四库全书》第26册,台湾商务印书馆1986年版,第639页。

图 6.14 八卦天地定位圆图

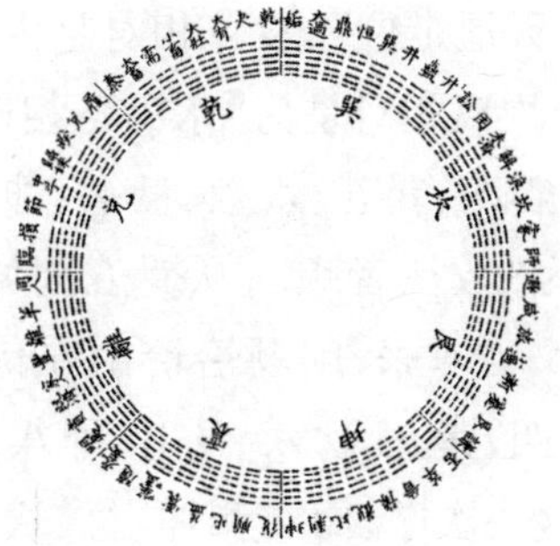

图 6.15 六十四卦八卦相错圆图

图 6.16 八卦帝出乎震圆图

对此，他解释道：

右二图(按《八卦天地定位圆图》与《六十四卦八卦相错圆图》)，邵子以为伏羲先天之学。以愚观之，恐有未然。盖乾、兑、离、震四卦及其外三十二卦皆循伏羲画卦本然之次第，巽、坎、艮、坤四卦及其外三十二卦皆反伏羲元画之卦序。朱子所谓，就中间拗做两截，有些造作，不依他元初画底是已。然左右各三十二卦，阴阳对待，截然整齐又如此，非吾夫子不能为之也。①

右(按《八卦帝出乎震圆图》)，邵子以为文王之学，相承传信久矣。然于《易》之经传未见其所本之的，不若直以为孔子推演之义，为无可议耳。②

先天图乾南、坤北、离东、坎西、震东北、兑东南、巽西南、艮西

① 〔元〕钱义方:《周易图说》卷下，见《文渊阁四库全书》第 26 册，台湾商务印书馆 1986 年版，第 641 页。

② 〔元〕钱义方:《周易图说》卷下，见《文渊阁四库全书》第 26 册，台湾商务印书馆 1986 年版，第 642 页。

北。乾坤相对是为“天地定位”，艮兑相对是为“山泽通气”，震巽相对是为“雷风相薄”，坎离相对是为“水火不相射”；按照伏羲八卦横图乾一、兑二、离三、震四、巽五、坎六、艮七、坤八的次序，从震四到乾一顺时针数去是为“数往者顺”，从巽五到坤八顺时针数去是为“知来者逆”。在钱义方看来，问题恰恰出在伏羲作八卦的次序是乾一、兑二、离三、震四、巽五、坎六、艮七、坤八，《八卦天地定位图》左侧由乾到震遵循这一次序，而右侧坤、艮、坎、巽的排列则违背这一次序，因此认为此图出自伏羲之后，属于后天易学。

在后天易学部分，钱义方还探讨了卦变的问题。在讼卦、随卦、蛊卦、噬嗑卦等十四卦的《彖传》或《象传》中有“刚来而得中”“刚来而下柔”“刚上而柔下”诸语，因此易学家多以卦变说解之，即认为在六十四卦画成之后，还存在一卦由另一卦所变而来的现象。对此，钱义方进行了否定，认为卦变说并不成立，所谓的上、下、往、来不过是孔子随时取义以解卦，并无一定法则可言。他说：

> 此十有四卦之《彖传》，朱子《本义》以卦变释之。其所谓变，乃是就卦爻之曰上、曰下、曰来、曰进、曰升、曰得位而谓之变，与揲蓍求卦阳变阴、阴变阳者不同也。程子于此谓，卦之变皆自乾坤来。朱子讥其于三阳三阴之卦可通，而阴阳多少者不可通是矣。然其自为说，则泥以刚柔之切近者为变，是亦有不可通矣。窃谓六十四卦已成之后，阴阳之画参差不齐，秩然可见。演《易》圣人于其中或指其一刚一柔之上下，或专指其一爻之得位，而加以曰来、曰上、曰进、曰升之辞，随时取义，而实无一定之拘，非可执一端之说以律之也。①

---

① 〔元〕钱义方：《周易图说》卷下，见《文渊阁四库全书》第 26 册，台湾商务印书馆 1986 年版，第 650 页。

应当强调的是，尽管在钱义方看来《易》有先天与后天之分，但他同时认为所谓的先天与后天只不过是圣人作《易》之阶段和教化万民之方式不同，《易》中所寓圣人觉世牖民之理则一。对此，他推测圣人作《易》的原因时说：

盖上古鸿荒之世，人心天理未尝相离，事至物来，吉凶自判，下迨结绳以记事。作《易》以示象，则世道一变之始，人心天理相离之一初。圣人盖有不得已焉者，而后作《易》也。《易》之体用虽可具见，而当时占决之断不可复考矣。至于文王、周公之系辞，孔子之十翼，则又世道人心之再变，而即象以示人者，明白于辞以告人，而后世复有不悟其理者。噫！①

人心天理的一再分离、世道人心的一再下滑，使得圣人从由象以觉人，增益为由辞以觉人，先天之《易》从而也就扩展至后天之《易》，同时，圣人觉人之方式也由卜筮转变为义理："伏羲之《易》止为卜筮而设，而文王、周公之卦爻经，孔子之《彖》《大小象》《文言传》，实充广之。至此一十六图，却不尽系于占筮，只是因伏羲之卦而推演出许多义理耳。"②至此，钱义方对《周易》性质的判定又回复到朱熹"《易》本卜筮之书""到得孔子尽是说道理"的论断上来。

总体来看，钱义方以图式解说《周易》的方式虽然在易学思想体系的建构上有所欠缺，而且其中大部分图式也并非其原创，但在程朱理学定于一尊的情况下，他能够突破权威束缚，不盲从古人之说，检讨河图作《易》之非，则表现出了强烈的求真精神。刘大钧认

① 〔元〕钱义方：《周易图说》卷上，见《文渊阁四库全书》第26册，台湾商务印书馆1986年版，第630页。

② 〔元〕钱义方：《周易图说》卷下，见《文渊阁四库全书》第26册，台湾商务印书馆1986年版，第652页。

为:“钱义方作《周易图说》,详论宋人所造易图,指出:‘图’‘书’之出,是因《周易》而造易图,绝不是因‘图’‘书’而出《周易》。批判了宋人所谓‘河图’‘洛书’是‘天地自然之易’的说法,这在当时是很可贵的。”①其有关圣人则河图而揲蓍和先天易学与后天易学划属的论断虽然缺乏足够的判断依据,但也充分彰显了独立的思考精神。由此,我们来看四库馆臣对钱义方易学思想“本末源流,粲然明白,不似他家务神其说,直以为古圣之制作,可谓独识其真”②的评价可谓公允。

第三节　陈应润对图书易学的批判

由宋至元,图书易学日渐繁盛,各种图式迭出,易学家们围绕着河洛、太极图、先天图等诸多图式,反复演说,使图书易学成为元代象数易学的主流。尽管如此,仍有对图书易学的反对声音存在。元代中后期,陈应润撰《周易爻变易缊》,对宋人的图书之说进行发难,明辨图书易学源流,发程朱易学所未发,其《易》著事事考证,说理精深,是元代易学的重要代表,也对明清易学有开风气之影响,四库馆臣认为陈氏易学:“论太极、两仪、四象,以天地为两仪,以四方为四象,谓未分八卦,不应先有揲蓍之法,分阴阳太少。周子无极、太极、二气,五行之说,自是一家议论,不可释《易》。盖自宋以后,毅然破陈抟之学者,自应润始。……在宋元人易解之中,亦翘然独秀者。”③

---

① 刘大钧:《周易概论》,巴蜀书社 1999 年版,第 208 页。

② 〔清〕永瑢等:《四库全书总目》卷四,中华书局 1965 年版,第 27 页。

③ 〔清〕永瑢等:《四库全书总目》卷四,中华书局 1965 年版,第 27 页。刘大钧亦指出:“陈氏在当时正崇信宋人‘图’‘书’之学时,指斥‘先天八卦’等易图不可信,也是极为难得的。”参见刘大钧《周易概论》,巴蜀书社 1999 年版,第 209 页。

一、生平著作概说

陈应润，生卒年不详，字泽云，自号天台遗逸，元代黄岩（今浙江台州）人。宋代临海献肃公陈邦彦之后。陈氏行止主要见于黄溍《周易爻变易缊序》一文，其他如光绪《黄岩县志》卷一七及卷二〇、民国《台州府志》卷一〇四等亦有所述。

陈应润家贫好学，奉亲养家。元仁宗延祐年间，由文学起为郡曹掾，在黄岩为小官吏，数年后调任四明掾。黄溍《周易爻变易缊序》记载其事云："延祐间，余丞宁海，泽云由黄岩文学起家郡曹掾，议论雄伟，剖决如流，凛凛然有骨鲠风。尝曰：'余家贫亲老，不能远游。窃升斗之禄以养亲，资尺寸之楮以著述，他无所觊也。'挑灯夜话，出示《野趣》之什，清新俊逸。翰林承旨子昂赵公尝序之矣。又数年，余为越上监运，泽云调明幕，把酒论文，出示《咏史》之什，美善刺恶，一出至论。翰林学士伯长袁公为之序矣。"①元顺帝至正五年（1345），陈应润调任桐江幕僚。而后，他无意征辟，徜徉世俗生活，"假山水以洗胸中不平之气，留心易学二十余年"，"谢归后，汲泉煮茗，舒啸山泽间，不与人接，自号天台遗逸"②。陈应润诗文见载史籍者，名《咏史》《野趣》，惜已不存。光绪《黄岩县志》卷二八和民国《台州府志》卷七六艺文部分著录曰："《咏史什》一卷，元陈应润撰，黄晋卿称其美善刺恶一出至公，四明袁伯长桷为之序，今佚。"于经学研究方面，他家传易学，潜心于《易》，1346 年写成《周易爻变易缊》四卷，后被收入《四库全书》。

虽然陈应润图书易学批评影响了元明清等众多学者，但即便到当代，也鲜有对陈应润易学作专门研究者。民国学者钱基

---

① 〔元〕陈应润：《周易爻变易缊·原序》，见《文渊阁四库全书》第 27 册，台湾商务印书馆 1986 年版，第 3 页。

② 光绪《黄岩县志》卷二〇，清光绪三年（1877）刻本。

博说：

> 元、明两代，学者言《易》，大抵不脱宋儒窠臼，独明古义，不囿风气者，惟元天台陈应润之撰《周易爻变易缊》①，明海盐姚士粦叔祥之辑《陆氏易解》耳！考陈应润之书凡四卷……其论八卦，惟据《说卦传》"帝出乎震"一节，为八卦之正位，而以"天地定位"一节，邵雍指为先天方位者，定谓八卦相错之用，谓文王演《易》，必不颠倒伏羲之文，致相矛盾。其论太极两仪四象，以天地为两仪，以四方为四象，谓："未分八卦，不应先有揲蓍之法，分阴阳太少。周子无极太极，二气五行之说，自是一家议论，不可说《易》。"盖自宋以后，毅然破陈抟之学者，自应润始。所注用王弼本，惟有《上下经》六十四卦。据《春秋左氏传》某卦之某卦例，如《乾》之《姤》曰"潜龙可勿用"，《乾》之《坤》曰"见群龙无首，吉"之类，故名曰爻变。其称一卦可变六十四卦，六爻可变三百八十四爻，即汉焦延寿《易林》之例，盖亦因古占法而推原其变通之意，非臆说也。②

此论结合四库馆臣的评价而发。这就是说，陈应润认为历史上很多围绕《周易》展开的义理玄妙之谈，有堕于老庄思想之嫌，显非儒门、易学精义；自北宋流传的先天诸图，实际上杂以《参同契》炉火之说，受到道教外丹学的影响，已经偏离了《周易》的本旨；认为八卦之位，唯可据者为《说卦传》"帝出乎震"一节，是为八卦之正位，而"天地定位"一节，应当定为八卦相错之用；论太极、两仪、四象，认为天地为两仪，四方为四象；未分八卦，不应先有揲蓍之法及

① 原文书名有误，应为《周易爻变易缊》。

② 吕国勉、钱基博：《经子解题·经学通志》，北京联合出版公司 2014 年版，第 238 页。

分阴阳为太、少；批评周敦颐无极、太极、二气、五行之说，仅为一家之说，不可将其作为解释《易》的标准；根据焦延寿《易林》之例，指出每一卦皆可变六十四卦、六爻可变三百八十四爻。下文将对陈应润易学思想、观点加以梳理，具体探究其爻变之意蕴、图书考辨内容及其历史影响。

二、明爻变意蕴

陈应润深研"爻变之蕴"，这是他最为重要的工作、理论发明，故而在其易学体系中具有核心地位。林忠军认为，爻变思想应与《周易》筮法有关。[①] "爻变"之说，《易传》已有相关论述，是说阴阳爻之间的变化由爻变导致卦变。汉代象数学家建构了丰富的爻变说理论，用来解《易》。如京房八宫卦说把六十四卦分成八组，从一爻变至五爻，再从五爻变至四爻及下三爻。焦延寿《易林》通过爻变的方法使一卦可以变成六十四卦，这样六十四卦就可以变成四千零九十六卦。荀爽和虞翻的之正说也是讲爻变，尤以虞翻讲的之正说更为系统。晋人干宝的乾坤六爻生十二消息卦，也是讲爻变。至宋，宋儒仍然将爻变作为解《易》的基本方法。朱震《汉上易传》的"动爻"说，朱熹《周易本义》的卦变图和变占说，都是说爻变。

至元，元儒在象数学方面既继承了前代的思想，又有了新的理解。陈应润是主张爻变说的代表人物。

陈应润认为，《易》之蕴见于六十四卦，《易》之三百八十四爻皆以变动取义。他说：

---

① 林忠军：《中国爻变说与韩国丁若镛爻变哲学》，载《学术月刊》2018年第10期。

《大传》曰:“乾坤,其《易》之缊耶!”夫《易》之缊散在诸卦,岂独乾坤二卦而已哉?上古羲皇仰观俯察,首得乾坤之象而生六子。苟不以爻变之法,通乾坤之缊,则乾自乾、坤自坤,何以神变化之妙?故《易》之诸爻,皆以变动取义。乾之用九,坤之用六,爻变之缊也。①

陈应润认为《系辞传》所言乾坤为易之蕴的说法,需待以“爻变”之法去理解。以爻变之法才能通晓乾坤之蕴,才能通晓六十四卦之蕴。六十四卦之间相互联系贯通,而不是各自孤立,进而每一卦的每一爻也是变动不居的,就像《文言传》所说的“坤至柔而动也刚”。《系辞传》所言“六爻之动,三极之道也”“爻者,言乎变者也”,陈应润以此认为“吾夫子系《易》示人爻变之法,深切著明矣”②,进而批评汉魏以来的易学家往往以本卦取义,凿义过甚,流涉老庄虚无之说。“夫子没二千余年,邪说猖集,横议蜂起,爻变之法,乾坤之缊,晦而不明,易道之危一至此哉!”③陈应润认为当明爻变之意蕴,以辨邪正之说。

关于爻变之说,陈应润作《爻法图》,详细论曰:

爻法之变。一卦六爻可变为六十四卦、三百八十四爻;六十四卦,每卦可变为六十四卦;计三千八百四十卦,通二万三千四十爻。焦赣《易林》盖本于此。

① 〔元〕陈应润:《周易爻变易缊·自序》,见《文渊阁四库全书》第27册,台湾商务印书馆1986年版,第4页。

② 〔元〕陈应润:《周易爻变易缊·自序》,见《文渊阁四库全书》第27册,台湾商务印书馆1986年版,第4页。

③ 〔元〕陈应润:《周易爻变易缊·自序》,见《文渊阁四库全书》第27册,台湾商务印书馆1986年版,第5页。

乾之成象自坤一变为复，六变为乾，七变而为姤矣。

坤之效法自乾一变为姤，六变为坤，七变为复，故曰七日来复。①

即乾由坤变来，从初爻变至上爻，坤一变为复，二变为临，三变为泰，四变为大壮，五变为夬，六变为乾，此时六爻全是阳爻，然后再从初爻经历第七变，变为姤。坤由乾变来，从初爻变至上爻，乾一变为姤，二变为遁，三变为否，四变为观，五变为剥，六变为坤，此时六爻全是阴爻，然后再从初爻经历第七变，变为复。

关于卦变之说，陈应润作《卦变图》，他说：

卦法之变。一卦可变为六十四卦，六十四卦每卦变为六十四卦，计三千八百四十卦，皆从效法中变。②

陈应润认为，《系辞传》所言“成象之谓乾，效法之谓坤”，正是说明爻变之法，但由于先儒将原本的“爻”字更改为“效”字，故而造成了以讹传讹的结果，失去了易学本旨。邵雍“传丹经之学，以乾一兑二离三震四巽五坎六艮七坤八为阴阳老少之说，遂使爻变之法不明，卦变之义不通。且诸卦自乾坤而生，彼以坤缀于八卦之末，则是先有六子而后生坤母也，于理颇碍。”③他认为真正的爻变卦变之义当是伏羲仰观俯察得乾坤之象，由乾坤为阴阳父母而生

① 〔元〕陈应润：《周易爻变易缊》卷首，见《文渊阁四库全书》第 27 册，台湾商务印书馆 1986 年版，第 10 页。

② 〔元〕陈应润：《周易爻变易缊》卷首，见《文渊阁四库全书》第 27 册，台湾商务印书馆 1986 年版，第 10 页。

③ 〔元〕陈应润：《周易爻变易缊》卷首，见《文渊阁四库全书》第 27 册，台湾商务印书馆 1986 年版，第 11 页。

六子卦,“八卦相荡,变为六十四,皆自乾坤用九用六变化中来”①。陈应润认为《易》之诸爻皆以变动取义,于是,他用爻变卦变之法注解了《周易》六十四卦。

陈应润据《说卦传》“数往者顺,知来者逆,是故《易》逆数也”作《逆顺图》。他说:

> 乾自坤变下,自复而至于夬,未至于乾,已知姤来其下矣,故夬顺而姤逆也。
>
> 坤自乾变下,自姤而至于剥,未至于坤,已知复来其下矣,故剥自顺而复逆也。②

陈应润认为《说卦传》所说的逆顺之数就是乾坤二卦乃至六十四卦爻变卦变之法。邵雍所说的先天八卦之顺逆“颠倒错乱,眩惑后人”。“剥顺而复逆,此乾卦用九爻法。”“夬顺而姤逆,此坤卦用六爻法。”“他如屯顺而蒙逆,泰顺而否逆,展卷观卦,已知其为逆顺矣,何必设为怪僻之论、艰深之辞,以惑学者?”③

陈应润认为图书之学的存在使爻变之法不明,故而他批判了图书之学。

三、批图书之学

图书之学在宋代递相发展,是继汉代象数学之后的重要易学

① 〔元〕陈应润:《周易爻变易缊》卷首,见《文渊阁四库全书》第 27 册,台湾商务印书馆 1986 年版,第 11 页。

② 〔元〕陈应润:《周易爻变易缊》卷首,见《文渊阁四库全书》第 27 册,台湾商务印书馆 1986 年版,第 11 页。

③ 〔元〕陈应润:《周易爻变易缊》卷首,见《文渊阁四库全书》第 27 册,台湾商务印书馆 1986 年版,第 12 页。

流派，经过陈抟、种放、穆修、李之才、邵雍等人授受相传，而后在朱熹等人的肯定和影响下，成为一时显要之学。陈应润是较早对图书易学提出质疑并进行系统论述的元代易学家，他的观点对后世影响很大，以至诸如黄宗羲、黄宗炎、毛奇龄、胡渭、张惠言等人阐发其说，形成风靡一时的批评图书学思潮。

陈应润在程朱易学日益成为官方正统学说的背景下，敢于提出自己的见解，故有学者指出："金元时代，易学没有多大发展，但也有一些论著，并提出了自己的见解。如元代人陈应润公然反驳陈希夷之说，在他所著《周易爻变易缊》中，指出先天诸图掺杂《参同契》炉火之说，为道教徒假借易理以为修炼之术，根本不是《周易》的本旨。他认为八卦方位只能以《说卦传》为准，又驳周敦颐《太极图说》关于无极、太极、二气、五行等只是一家之言，不能据此以解释易学。"①陈应润说：

> 甚则假老子之学以创无极、太极之论，变炉火之术以撰先天后天之图。自是以来，谈太极者以虚无为高，讲大衍者以乘除为法，强指阴阳老少为四象，而四象之说不明，妄引复始逆顺为八卦，而八卦之位不定。《易》之缊愈晦矣。由是谈玄之士承讹踵谬，画图累百，变卦累千，充栋汗牛，初无一毫有补于《易》。②

对于陈应润的这段话，民国学者柯劭忞的总结较为清晰，他说："（陈应润）谓：'假老子之学者，创无极、太极之论；变炉火之术者，撰先天、后天之图，强指阴阳老少为四象，而四象之说不明；妄

---

① 邹学熹主编：《易学易经教材六种》，中医古籍出版社 2006 年版，第 20 页。

② 〔元〕陈应润：《周易爻变易缊·自序》，见《文渊阁四库全书》第 27 册，台湾商务印书馆 1986 年版，第 4~5 页。

引复姤逆顺为八卦，而八卦之位不定。'乃示人爻变之法，削去其图，辨正其说。"①清代易学家张惠言从后世的易学批评的角度，较为全面地概括图书易学的主要批评立场。他说："宋道士陈抟以意造为龙图，其徒刘牧以为《易》之河图、洛书也，河南邵雍又为先天、后天之图。宋之说《易》者翕然宗之，以至于今，牢不可拔，而《易》阴阳之大义盖尽晦矣。"②溯其源，实由陈应润开启批评图书之风气。故而，根据陈应润所论具体归为以下几点，即批评邵雍先天图说、周敦颐太极图说、大衍之数说及河图、洛书等。

其一，批评邵雍先天图说。陈应润认为，八卦次序从伏羲时代就已经确定下来，但是，"邵康节以丹经之学撰先天之图，以易其位，故其图不容于不正也"。他说：

> 伏羲所画八卦之方位本如此，文王因之，夫子系《易》，然后言其方位，使人易晓。因邵康节有先天后天之说，遂分其图为二：先天则乾南坤北，后天则今此之图也。且天之为义大。为天，未有可以并其大者。彼以天有先后之分，则有二天矣。孟子曰：天无二日，民无二王。二日二王且不可，况天而可以分为二乎？故删去先天，以此为正。③

由此不难得知，陈应润接受传统伏羲、文王、孔子一系的易学传承史观，遵循《易传》的原始理论，认为邵雍先天图乃受到道教思想的

① 柯劭忞撰，张京华、黄曙辉总校：《新元史》卷二三五，上海古籍出版社 2018 年版，第 4490 页。

② 〔清〕张惠言：《周易虞氏义·自序》，见《续修四库全书》第 26 册，上海古籍出版社 2002 年版，第 430 页。

③ 〔元〕陈应润：《周易爻变易缊》卷首，见《文渊阁四库全书》第 27 册，台湾商务印书馆 1986 年版，第 7 页。

影响而作出的错误认识，“宋邵康节有传于李挺之、穆伯长，得陈希夷学仙之术，以汉魏伯阳丹经《参同契》借《易》卦直日、增减火候之图”①演算出先天八卦图式。陈应润此说极具历史影响，后世所批评者大都采用其说，并稍作增益。不过，南宋思想家叶适在陈应润之前，已对先后天说进行批评：“先天、后天，《易》师传之辞也……而师传先后天，乃义理之见于形容者，非有其实。然山人隐士辄以意附益，别为先天之学。且天不以言命人，所谓卦画爻象，皆古圣智所自为，寓之于物以济世用，未知其于天道孰先孰后，而先后二字亦何系损益？山人隐士以此玩世自足则可矣，而儒者信之，遂有参用先后天之论。”②

陈应润删去先天图，只留一幅八卦方位图，即我们现在看到的后天八卦方位图。

陈应润认为《说卦传》所言“天地定位”和“帝出乎震”两节即说的此图。图式乃伏羲所定八卦之位，文王因之作卦辞爻象、孔子作《易传》，其中亦寓乾坤父母生六子之易理。

其二，批评周敦颐太极图说。陈应润从《系辞传》对太极、两仪、四象、八卦的说明，指出原初太极两仪等说符合天地自然，不假安排、不劳整顿。但是，在陈应润看来，“宋周濂溪先生作太极图，加无极于太极之上。陆象山谓其传老子之学，与朱文公辩之详矣。又以阴静阳动为两仪，易水火木金土之位，恐非《易》有太极之本旨。然则濂溪先生自是一家议论”③。陈氏自拟太极图如下：

① 〔元〕陈应润：《周易爻变易组》卷首，见《文渊阁四库全书》第 27 册，台湾商务印书馆 1986 年版，第 7 页。

② 〔宋〕叶适：《习学记言》卷四七，见《文渊阁四库全书》第 849 册，台湾商务印书馆 1986 年版，第 776 页。

③ 〔元〕陈应润：《周易爻变易组》卷首，见《文渊阁四库全书》第 27 册，台湾商务印书馆 1986 年版，第 7 页。

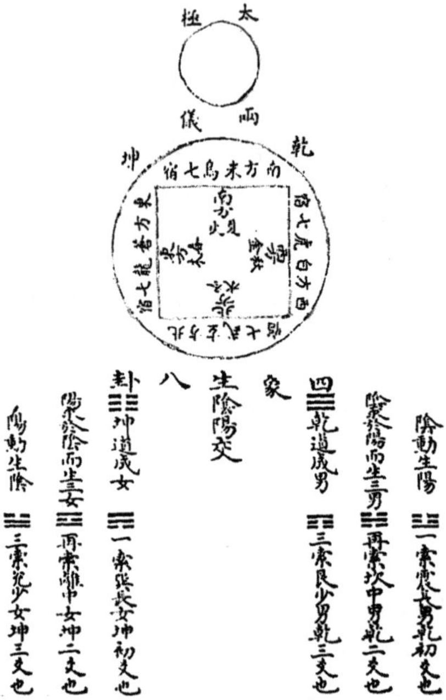

图 6.17　易有太极图

陈应润所画之图结合了周敦颐太极图与《说卦传》乾坤生六子的内容而成。

其三,关于大衍之数及河图、洛书。陈应润自先秦两汉流传下来的记载,以迄宋代学者的见解,显示对于“大衍之数”有着历史的增益过程。陈应润所本还是《易传》的观点。他所辨析之图,主要在于批评洛书。他在书中使用的是十数河图、九数洛书的图式。对于河图洛书,他认为河图有根据,而洛书不以《易传》为本,故为臆说。他说:

> 盖伏羲画《易》之时,未有洛书也。邵康节云:“圆者河图之象,方者洛书之数。圆者星也,历纪之数其肇于此乎?方者

土也，画州井地之法其肇于此乎？”且三皇开天立极，画州井地，何待洛书之出而为之，是皆不本《大传》之旨，而为之臆说也。且《大传》“天数五，地数五”之章，明系乎大衍之数之首。愚谓大衍之数即河图之数也。河图以天数五地数五合而为五十有五，然四方一六之水，三八之木，二七之火，四九之金，合四数不可易也。至于中间既有十数乘之为土，则五为虚位矣。止用五十数，又以始初一点之太极虚而不敢用，则用四十九数为揲蓍之法明矣。①

他认为，伏羲画卦的时候，并没有洛书，圣人画州井地也不是根据洛书来的，洛书的存在没有文献依据。而河图不同，《系辞传》所载大衍之数就是河图之数，河图五个天数和五个地数相加就是五十五，虚中间五位用五十，再虚一以象太极，这样一来，《系辞传》所言“大衍之数五十，其用四十有九”的揲蓍之法就明了了。这样，河图本于《易传》故而是可信的。

以上是陈应润图书易学批评的三个主要方面，除此以外，还有对卦变图、顺逆图的批评等。皮锡瑞从宋元儒学的整体背景分析道：“宋儒之学过求高深，非但汉、唐注疏视为浅近，孔、孟遗经亦疑平易。故其解经多推之使高，凿之使深，有入于二氏而不觉者。其说《易》，以孔子之《易》为未足，而务求之道家，亦犹其解各经，疑孔子之言为未至，而间杂以二氏也。宋时一代风尚如此，故陈、邵图书盛行，以朱子之明，犹无定见而为所惑。元、明以其书取士，学者不究《本义》，而先观九图，遂使《易》学沉霾数百年，国初诸儒辨之而始熄。”②陈应润的批评，所本者为《易传》，而所排斥者，主要是他所认为的宋儒掺

① 〔元〕陈应润：《周易爻变易缊》卷首，见《文渊阁四库全书》第27册，台湾商务印书馆1986年版，第9页。

② 〔清〕皮锡瑞著，吴仰湘点校：《经学通论》，中华书局2017年版，第44页。

杂道教以敷衍,一方面体现了他对朱子一系易学并不一味袒护,在众多支持者中保持独立批评的立场,另一方面,也体现了他对儒家正统尤其学派纯正性、纯粹性的维护。

近之学者,对陈应润也有较为客观的评论,揭示其易学的主要面貌。向世陵指出:"《四库总目提要》所以称'盖自宋以后,毅然破陈抟之学者,自应润始',就在于充分肯定陈应润所揭示和批评的图书学之源流——由老庄和丹学而来,并经陈抟、周敦颐和邵雍而扩展的学说。当然,陈应润批评的重心在《太极图》和先天学,并非一般意义的河图、洛书之学。"[①]陈应润易学的主体是其对卦爻变化的理解及在此基础上的文本解释,然而对后世影响最大的,应是其对图书易学的批评。他的某些批评见解,来自之前的叶适、陆九渊等前辈学者,但站在纯粹儒家立场并以《易传》为核心展开的批评凸显其"翘然独秀"的一面;他对宋儒图书易掺杂道教学说的批评意见为后世学者所沿用,其所秉持之态度也得到明清很多学者的响应。不过,图书易学作为易学在宋代发展的新形式,融合儒道学术,创造了较为崭新的学问天地,从学术史整体的发展来看,进行全面的否定也是失之片面的;从另外一个侧面来看,陈应润对图书学的批评也是有取舍和保留的,他的看法可作一人一时之说,也在某种程度上完善、丰富了图书易学,是对图书易学的新阐述、新发展。

① 向世陵:《陈应润对图书学的质疑和批评》,载《周易研究》2014 年第 6 期。

第七章　元代道教易学:郝大通、雷思齐、俞琰

蒙古族入主中原,儒、释、道三教文化为获得元朝统治者的支持,相互间有着“调和”心态。以全真道为例,丘处机曾长途跋涉谒见成吉思汗,备受尊崇。虽说全真道在统治者扶持下,势力一度在佛教之上,与佛教曾一度摩擦不断,但其对理学与禅宗思想多有吸收,对三教文化采取兼容并包态度,其易学研究也渗透着三教文化色彩。

第一节　郝大通的全真教易学

全真教作为道教重要的派别之一,在元代以后成为中国最大的道教团体,对当时的中国社会产生重要影响。如我们所知,道教与《周易》之间关系密切,道教重要经典、魏伯阳所著的有“万古丹经王”之称的《周易参同契》即在《周易》基础上创作而成。全真教与易学也有较为密切的关系。

一、全真诸子的易学思想

丘处机就有关于全真教创始人王重阳学《易》与悟道的相

关记述。他称:“学《易》年高心大悟,掣断浮华缰系。十载丹成,一时功就,脱壳成蝉蜕。”①王重阳本人的诗词中也有“修行需用九阳图,认得阳图事事苏”②、“八卦分明铺摆定,二人各四阳阴”③的说法。而全真教重要的修行法门“九阳图”也与《周易》参同学密切相关。

此外,全真教中颇受成吉思汗礼遇的丘处机,其思想也受到易学很大的影响。他说:

> 天地本太空一气,静极则动,变而为二,轻清向上,为阳、为天,重浊向下,为阴、为地。既分而为二,亦不能静。因天气先动降下以合地气,至极复升。地气本不升,因天气混合,引带向上,至极复降。上下相须不已,化生万物。④

丘处机关于天地化生万物的宇宙生成认识,一方面有道家关于宇宙化生的思想,另一方面更是在《周易》中关于太极、阴阳二气、动静的认识基础上展开的。

全真七子中的长生子刘处玄,在其所著《仙乐集》与《黄帝阴符经注》中都有许多关于易学的认识,体现出其对《周易》的重视。他说:

---

① 〔金〕丘处机著,赵卫东辑校:《丘处机集·磻溪集·赞师》,齐鲁书社2005年版,第64页。

② 〔金〕王重阳著,白如祥辑校:《王重阳集·修行》,齐鲁书社2005年版,第15页。

③ 〔金〕王重阳著,白如祥辑校:《王重阳集·临江仙》,齐鲁书社2005年版,第270页。

④ 〔金〕丘处机著,赵卫东辑校:《丘处机集·大丹直指》,齐鲁书社2005年版,第106页。

未达阴阳看易，觉了通天彻地。[①]

通易免三空罪，达难趁九地囚。[②]

悟伏羲三画像，明易卦六爻图。[③]

认为《周易》蕴含天地之道，掌握了《周易》中的卦爻画内涵，了悟易之阴阳之道，才能够免“三空罪”“九地囚”。显然在其看来，《周易》本身在道教修行中具有举足轻重的地位。

不仅如此，全真教主张三教合一，而在刘处玄看来，三教之所以能够合一，与《周易》也密切相关，因为《周易》于三教经典中并不单属一教，而是三教共同的经典。因此他才会有“闲看三教，造化明《周易》”[④]、“道释与儒门，真通法海。易妙阴阳外，自然解”[⑤]等一系列关于《周易》妙理通天，展现自然之妙的看法。由此可见，刘处玄对《周易》的认识不限于从全真教思想体系内部进行理解，而是将其放置在中国传统文化经典中予以定位。

在七子中，郝大通对易学研究最深透。据史籍记载，郝大通（1140—1212），字太古，全真教华山派的创始人。年轻时，“好读《易》，洞晓阴阳术数之学。慕季主、君平，隐于卜筮”[⑥]。经王重阳

---

① 〔金〕谭处端等著，白如祥辑校：《谭处端・刘处玄・王处一・郝大通・孙不二集》，齐鲁书社 2005 年版，第 86 页。

② 〔金〕谭处端等著，白如祥辑校：《谭处端・刘处玄・王处一・郝大通・孙不二集》，齐鲁书社 2005 年版，第 89 页。

③ 〔金〕谭处端等著，白如祥辑校：《谭处端・刘处玄・王处一・郝大通・孙不二集》，齐鲁书社 2005 年版，第 94 页。

④ 〔金〕谭处端等著，白如祥辑校：《谭处端・刘处玄・王处一・郝大通・孙不二集》，齐鲁书社 2005 年版，第 135 页。

⑤ 〔金〕谭处端等著，白如祥辑校：《谭处端・刘处玄・王处一・郝大通・孙不二集》，齐鲁书社 2005 年版，第 140 页。

⑥ 〔元〕刘志玄等：《金莲正宗仙源像传・广宁子》，见《中华道藏》第四十七册，华夏出版社 2004 年版，第 67 页。

感发，在二十九岁时，拜王重阳为师，得名郝璘，号恬然子。他专意于道，辞别王重阳后，“至岐山遇神人，为改今名及今号”①。后来，在其四十三岁的时候，“一日至滦城南，神人授师大易，忽大开悟，事多前知，名满天下”②。郝大通一方面长于《周易》术数之学，另一方面对图书之学也有一定的创见，是全真教中以易见长、以易闻名的代表性人物。其代表作为《太古集》。郝大通自述：“予尝研精于《周易》，删《正义》以为《参同》，画两仪、四象、三才、八卦、六律、九宫、七政、五行、星辰张布、日月度躔、有无混成以为图象、述怀、应问、诗词、歌赋共一十五卷，分并三帙，以慕太古之风，目之曰《太古集》。夫太古者，太谓太易、太初、太始、太素，古谓远古、上古、邃古、亘古，务使将来慕道君子知其不虚为者也。”③《太古集》现存四卷，卷一为《周易参同契简要释义》；卷二、卷三为周易图像及释义，共有三十三幅；卷四为金丹诗，共有三十首诗，阐发内丹修炼理论。我们主要以前三卷为研究对象，对郝大通的道教易学④进行一番简要梳理，以窥元代道教易图学典型特色。

二、郝大通道教易图学

郝大通易学重在以图像的方式来解释其理论，从这一角度考虑，可以将其归为易图学。相对于言经学易的易学家们来说，郝大

---

① 〔元〕刘志玄等：《金莲正宗仙源像传·广宁子》，见《中华道藏》第四十七册，华夏出版社2004年版，第67页。

② 章伟文：《郝大通学案》，齐鲁书社2010年版，第230页。

③ 〔元〕郝大通：《太古集·自序》，见章伟文《郝大通学案》，齐鲁书社2010年版，第233页。

④ 章伟文《郝大通学案》对郝大通的生平、著作、思想等作了全面的诠释，是学界关于郝大通易学研究的重要著作。我们以此书辑录的《太古集》原文为文本进行研究。李延仓《郝大通的“易学天道”论》一文对郝大通的易学丹道论的理论基础——易学天道论作了阐发，载《周易研究》2010年第3期。

通易学蕴含更为丰富的道教思想。他效法魏伯阳《周易参同契》，将易与道更好地融通在一起，以易言道，以道诠易，以易理来指导内丹修炼，是元代易道思想会通的重要代表。

（一）天地之道与易道

郝大通是道教中人，需要修炼身心，以期得道，达到天人合一的状态。他自述作《太古集》的目的是“示之可以益于后学，能使道心坚固，真正无私。若执志待终，则位标仙籍，永作真人，神通万变，羽化飞升矣”①。既如此，丹道修炼需效法天地自然之道才得以施行，也正由于人的效法，天地自然得以显明。“天道虽广，若不以人法之，则天道不能显著；地道虽大，若不以人则之，而地道不能成就。惟人道独能法则于天地，变化于万有，兴废于万事者，亦自此而然也。”②在这个意义上，天、地、人三才合一。

天地之道既是全真教教理的基础，也是丹道修炼的理论依据。所以，郝大通对“道”作了阐发，他说：

> 大道恍惚，从无而入有；乾坤造化，自有以归无。夫有入于无，故无出乎有。元之一气，先天地生，既著三才，浸成万物。③
>
> 若夫太极肇分，三才定位，布五行于玄极，列八卦于空廓，发挥七政，躔次纪纲，垂万象于上方，育群灵于下土。是故圣人仰观俯察，裁成辅相。信四时而生万物，通变化而行鬼神。

① 〔元〕郝大通：《太古集·自序》，见章伟文《郝大通学案》，齐鲁书社2010年版，第233页。

② 〔元〕郝大通：《太古集》卷三，见章伟文《郝大通学案》，齐鲁书社2010年版，第259页。

③ 〔元〕郝大通：《太古集·自序》，见章伟文《郝大通学案》，齐鲁书社2010年版，第232页。

通精无门，藏神无穴，寂然不动，感而遂通。①

无形无状之大道生成宇宙万物，是一个从无到有、由有归无的过程。就《易》来讲，太极始分，三才、五行、八卦等得以衍生。圣人仰观俯察，辅相天地生物之宜。

显然，郝大通的宇宙论思想受《周易参同契》的影响较大。②郝大通指出，在道的作用下，天地生物井然有序。“天地定位，日月运行，八节四时，自然运转，所以暑往则寒至，春去则秋来，而成一岁之功。”③

在郝大通看来，易道与天地之道是相通的。《周易》的象与数是对天地之道的符示，涵摄了宇宙万物产生与变化的规律。他绘制《天地交泰图》《日月会合图》《变化图》《五行图》等图符示了宇宙万物阴阳交合的生成之理。以《变化图》为例，他解释说：

夫易之道，非神功而不可测，非圣智而不可知。故有太易，乃未见之气也；有太初，气之始也；有太始，形之始也；有太素，质之始也。气形质具，未相离者，谓之混沌。混沌既判，两仪有序，万物化成。混沌已前则为无也，混沌之后则属有也，一有一无而为混沌，混混沌沌，天地、日月会合，交泰之时也。④

---

① 〔元〕郝大通：《太古集》卷一，见章伟文《郝大通学案》，齐鲁书社2010年版，第234页。

② 李延仓：《郝大通的“易学天道”论》，载《周易研究》2010年第3期。

③ 〔元〕郝大通：《太古集》卷二，见章伟文《郝大通学案》，齐鲁书社2010年版，第245页。

④ 〔元〕郝大通：《太古集》卷二，见章伟文《郝大通学案》，齐鲁书社2010年版，第246页。

这就是说，太易、太初、太始、太素构成了天地生成之前的混沌状态。混沌既分，两仪有序，天地、日月交合，万物变化生成。很明显，郝大通关于宇宙生成的说法沿用了《易纬·乾凿度》关于宇宙生成始于太易、太初、太始、太素的观点。

郝大通还擅长用易数来说明问题。他作《八卦数爻成岁图》说明一年之数，如下图所示：

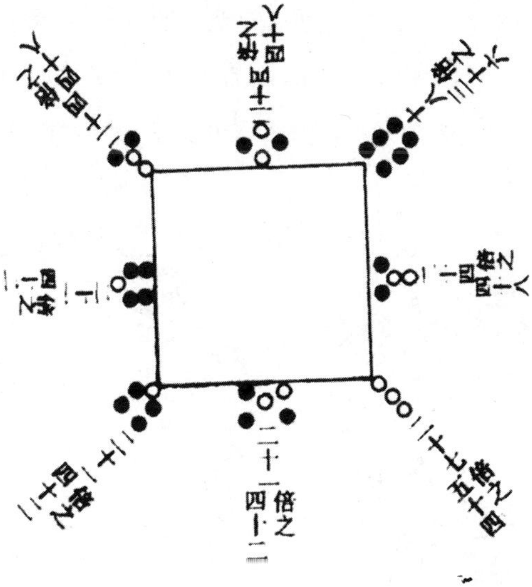

图 7.1　八卦数爻成岁图

他使用黑白点的图式来表征卦画。一个白点代表阳爻，两个黑点代表阴爻，解释如下：

> 乾卦三画长，每画别九之数，故知三九二十七；其乾卦重之有六画，每画别九，则六九五十四，此者乾爻之数也。坤卦三画短，每画别六之数，故知三六一十八；其坤卦重之有六画，别六则六六三十六，此者坤爻之数也。此明一阳称九，一阴称

六，外有震、坎、艮、巽、离、兑，阴阳不等，互相推求，而各有自然之数也。八卦总其数三百有六十，半之得百有八十也，象一年之数也。①

这就是说，乾卦阳爻为九，六画得数为五十四。坤卦阴爻为六，六画得数为三十六。同理，震卦、坎卦数、艮卦数各为四十二。巽卦、离卦、兑卦数各为四十八。八卦之数合计为三百六十，以象一年之数。

对于一年之内阴阳二气的消长盈虚之理，郝大通主要用《二十四气加临乾坤二象阴阳损益图》和《六子加临二十四气阴阳损益图》两图来说明：

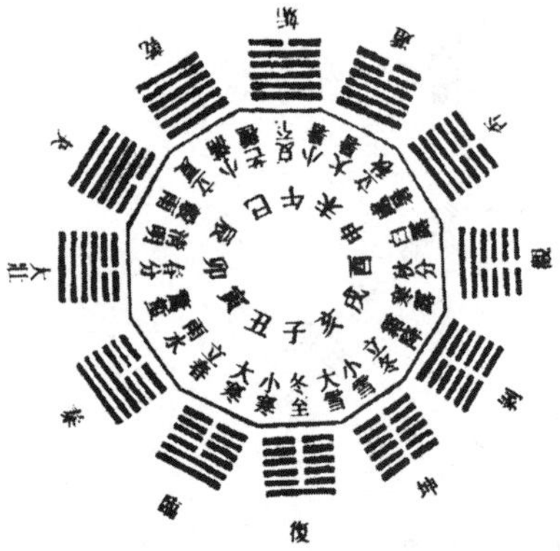

图 7.2　二十四气加临乾坤二象阴阳损益图

图 7.3　六子加临二十四气阴阳损益图

《二十四气加临乾坤二象阴阳损益图》以十二月、二十四节气与十二消息卦相配，这与前代易学家的做法并无太大不同。值得一提的是他的《六子加临二十四气阴阳损益图》颇具特色。

① 〔元〕郝大通：《太古集》卷三，见章伟文《郝大通学案》，齐鲁书社 2010 年版，第 250~251 页。

他说：

> 乾坤二象，象天地之大用，由未尽其理者，再明日月之运行，风雷之出没，山泽之通塞。据此六卦三男三女所行之道，亦自冬至之日为首，以阳变阴，以阴变阳；至夏至之日为首，以阴变阳，以阳变阴。阴阳错杂，各有所变，变而通之，以明化物之功本自无为之治，出于自然而然也。①

此图中并无二十四节气的文字标注，只是以十二地支所对应的月份予以区分时间的不同。郝大通用三十六卦配以十二地支来表征阴阳二气的消长规律。我们用表格的形式对此图进行分析。

首先，此图是阴阳流变图，以明“日月之运行，风雷之出没，山泽之通塞”流变损益之理。自亥月对应的震坎兑三子卦开始，图左旋，图左半部分的卦象按照内外卦区分，变化如下表所示：

表 7.1　《六子加临二十四气阴阳损益图》左半圆卦象表

	子			丑			寅			卯			辰			巳		
外卦	震	坎	兑	震	坎	兑	震	坎	兑	坤	兑	坎	坎	震	坤	巽	离	艮
内卦	坤	兑	坎	坎	震	坤	巽	离	艮	巽	离	艮	巽	离	艮	巽	离	艮

具体来说，此部分卦象变化遵循“自冬至之日为首，以阳变阴，以阴变阳”原则。子月时，由震坎兑三卦经初爻变为豫节困三卦。丑月时，豫节困三卦初爻不变，二爻变，得解屯萃三卦。寅月时，解屯萃初爻二爻不变，三爻变，得恒既济咸三卦。从卦象上来看，自子至寅月

① 〔元〕郝大通：《太古集》卷三，见章伟文《郝大通学案》，齐鲁书社2010年版，第252页。

所对应的三组卦外卦都是震坎兑，内卦经历初爻至三爻的变化，依次为坤兑坎、坎震坤、巽离艮。卯月时，由恒既济咸内卦不变，四爻变，得升革蹇三卦。辰月时，升革蹇三卦下四爻不变，五爻变，得井丰谦三卦。巳月时，井丰谦三卦下五爻不变，上爻变，得巽离艮。自卯至巳所对应的三组卦，外卦依次是坤兑坎、坎震坤、巽离艮，内卦均为巽离艮。自冬至到巳月，六子运行的轨迹是这样的。

自巳月对应的巽离艮三子卦开始，图右旋，图右半部分的卦象按照内外卦区分，变化如下表所示：

表 7.2 《六子加临二十四气阴阳损益图》右半圆卦象表

	午			未			申			酉			戌			亥		
外卦	巽	离	艮	巽	离	艮	巽	离	艮	乾	艮	离	离	巽	乾	震	坎	兑
内卦	乾	艮	离	离	坎	兑	震	坎	兑	震	坎	兑	震	坎	兑	震	坎	兑

详细说来，此部分卦象变化遵循“自夏至之日为首，以阴变阳，以阳变阴”的原则。午月时，由巽离艮三卦经初爻变为小畜旅贲三卦。未月时，小畜旅贲三卦初爻不变，二爻变，得家人鼎大畜三卦。申月时，家人鼎大畜三卦初、二两爻不变，三爻变，得益未济损三卦。从卦象上看，午至申月，所对应的三组卦，外卦均为巽离艮，内卦依次是乾艮离、离坎兑、震坎兑。酉月时，益未济损三卦内卦不变，四爻变，得无妄蒙睽三卦。戌月时，无妄蒙睽三卦下四爻不变，五爻变，得噬嗑涣履三卦。亥月时，噬嗑涣履三卦下五爻不变，六爻变，得震坎兑三卦。从卦象上来看，酉至亥月所对应的三组卦，外卦依次是乾艮离、离巽乾、震坎兑，内卦均为震坎兑。自夏至到亥月，六子运行如此变化。

其次，此图亦是阴阳对待图，以明“日月之运行，风雷之出没，山泽之通塞”对待之理。首先位置相对的月份所对应的十二组卦的阴阳是有规律的。以阳爻为例来看，子午相对，子月三卦阳爻数为一三三，午月三卦阳爻数为三三五。丑未相对，丑月三卦阳爻数为二二二，未月三卦阳爻数为四四四。寅申相对，寅月三卦阳爻数为三三三，申月三卦阳爻数为三三三。卯酉相对，卯月三卦阳爻数为二四二，酉月三卦阳爻数为四二四。辰戌相对，辰月三卦阳爻数为三三一，戌月三卦阳爻数为五三三。相对的月份每三组卦阳爻数合计均为六六六，相应地，阴爻数合计亦为六六六，与一卦六爻之数正相符合。寅、申两月阴阳爻数均为三三三，符示了阴阳变化的力量均衡。其次，结合以上两表来看，三十六卦位置相对的卦两两相错，形成本卦与错卦的关系。如子月三卦的外卦是震坎兑，与午月三卦的外卦巽离艮卦画阴阳相反，两组卦的内卦亦是错卦关系。于是，整个圆图有六组相错关系：子午相对，有豫小畜、节旅、困贲。丑未相对，有解家人、屯鼎、萃大畜。寅申相对，有恒益、既济未济、咸损。卯酉相对，有升无妄、革蒙、蹇睽。辰戌相对，有井噬嗑、丰涣、谦履。巳亥相对，有巽震、离坎、艮兑。这样看来，三十六卦可以分为十八对卦，每对卦之间也是阳变阴、阴变阳的关系。

可见，郝大通的六子变化图有两个特点：一是阴阳错杂，各有所变。子月的变化实从亥月震坎兑三卦而来。震坎兑三卦是两男一女卦，属于阴阳错杂。同样地，巳月所对应的巽离艮是两女一男卦，属于阴阳错杂。变化的次序由初爻逐步变起，直至六爻全变，其中阳变阴、阴变阳的情况都有，亦属于阴阳错杂。十八对卦两两相错，也是阴阳错杂。二是阴阳变化，变而通之。震坎兑巽离艮等六子卦的阴阳变化，变出的卦除了有六个三画卦为乾坤二卦，其他都不出六子卦的范围。整个三十六卦按照从初爻至上爻的顺序的爻变与十八对卦所包含的六子卦卦象“阳变阴、阴变阳”的变化，交叉错杂，表征了一年二十四节气圆融无碍的流变轨迹，巧妙地体现了“化物之功本自无为之治，出于自然而然”的状态。

整体来说,整个圆图所表征的阴阳损益之象确实是阴阳错杂的状况,这一点不同于汉易十二消息卦说,也不同于伏羲先天六十四卦次序图,没有明显的阳息阴消、阴息阳长的判定。当然,这与他所作《二十四气加临乾坤二象阴阳损益图》并不矛盾。《二十四气加临乾坤二象阴阳损益图》中所用的理念即汉易十二消息卦的理念,图左半部分表征一阳生至纯阳成的阳息阴消的过程,图右半部分符示一阴生至纯阴用事的阴息阳消的过程,这表征了乾坤作为纯阳纯阴的父母卦所表征出来的一年二十四节气阴阳损益状况。而六子卦本身就是阴阳错杂之象,由错杂之象变化而来的象也呈现了错杂的特点,但错而不乱,整齐有序。从这一方面来说,《六子加临二十四气阴阳损益图》别具一格。

此外,郝大通还有《二十八宿加临四象图》《二十四气加临七十二候图》《北斗加临月将图》《二十四气日行躔度加临九道图》等图用来详细说明天道运行的规律。在他看来,这些易图是对天地之道的符示,形象地说明了天道运行的规律,同时也为效法天地自然之道的丹道修炼提供了理论依据。

(二)易道与丹道

郝大通推重《周易参同契》的核心原因是《周易参同契》借《易》来发明性命双修的丹道之理。他领会了《参同契》的精义之后,试图用易图来阐释内丹理论与方法。道教把人体作为小天地、小宇宙,把身体和天地、宇宙认为是同构关系。由此出发,他的易学图式有两个特点:一是注重对天道的阐发。他巧妙构思,把《周易》与天文、历法等因素杂糅在一起,与汉代象数学有颇多相似之处。在继承汉代象数学的基础上,他又吸收了宋代图书学的思想,如使用黑白点的河图图式。二是用形式多样的图式,以《易》与丹道结合的模式,借《易》来指导内丹修炼。就这一点来说,郝大通作为全真教的代表人物,是有重大贡献的。

《周易参同契》是丹道修炼的重要典籍。郝大通简要总结《周易参同契》之义理，他说：

易之道，以乾为门，以坤为户。以北辰为枢机，以日月为运化。以四时为职宰，以五行为变通。以虚静为体，以应动为用。以刚柔为基，以清净为正。以云雨为利，以万象为法。以品类为一，以吉凶为常。以生死为元，以有无为教。故知教之与化，必在乎人；体之善用，必在乎心；变而又通，必在乎神。以一神总无量之神，以一法包无边之法，以一心统无数之心，自古及今，绵绵若存，是谓《周易参同契》简要释之义也。①

郝大通认为，应当遵循《参同契》所言之易道进行修炼，人效法天地，修炼当遵循"以一神总无量之神，以一法包无边之法，以一心统无数之心"的原则。郝大通作了很多易图来阐发内丹修炼的原理与方法。以他的《三才入炉造化图》为例来看：

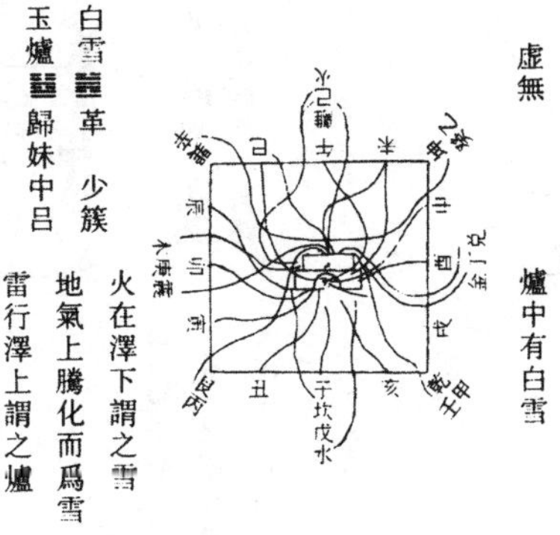

图 7.4　三才入炉造化图

他解释说：

夫三才之道者，天、地、人也。天元有十干之属，地元有十二支之属，人元有五行、八卦之属。此三才而配于支干、五行、卦象之属，而入乎虚，而出乎无。虚无之间，而生长成就万物之功不有息

① 〔元〕郝大通：《太古集》卷一，见章伟文《郝大通学案》，齐鲁书社2010年版，第234页。

倦者，因造作而必得所化，化之与造，为者本无为之化也。炉有三层、十二门，火居于中，炼乎三才之真气而合成道也。①

这就是说，道有生长成就宇宙万物之功能。人效法道的无为之化，修炼天、地、人三才而得道。据图，中心为丹炉，外列十二地支、文王后天八卦方位图、十天干、五行、律吕，天、地、人三才囊括其中。他以革卦象征白雪，泽火革卦，上泽下火。人修道时，心火向下走，肾水向上行，水火相交，火在泽下谓之雪。白雪指的是丹药。他称归妹卦雷行泽上为玉炉。②

同时，他还作了《八卦收鼎炼丹图》：

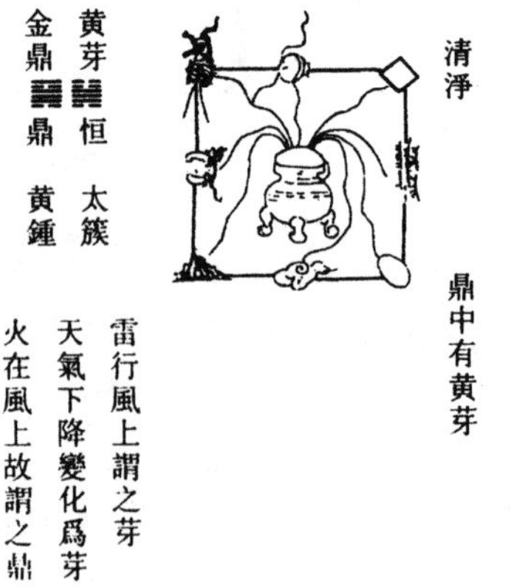

图 7.5　八卦收鼎炼丹图

他解释说：

① 〔元〕郝大通：《太古集》卷二，见章伟文《郝大通学案》，齐鲁书社2010年版，第248页。

② 章伟文解释说："炉为炼还丹之所，合归妹之'归'意，且归妹卦雷行泽上，泽应雷而动，有炉中物熟之象，故以归妹卦喻炉。"参见章伟文《郝大通学案》，齐鲁书社2010年版，第139页。

八卦收归于鼎者，谓乾象天，坤象地，震象龙发乎雷，巽象虎生乎风，坎象云降乎雨，离象电闪乎光，艮象山通乎气，兑象泽说乎物。因乾健而运，自坤顺而动，得此三男三女，妙乎大用而利于万物。此则明雷、风、云、雨、电、闪之属，本自晴空而来，复归晴空而去，故谓之鼎。鼎之为器，下存于火，中炼其天、地、雷、风、火、山、水、泽，而成大丹也。①

八卦被收入一鼎之中。乾坤发动，阴阳相交，生三阳三阴六子之卦。八卦阴阳交感，以象天地雷风云雨电闪等自然现象。人效法八卦之象，内炼天地雷风水火山泽，而成大丹。

在认同易道与丹道会通的前提下，郝大通援易入道，借用诸多易学元素构造道教修炼图式，以指导内丹修炼。如《二十四气日行躔度加临九道图》所符示的天道运行的象数规律，即阴阳变化的节奏，恰是内丹修炼所注重的火候。他所作的诸多图式更多地是为了满足炼丹的需要，同时又深化了易图学的内涵。

综上，根据现存的文献，郝大通精通易学象数学，用《易》之卦象与五行、历法来构成种类繁多的易图，来论述宇宙发展变化之理及内丹修炼之理，既继承了前代象数学的思想，又有较多创新，在元代易图学中别具一格。此外，郝大通的金丹诗中亦有易学元素。章伟文认为，郝大通以月体纳甲说来论说内丹之火候，也是郝大通内丹学理论的一个重要特色。② 相较于内丹理论较为精致成熟的俞琰来说，郝大通更多地注重炼丹的实践，用易图来言说易道会通之理，返璞归真，简明扼要。

---

① 〔元〕郝大通：《太古集》卷二，见章伟文《郝大通学案》，齐鲁书社2010年版，第248~249页。

② 章伟文：《郝大通学案》，齐鲁书社2010年版，第147页。

第二节　雷思齐图书易学思想

雷思齐(1230—1301),字齐贤,号空山,宋江西临川(今江西抚州)人。他出生贫寒,自述"愚自童丱,习见世之常占,揲钱以画卦爻,云自京房始矣"①。可见其与《周易》的渊源。雷思齐早年汲汲于科举应试,有志于为官致仕,曾长期接受儒家经典思想熏陶。②由于科举屡屡落第,终致其放弃仕途,转而博览群经,遍涉百家诸子之学,并在与当时学者讲学、论学的过程中,逐渐声名鹊起。揭傒斯《易图通变序》云:"雷先生思齐,字齐贤,临川之高士也。遭宋亡,独居空山之中……去儒服,称黄冠师。与故淳安令曾公子良、今翰林学士吴公澄相友善,四方名士大夫慕其人,往往以书疏自通,或闻其讲学,莫不爽然自失。故翰林侍讲学士袁公桷,博雅君子也,称其所著书,援据精切,感厉奋发,合神以穷变,尽变以翼道。"③

元至元十三年,即南宋景炎元年(1276),元世祖召见天师道第三十六代天师张宗演。吴全节谈到张宗演请雷思齐讲道的情形:"昔世祖皇帝既定江南,首召三十六代天师入朝,未几天师奉旨掌道教,还山遂礼请先生为玄学讲师,以训迪后人。"④而雷思齐于太

① 〔元〕雷思齐:《易筮通变》卷上,见《文渊阁四库全书》第 21 册,台湾商务印书馆 1986 年版,第 822 页。

② 就此问题,吴澄指出:"少业进士,应举不偶,乃寄迹老氏、法、儒中之巨擘,非道家者也。"参见〔元〕吴澄《吴文正集》卷二二《空山漫稿序》,见《文渊阁四库全书》第 1197 册,台港商务印书馆 1986 年版,第 235 页。

③ 〔元〕揭傒斯:《易图通变》卷首《易图通变序》,见《文渊阁四库全书》第 21 册,台湾商务印书馆 1986 年版,第 790 页。

④ 〔元〕吴全节:《易图通变》卷首《易图通变序》,见《文渊阁四库全书》第 21 册,台湾商务印书馆 1986 年版,第 791 页。

上清宫所讲学的内容则以《周易》《道德经》《南华真经》为主。也正是在这一背景下，雷思齐对道学学说特别是道教易学有了更深入的认识。之后，龙虎山太上清宫的达观堂堂主李宗老了解到雷思齐的学问广博，于是在至元十九年（1282），请雷思齐出山讲学。而雷思齐也在讲学过程中将原本儒家的教育方式引入道教体系中，不仅发展了道教文化，也进一步完成了儒道之间的会通。正是因其在道教教育方面取得的巨大贡献，雷思齐被尊称为"玄教讲师"。雷思齐晚年仍然在多个道观讲学，其著作《易图通变》五卷、《易筮通变》三卷皆在其晚年成书。

雷思齐经历了宋元易代之变以及仕途坎坷，其学问方向从儒家转而投向道教，也正是在儒道兼通的学问背景下，雷思齐撰写的易著颇具新意，不仅深化了宋代图书之学，还为易学注入了道教思想内涵。

一、河图、洛书的易学史辨证

自王弼扫象以来，两汉繁盛的象数易学暗而不彰，宋初一些易学家通过将河图、洛书、太极图等引入易学，并以图式的方式解读《周易》，后世所谓的图书之学得以产生，从而在新形势下复兴了象数易学。于图书之学而言，河图、洛书问题是其核心内容，自刘牧首揭河图、洛书的易学内涵以来，李觏、程大昌、朱熹等许多易学家皆对河图、洛书问题有所研究。然而对于河图、洛书中的不少问题，自刘牧始便没有统一的看法，甚至关于何为河图、何为洛书，都存在诸多争议。尽管朱熹采纳了蔡元定的河十洛九之说，并因其学在元代被尊为官学，而使其图书象数学产生较大影响，但也远未成为不刊之论。正是在此一背景之下，雷思齐试图全面审视河图、洛书问题的历史发展脉络，力图正本清源，驳斥以往图书之学的错误与偏见，探寻河图、洛书之正，进而正确地揭示易道内涵。

(一)析河图、洛书之源

雷思齐认为河图、洛书真的存在。他说:

> 古圣人之王天下,创始公至理以惠启千万世者,岂易易然率己见以自擅制作哉?此有天授断可识矣。故河之出图,伏羲因之以则而画八卦;洛之出书,大禹因之以则而叙九畴。孔子于《大传》叙“天生神物,圣人则之”而兼及图、书,而谓其兼则之也。①

他承认圣人根据河图、洛书创制八卦的观念,并强调圣人制《易》不可能是轻易随便地自创所得,而应当是授受于天。由此认为,伏羲因河图以画八卦,大禹因洛书以作洪范九畴。在其看来,这即孔子于《易传》中所说的“天生神物”的内涵。

但另一方面,雷思齐则认为:尽管河图、洛书的确存在,并且对圣人创制经典起到重要的作用,但是他并不认同以往将河图、洛书混为一体,共同作为圣人作《易》根据的做法。雷思齐认为在《尚书·顾命》中只提到了河图,并未涉及洛书。因此后世将两者掺杂在一起描述《周易》的创制过程恐怕是武断的。不仅如此,雷思齐还指出,不仅仅《尚书》中提到的是关于河图的论述,在《论语·子罕》篇与《易传》中同样也只有关于河图的论述。因此,雷思齐认为,至少在汉代以前,并没有任何文献材料能够证明河图与洛书是统一联系在一起的。于是在其看来,河图、洛书在以往的历史中本来是两个毫不相涉的系统,无论是在时间先后还是具体内涵上,都无共通之处。

---

① 〔元〕雷思齐:《易图通变》卷五,见《文渊阁四库全书》第21册,台湾商务印书馆1986年版,第815页。

然而在后世的发展中，河图与洛书被逐步注入新的内涵，并且开始有了合流的迹象。对此，雷思齐指出，最迟在汉代儒家学者孔安国所注的《尚书》中，关于河图、洛书的看法就有了新的发展。后来，经过孔颖达的阐发，河图与八卦之间的关系被进一步通过龙马的设定建构起来，从而在后世产生深远影响。而洛书与洪范九畴则通过神龟的连接同样被注入全新内涵，为后世诠释两者之间的关系提供了新的可能。

在此基础上，雷思齐进一步指出，河图、洛书问题经过汉代经学家的重新诠释理解，其内涵不断被改易丰富，到了东汉经学大家郑玄那里，原本并不相涉的河图与洛书之间，才正式有了直接的关联。经过郑玄的表述，河图、洛书与《周易》之间共同建立起了关系，进而洪范九畴也被纳入易学视域下进行理解。其后，“惟孔颖达《易疏》虽全篇写郑注，亦谓辅嗣之义未知何从，是必未以郑注为然也”①。雷思齐认为郑玄的做法并不符合河图、洛书乃至《周易》的原义。在他看来，正是由于郑玄对河图、洛书的界定，导致了后世诸多错误思想的出现，于雷思齐而言，肯定河图、洛书的存在及其价值，并不意味着接受汉代以来形成的对河图、洛书的基本看法。与之相反，在雷思齐看来，恰是由于汉代以来对河图、洛书问题的混同、异见，导致河图、洛书的真实内涵反而遭到了遮蔽。而这一问题也进而影响到宋代出现的图书之学，使其自一开始就误入歧途。

（二）批驳宋元以来图书之学

针对宋代的图书之学，雷思齐从易学发展史的角度出发，指出：

① 〔元〕雷思齐：《易图通变》卷五，见《文渊阁四库全书》第21册，台湾商务印书馆1986年版，第815页。

由汉而唐,《易经》行世,凡经、传、疏释之外,未有及于图书之文刊列经首者。①

他认为在宋代以前,易学中从未有过将河图、洛书置于《周易》经文之首的做法。他的这一看法无疑是理性客观的。只是对雷思齐而言,反省图书之学演变历程的目的并不仅仅在于客观地揭示图书之学的易学史演变,更为重要的是为其自身的图书思想张本。正是在此一背景下,雷思齐详细考察了宋代以来图书之学的代表人物及其思想,具体而言:

雷思齐首先将目光聚焦到北宋图书易学的著名代表人物陈抟身上。据雷思齐所言,他全面阅读过今已失传的陈抟《易龙图》。他说:"幸及其全书,观其离合出入,具于制数之说。"②在其看来:

全用《大传》天一地二至天五地十五十有五之数,杂以纳甲,贯穿易理,内一图谓形九宫,附一图谓形洛书者……及终其书,再出两图,其一形九宫者,元无改异,标为河图,其一不过尽置列《大传》五十有五之说,于四方及中,而自标异谓为洛书。③

雷思齐认为,正是由于陈抟的图书之学开始以不同的数字与

① 〔元〕雷思齐:《易图通变》卷五,见《文渊阁四库全书》第21册,台湾商务印书馆1986年版,第816页。

② 〔元〕雷思齐:《易图通变》卷四,见《文渊阁四库全书》第21册,台湾商务印书馆1986年版,第811页。

③ 〔元〕雷思齐:《易图通变》卷五,见《文渊阁四库全书》第21册,台湾商务印书馆1986年版,第816页。

河图、洛书相对应，开启了之后的图书之学。在陈抟那里，河图被认为是九宫图，而洛书则是内涵天一、地二、天三、地四、天五、地六、天七、地八、天九、地十天地十数图，且河图中还被陈抟注入汉代以来的纳甲之说以成其内在之理。对于陈抟的这一做法，雷思齐并不认同。在其看来，原本并不相属的河图与洛书，正是在陈抟这里被通过数字真正地联系在了一起。他认为之所以陈抟会将河图与洛书进行如此安排，是因为陈抟认为《洪范》中五行与数字的关系是"初一之五行，其二曰火，四曰金"①。这一做法与《太玄》将二火配于南、四金配于西的做法一致。然而这一五行数字排列方式则与九宫图中的二、四位置不符。陈抟为了弥合两者之间的矛盾，只好"别以其五十五数析为洛书"②。雷思齐认为陈抟正是借助这种排列方式来化解以上出现的矛盾，因此，在他看来，宋代以后图数化的洛书，仅仅是陈抟补漏而作，而并非古籍中记载的洛书的真实模样。

雷思齐又进一步指出：

> 考图南之为龙图，虽自谓得于孔子三陈九卦之旨而作，然其《序》曰：龙图者，天散而示之，羲合而用之，孔默而形之。且明称始图之未合，惟五十五数，则是谓《大传》天数二十有五，地数三十，合而言之，不知何以于其末改标之以为洛书，殆其始误也。③

---

① 〔元〕雷思齐：《易图通变》卷四，见《文渊阁四库全书》第21册，台湾商务印书馆1986年版，第812页。

② 〔元〕雷思齐：《易图通变》卷四，见《文渊阁四库全书》第21册，台湾商务印书馆1986年版，第812页。

③ 〔元〕雷思齐：《易图通变》卷五，见《文渊阁四库全书》第21册，台湾商务印书馆1986年版，第818页。

他认为陈抟一方面自称所创的河图是在孔子的“三陈九卦”基础上建构的，并且也提到河图“惟五十五数”，然而在之后将五十五数定位成了洛书，前后自相矛盾，导致陈抟图书之学自基础开始就出现了错误。

在雷思齐看来，洛书的确也是古已有之，然而其内涵与由数字构成的河图完全不同，《尚书》洪范九畴中数字从一到九的排列原本只是具体事件的序列号而已，后人非要将其与天地之数相合相应，这种做法显然是虚妄并且毫无意义的。

在批评了陈抟的图书之学后，雷思齐进一步对宋代图书之学的代表人物之一范谔昌的《大易源流》进行了探讨。针对范谔昌的图书之学，雷思齐说：

> 如范谔昌所著《大易源流》，其称龙马负图出河，羲皇穷天人之际，重定五行生成之数，定地上八卦之体，故老子自西周传授孔子造《易》之原，天一正北，地二正南，天三正东，地四正西，天五正中央，地六配子，天七配午，地八配卯，天九配酉，地十配中，寄于末，乃天地之数五十有五矣。①

他认为范谔昌犯了与陈抟同样的错误，即为了将河图之数与五行之数相匹配，随意地改变了原本的图书排列方式。在此基础上，雷思齐又说：

> 又因谔昌坎离震兑四正之外，而以四成数同于四方，谓坎六退本卦三数以余三数，三画为乾，离七退本卦三数以余四

---

① 〔元〕雷思齐：《易图通变》卷五，见《文渊阁四库全书》第21册，台湾商务印书馆1986年版，第818页。

数，四画为巽，震八数，退本卦三数，以余五数，五画为艮，兑九数，退本卦三数以余六数，六画为坤，皆以数为画，标为河图，是不揣本而齐末。①

他认为范谔昌在应用图书之学解释《周易》中的八卦生成问题时，为了合理地解读"四象生八卦"问题，以数为画，牵强地将图书之数与卦画符号相比附，显得不伦不类，反倒是破坏了图书之学的内在合理性。

进而，雷思齐评价了刘牧的《易数钩隐图》。他首先肯定了刘牧图书之学的历史贡献。认为陈抟以来的图书之学传至刘牧方始光大，不仅在内容上，刘牧大幅度地扩充了易图，《易数钩隐图》中易图多达五十五组；而且在现实影响力上，自刘牧以后图书之学也与以往不可同日而语，影响力明显提升。在此基础上，雷思齐又对刘牧图书之学的内容本身提出批评。他说：

河之出图，羲前既得以则而画卦，因及于洛之出书，禹后复得以则而叙畴尔，又岂害于比类而互言之哉？岂尝直欲以图书之数之义之条贯比而同之哉？岂尝直谓图书并出于一时哉？②

他认为刘牧机械地理解古人关于河图、洛书的说法。仅仅因为看到的河图、洛书似乎都带有数字，因此想当然地将河图、洛书看作内涵相同的整体。在其看来，刘牧所犯的根本性错误是认可陈抟为化解矛盾而编造的洛书，而且还增扩到五十五图之多，错误

① 〔元〕雷思齐：《易图通变》卷五，见《文渊阁四库全书》第 21 册，台湾商务印书馆 1986 年版，第 819 页。

② 〔元〕雷思齐：《易图通变》卷五，见《文渊阁四库全书》第 21 册，台湾商务印书馆 1986 年版，第 817 页。

更多,难怪遭到李觏等人的质疑。

最后,雷思齐总结批判了在当时极具现实影响力的朱熹图书之学的基本论断。我们知道,朱熹以“七前六后,八左九右”为河图;以“九前一后,三左七右,四前左,二前右,八后左,六后右”为洛书,这与刘牧、李觏、程大昌等以往宋代易学家的看法不同。雷思齐尽管不同意刘牧等人关于河图、洛书的看法,但对于朱熹的这一论断,同样不赞成。他说:

> 朱、蔡之指斥又如此,而直以图南始标误之洛书为河图,而以其初正指河图反以为洛书,则朱、蔡实自误,而反罪长民之先误,专己自是,张其辩说,不克自反,一至于此。①

这就是说,无论是所谓“河九洛十”还是所谓“河十洛九”,都不是正解,也不是应该着力讨论的重点。因为陈抟“用十之一语,立一图之误”的错误认识,才是导致之后河图、洛书问题的直接原因。

当然,雷思齐之所以会不厌其烦地对有史以来的河图、洛书之说一一予以说明、驳斥,其根本目的在于论证自己的观点。这也就是其所谓的“推原致误之由,疏列群疑之妄,直以河图本数讨正之”②。他认为以往河洛之学都存在这样或那样的问题。只有在剥离河图与洛书两者的基础上,才可能进而探究图书之学的真内涵。因此他说:

> 今以余自本观之,直谓不必它求,特以《说卦》帝出乎震一

① 〔元〕雷思齐:《易图通变》卷五,见《文渊阁四库全书》第21册,台湾商务印书馆1986年版,第819~820页。

② 〔元〕雷思齐:《易图通变》卷五,见《文渊阁四库全书》第21册,台湾商务印书馆1986年版,第820页。

章，环中往复参究之，以天一至地四，地六至天九求其实体，天五与地十明其虚用，则参伍以变，参天两地，错综倚数，莫不左右逢原，一皆吻合乎孔子系《易》之初旨。是之谓众言淆乱折诸圣，则明河之出图，通古不妄，足以见《易》矣。因洞悉洛之出书，九畴之外，岂复有图有数之妄作者，诚古今之一大快事也。①

凡余所以专守河图者，非敢自谓亲见羲、文所以本之而作《易》者，而其五且十之数，横、斜、旁、正相生相成之进、退、赢、缩，一阴一阳之奇、耦、分、合，八体二用之虚、实、变、通，殆有造化神明莫穷之蕴，非人之所能为，而殆乎天地之自然者，宜其为羲、文所以作《易》之本原也。②

大体而言，雷思齐依托对历史上河图、洛书文献记载的梳理，以及对前人图书之学的批判反省，实现了对图书问题的辨析和整理，进而又在此一基础上提出了自己的河图学说，并认为自己的理论真的契合"羲、文所以作《易》之本原"。至于其所理解的河图内涵，也是下面我们将要探讨的具体内容。

二、河图四十：图书之学的新发展

宋代象数易学以图书之学的形式得到了新的发展，不仅为自魏晋以来饱受批判的象数易学注入了生机与活力，更为易学在新时代背景下的发展提供了广阔的诠释空间。关于图书内涵，朱熹专门指出：

---

① 〔元〕雷思齐：《易图通变》卷五，见《文渊阁四库全书》第 21 册，台湾商务印书馆 1986 年版，第 820 页。

② 〔元〕雷思齐：《易图通变》卷四，见《文渊阁四库全书》第 21 册，台湾商务印书馆 1986 年版，第 814 页。

看《易》,须是看他卦爻未画以前是怎模样,却就这上见得他许多卦爻象数,是自然如此,不是杜撰。①

不推本伏羲作《易》画之所由,则学者必将误认文王所演之易便为伏羲始画之《易》。只从中半说起,不识向上根原矣。②

与汉代象数易学关注卦爻辞文字与象数原则之间的严格对应关系不同,图书之学关注的是《周易》符号系统产生的依据及其过程。图书之学从产生之初就被定位成易学的基础性、根源性问题。

雷思齐在考察、反思以往关于河图、洛书问题的基础上,提出了自己关于图书问题的思考。他指出:

河图,八卦是也。图之出,圣人则之。庖牺氏仰观象,俯观法,近取身,远取物,以通神明之德,类万物之情,始因之画八卦以作《易》者也。孔子谓其则之,岂欺我哉?图之数以八卦成列,相荡相错,参天两地,参伍以变,皆自然而然。后世不本其数,实惟四十,而以其十五会通于中,乃妄计天地之数五十有五,以意增制于四十之外,以求其合,幸其中,故愈说愈迷,纷纷迄今。余因潜心有年,备讨众说,独识先圣之指归,遂作《通变》,传以与四方千载学《易》者,同究于真是焉。③

---

① 〔宋〕黎靖德编,王星贤点校:《朱子语类》卷六七,中华书局 1986 年版,第 1660 页。

② 〔宋〕朱熹:《晦庵先生朱文公文集》卷三八《答袁机仲》,见〔宋〕朱熹撰,朱杰人、严佐之、刘永翔主编《朱子全书》第 21 册,上海古籍出版社、安徽教育出版社 2002 年版,第 1665 页。

③ 〔元〕雷思齐:《易图通变·自序》,见《文渊阁四库全书》第 21 册,台湾商务印书馆 1986 年版,第 791~792 页。

在他看来，河图与洛书应当彻底分开审视。与圣人创制《周易》相关的只有河图，而与洛书并不相关。并且河图之实数只有四十，并非五十五或者五十。后世易学家由于执着于将其与《系辞传》中的天地之数五十有五、大衍之数五十相比附，才导致了之后的一系列问题。因此，雷思齐不无自信地提出其“河图四十”之说，认为这才是先圣作《易》之旨。

雷思齐之所以选择“数”作为其思想的方式，是因为他认为数中囊括了天地之理。“天地之理，未始不有数行乎其中，然或有余于数、不足于数，唯其余、不足而为之中制，故虽阴阳奇耦之数，有分有合，有虚有实，有进有退，有自然互相生成之中道焉。”①数字之间的关系与变化，呈现了天地之理，亦彰显出自然相互生成之中道。这就是他的“河图四十”学说的致思理路。

（一）“河图四十”内涵

1.“河图四十”的根据

雷思齐的“河图四十”之说，从本质上来看，实际上是在吸收和借鉴以往图书易学家研究的基础上完成的。这一特点，直接表现在他所作的《河图四十征误之图》（见图 7.6）中，在其看来：

> 河图本数兼四方四维，共四十。员布为体，以天五地十虚用，以行其四十，故合天地之数五十有五。②

① 〔元〕雷思齐：《易图通变》卷二，见《文渊阁四库全书》第 21 册，台湾商务印书馆 1986 年版，第 800 页。

② 〔元〕雷思齐：《易图通变》卷一，见《文渊阁四库全书》第 21 册，台湾商务印书馆 1986 年版，第 792 页。

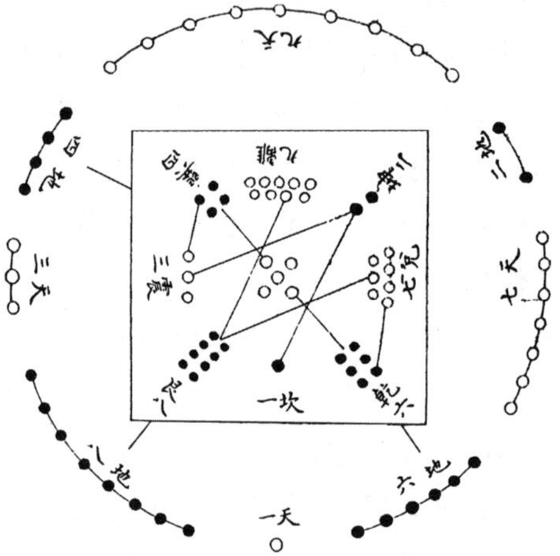

图 7.6　河图四十征误之图

雷思齐强调河图之数为四十，并且通过吸收前人圆方之数的方式，将河图以方圆图的形式表现出来。具体河图的构造方式，从外在形式上其实借鉴了刘牧的河图九数图，只是在其看来，河图之本数仅仅是指九宫图的四正四维八数，因此，表现为圆图即除去圆心五数的环形数字圈。同时，雷思齐认为，其所谓的河图四十之数同时容纳天地之数五十五。因为尽管河图实数是四十，然而其背后同时蕴含着作为序数的天五、地十之数。这一虚实相资的做法无疑是继承了王弼以来用道家思想解《易》的理路。而这一发展也很好地融通了河图之数与天地之数、大衍之数之间的关系问题，为进一步诠释易学问题提供了基础。具体而言：雷思齐以《易传》“太极生两仪，两仪生四象，四象生八卦”为其理论的依据。他训“极”为“中”，认为河图四十之数的内在根据就体现为太极、两仪、四象、八卦的具体衍生过程。太极居中为一，分而为二为两仪，两仪化生四象即数字 1、2、3、4，四象生八卦则是由数字 1、2、3、4 衍生出 6、7、

8、9。于此八个数以奇偶分居四正四维的方式构成了圣人作八卦的直接基础。他说：

> 一与三为奇，为阳之生数，而必待于六与八之阴数以为成。二与四为耦，为阴之生数，亦必赖于七与九之阳数以为成也。①
>
> 自北而东，一而三，乃阳生之进数。而其自八而六，东而北，阴成之退数者，固已寓乎其中。自西而南，二而四，乃阴生之进数。而其自九而七，南而西，阳成之退数者，亦兼具乎其中矣。②

析而言之，作为河图的八个数字之间存在着密切关系。作为阳数的一、三，必待与之差五的成数六、八之偶数相合才能发挥作用。同样作为阴数的二、四，也必待与之差五的成数七、九相合才能发挥作用。另外，于河图之中，处在阳数自一而三，自北而东，数字的增长代表着阳气的息长；阴数则由八而六，自东而北，数字的减少则表征着阴气的减退。雷思齐认为，此阴阳二气的一进一退之间，恰恰体现了阴阳和合之中道。他说：

> 见于参天两地倚数之一以为十，则所谓中也。中也者，合数之所不得其中者，而使之交合于中，所以中其不中者也。由坎北之一始制于中，二效之而分兑西之七以为中，八效之而分震东之三以为中，四效之而分离南之九以为中，凡中皆立于

① 〔元〕雷思齐：《易图通变》卷一，见《文渊阁四库全书》第21册，台湾商务印书馆1986年版，第794~795页。

② 〔元〕雷思齐：《易图通变》卷一，见《文渊阁四库全书》第21册，台湾商务印书馆1986年版，第795页。

十，皆以数合于十而中分之者，盖以寄其一云尔。①

他将河图数之间的关系创造性地转化为阴阳之间的平衡关系。

2. 河图虚五、虚十之用的内涵

雷思齐之所以不同意以往易学家关于定河图为五十五或四十五的看法，一方面在于，他认为以河图为四十能够更直接地体现河图八数与八卦之间的对应关系，以此彰显圣人据河图以作《易》的观点；另一方面，这一论断更是为了凸显其“四象无五，八卦无十”理论的重要性。在其看来：

一二三四而五同为生数，一至四其实体，五其虚用也；六七八九而十同为成数，六至九其实体，十其虚用也。四象无五，八卦无十，坦然明白矣。②

太极、两仪、四象、八卦的演化过程，由数字的产生变化过程来符示。四象之数为一二三四，八卦之数则为一二三四、六七八九。雷思齐将其与天地之十数相对应，认为之所以天地之生数一二三四五五位之数，只有一二三四四象表现出来，是因为天数五为虚数，一二三四为其实象。同样地，作为成数的六七八九十五位之数，只有六七八九表现出来，也是天数十为虚数，六七八九则为其实象。雷思齐的这一观念，无疑在很大程度上吸收了邵雍的体用思想并进行了创造性改构。

① 〔元〕雷思齐：《易图通变》卷二，见《文渊阁四库全书》第21册，台湾商务印书馆1986年版，第805页。

② 〔元〕雷思齐：《易图通变》卷一，见《文渊阁四库全书》第21册，台湾商务印书馆1986年版，第799页。

雷思齐之所以将五与十定位为虚数，是因为“《易》之所以范围不过，曲成不遗者，正由假此天五地十之虚数，以行其实用于四象八卦而成河图者”①。正是在天五、地十作为天地虚数的基础上，河图八卦作用才得以彰显，具体而言：雷思齐强调虚之天五与地十本身具有十分重要的作用，其中天五在沟通天地之生数、成数时发挥着关键性的作用，借助于五与其他数字的关联，可以来解释八卦之间的关系。他说：

> 坎以一始于正北，而一五为乾六于西北；坤以二分于西南，而二五为兑七于西；震以三出于东，而三五为艮八于东北；巽以四附于东南，而四五为离九于正南。故阳得五而阴，耦得五而奇，阴得五而阳，奇得五而耦，是生数之所以成，成数之所以生者也。生数少于五，无所待以制中也，故阳数之一与三，自为中于乾六艮八成数之阴之外。阴众而阳孤，坎故谓陷也。成数多于五，不能自适于中也，故阴数之二与四，取五于离九兑七成数之阳之内。阳正而阴偏，离故谓丽也。陷必止而求动，故帝出乎震。动所以取合，由分而合也。丽必顺而相说，故说言乎兑。说所以致分，由合而分也。②

河图八数中一二三四为生数，六七八九为成数。其中生数与成数之间的关系为加五而成。传统的看法往往认为是“万物得土以成”，强调五数代表的土之五行的关键作用。但是，雷思齐则将五看作虚数，而虚数之五恰恰是生数得以化生、成数得以化成背后

① 〔元〕雷思齐：《易图通变》卷一，见《文渊阁四库全书》第21册，台湾商务印书馆1986年版，第795页。

② 〔元〕雷思齐：《易图通变》卷一，见《文渊阁四库全书》第21册，台湾商务印书馆1986年版，第795页。

的根据。这里显然是从体用的角度论说了成数与生数之间的关系。更进一步而言,正是在虚数天五的作用下,生数与成数之间的阴阳关系得到了平衡,生数若为阳得五则成阴,生数若为阴得五则为阳。于此,借助五,可以分析八卦的卦德。他将生成之数与后天八卦方位联系在一起,就可以解释坎陷、离丽等卦德是因何而来,从而证明八卦之间是因五而有了某种关联。这种由数来解卦的理路在元代图书易学中是有代表性的。

关于虚十之用,雷思齐首先强调的是河图之中方位相对的两数之间存在相加之和为十的关系。他说:

> 坎一离九而十,坤二艮八而十,震三兑七而十,巽四乾六而十,皆一生一成也,一必九,三必七者,四方四奇之十,阳十也。二必八,四必六者,四耦四维之十,阴十也,是四五本二十,今则四十。①

就河图而言,处在四正四维上的八个数,两两相对,且两数相加之和皆为十,比如处在正北之数为一,与处在正南之数九,两者之和为十;处在东南之数为四,与处于西北的数六,两者之和也为十。雷思齐认为这一特征彰显的是,地数十的"虚"之作用。即尽管在河图中并不存在独立的数字十,但是虚十呈现于河图的内在机理中,求和即十。其实这一特征也即传统的九宫图中横竖斜数字之和皆为十五规律的化用,这也即雷思齐所说的"参伍错综,其数纵横斜正,倒之颠之,无不十五者也"②。

① 〔元〕雷思齐:《易图通变》卷一,见《文渊阁四库全书》第21册,台湾商务印书馆1986年版,第796页。

② 〔元〕雷思齐:《易图通变》卷一,见《文渊阁四库全书》第21册,台湾商务印书馆1986年版,第796页。

更进一步而言，雷思齐认为虚五、虚十的作用还直接呈现在河图之数的运行中，“数始于一，而中于五，而终于十”①，数字的变化运行象征着阴阳二气的消长变化。他指出：

伍之而十，均十也。一与九之十，维坎维离。坎一居阴北，阳之始生，阴中之阳，阴极而生阳也。阳之一初而独立于中。离九居阳南，阳之终极，阳中之阳，阳极生阴，丽于巽四、坤二生数之阴，阴不专立，而当九阳之盛际，阳群合而制中者也。

二与八之十，维坤维艮。三与七之十，维震维兑。阳自下而升，由北、东而极于南。阴自上而降，由南、西而极于北。

至于四与六之十，维巽维乾，此又阴阳之始终。终始，天地之穷变，变通莫不由此制用。②

雷思齐详细地分析了处在相对位置上和数为十的河图之数的具体内涵，他将数字的奇偶、大小及所在的位置联系起来，认为数字的变化过程恰恰表征了阴阳二气流变的过程。阳气息长的同时阴气消退，反之亦然。而在这一过程中阴阳总数总是维持十数不变。比如坎离两卦之数分别为一和九，代表的是阳气初生之数与至极之数。阳气自北方阴极之处产生，而最终发展到南方极阳之地。而在阳极之九位之旁附丽着代表阴之生数的二与四，进而维持着阴阳之间的平衡流转。这也正是其所说的：

---

① 〔元〕雷思齐：《易图通变》卷二，见《文渊阁四库全书》第 21 册，台湾商务印书馆 1986 年版，第 801 页。

② 〔元〕雷思齐：《易图通变》卷一，见《文渊阁四库全书》第 21 册，台湾商务印书馆 1986 年版，第 796~797 页。

以数言，则天一、地二，天地设位；以气言，则分阴、分阳，阴阳相薄。而《易》所以行乎其中者，始由于是，则阳生之进数所以为阴成之退数，阴生之进数所以为阳成之退数，乃互进互退，迭生迭成，此其生生之易，一阴一阳之道，无所终穷也。岂不至精至变而至神者与？①

3. 河图、天地之数、大衍之数的会通

借助于对河图四十之数以及虚用之五、十两数的诠释和阐发，雷思齐得以将图书之数、天地之数及大衍之数重新连接为一体。他认为：

五其五，而二十有五，亦天数也。六其五，五其六，三其十，十其三，而三十，亦地数也。一且九，二且八，三且七，而四且六之各十，与本数虚用之十，以之伍其什，什其五，斯则大衍之数五十矣。②

天地之数的五十五，本身就是河图四十之数与虚而不用的五与十数之和。此外，雷思齐还强调，天地十数从天数之"五其五"的二十五，天地之数的"六其五"的三十所得的地数，两者之间也能够得到合理的连接。对于大衍之数五十，雷思齐则认为，其数与河图虚十之间的关系密切。即河图中外在呈现的一九、二八、三七、四六四个虚十，在加上内在蕴含的作为本数的虚十，便得到大衍的五十之数了。

① 〔元〕雷思齐：《易图通变》卷一，见《文渊阁四库全书》第 21 册，台湾商务印书馆 1986 年版，第 798 页。

② 〔元〕雷思齐：《易图通变》卷一，见《文渊阁四库全书》第 21 册，台湾商务印书馆 1986 年版，第 799 页。

总体而言，雷思齐通过界定“河图四十”之说，使天地之数与大衍之数在新的形势下得以会通，并且通过虚五、虚十之数的巧妙应用，为图书之学注入了道家、道教思想内涵，从而为图书之学在全新的思想背景下得以开展提供了理论支撑。雷思齐对“虚五”“虚十”的重视，正体现了其道家易学的特质。章伟文指出：“雷思齐的河图及大衍筮法，区分数的虚与实，这个思想源出于老子《道德经》。”“雷思齐的河图及筮法，一方面继承了《道德经》‘道生万物’的思想，另一方面，又将‘道生万物’的具体演进设计为一个程序。”①是的，雷思齐治学先儒后道，他融通儒、道，力图说明道家思想实是《周易》的源头。尽管雷思齐图书之学的具体论断未必符合历史本身，然而，他借由梳理图书发展历程，重新诠释图书之学，这种返本开新的诠释方式无疑是雷思齐的重要贡献。

（二）“参天两地”说

雷思齐认为：“唯其余、不足而为之中制，故虽阴阳奇耦之数，有分有合，有虚有实，有进有退，有自然互相生成之中道焉。”②透过河图四十的设定，雷思齐基本确立了关于易道阴阳、奇偶、虚实、进退之道的初步阐释。为了进一步深化这一思想，雷思齐则进一步透过对《易传》中“参天两地”“参伍错综”等与数相关的一系列经典话语系统的再诠释，为其图书之学注入新内容。针对“参天两地”“参伍以变”说，雷思齐指出：

> 夫奇数皆天，耦数皆地，生以天者成以地，生以地者成以天，其为天若地，特阴阳之进退出入，奇耦之体用分合而已。

① 章伟文：《试论雷思齐的道教易思想》，载《中国道教》1999年第3期。

② 〔元〕雷思齐：《易图通变》卷二，见《文渊阁四库全书》第21册，台湾商务印书馆1986年版，第800页。

《说卦》曰:参天两地而倚数,观变于阴阳而立卦,发挥于刚柔而生爻。《大传》曰:参伍以变,错综其数;通其变,遂成天地之文;极其数,遂定天下之象。非天下之至变,孰能与于此?其曲尽乎至妙之用者,河图法也。①

他认为《易传》中关于"参两""参伍"的种种提法,皆针对河图之数妙用的具体展现。

1."参""两"之内涵

雷思齐首先对《易传》中"参""两"的基本内涵进行了全新的定位。在其看来:

参也者,一二之所以变也。由一自分其一以为二,起自为之对则见其二,而不见其一矣。其一又自参出于二之中,故三也。于参之法是即一小成。是三画之立,见人参于天地之中以生也。积三小成,参其三而合于乾元用九,是参之始制,即阳奇之所谓天者所由然也。

两也者,由一生二,起而对,并以立,既以象两仪,因之两其二以象四象。夫一本自一而二,而参其一以为三,况二本一之对,岂不得三其二而反对之乎,故从而三其二以成六,即合于坤元用六,是又两之始制兼三才而两之故六,因之六画成卦,六位成章,即阴耦之谓,地者亦由以然也。②

这里的"参""两"被雷思齐放置在阴阳、奇偶对待的前提下

① 〔元〕雷思齐:《易图通变》卷二,见《文渊阁四库全书》第21册,台湾商务印书馆1986年版,第801页。

② 〔元〕雷思齐:《易图通变》卷二,见《文渊阁四库全书》第21册,台湾商务印书馆1986年版,第802页。

加以理解。“参”之所以为“参”，在于偶二之阴与奇一之阳的统合。有阳则必有阴，有一则必有二。“两”即阴阳之对。二出现，一则消失不见，内蕴其中。“参”则表现为“一又自参出于二之中”，全面地彰显阴阳、奇偶之和合，同时也彰显出人禀天地阴阳而生，并立于天地之中而与天地参的内涵，因此在其看来“参之法是即一小成”。参其三则得九，此即为乾元之用九，也彰显了奇数为阳之大用；两其二则为四，体现了四象本身，参其两则为六，象征着坤元用六，偶数之为阴之大用得以彰显，同时也体现出了《周易》三画之卦变为六画之卦，“兼三才而两之”“六位而成章”的深刻内涵。

2. 参天两地倚数说

雷思齐在明确了“参”“两”内涵的基础上，依托“河图四十”图，进一步创制参天两地倚数之图，并以此为基础，详细阐发了《说卦传》中“参天两地而倚数”说的内涵。

他说：

> 必参其三三，两其三二，是参两之一小成矣。故必又参其三三而参之为参天，两其二二而两之为两地。是天地之数无从而合且分矣。乃以其初不入于用之一数，奇于十以行其中而为之分且合，以成其中制者，是一也。而求于图之数，如环无端，其一莫见何在，而所见维十尔。夫参其三三与两其三二，合而为大参两，斯有以见天地浑成一始终者所以然矣。①

① 〔元〕雷思齐：《易图通变》卷二，见《文渊阁四库全书》第 21 册，台湾商务印书馆 1986 年版，第 802~803 页。

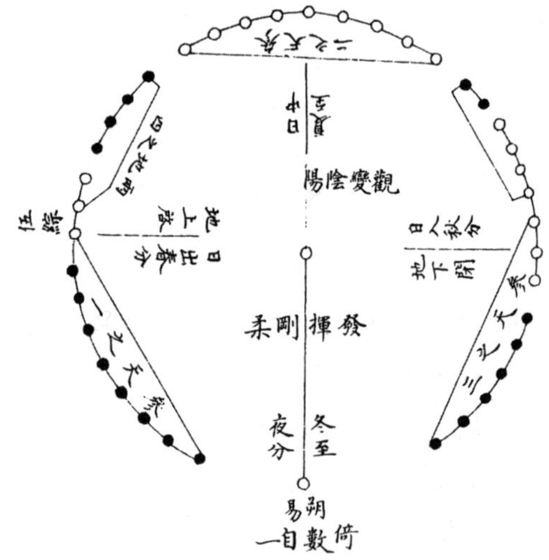

图 7.7 参天两地倚数之图

前文已述,雷思齐通过“参”“两”内涵的界说,分析了“参其三”“参其二”的内涵,并认为它们彰显的只是数之小成。进而他又通过扩展这一体系诠释“参天两地”之说,在其看来,所谓的“参天两地”,并非前人所理解的以一、三、五三数为参天,以二、四两数为两地。所谓参天是指“参其三三而参之”,为 3×3×3 之数,即 27;而“两地”则是“两其三二而两之”,为 2×3×2,即 12。这样一来,所谓的“参天两地”之数即为 27+12=39。雷思齐认为,这里的 39 之数与“河图四十”之数恰好相互对应。其缺少的 1,彰显的即不用之虚。因此他认为“参天两地”之数所展现的正是天地浑然一体之象。

更进一步而言,雷思齐认为“参天两地”本身就蕴含在了“河图四十”中。他说:

是故伍坎一以为乾六于北,伍坤二以为兑七于西,伍震三以为艮八于东,伍巽四以为离九于南,则见制数之元自参伍

> 矣。于是又损震后之一以退，益艮之全八而九，三而三之，始参之制也。析震中前之二以合巽之全，四分而六，则两之继始也。惟离之全数自得于九，且当始终之中，三而三之，中参之制也。兼坤之全二，以贯兑中前之四合而六，则两之代终也。绝兑后之三，以补乾之全六，三而三之，终参之制也。是则参天两地之纲领，于此亦可见。①

关于上文涉及的"参伍"之说，我们下面会具体讨论。针对"参天两地"，雷思齐认为，通过变换视角重新审视"河图四十"之图，于其中能够直接看到上文所指出的"参天"与"两地"。自北方坎位1数代表的冬至开始，取"坎一不入于数"，之所以如此，雷思齐认为："四方之数各十，合参其九而二十有七，两其六而一十有二，总之则三十有九，而特遗其一，则其一将何所用乎？故以其一存诸十，则四十矣。故坎之立极于一，敛其十以自归，以建大中，以生生数之始，以成成数之终。"②这也即前文所论述的虚一不用的内涵。接着，自东北艮八之位开始，艮数为8与震3分出之1相合而为9，此为"参天"之一；而震3分余之2与东南之巽4相合而为6，此为"两地"之一；居于正南的离之9数全，此为"参天"之二；而西南坤2与西之兑7分出之4相合亦为6，此为"两地"之二；最后西方兑7所余之3与西北乾6相合亦为9，此为"参天"之三。这也即其所谓的"地之体全用乎天……天之用全体乎地"③之内涵。

---

① 〔元〕雷思齐：《易图通变》卷二，见《文渊阁四库全书》第21册，台湾商务印书馆1986年版，第804页。

② 〔元〕雷思齐：《易图通变》卷二，见《文渊阁四库全书》第21册，台湾商务印书馆1986年版，第805页。

③ 〔元〕雷思齐：《易图通变》卷三，见《文渊阁四库全书》第21册，台湾商务印书馆1986年版，第808页。

经过此一系列的图形数字的变换调和,雷思齐曲折地沟通了“参天两地”与“河图四十”之间的内在关系,同时也为其虚一之说的道教思想提供了文本注脚。尽管这一构造方式不乏武断、牵强,但不得不承认雷思齐的图书之学构造方式是充满巧思的。

(三)“参伍以变”说

雷思齐在论证了“参天两地”与河图之数关系的基础上,又进一步对《系辞传》所言的“参伍以变,错综其数”中提出的“参伍”“错综”问题进行了阐发。

雷思齐绘制了《参伍以变错综数图》(见图7.8),他解释说:

> 其谓之参伍错综者,五以前之数少于五,无所用伍;五以后之数多于五,故参以五。伍于其中,错且综之,而行其制中之法也。①
>
> 天一起于坎,地六附于乾②,是一六之合,综之则七也,参以天五,错伍于中,并列而求之,其首尾各一也。故坎之一数为阳,立极于北方之始,而乾之六数为阴,附于西北之维也,天三出于震,地八附于艮,是三八之合,综之则十有一也。参以天五,错伍于中,并列而求之,其首尾各三也。故震之三数为阳,立于东方之正,而艮之八数为阴,而附于东北之维也。③

---

① 〔元〕雷思齐:《易图通变》卷二,见《文渊阁四库全书》第21册,台湾商务印书馆1986年版,第803页。

② “乾”,原作“坤”,各本皆误,今据文义改。

③ 〔元〕雷思齐:《易图通变》卷二,见《文渊阁四库全书》第21册,台湾商务印书馆1986年版,第803页。

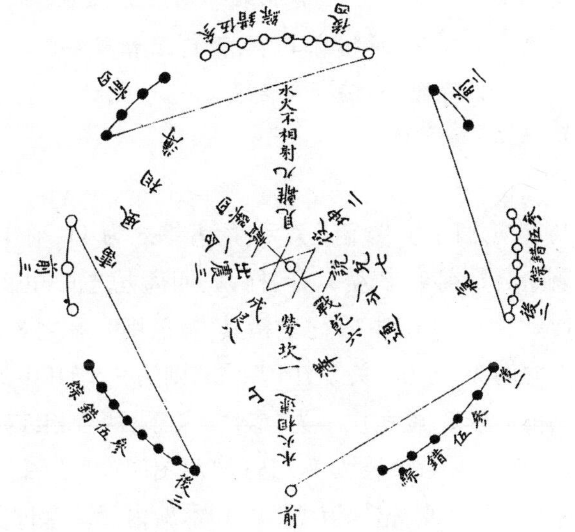

图 7.8 参伍以变错综数图

雷思齐认为“参伍”之三并不是指的数字之“三”，而是指示天地之生数与成数之间的相互关系，即所谓生数参以五则得到了成数，比如生数之天一之坎参以五，则得到地六之乾。而“错综”之综则指加合之意，比如天一，参伍而得地八，综之则为七；地二，参伍而得天七，综之则为九。应当指出，雷思齐之所以要重新界定“参伍”“错综”内涵，是因为他希望借此以探讨“河图四十”之间的内在关联，更深入地探索《周易》数与卦之间的必然关系。具体而言，雷思齐将河图八数重新划分为四组：艮八震三、巽四离九、坤二兑七、乾六坎一。

在其看来，之所以“河图四十”能够彰显八卦内涵，以及八卦之数之所以在河图中有如此排列方式，都是符合“参伍”“错综”原则的。他说：

> 参伍以变，参乾坎，参艮震，自北而东，参兑坤，参离巽，自

西而南。参而分,伍而合,是谓参伍以变。错而分之见其参,综而合之见其伍,是谓错综其数,而错综者即参伍也。散而错之如一二三四之重分,敛而综之乃六七八九之复合也,是谓五位相得而各有合。①

艮八与震三之间为"参伍"关系,两者综之为11,对11之数错其中五则剩余之数前后皆为3。同样,巽四离九之间,也是"参伍"关系,两者综之则为13,对13之数错其中五,则剩余之8前后皆为4;坤二兑七之间为"参伍"关系,两者综之则为9,错其中五则余4,前后分之则前后皆2;乾六坎一为"参伍"关系,两者相综则为7,错其中五,余数为2,其首位皆为1。透过"河图四十"之图,雷思齐又重新赋予了"参伍以变,错综其数"以文本新内涵。这即其所说的"其曰参曰两曰参伍者,通其数之所变以用也"②。雷思齐之所以殚精竭虑地进行如此烦琐的数字、图形关系连接工作,其根本目的就在于论证"河图之数纵横顺逆,莫非自然而然,不待人为牵合傅会以使然也"③,为其自身的图书之学建构坚实的逻辑与文本基础。

(四)"参两错综会变"说

雷思齐确立了"河图四十"说,并且通过对《易传》中"参天两地""参伍""错综"等文本内涵的解读,论证其图书之学的合法性。最后,雷思齐为了进一步贯通其思想体系之间的内在关联,进而创制了《参两错综会变总图》,认为尽管"参伍"和"参两"各自的内涵

① 〔元〕雷思齐:《易图通变》卷二,见《文渊阁四库全书》第21册,台湾商务印书馆1986年版,第804页。

② 〔元〕雷思齐:《易图通变》卷二,见《文渊阁四库全书》第21册,台湾商务印书馆1986年版,第802页。

③ 〔元〕雷思齐:《易图通变》卷二,见《文渊阁四库全书》第21册,台湾商务印书馆1986年版,第804页。

并不相同，然而从根本上来说二者是融通的。他指出：

是则参天两地之纲领于此亦可见。或错而分，综而合，参之两之，参两之制亦必伍也。是则参伍之大通变，太极数也。①

斯所以参伍也，参伍所以参两也，故河图之数止实四十，而以天五地十之虚数通用之以计，凡天地之数五十有五者也。②

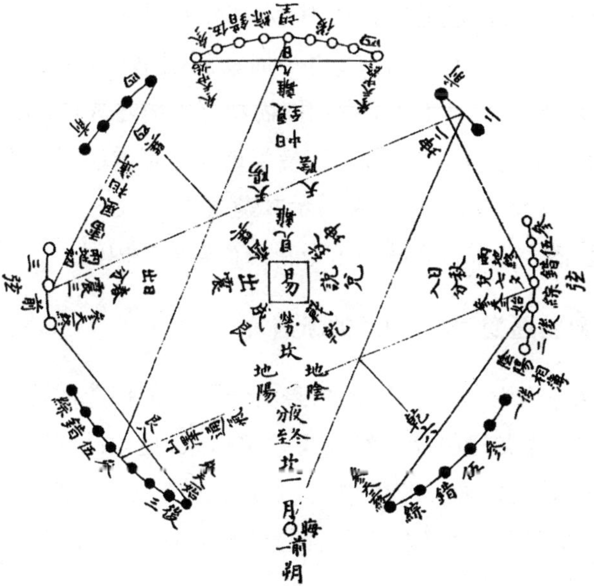

图 7.9　参两错综会变总图

在雷思齐看来，“参两”之法与“参伍”之法两者之间互相涵摄，

① 〔元〕雷思齐：《易图通变》卷二，见《文渊阁四库全书》第 21 册，台湾商务印书馆 1986 年版，第 804 页。

② 〔元〕雷思齐：《易图通变》卷二，见《文渊阁四库全书》第 21 册，台湾商务印书馆 1986 年版，第 805 页。

互为基础。“参天两地”中揭示的八卦之数之间的相互关系,即前文所指出的通过将一卦之数拆合相加而构成九、六之数,其背后所蕴含的即“错综”原则。而“参伍”之法本身所要建立的两卦之间相互蕴含相互连接的关系,从本质上来说也与“参两”之说一致。从这个意义上来说,“参伍”与“参两”本身是内在联系为一体的。

总而言之,从以上关于雷思齐图书之学的基本考察可以看到,雷思齐以宋代以来兴起的图书之学为基础,一方面批判性地反思了前人关于图书问题的错误认识,另一方面则重新发挥图书之学,建立了与前人相较更为完备、更为周密的图书系统。正如雷思齐所认为的“孔子著《大传》不存河图而特存天地之数者,示其有得于数则图在其中矣”①。对其而言,最为重要的是透过图书之学,透过图形、数字所呈现的规律,来揭示其蕴含的圣人之道。当然,这一圣人之道显然被雷思齐灌注了全新的道教思想内涵。

三、易筮通变:筮数问题的新探索

《周易》作为一部卜筮之书,经由《易传》的创造性转化,被注入了涵纳天人的义理内涵。经王弼扫象以来,更加凸显了《周易》义理的一面,宋代以来程颐所作的《程氏易传》更是为其注入理学精神,使得《周易》成为宋代理学倚重的核心经典。直到朱熹再次提出“《易》本卜筮之书”,试图还原《周易》原本的面貌,并借此彰显其三圣之《易》的易学观。自此而后,《易》作为卜筮之书的一面开始受到越来越多易学家的重视。特别是宋代以来图书之学的兴起,对易数本身的重视,也为进一步展开对《周易》卜筮中筮数的研究提供了新的可能。雷思齐十分重视筮数,并专门作《易筮通变》

① 〔元〕雷思齐:《易图通变》卷二,见《文渊阁四库全书》第 21 册,台湾商务印书馆 1986 年版,第 801 页。

三卷对其加以论述，深化了《周易》占筮的内涵。

卜筮是在古代先民理性未开、神学色彩浓重的时代背景下产生的，以信仰、感应为前提，试图借助一定的器物、方法，从而预测现实行为吉凶祸福的重要手段。古代中国最为主要的预测方式有龟卜与筮占两种。雷思齐认为应当区分卜与筮。他详细梳理《左传》《国语》中记载的占卜体例，以此说明卜与筮之间的相互差异。对雷思齐而言，作为筮数研究最为核心的大衍之数问题，只有放置在蓍筮视域下才能够被准确地把握。

易学史上对于大衍之数问题的讨论并不少见，特别是宋代以来随着图书之学的兴起，对数的重视程度得到了进一步的加强。刘牧、程大昌等图书易学家对大衍之数问题作出过不同的理解，特别是朱熹更是在“《易》本卜筮之书”的视野下对这一问题进行了详细的考察。雷思齐亦围绕“大衍之数”问题进行了详细的讨论。

（一）大衍之数之内涵

雷思齐认为大衍之数来源于天地之数。他论述了大衍之数五十与天地之数五十有五之间的内在关联：

> 天地之数五十有五，以天数之一三五七九而二十有五，地数之二四六八十而三十，宜乎断断乎不得有所损益，而大衍之数遽损其五，而特谓之五十。①

这就是说天地之数五十有五，“损其五”为五十，即大衍之数。“五”即前文所言的虚五。“由是而观，则易之有太极，而太极也者，特浑沦之寄称尔。浑沦而上，既有谓易、谓初、谓始、谓素，凡四其

① 〔元〕雷思齐：《易筮通变》卷下，见《文渊阁四库全书》第21册，台湾商务印书馆1986年版，第834页。

称,而至于浑沦而五,故以浑沦为太极,是之谓五太也,是则太极也者,既先含其五于中矣。故天地之数五十有五,而大衍之数乃五十者,既虚其太极已上之五,而取用于五十之妙也。"①

在建构了天地之数与大衍之数关联的基础上,雷思齐进一步阐释了大衍之数的整体内涵。通过对大衍筮法的过程的具体性论述,雷思齐将其与图书之学相结合,阐述了关于宇宙生成以及对河图之数的认识。他说:

> 易变而为一,一者形变之始也。易由太极以标其一,所以为成象之谓乾,即所谓形变之始,而乃所以为一也。由乾分其一⚊以为二⚋,而始谓之坤,是大衍五十不用之一象之为"易有太极"之一。而一之分为⚋,所以象两。夫两不谓二,而谓之象两,正以⚋之分也。故大衍之五十,先尊其太极不用之一,以为生生之本。而谓其用四十有九者,盖由⚊之二其一以生两仪⚋,是分而为二以象两,一又参其一以为三才之道☰,是挂一以象三,⚊复三其一为四象,则北、南、东、西之判,冬、夏、春、秋之序,水、火、木、金之位,莫不由是以著,则所以揲之以四以象四时者也。而河图之数所以四十者也。②

雷思齐以《易传》中对大衍筮法的哲学性阐释为基础,进一步解读其图书之数的内涵。在其看来,大衍筮法中的具体操作过程一方面体现出了由太极化生万物的宇宙演变进程,符示了《道德经》所说的"道生一,一生二,二生三,三生万物"的过程,其根据是

---

① 〔元〕雷思齐:《易筮通变》卷下,见《文渊阁四库全书》第 21 册,台湾商务印书馆 1986 年版,第 834 页。

② 〔元〕雷思齐:《易筮通变》卷下,见《文渊阁四库全书》第 21 册,台湾商务印书馆 1986 年版,第 834~835 页。

作为内在规律性的数的衍生、变化。

析而言之，在雷思齐看来，所谓"易者，盖阴阳之总，而太极者特阴阳变化之宗会"①。太极、阴阳与易之间的关系被理解为，易为阴阳变化的整体过程，太极则是阴阳变化的综合与汇聚所在。雷思齐认为，大衍筮法大衍之数五十中取一而不用的"一"，就是"易有太极"之太极，于《周易》而言其所对应之象为乾，象征着天，代表着"形变之始"。接着所谓的"分二以象两"，即"太极生两仪"，就数而言，表现为又一分化出与其相对之二。就《周易》而言，所对应之象即与乾天相对的坤地。"挂一以象三"则一方面指与天地并立的人之三才的确立，另一方面就数而言，则是指在一以及与其相对的二确立之后，二中不见一，参一以入二则得三，象征了阴阳二数之间的既对立又统一，相互包含之内涵。"揲之以四"，就宇宙变化而言，即象征四时之更替，就数字而言则是"一复三其一为四"，一方面表现出宇宙四时更替流转，另一方面则表现为数有生数之一二三四，乃至成数六七八九，生数成数之间的对待。因此，雷思齐强调大衍筮法本身也昭示出河图之数为四十的内涵，即大衍之数操作演算过程中的一二三四、六七八九本身构成了"河图四十"之数。

显然，就宇宙生成论层面而言，雷思齐的这一系列解读并没有超越前人的认识。但值得注意的是，他试图将大衍筮法、太极两仪生化、"河图四十"之数乃至《周易》之卦象统合为一的做法，是具有其鲜明的个人特色的。

但是，要解决大衍筮法与河图之数二者的关联问题，同样还有不能回避的问题即关于数"五"或者说"五岁再闰"的诠释沟通问题。对此，雷思齐指出：

① 〔元〕雷思齐：《易筮通变》卷下，见《文渊阁四库全书》第21册，台湾商务印书馆1986年版，第834页。

> 天五既无位于四象，地十又无位于八卦，何其不合若是之甚也？天五之有数而无位者，五之文，古之体为×，象一三交互以为五，今之体为区，见阴阳之三交变于二之中以为五，而十之体亦兆见于此。五固为土，而土之文为×为十为一，其始于一，而中于五，而终于十，而复归于一乎？土亦无正位，故四象无五，八卦无十也。①

这就是说五与十本身不在四象、八卦之中，然而其作用始终呈现在四象、八卦之中。就如同五之古体字×所呈现的内涵一样，其本身象征着阴阳之交，其本身就由数字一、二等交错构成，也就意味着尽管五数不在四象之数中直接呈现，其作用却通过四象阴阳之数表现出来。就好比土字就字形而言，即由十与一组成，而土在四象之中也无定位。而且，五、十之数本身与大衍筮法之“揲四”有关，经五、十与四生数、四成数配合，可以形成老阴、老阳、少阴、少阳的策数。“故衍之于揲必以四以象四时，五、十之用正在于是，其揲之以四者，盖由五其一二三四于上，而十其六七八九于下，足以明之。五与天一合而成六，则四其六而二十有四，为老阴坤之策。五与地二合而成七，则四其七而二十有八，为少阳震坎艮之策。五与天三合而成八，则四其八而三十有二，为少阴巽离兑之策。五与地四合而成九，则四其九而三十有六，为老阳乾之策。”②进而，归奇于扐之数也可由此而得，正印证了“河图四十而成八卦”③的理论。

---

① 〔元〕雷思齐：《易筮通变》卷下，见《文渊阁四库全书》第 21 册，台湾商务印书馆 1986 年版，第 835 页。

② 〔元〕雷思齐：《易筮通变》卷下，见《文渊阁四库全书》第 21 册，台湾商务印书馆 1986 年版，第 835~836 页。

③ 〔元〕雷思齐：《易筮通变》卷下，见《文渊阁四库全书》第 21 册，台湾商务印书馆 1986 年版，第 836 页。

（二）揲蓍法之问题

上文所讨论的主要是雷思齐围绕着大衍筮法的宇宙论内涵，以及与“河图四十”之数的内在关联性问题。当然，雷思齐对大衍筮法的蓍数问题也有自己的独特看法。

就大衍筮法的具体操作方法而言，传统往往将其区分为“挂扐法”与“过揲法”两种。事实上，这只不过是具体操作过程中的一体之两面，前者注重蓍法演算完成之后的结果，以扐于指间的蓍草余数来判定阴阳老少之爻的根据；后者则重视蓍法演算过程，以过揲余数的多少来确立爻之阴阳老少，两者从结果上而言并不存在根本性的差异。易学家或重挂扐法，或重过揲法，究其原因是对其背后可能呈现的义理内涵的认识不同。雷思齐看重挂扐法，他对奇四与偶八的重视也符合其以数解《易》的思路。

总体而言，雷思齐在大衍筮法的“挂扐法”与“过揲法”问题上并没有太大的研究兴趣，存在明显的调和色彩。与此相对，他更为关注的则是蓍法操作过程中涉及的“挂一”问题。具体而言：

> 大衍之数之用，虽各见于分两挂之始，而未大成也，且太极不用之一，象两之二，挂一之三，虽等列而三位，而其正用之蓍特不用一与挂一之一，其实数特二尔，且以五十而始用其二，则未用之蓍正存四十有八。①

雷思齐认为，正如河图中从未出现过实体的数字五与十一样，大衍之数也从未有过数字五与九的相关论述。然而三变中

① 〔元〕雷思齐：《易筮通变》卷下，见《文渊阁四库全书》第21册，台湾商务印书馆1986年版，第838页。

第一变其过揲所得余数“非五即九”，而其余二揲、三揲的结果则是“非四即八”。在雷思齐看来，这种不协调的结果是不符合大衍筮法原义的，乃后人误读导致的。而之所以会造成这一误读，就在于错误地将第一变“挂一”数统计在其中，造成了“五”“九”之数的出现。在其看来，对于大衍之数五十不用之数一以及所挂之一，皆非实数。雷思齐认为，在此一占卜过程中，从取一不动象太极，接着分二象两，乃至挂一象三，都是虚数的象征。而大衍之数五十中，正因为此不用之数为二，而使得所用之数四十八得其显明其用。

综上所述，雷思齐的易图学融通儒道，构思巧妙，颇具特色。林忠军评价其“作为一家之说，开拓了图书学的思路”①。的确，雷思齐的易图学具有深刻的道家思想内涵，其中蕴含的宇宙运行的规律与法则，不仅丰富了易图学的内涵，还推动了道教易学的发展，是元代道教易学的重要组成部分。

第三节　俞琰援易入丹的易学思想

俞琰(1253—1316)，字玉吾，自号古吴石涧道人、林屋山人等，宋末元初江苏吴郡(今江苏苏州)人。他幼承家学，青年时专习儒学，后专研易学和道教内丹学。俞琰于易学撰有多部著作②，《周易集说》和《读易举要》是其治经学易的代表作。《周易集说》历考诸家易说，以朱熹学说为宗，并以程颐易学为参照，又集诸说之善和平日与师友谈论所闻而成，对《周易》经传作了深入的诠释。《读易举要》主要阐述其易学体例及象数学思想。就道教内丹学而言，俞

① 林忠军:《象数易学发展史》第二卷，齐鲁书社 1998 年版，第 471 页。

② 关于俞琰著作存佚情况，参见詹石窗《正传别传二重化——俞琰〈易〉说浅析》，载《福建师范大学学报(哲学社会科学版)》1988 年第 1 期。

琰著有《周易参同契发挥》《易外别传》等。《周易参同契发挥》对东汉魏伯阳《周易参同契》作了诠释。《易外别传》是发朱熹所未发，用邵雍先天之学来解说道家经典，用《周易参同契》及其他道家著作来印证、推阐先天之学。俞琰对易学的阐释既有利于易学自身的发展①，也增益了道教内丹学②。从其易象观、易数观、易理观三个方面审视俞琰的易学思想，可以此管窥元代易学发展及其与佛道文化融会的倾向。

一、“有画斯有象”的易象观

象是表意的一个主要途径和工具，这一点是作为中国传统思维方式之一的意象思维方式所注重的。《周易》就是一部运用意象思维方式的著作。就《周易》而言，象指易象，易象是来表达易理的。易象作为宇宙万物之理的呈现，不是直接去描述万物的具体特征，而是予以象征、符示的意义。最简单的阴阳奇偶之象就是对天地阴阳的一种符示和表征。基于阴阳奇偶之象的八卦之象和六十四卦之象，不过是对阴阳奇偶之象的复杂化，用以表征宇宙万物发展的各种情势。作为圣人之意表达的易理就存在于易象之中。有鉴于此，学《易》者就需要通过易象这一途径去体证圣人之意。

俞琰对此有着深刻的体认，他指出：

> 尚占而宗邵康节者，则以义理为虚文；尚辞而宗程伊川者，则以象数为末技，而邵程之学分为两家，羲画周经亦为两途，遂使学者莫之适从，逮夫紫阳朱子《本义》之作，发邵、程之

① 林忠军对于俞琰象数易学思想有系统深刻的剖析。参见林忠军《象数易学发展史》第二卷，齐鲁书社 1998 年版，第 396~424 页。

② 关于俞琰对于道教内丹学的贡献，参见章伟文《试论俞琰道教易学的内丹修炼学》，载《中国道教》2000 年第 4 期。

未发，辞必本于画，理不外于象，圣人之本旨于是乎大明焉。①

在俞琰看来，宋代易学中，象数之学与义理之学的分歧越来越多，反而使象与辞截然相分，学者无所适从。只有到了朱熹作《周易本义》，发明《易》之本义，才使得圣人之本旨不被遮蔽而暗昧。

俞琰认为朱熹在《周易本义》中贯彻了一个“辞必本于画，理不外于象”的易学诠释学原则。所谓“辞必本于画”，是说我们理解的易象应该本于《周易》经传，即卦爻画、卦爻辞和《说卦传》并不是脱离经传自身而随意引申。所谓“理不外于象”，是说对易理诠释不能离开易象而随意引申、附会。俞琰赞同朱熹这一诠释原则，认为舍画而玩辞，舍象而穷理，恰恰远离了《易》之本义，无法明晓圣人之本旨。

根据“辞必本于画，理不外于象”的诠释原则，俞琰辨析了画、象、辞、理(道)四者的关系。他提出：

盖卦之既设，斯有象之可观，既有象，斯有彖辞爻辞而吉凶始明。②

夫《易》始作于伏羲，仅有六十四卦之画而未有辞；文王作上下经，乃始有辞；孔子作十翼，其辞乃备。当知辞本于象，象本于画，有画斯有象，有象斯有辞。《易》之理尽在于画，讵可舍六画之象而专论辞之理哉？舍画而玩辞，舍象而穷理，辞虽明，理虽通，非《易》也。③

---

① 〔元〕俞琰：《周易集说·自序》，见《文渊阁四库全书》第21册，台湾商务印书馆1986年版，第2~3页。

② 〔元〕俞琰：《读易举要》卷三，见《文渊阁四库全书》第21册，台湾商务印书馆1986年版，第442页。

③ 〔元〕俞琰：《周易集说·自序》，见《文渊阁四库全书》第21册，台湾商务印书馆1986年版，第2页。

在俞琰看来，《周易》经由伏羲画卦、重卦，文王作卦爻辞、孔子作《易传》才最终成书。在这个过程中，卦画起到了奠基作用。文王的卦爻辞和孔子的《易传》都本于伏羲的卦画。因此，俞琰提出，易象以卦画为本，有卦画就形成了易象，有了易象，才有了卦爻辞。既然如此，诠释《周易》经传，就不能舍弃卦画而只论卦爻辞，更不能舍弃易象而只论卦爻辞之理。若脱离卦画、卦象来玩味卦爻辞以求穷《易》之理，即使卦爻辞解释得很明白，所说的道理也通达，但是已经不是原来意义上的《易》之理了。所以，要阐释易理，应以易象为根本。要弄清楚易象，就要以卦画为根本。

俞琰继承了《系辞下传》"易者，象也，象也者，像也"的说法，提出：

> 易有画乃有象，如乾象天，坤象地，巽下坎上而为井，巽下离上而为鼎之类皆是也。①

既然卦画是易象的根本，俞琰首先重视了对卦画之象的辨析。他说：

> 易有一画之象，三画之象，六画之象，皆象也。如奇画象阳，偶画象阴，此一画②之象也。如天地雷风水火山泽，此三画之象也。如井鼎之类，此六画之象也。③

一画之象，指的就是阴爻和阳爻之象，主要就乾坤之象而言。阳

---

① 〔元〕俞琰：《周易集说》卷三三，见《文渊阁四库全书》第21册，台湾商务印书馆1986年版，第325页。

② "画"，原误作"卦"，今据文义改。

③ 〔元〕俞琰：《读易举要》卷一，见《文渊阁四库全书》第21册，台湾商务印书馆1986年版，第399页。

爻象阳,故有乾之象;阴爻象阴,故有坤之象。如革卦初九有“牛”象,指六二阴爻象坤而言。涣卦初六有“马”象,指九二阳爻象乾而言。而乾坤之象又不拘泥于这一画之象,三画之象和六画之象中皆有其象。三画之象,指作为三画卦的八卦之象,“《说卦》所列者是也”①。六画之象,指是作为六画卦的六十四卦卦象,“如下震上艮而为颐,颐中有物而为噬嗑,与夬井、鼎之类,合上下二体为之者是也”②。就卦画取象而言,俞琰所说的一画取象是比较独特的,有利于更好地理解易是基于《周易》经传本身的内容而来,并在此基础上有所发挥。

象贯通于《周易》全书。俞琰认为,要想更好地理解《周易》的象世界,应统合卦爻一起来看,“彖乃象之全体,爻乃象之分体”③,故而指出易象除了卦画之象,还有卦辞之象和爻辞之象,并对卦辞和爻辞的取象问题进行了详细的说明。

俞琰认为,六十四卦卦辞之间的取象是富有联系的。卦辞取象或取于前卦之象,或取于后卦之象,或取于其他卦之象。他说:

> 彖辞取象有取前卦为象者,如中孚肖离,有飞鸟之象,而小过云“飞鸟遗之音”是也。又如复前有剥,而以剥六爻并复初爻则七,而复云“七日来复”是也。有取后卦为象者,观属八月,而临云“八月有凶”是也。若以《彖传》观之,则又有别取他卦为象者,“颐中有物曰噬嗑”是也。④

---

① 〔元〕俞琰:《周易集说》卷三六,见《文渊阁四库全书》第 21 册,台湾商务印书馆 1986 年版,第 348 页。

② 〔元〕俞琰:《周易集说》卷三六,见《文渊阁四库全书》第 21 册,台湾商务印书馆 1986 年版,第 348 页。

③ 〔元〕俞琰:《读易举要》卷三,见《文渊阁四库全书》第 21 册,台湾商务印书馆 1986 年版,第 442 页。

④ 〔元〕俞琰:《读易举要》卷一,见《文渊阁四库全书》第 21 册,台湾商务印书馆 1986 年版,第 400 页。

这就是说，在小过卦之前中孚卦象内阴外阳，象离卦，而据《说卦传》离"为雉"，有飞鸟之象，故小过卦卦辞取为"飞鸟遗之音"。剥卦在复卦之前，经过剥卦的六爻至复卦的初爻为数字七，故复卦卦辞云"七日来复"。临卦卦辞"八月有凶"之"八月"，即取后卦观卦在十二消息卦中所值月份。俞琰的这一解释，既能为卦辞的解释提供不同的理路和方法，又证明了六十四卦卦辞之间存在的有机关系。

俞琰指出，爻辞取象有八种之多，①进一步揭示了象与辞、爻与爻之间的关系。其一，相同的象出现在两个不同的爻中。如履卦六三爻和九四爻有相同的"履虎尾"之象，姤卦九二爻和九四爻都有"鱼"之象。其二，同一爻中出现两个不同的象。如坤初六爻有"履霜""坚冰"二象，剥卦上九有"君子得舆""小人剥庐"二象。其三，同一卦中不同的爻取不同的象。颐卦初九爻取"龟"象，六四爻指初九爻为"虎"。姤卦初六爻取"豕"象，而九三九四又指为"鱼"象。其四，取一卦之中主爻之象。噬嗑卦二三五爻所说之"噬"象，是指九四爻。豫卦初六爻"鸣豫"之象、六三爻"盱豫"之象指九四爻。其五，取应爻之象。如屯卦六二六四的"婚媾"之象，因二爻与五爻、初爻与四爻应而得。其六，一卦之中爻位相近者可直接取象。如明夷卦六二爻"用拯马壮"，指九三爻；涣卦初六爻"用拯马壮"，指九二爻；遁卦革卦初爻皆言"用黄牛之革"，指六二爻。其七，取互体之象。如离有"龟"象，损卦益卦之"龟"象是爻画互体出离卦而得。大壮卦九三爻称"羊"是由互体得兑而来。其八，爻画相似者可取相同之象。如大壮卦上六爻称"羊"是由于象兑卦而得。俞琰关于爻辞取象的理论更多地注重分析象与辞的对应关

① 参见〔元〕俞琰《读易举要》卷一，见《文渊阁四库全书》第21册，台湾商务印书馆1986年版，第400页。

系，根据爻位之间的关系和爻体的相似性来取象。

既然《易》中有如此多的易象，那么如何来解释呢？这就涉及解《易》方法和体例的问题。俞琰继承了朱熹关于易象的一些思想，着重论述了卦体和爻象，且选择了自汉至宋的一些取象体例，将其作为"《易》中杂例"进行论述。

就卦体①而言，俞琰认为卦体不仅仅指六画卦的上下内外卦体，还包括对体、覆体、互体、伏体、积体等诸多类别。他说："卦体不特是内外上下二体，如对体、覆体、互体、伏体、积体皆是也。"②

对体即反体，指的是两个卦画阴阳属性完全相反的卦体。覆体即卦体翻转。在俞琰看来，反体覆体本于先天图卦位的相对，六十四卦反者八卦，覆者五十六卦。《周易》上下经卦数不等，若将一对覆卦视为一卦，则上经十八卦，下经亦十八卦，八卦则为六卦。他又说："先儒谓乾坤坎离是反，震巽艮兑是对，以先天图观之，其实皆对体也。岂独以震巽艮兑为对哉？"③根据先天图来看，八卦是两两相对的。俞琰关于反体和覆体的说法汉儒已经提出过，他在这里只是强调卦体的变化实际是以邵雍的先天图为根据。

互体指的是六画卦中上下两卦交互而得出的卦。俞琰提出的是三画互体和六画互体。一个六画卦中三爻互体可以互出两个卦，一个六画卦中四爻互体可以互出三个卦，五爻互体可以互出两个卦，即"六画五互"。俞琰所说的"互体"即汉儒的

---

① 俞琰对于卦体说的主导思想实是继承朱熹关于卦体的研究而来。朱熹谈易象，对卦体亦有分析，《朱子语类》中有多处记载。参见〔宋〕黎靖德编，王星贤点校《朱子语类》，中华书局 1986 年版。而俞琰对卦体的分析比朱熹更为系统、有条理。

② 〔元〕俞琰：《读易举要》卷二，见《文渊阁四库全书》第 21 册，台湾商务印书馆 1986 年版，第 414~415 页。

③ 〔元〕俞琰：《读易举要》卷二，见《文渊阁四库全书》第 21 册，台湾商务印书馆 1986 年版，第 418 页。

互体说，在汉代，互体已经有了三画互体、四画连互、五画连互三种体例。

伏体指的是两个卦画阴阳属性相反的卦互相涵摄，俞琰的伏体说即指西汉京房的飞伏说。伏体说体例以见者为飞，不见者为伏。如卦中见一阳爻，则此一阳爻下伏一阴爻，进而贯穿全卦，六爻皆有伏爻，一卦体皆有伏体。以同人卦为例。同人卦上乾下离，乾卦三阳变为阴，即坤卦；离卦三爻阴阳全变，即坎卦。同人上乾伏坤，下离伏坎，上坤下坎即师卦，故可以说同人卦伏师卦，而同人卦主为九五爻，所以九五爻辞取"大师"之象。①

积体指的是一个六画卦卦体是由一个三画卦卦画积累而成的。俞琰说：

> 积体如剥、复、夬、姤、遁、大壮、临、观、颐、大过、中孚、小过是也。中孚、颐皆肖离，此离之积也。小过、大过皆肖坎，此坎之积也。朱子曰：中孚、小过是双夹底离、坎，颐、大过是厚画底离、坎。临肖震，遁肖巽，观肖艮，大壮肖兑，是震、巽、艮、兑之积而厚画者也。项平庵曰：临、观、剥、复，震、艮之象也；遁、大壮、夬、姤，巽、兑之象也。②

他列举了剥、复、夬、姤、遁、大壮、临、观、颐、大过、中孚、小过十二卦。如中孚卦上巽下兑，颐卦上艮下震，卦象为外阳中阴，象离卦，所以中孚卦、颐卦可以视为三画卦离的爻画之积。同样地，小过卦、大过卦可以视为三画卦坎的爻画之积。临、观、剥、复、遁、

① 〔元〕俞琰：《读易举要》卷二，见《文渊阁四库全书》第21册，台湾商务印书馆1986年版，第418页。

② 〔元〕俞琰：《读易举要》卷二，见《文渊阁四库全书》第21册，台湾商务印书馆1986年版，第418页。

大壮、夬、姤八卦是同样的道理。俞琰的伏体说综合了朱熹和项安世的说法而来。

就爻象而言,俞琰关注的主要有两个方面:一是一卦之中的主爻问题,二是爻位的乘承比应关系。

关于确立何爻为卦主,俞琰就三画卦和六画卦分别加以论述。三画卦乾坤坎离为四正卦,卦主是中爻。其他四爻按照《系辞下传》"阳卦多阴,阴卦多阳"的原则,以代表卦之阴阳属性的那个爻为主爻,如震卦一阳二阴,主爻就是初爻之阳爻,巽一阴二阳,主爻就是初爻之阴爻,同样地,艮兑的主爻就是三爻之阴爻。就六画卦卦主而言,俞琰作《八卦主爻图》,以爻位之尊卑、居中得正与否来说明。乾坤二卦卦主的选定是根据爻位的尊卑,其他六子卦则根据爻位居中得正与否来判定。阳爻居阳位,阴爻居阴位,为得正,若爻居中又得正,为中正。以震卦为例,若以三画卦取卦主之体例来看,震卦的初九和九四都是符合标准的,但在六画卦里,震初九乃阳爻居阳位,为得正。九四是阳爻居阴位,为不正,所以六画卦震卦的卦主就是初九爻。俞琰作《十二卦主爻图》,用少为贵的原则来判定十二消息卦的主爻。此外,俞琰还将卦主分为"一卦定位之主"和"一时得权之主"。以蒙卦为例,蒙卦上艮下坎,上艮主爻为上九,下坎主爻为九二,那么上九、九二即"一时得权之主"。而蒙卦的六五爻上承上九,下应九二,才是"一卦定位之主"。俞琰的卦主说在继承前人成果的基础上,进行归纳概括,使卦主理论变得更为完善,并对后世产生了较大影响。①

① 林忠军说:"卦主说自汉京房提出,经魏王弼阐发,再至俞琰解说,形成了比较完整的理论体系……元人吴澄、清人李光地等人言卦主,与俞氏倡导卦主是分不开的。"参见林忠军《象数易学发展史》第二卷,齐鲁书社 1998 年版,第 404 页。

就爻位之间的乘承比应关系，俞琰也作了诠释。《周易》有个基本原则就是阳尊阴卑，所以阴承阳，阳乘阴则吉，反之，阳承阴，阴乘阳则悖。俞琰认为，六十四卦除了乾坤两卦，其他六十二卦爻与爻之间都有乘承比应关系。他说："《易》六十四卦惟乾坤二卦纯刚纯柔，无所谓上下之乘承，亦无所谓内外之配应。其余六十二卦则皆刚柔错杂，乃有乘承配应。既有乘承配应，则其说千变万化而无穷矣。"①因爻之阴阳、爻之上下位置的不同，所以才存在爻与爻之间的乘承比应关系。

以上是俞琰易象观的主体内容。对于汉宋诸儒所倡导的取象体例，俞琰进行了有选择的汲取并加以论述与运用，相应地，他还对一些体例进行了批判，主要表现在以下三方面：其一，俞琰批判了卦变说。卦变说"乃是探讨卦之所自来的一种学说。这一学说，最早诱发自卦之变促成一卦变为另一卦这一现象"②。从汉到宋，解《易》者多用卦变说，并创造出越来越复杂的卦变理论。俞琰认为，卦变说用来占卜可以，若用来注解《周易》经传，就会偏离《周易》的原初意义。俞琰认为卦变说最初是用来解说《彖传》"上""下""往""来"之义的，完全可以用他的卦象取象方法来取代，反而简洁干净。他指出《彖传》所言的"上""下""往""来"与卦变没有关系，说的是相邻两卦之间的关系，所以可从两卦取义或两爻相应来解释。两卦对取其义，不拘泥于卦序先后。两卦相比取义，或后卦取前卦，或前卦取后卦，"前后旁通，惟变所适，盖不拘也"③。

① 〔元〕俞琰：《周易集说》卷一四，见《文渊阁四库全书》第21册，台湾商务印书馆1986年版，第139页。

② 王新春：《也论虞氏易学的卦变说》，见《象数易学研究》第三辑，巴蜀书社2003年版，第116页。

③ 〔元〕俞琰：《读易举要》卷一，见《文渊阁四库全书》第21册，台湾商务印书馆1986年版，第411页。

其二,俞琰批判了卦气说。俞琰认为除了十二消息卦与《易》有关,其他皆不通,故不能用来注经。“卦气图惟十二辟卦与《易》同,其余则否。”①其三,俞琰批判了纳甲说。在俞琰看来,纳甲法不是来自《周易》经文,“纳甲之法惟术家用之,于《易》无预焉”②。所以,在注解《周易》经传时,俞琰摒弃了纳甲法,但又将其用于道教内丹学理论的建构上。

可见,俞琰易象观始终把握一个基本原则,即以《周易》经传为本,以经传本身的易象为主,慎重择取自汉至宋的象学体例,为其注解《周易》经传服务。所以我们看到,俞琰的易象观思想内容条理清晰,形式简单,便于理解。

易学的旨归是通过对象、辞的分析,开示、彰显圣人之意、之理,当然,俞琰的易象观并不单单为谈象而言象,他还重视对象所蕴含的易理的开示。以其对谦卦爻辞的解释为例,俞琰认为,就谦卦而言,初爻以六居初,不当位,德柔而位卑,所以应当持守谦德,“用此谦谦之道而行,则临大事,涉大险,何所往而不济”③。六二柔顺,阴爻居阴位,居中守正,谦而贞,故吉。九三爻当位为主爻,六二与九三相邻,阴阳相得,故相应和曰鸣。九三爻居下卦之上,阳爻承六四阴爻,喻示以功下人,有功劳而自谦,君子持守终身的谦德就会有终身之吉。六四阴爻乘九三阳爻,以柔乘刚,其位置在九三功臣之上,应为不利。但因其发挥谦德,辞让九三对六四之承,所以示不敢当之意,故无不利。六五阴爻居阳位,“在下有恃险

① 〔元〕俞琰:《读易举要》卷三,见《文渊阁四库全书》第21册,台湾商务印书馆1986年版,第438页。

② 〔元〕俞琰:《读易举要》卷三,见《文渊阁四库全书》第21册,台湾商务印书馆1986年版,第440页。

③ 〔元〕俞琰:《周易集说》卷三,见《文渊阁四库全书》第21册,台湾商务印书馆1986年版,第23页。

负固而不服者，则不容以谦道待之”①，作为君王，此时不专尚谦柔，所以利于侵伐。九三以谦为倡，上六与九三爻位相应，所以为鸣谦。上六居六位之极，容易过谦而取侮，所以不宜继续处谦，应利于出兵讨伐邑国。可见，在解《易》体例的帮助下，卦爻象就被转化为现实社会人生中的种种场景，对人事进行详细研究，就可以阐发出君子处于群体之中为人处世之理。

不过，俞琰也反对深究象中内蕴之理。他指出：“象即像之谓，既谓之像，则不过其理近似而已。学者深求其义则过，过则必至于凿也。”②俞琰认为象是一种对于事物之理以象征、符示的方式，所以象与理之间是“近似”关系。学者若过多深究其中义理，就容易因过度诠释而导致穿凿附会的结果。

二、“一为太极数”的易数观

俞琰不仅建构了易象学，对于易数也有研究。数是中国古代数学中的概念，本意是用来计算的。《汉书·律历志》云：“数者，一、十、百、千、万也，所以算数事物，顺性命之理也。”③但数在中国古代思想史中具有特殊的内涵。就易学而言，数更多用来指筮法中的筮数，来说明象的变化的次序与节奏。《系辞上传》首次提出天地之数，即天一地二天三地四天五地六天七地八天九地十这十个自然数，一三五七九为天数，二四六八十为地数，又言大衍之数五十的推演过程，强调了数是易学的重要组成部分。深入探究数，就可以判定天地万物之象。所以，对于易数的研究也是易学研究

① 〔元〕俞琰：《周易集说》卷三，见《文渊阁四库全书》第21册，台湾商务印书馆1986年版，第23页。

② 〔元〕俞琰：《周易集说》卷三三，见《文渊阁四库全书》第21册，台湾商务印书馆1986年版，第325页。

③ 〔汉〕班固：《汉书》卷二一，中华书局2012年版，第890页。

的核心内容。汉儒之数有五行之数①、蓍数、九宫数。易数发展至元代,不仅数的观念和意义不断地传承与更新,数背后所蕴含的阴阳五行思想也获得了发展。俞琰的易数学主要探讨了两个问题:大衍之数与河图、洛书。

俞琰认为《周易》中的易数仅仅指的是天地之数及大衍之数。他说:“易数不过大衍之数五十,天地之数五十有五。即无所谓四十五数也,四十五数,九宫数也,乃后人推出以附会于易数尔。”②

依俞琰之意,河图、洛书之数与易数无关。为此,他对河图、洛书问题进行了一番辨析。

其一,《系辞上传》所云“河出图,洛出书,圣人则之”,并未明言河图、洛书之数。“伏羲之时,未有文字。如因河图、洛书之文而画卦,故曰‘河出图,洛出书,圣人则之’。盖非图书有天生之数,而圣人就取之也。”③《系辞上传》言圣人效法河、洛而画八卦,从而河图、洛书的象征意义被引入易学体系。但仅有其文,未见其实,河图、洛书之内容无人知晓,并不是说河图、洛书上面有天生的数字。

其二,根据文献记载,河图、洛书是玉石。“案《书·顾命》云:‘天球、河图在东序。’天球,玉也。河图而与天球并列,则河图亦玉也,玉之有文者尔。昆仑产玉,河源出昆仑,故河亦有玉。洛水至

① 五行之数来自五行序数,《尚书·洪范》云:“一曰水,二曰火,三曰木,四曰金,五曰土。”这里的一、二、三、四、五本来是表示五行的顺序的,后来被确立为五行数。

② 〔元〕俞琰:《读易举要》卷三,见《文渊阁四库全书》第21册,台湾商务印书馆1986年版,第429页。

③ 〔元〕俞琰:《周易集说》卷三一,见《文渊阁四库全书》第21册,台湾商务印书馆1986年版,第310页。

今有白石，洛书盖白石而有文者也。”[1]《尚书》说的是周康王即位时，在礼堂东西两侧陈列宝物，河图是“玉之有文者”，而非易学意义上的“河图”；洛书是“白石而有文者”，亦非易学中的“洛书”。

其三，《周易》经传言数的时候并没有谈到河图、洛书之数。“《易》之数不过天一至地十，五十五数而已，未尝名之曰河图，亦未尝名之曰洛书。”[2]“夫五十五数，易数也，《易》固有之也，《易》安有所谓四十五数哉！”[3]“河图自《易》言之，吾又于《顾命》见之矣，不过曰‘天球河图在东序’；又于《论语》见之矣，不过曰‘河不出图，吾已矣夫’；又于《礼运》见之矣，不过曰‘河出马图’。未尝有所谓五十数，亦未尝有所谓四十五数。”[4]“洛书自《易》之外，他经无所见也。……夫九宫数，术家用之，非易数也。”[5]

显然，在河图、洛书与《易》的关系判定上，俞琰与朱熹有很大不同。朱熹推崇先天象数学，并用河图、洛书、伏羲先天图来诠释《易》之根源，故于《周易本义》卷首列九图，《易学启蒙》为书四篇，首陈《本图书》《原卦画》。可以说，朱熹的图书之学是其象数思想的理论基础。不过，朱熹对于河图、洛书的研究，重在义理的阐发。俞琰注重文献依据，反对将九宫数与天地之数称为洛书河图：“四十五数，九宫数也，乃后人推出以附会于易

---

① 〔元〕俞琰：《周易集说》卷三一，见《文渊阁四库全书》第 21 册，台湾商务印书馆 1986 年版，第 310 页。

② 〔元〕俞琰：《读易举要》卷三，见《文渊阁四库全书》第 21 册，台湾商务印书馆 1986 年版，第 432 页。

③ 〔元〕俞琰：《周易集说》卷三一，见《文渊阁四库全书》第 21 册，台湾商务印书馆 1986 年版，第 310 页。

④ 〔元〕俞琰：《读易举要》卷三，见《文渊阁四库全书》第 21 册，台湾商务印书馆 1986 年版，第 433 页。

⑤ 〔元〕俞琰：《读易举要》卷三，见《文渊阁四库全书》第 21 册，台湾商务印书馆 1986 年版，第 433 页。

数尔。”①《周易》经传没有明确说明河图、洛书之数,那么汉儒有关河图、洛书之数的说法就是主观臆说,非圣人之本意。“河图之数五十五,洛书之数四十五,圣人既不明言,则汉儒之说臆说耳!非圣人之本意也。”②不过,俞琰并没有强有力的证据说明作为玉石的河图、洛书上面的“文”是怎样的内容,河图、洛书之数又是怎么不合于“圣人之本意”的。

俞琰对于图书之学的质疑虽然没有足够的说服力,但是其处在宋元之际的易学图书之学发展的鼎盛时期,勇于发出不同的声音是难能可贵的,显示了其严谨求实的治学态度。

既然易数只有天地之数和大衍之数,那么天地之数与大衍之数是什么关系呢?

俞琰诠释了《系辞上传》所提出的天地之数说。他说:

> 阳数奇,故以一三五七九为天;阴数偶,故以二四六八十为地。天地者阴阳对待之定体,一至十则阴阳流行之次序。以五行言之,不过一二三四五,盖正数也。六七八九十乃其配耳。③
>
> 气有二,而行有五,二非五不能变化。④
>
> 一三五七九乃天之五行,二四六八十乃地之五材。一生

① 〔元〕俞琰:《读易举要》卷三,见《文渊阁四库全书》第21册,台湾商务印书馆1986年版,第429页。

② 〔元〕俞琰:《读易举要》卷三,见《文渊阁四库全书》第21册,台湾商务印书馆1986年版,第437页。

③ 〔元〕俞琰:《周易集说》卷三〇,见《文渊阁四库全书》第21册,台湾商务印书馆1986年版,第292页。

④ 〔元〕俞琰:《周易集说》卷三〇,见《文渊阁四库全书》第21册,台湾商务印书馆1986年版,第292页。

一成，一往一来，造化功用皆不出乎此。①

这就是说，天地之数阴阳相对，自一至十乃说明了阴阳流行的次序、节律。阴阳流行的这个次序、节律，揭示了阴阳二气的往来屈伸化育万物是通过五行的变化来完成的。接着，他又分析了五行之生数成数、天干地支之数，提出天地之数是大衍之数的根本，大衍之数来自天地之数。他说：

> 一二三四五六七八九十凡五十有五，天地之全数也。五六，天地之中数也，五居天中为生数之主，六居地中为成数之主。……干数十，倍五而为十也；支数十二，倍六而为十二也。以五十有五去其五，余得五十，是为大衍之数，以五十有五去其六，余得四十有九，是为揲蓍之数。②

这就是说，天地之全数是五十五，而以五六为中数，天干数是五的倍数，地支数是六的倍数，五十五去掉五就是大衍之数五十，去掉六就是蓍数用的四十九。

在此基础上，俞琰对"大衍之数五十"的形成作了说明。关于大衍之数五十，历来众说纷纭，汉儒、宋儒的解释不下十种。俞琰用太极到八卦的生成来说明大衍之数五十是怎么来的，比较独特。此一种思路借鉴了郑武子、黎时中的观点。他说：

> 愚向见郑武子揲蓍古法云：天地之数五十有五，而大衍不

① 〔元〕俞琰：《周易集说》卷三〇，见《文渊阁四库全书》第21册，台湾商务印书馆1986年版，第293页。

② 〔元〕俞琰：《读易举要》卷三，见《文渊阁四库全书》第21册，台湾商务印书馆1986年版，第429~430页。

尽天地之数,何也?盖太极生两仪,两仪生四象,四象生八卦,数所衍者不及五也。近得临江黎时中之说云:大衍之数五十者,太极一,两仪三,四象十,八卦三十六,共五十也。太极一也,太极生两仪,一衍而三也;两仪生四象,两衍而十也;四象生八卦,四衍而三十六也。一为太极之数,盖先天之本体而妙用所由起,四十九为两仪四象八卦之数。①

即以1为太极之数,由1而生两仪、四象、八卦之数。

俞琰详细描绘了大衍之数具体的推演过程,他说:

愚谓推演者,自太极生两仪,则阳一阴二,衍而为三,两仪生四象,则太阳一,少阴二,少阳三,太阴②四,衍而为十。四象生八卦,则乾一、兑二、离三、震四、巽五、坎六、艮七、坤八,衍而为三十六。通太极之一,两仪之三,四象之十,八卦之三十六,则其数五十。今曰"大衍之数五十",其殆是乎。③

即太极之数1,太极生两仪是1+2=3,两仪生四象是1+2+3+4=10,四象生八卦是1+2+3+4+5+6+7+8=36。以太极数、两仪数、四象数和八卦数相加总和为1+3+10+36=50。

由太极之数生成阴阳四象八卦之数,这是俞琰所解读的大衍之数的生成顺序,即太极之数是大衍之数形成的先天理据。俞琰

---

① 〔元〕俞琰:《读易举要》卷三,见《文渊阁四库全书》第21册,台湾商务印书馆1986年版,第429页。

② "阴",原误作"阳",今据文义改。

③ 〔元〕俞琰:《周易集说》卷三〇,见《文渊阁四库全书》第21册,台湾商务印书馆1986年版,第293页。

把1作为太极之数，既然太极被解释成先天之本体，能够发挥生化万物不已的妙用，那么这个本来在揲蓍过程中取出不用的一，被诠释为天地生化万物形上根据的太极。1、3、10、36这个大衍之数50的演化过程，也象征、符示着太极这一先天本体、形上根据生化万物的妙用。

可见，俞琰把太极之数提升至对天地生化万物的先天本体、形上根据以及这一本体、根据不断生化万物之妙用的符示、象征。

三、“丹即身中易”的易理观

俞琰在诠释《周易》经传文本的同时，还重视对东汉魏伯阳《周易参同契》义理的发挥。他的易学诠释具有服务于道教内丹学的倾向。他认为道教内丹学与易学在义理上相通无碍，主张将易道用于指导内丹修炼，不仅为道教内丹学奠定了理论基础，还将易象、易数、易图运用于内丹修炼理论的建构。

（一）道即天地之道——易丹会通的基础

如上所论，俞琰反对舍象穷理，那么如何借助易道和易象来为修炼内丹提供指导呢？这就必须要找到易丹会通的桥梁。俞琰认为易道就是天地之道，丹道亦是天地之道，二者是相通的。《系辞上传》讲“《易》与天地准”，在俞琰看来，《易》就是对天道自然的效法。既然易道就是天地之道，《易》与天地彼此相似，天地有阴阳，《易》也分阴阳。圣人观天地之自然而作《易》，所以易象实与天地之象相似而不违背。他说：

> 《易》似天地，天地似《易》，彼此①相似也。盖天地一阴阳

① “此”，原误作“比”，今据文义改。

也，易亦一阴阳也，若幽明，若死生，若鬼神，莫非阴阳也。①

法象莫大乎天地，而《易》之法象与天地同。变通莫大乎四时，而《易》之变通与四时同。悬象著明，莫大乎日月，而《易》之悬象著明，与日月同。②

俞琰认为八卦是圣人之心的体现，圣人效法天地作易象，故而易象与天地同。这为易象找到了天道基础，易象也成为呈现天道自然的一种方式。作为最大易象的天地之象，可以形容至上至大的道，那么天地之道也就成了易象所蕴含的最大易道。俞琰把法象天地当作最大易象。他指出：

天地之道即易之道，易之道即天地之道，天地如此，《易》亦如此，故曰《易》与天地准。惟其与天地准，故能赞天地之化育而弥纶其道。③

与"《易》与天地准"一样，在俞琰看来，作为修炼内丹者的身体也与天地相似，所以丹道也是天地之道。俞琰认为："修丹者诚能法天象地，反而求之吾身，则身中自有一壶天。"④于是天地之道就成为实现易道与丹道会通的根据、基础。俞琰指出：

---

① 〔元〕俞琰：《周易集说》卷二八，见《文渊阁四库全书》第 21 册，台湾商务印书馆 1986 年版，第 281 页。

② 〔元〕俞琰：《周易集说》卷三一，见《文渊阁四库全书》第 21 册，台湾商务印书馆 1986 年版，第 308 页。

③ 〔元〕俞琰：《周易集说》卷二八，见《文渊阁四库全书》第 21 册，台湾商务印书馆 1986 年版，第 279 页。

④ 〔元〕俞琰：《周易参同契发挥》卷下，见《文渊阁四库全书》第 1058 册，台湾商务印书馆 1986 年版，第 717 页。

道者万物之本，犹木之根株也，发而为枝茎，于是有三圣之《易》，散而为华叶，于是有炉火之术。①

《易》与内丹修炼都本于天地之道。魏伯阳的《周易参同契》就是一部体现这种把天地之道作为易丹会通基础、根据的著作，“盖《易》与天地相似，人身亦与天地相似，是故魏伯阳假《易》以作《参同契》”②。《易》与天地准，故体《易》可以知晓天地之道；而人身与天地相似，故体天地之道，可通晓人身之道。他认为《周易参同契》援易入丹，明言天地之道，实言人身之道。

既然如此，如何借助天地之道实现易道与丹道的会通？

首先，从“日月为易”思想出发，强调内日月和外日月的区分。俞琰说：

易者，象也，即上文所谓日月为易是也。夫魏公之为是说也，将以指陈身中之阴阳。而身中之阴阳则无形可求，百姓日用而不知，苟非假象托物，将何以发明而使人穷其神知其化哉？于是仰观俯察乎天地之间，惟有日月之象显然著明，故以其显然著明者示人，使之洞见天地之阴阳而默识乎神化之妙，则吾身之日用不知者自可以不言而喻也，盖日月往来乎黄道之上，一出一入，迭为上下，互为卷舒，昼夜循环，犹如车轮之运转无有穷已，人能反身而思之，触类而长之，则吾一身之中自有日月，与天地亦无异矣。③

① 〔元〕俞琰：《周易参同契发挥》卷下，见《文渊阁四库全书》第1058册，台湾商务印书馆1986年版，第729页。

② 〔元〕俞琰：《易外别传》，见《文渊阁四库全书》第1061册，台湾商务印书馆1986年版，第592页。

③ 〔元〕俞琰：《周易参同契发挥》卷上，见《文渊阁四库全书》第1058册，台湾商务印书馆1986年版，第633页。

在俞琰看来,“丹法有内日月,有外日月”①。外日月是天地之象,天地之间日月之象最为显明,日往月来,运转无穷,人们可由日月之象洞见天地阴阳的变化。人反身而求,可知人身之中亦有日月。这个彰显“身中之阴阳”变化的内日月,与天地日月无异,所以一方面“假象托物”,通过易象的运用就可以洞见天地阴阳的变化,另一方面如果人反身而求,就可以领悟到自身阴阳的运行规律,从而使人能知晓身体的神妙变化。

其次,易道揭示了天、地、人三才之理,返观人自身,首、腹、心地位如同三才,气流转于其间,犹如天地之气的流转,与《易》之所说天、地、人三才之道有相似之理。俞琰说:

> 人之一身,首乾腹坤,而心居其中,其位犹三才也。气统于肾,形统于首,一上一下,本不相交,所以使之交者,神也,神运乎中,则上下浑融,与天地同流,此非三才之道欤?②

就天地而言,人居其中,与天地并立为三。就人身而言,乾首坤腹,心居其间,与首、腹并立为三。之所以能与天地并立为三,不在于人居天地之中的位置,而在于他为天地心,具有辅相天地、参赞化育的功能。同理,心之所以为三才,也不在于位置,在于它的功能。在天地间,充盈的是气。这个气生生不息,变化无穷,神妙莫测。俞琰认为气贯通于人身之中使心肾相交,这种心肾相交,其背后犹如有个变化无穷、神妙莫测的“神”在支撑。这个“神”就是身体之中三才之道。故而,人就有修炼得长生的可能。

---

① 〔元〕俞琰:《周易参同契发挥》卷中,见《文渊阁四库全书》第 1058 册,台湾商务印书馆 1986 年版,第 668 页。

② 〔元〕俞琰:《易外别传》,见《文渊阁四库全书》第 1061 册,台湾商务印书馆 1986 年版,第 586 页。

再次,易道揭示了天地阴阳之气的动静变化之理,炼丹之法讲的动静变化之理,也可以理解成易道的体现。他说:

> 丹法静极而动,动极而静,一动一静,互为其根,亦出于自然。如日月运行,一寒一暑,暑往则寒来,寒往则暑来,无非自然也。夫金丹者,身中之易也。《易》穷则变,变则通,盛衰相禅,消息相因,盖未有穷而不变、变而不通者也。①

在俞琰看来,丹法中所讲的动静变化之理如同日月运行、四时更迭一般,出于自然。日月运行、四时更迭体现了天道生生不已、不断变通。这种生生不已、不断变通之道即易道。据此,俞琰提出金丹是身中之易,认为修炼金丹所讲究的动静变化之理,也是一种生生不已、不断变通之理。

(二)身即先天之图——易丹会通的纲领

既然金丹为“身中之易”,那么如何理解内丹学的思想纲领?就易学研究来讲,朱熹用先天图来诠释《易》的形上理据,认为先天学就是易学纲领。就丹道研究来讲,在确立了内丹学的天道基础的同时,俞琰用先天图来诠释内丹学的思想纲领。

如前所论,《易》与天地相似,法象莫大于天地之象。这个天地之象实际就是朱熹所说的“天地自然之易”,即朱熹所说的“画前有易”。朱熹说:“伏羲画卦皆是自然,不曾用些子心思智虑,只是借伏羲手画出尔。”②“看《易》,须是看他卦爻未画以前是怎模样,却

① 〔元〕俞琰:《周易参同契发挥》卷中,见《文渊阁四库全书》第 1058 册,台湾商务印书馆 1986 年版,第 687 页。

② 〔宋〕黎靖德编,王星贤点校:《朱子语类》卷六五,中华书局 1986 年版,第 1612 页。

就这上见得他许多卦爻象数,是自然如此,不是杜撰。”①“画前有易”,是说在伏羲画卦之前易理就已经存在。这是《周易》成书的先天根据。在朱熹看来,只有明白了这一根据,才能把握伏羲画卦的根本,抓住易学的纲领。

俞琰认同朱熹将伏羲先天图作为体认易学成立先天根据的纲领理路,援易入丹,把这个易学的纲领作为道教内丹学的纲领,以之解释和指导丹道的修炼。他引用邵雍的先天图来对《周易参同契》进行发挥,指出《周易参同契》一书是借《易》明人生丹道之术,与邵雍的先天图关系密切,其所用的基础理论不出先天一图。他说:

> 《易外别传》者,先天图环中之秘,汉儒魏伯阳《参同契》之学也。人生天地间,首乾腹坤,呼日吸月,与天地同一阴阳。《易》以道阴阳,故伯阳借《易》以明其说。大要不出先天一图,是虽易道之绪余,然亦君子养生之切务。②

将先天图引入道教易,以阐述炼丹理论,是俞琰对内丹学的一大贡献。如何理解这个先天图?他认为,先天图环中之秘就是魏伯阳《周易参同契》之学的关键。萧汉明指出:“所谓‘先天图环中之秘’,说的不过是打开内丹修炼奥秘之门的钥匙,因而对于俞氏内丹学研究来说,无疑具有方法论的意义。”③

---

① 〔宋〕黎靖德编,王星贤点校:《朱子语类》卷六七,中华书局 1986 年版,第 1660 页。

② 〔元〕俞琰:《易外别传·自序》,见《文渊阁四库全书》第 1061 册,台湾商务印书馆 1986 年版,第 578~579 页。

③ 萧汉明、郭东升:《〈周易参同契〉研究》,上海文化出版社 2001 年版,第 219~220 页。

为了开显这个环中之谜，俞琰首先从太极的角度进行了诠释。他说："环中者，六十四卦环于其外而太极居其中也。"①俞琰以《易》的太极之道作为道教内丹修炼学的理论根据，这为内丹学的建构提供了形而上的本体支撑。在俞琰看来，太极是万物化生的动力源泉。而就人身来讲，心即太极。

他将先天图与人身二者相比较而论，认为环中在《易》为太极，在人身为心。太极为天地未分之始，而人身亦有此太极。他说：

> 人之一身即先天图也。心居人身之中，犹太极在先天图之中。……在《易》为太极，在人为心。人知心为太极，则可以语道矣。②
>
> 大丹之道，所以与天地相参合者，何哉？皆在乎此心默为之运用也。古之修丹者，仰以观于天文，俯以察于地理，中以稽于人心。于是虚吾心，运吾神，回天关，转地轴，上应河汉之昭回，下应海潮之升降。③

俞琰所理解的心既指作为器官的心，又代表心的功能。心作为身中之易的"太极"，具有两大含义。一是主宰义，心是太极，主宰着人身的变化；二是感应义，人有心才能感而遂通天下之故。人仰观俯察天地自然之象若有所体悟，是因为依赖人心的思考与感应。因为心的作用，人才能上合天地之道，体会到阴阳二气的交

① 〔元〕俞琰：《易外别传》，见《文渊阁四库全书》第1061册，台湾商务印书馆1986年版，第581页。

② 〔元〕俞琰：《易外别传》，见《文渊阁四库全书》第1061册，台湾商务印书馆1986年版，第581页。

③ 〔元〕俞琰：《周易参同契发挥》卷上，见《文渊阁四库全书》第1058册，台湾商务印书馆1986年版，第641页。

感，万物化生，天道自然和谐，宇宙是永恒的宇宙，那么相应地，人与天地相参，通过“虚吾心，运吾神，回天关，转地轴”①的修炼，也可以修成长生久视之道。

既然人心可以体悟太极之道，那么，心是如何发用的呢？心如何来统摄身的修炼呢？为此，俞琰借用了邵雍“天根月窟”思想。邵雍先天图是用来符示宇宙天地阴阳二气消长盈虚的流转的，是言天道自然，俞琰以邵雍先天图为根据，作了《天根月窟图》（见图7.10），通过描绘宇宙阴阳二气消息盈虚情状，来说明心主宰下的人体内如何调神调息的修炼方法。

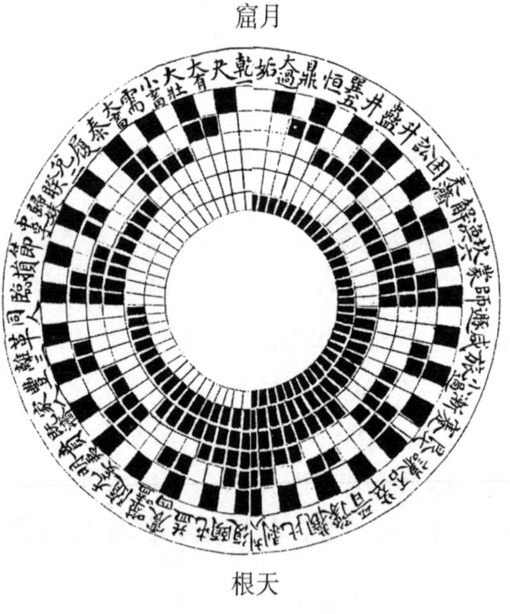

图 7.10　天根月窟图

① 〔元〕俞琰：《周易参同契发挥》卷上，见《文渊阁四库全书》第1058册，台湾商务印书馆1986年版，第641页。

此图以太极为中心，太极生阴阳，有阴阳则有动静，阳中含阴，故动中有静；阴中含阳，故静中有动，展现了太极阴阳的变动交通，从而形成此图外围之六十四卦，即六十四卦圆图。据该圆图，坤、复卦之间为天根，姤、乾卦之间为月窟。他说："月窟在上，天根在下。"①又说："图左自复至乾，阳之动也；图右自姤至坤，阴之静也。"②月窟天根是阴阳交接处，阴阳变化，寒暑交替，关键在于月窟天根。

就月窟与天根关系而言，则又以天根为主。俞琰提出："图之妙在乎终坤始复，循环无穷，其至妙则又在乎坤复之交，一动一静之间。"③认为妙者，在于周流循环，其至妙者，在于坤复之交这个关键点上，这个关键点就是天根。俞琰又以朱熹、袁枢的话来说明无极就是天根。他说："自姤至坤是阴含阳，自复至乾是阳分阴，坤复之间乃无极。……无中含有象，即是坤复之间无极而太极也。"④

先天图昭示了天道自然的阴阳变化，而人与天地同一，那么，相应地，先天图也涵摄了人周身的阴阳循环。如前所引，"人之一身即先天图也。心居人身中，犹太极在先天图中"。俞琰借用天根月窟说来说明丹道修炼中的人体气息流转。认为人体内天根和月窟，从静到动之间是天根，从动到静之间是月窟。"往来乎月窟天根之间者，心也"⑤，只要心神专一，则阴阳周流循环有序。就《周易》

① 〔元〕俞琰：《易外别传》，见《文渊阁四库全书》第1061册，台湾商务印书馆1986年版，第581页。

② 〔元〕俞琰：《易外别传》，见《文渊阁四库全书》第1061册，台湾商务印书馆1986年版，第582页。

③ 〔元〕俞琰：《易外别传·自序》，见《文渊阁四库全书》第1061册，台湾商务印书馆1986年版，第579页。

④ 〔元〕俞琰：《易外别传》，见《文渊阁四库全书》第1061册，台湾商务印书馆1986年版，第582页。

⑤ 〔元〕俞琰：《易外别传》，见《文渊阁四库全书》第1061册，台湾商务印书馆1986年版，第581页。

八卦而言，即“三十六宫都是春”①的状态；就身体气息而言，亦即“和气周流乎一身也”②。

可见，“先天图环中之秘”，秘在图中之太极，秘在环上坤复之交的天根。对于炼丹术而言，成败的关键在于如何实现心神专一，悟此者即把握了丹术入门的钥匙。

总之，俞琰一方面根据先天图阐发了《周易参同契》炼丹之理，强调环中之太极与环外六十四卦，揭示了在炼丹过程中调神的重要性和进火退符程序适时的意义；另一方面又从内丹学视域，开显了环中、天根月窟等思想新内涵。这种开显已经不同于邵雍先天图思想本义。

（三）乾坤为鼎，坎离为药——丹道修炼的易学借镜

既然金丹为“身中易”，我们的身又是“先天图”，那么如何借鉴易学资源来实现易道在炼丹过程中调神之妙和适时进火退符之功？俞琰指出：“天地虽大，造化虽妙，而其日月星辰之著明，五行、八卦之环列，皆为吾掇入于一身之中，或为吾之鼎炉，或为吾之药物，或为吾之火候，反身而观，三才皆备于我，盖未尝外吾身而求之他也。”③可见，不管是彰显日月星辰之“著明”的易象，还是开显五行、八卦之环列的易数，都可以入丹，成为指导内丹修炼的重要资粮。

首先，俞琰认为，易学提供了内丹修炼的象数基础。《周易参同契》用乾坤两卦象征、符示内丹修炼的鼎器，坎离两卦象征、符示内丹修炼的药物。俞琰借鉴《周易参同契》的理路，说道：

---

① 〔宋〕邵雍：《伊川击壤集》卷一六《观物吟（一）》，见〔宋〕邵雍著，郭彧、于天宝点校《邵雍全集》第 4 册，上海古籍出版社 2015 年版，第 315 页。

② 〔元〕俞琰：《易外别传》，见《文渊阁四库全书》第 1061 册，台湾商务印书馆 1986 年版，第 581 页。

③ 〔元〕俞琰：《周易参同契发挥》卷上，见《文渊阁四库全书》第 1058 册，台湾商务印书馆 1986 年版，第 641 页。

乾为天，坤为地，吾身之鼎器也；离为日，坎为月，吾身之药物也。①

这就是说，用乾、坤、坎、离卦象来比拟内丹的修炼，把人身当作炼丹的鼎炉，采撷身体内外日月为药物。俞琰说："乃若八月十五月明之夜，深山之兔结胎，沧海之蚌结珠，抑何为感化相通如此其妙哉！"②

其次，俞琰用易象、易图来说明丹道修炼中呼吸的方法，指出了人身之中心肾水火升降在丹术中的主宰意义。他说：

内炼之道，至简至易，唯欲降心火入于丹田耳。丹田在脐之后肾之前，正居腹中。丹家讳言心肾，谓心肾非坎离，盖指呼吸为坎离，殊不思呼吸乃坎离之用，心肾乃坎离之体。人之一身心为之主，故独居中，肾为之基，故独居下。丹家不言心肾而言身心，身即腹也，肾在其中矣。岂可舍肾哉？肾属水，心属火，火入水中，则水火交媾，如晦朔之间日月之合璧。③

内丹修炼之道在于将心火入肾水，水火相交。心肾为坎离之体，呼吸为坎离之用。所以要注重呼吸之法。俞琰认为通过修炼获得天地正气而长生的关键是因为有呼吸。他说：

---

① 〔元〕俞琰：《周易参同契发挥》卷上，见《文渊阁四库全书》第1058册，台湾商务印书馆1986年版，第631页。

② 〔元〕俞琰：《周易参同契发挥》卷中，见《文渊阁四库全书》第1058册，台湾商务印书馆1986年版，第692页。

③ 〔元〕俞琰：《易外别传》，见《文渊阁四库全书》第1061册，台湾商务印书馆1986年版，第593~594页。

人之所以能修炼而长生者，由其能盗天地之正气也；人之所以能盗天地之正气者，由其有呼吸也。①

阳升阴降，天地之呼吸也。天地呼吸于其内，是以长久。人能效天地呼吸于其内，亦可与天地同其长久。②

这就是说，天地呼吸有阳升阴降，人的呼吸同于天地之呼吸，那么人就可以效法这一升一降的呼吸。“内炼之道，以神气为本”③，那么一定要把握好气的升降运行。“盖吾一身之中自有日出日入之早晚，其火候动静一一暗合天度。”④“人受冲和之气生于天地间”⑤，心静则“自然一气周流于上下，开则气出，阖则气入。气出则如地气之上升，气入则如天气之下降”⑥，通过调息，吐故纳新，让身体得到修炼，变成纯阳之体。为了更好地揭示气之升降机理，俞琰依据邵雍的先天图，创作出许多易图，如《地承天气图》《月受日光图》《先天卦乾上坤下图》《后天卦离南坎北图》《乾坤坎离图》《天地日月图》《八七九六图》《木火金水图》《乾坤交变十二卦循环升降图》《坎离交变十二卦循环升降图》等，描述炼丹的要领。

---

① 〔元〕俞琰：《周易参同契发挥》卷下，见《文渊阁四库全书》第1058册，台湾商务印书馆1986年版，第713页。

② 〔元〕俞琰：《周易参同契发挥》卷上，见《文渊阁四库全书》第1058册，台湾商务印书馆1986年版，第653页。

③ 〔元〕俞琰：《易外别传》，见《文渊阁四库全书》第1061册，台湾商务印书馆1986年版，第593页。

④ 〔元〕俞琰：《周易参同契发挥》卷上，见《文渊阁四库全书》第1058册，台湾商务印书馆1986年版，第630页。

⑤ 〔元〕俞琰：《周易参同契发挥》卷上，见《文渊阁四库全书》第1058册，台湾商务印书馆1986年版，第630页。

⑥ 〔元〕俞琰：《周易参同契发挥》卷上，见《文渊阁四库全书》第1058册，台湾商务印书馆1986年版，第630页。

另外，俞琰将《周易参同契》纳甲法作了发挥，以天象、卦象来说丹法，进一步论述了纳甲取象在炼丹过程中火候把握的譬喻意义。俞琰说："今魏公谓'三日出为爽，震受庚西方''十六转受统，巽辛见平明'，盖指二八月昼夜均平之时，姑以取象而已，非真以月出庚之时进火、月亏辛之时退符也。学者但观丹体之盈亏，反而求之吾身，则身中一阳生即三日月生之震象也，二阳长即八日月弦之兑象也，三阳满即十五日月圆之乾象也；一阴生即十六日月亏之巽象也，二阴长即二十三日月弦之艮象也，三阴足即三十日月没之坤象也。"①对于炼丹来说，纳甲取象只是通过月象的变化来比拟人身之中阴阳消长盈虚的造化规律，掌握进火退符的一种形象表征。

俞琰也用易数来表征人身火候的调节。"四象即七八九六也，即上文所谓七八数十五，九六亦相当是也。以七八九六合之则为三十，应一月三十日之数，皆设象比喻也。"②易数是用来比拟内丹修炼的，那么，知晓了易数涵摄的象征之理，就不必执泥于象数。"若知七八九六即一月三十日之数，则其余泛引曲喻皆可默而识之矣，何必执文泥象哉？"③另外，相对于一个月的大时间而言，俞琰还特别强调一天十二时辰的选择也是重要的。人以天地的正气为药物，通过内日月火候之修养，而且坚持"功夫纯粹，而药材不至消耗，火候不至亏阙焉"④，须臾不可离开，最终必然能炼成金丹。

① 〔元〕俞琰：《周易参同契发挥》卷上，见《文渊阁四库全书》第 1058 册，台湾商务印书馆 1986 年版，第 638~639 页。

② 〔元〕俞琰：《周易参同契发挥》卷上，见《文渊阁四库全书》第 1058 册，台湾商务印书馆 1986 年版，第 640 页。

③ 〔元〕俞琰：《周易参同契发挥》卷上，见《文渊阁四库全书》第 1058 册，台湾商务印书馆 1986 年版，第 640 页。

④ 〔元〕俞琰：《周易参同契发挥》卷中，见《文渊阁四库全书》第 1058 册，台湾商务印书馆 1986 年版，第 696 页。

可见,俞琰在对《易》的诠释中具有丹道化的特色。他以邵雍的先天之学来诠释魏伯阳《周易参同契》,建构道教内丹修行理论。《周易参同契发挥》和《易外别传》就是易学与道教理论的巧妙结合。俞琰以邵雍先天易和《周易参同契》互证,引先天图说炼丹要旨,于是形成具有易学特色的道教内丹学理论。

综上所述,俞琰于易学发明象数学,并援易入道,借易道来推明内丹学,故俞琰易学具有"正传别传二重化"[①]的特征。他的易学思想不仅有功于易学,还推动了道教内丹学理论的发展,对后世道教易学的发展做出了一定的贡献。

① 詹石窗:《正传别传二重化——俞琰〈易〉说浅析》,载《福建师范大学学报(哲学社会科学版)》1988年第1期。

结 语

自《周易》经传成书，易学家对于经传的解读与研究构成了易学发展史的丰富内容。元代易学前承宋代易学之遗绪，下启明清易学，不仅对明代官方易学的形成颇有影响，还在从宋代易学到清代朴学发展过程中起到了承前启后的关键作用，是易学发展史上不可忽视的阶段。百年元代易学薪火相传，其成就虽不及宋代易学之辉煌，但是直接关系到中华学术慧命的传续。

元代易学内容繁多，易学著作丰富。为了更好地开显元代易学的思想格局，借鉴知识社会学的视野，各种易学思想的提出不仅仅是易学家个人的主观研究结晶，还有社会场域对其的制约。场域不同形成了不同的易学家共同体。首先，面对宋元易代、蒙古族入主的历史情势，有着积极促进与不愿合作的差异；其次，随着程朱理学被尊为国家意识形态，朱熹后学以及故里易学研究队伍被凸显，其对象数尤其图书易学研究的问题和方式得以发扬；再者，还有着奉持蒙古族和汉族、儒和道等不同文化的差异。根据这三方面，将元代易学家分为七种类型的共同体：

第一是元代理学家易学。许衡易学义理与象数兼综，对程朱易学皆有继承与发展。其易学开始于王弼易学，后又程颐易学，再又朱熹易学，体现出一种对义理易学与先天象数易学的综合创新。

刘因对象数易学尤其是对图书易学的推重，当对整个元代兴盛的图书象数之学有助推之功。不同于许衡的“私言”研究，吴澄“纂言”具有对程朱尤其是朱熹易学之正统尊崇的自觉，通过象数而入于义理。故于易象学用力颇深，取得较大成就。吴澄对于《周易》经传所作的义理诠释也是有目共睹，对于易学术数慧命的传承功不可没。吴澄弟子鲍恂继承了吴澄的易学，对朱熹易学作了提纲挈领的解说。

第二是元代隐士易学。面对宋元易代，蒙古族入主的境遇，注重气节的宋末读书人中有部分采取了与蒙古政权不合作的态度。特别是那些以“南人”为主的士人并不接受元朝统治的合法性地位。因此在易代之后，往往隐居山林或书院，避世读书，著述以传世，像王申子、丁易东、黄泽等。王氏易学汇通象数与义理，一方面推动了图书之学的发展，另一方面也丰富和完善了朱熹之学。丁易东以易象为核心，以易图为线索，既继承发扬了汉易，也吸收了宋代易图学的营养，从象数学的角度来解读《周易》经传，是元代易学家群体中比较有特色的。黄泽易学提倡立足于《周易》之本，因象以明理，于象数易学和义理易学皆有发挥，关注象学本原，是元代象数易学的代表性人物。

第三是元代朱子后学易学。与程朱理学被尊崇相应，程朱易学尤其是朱熹易学研究进路和思想被继承，形成了一种宗朱、述朱和翼朱易学研究思潮。其中，元代朱子后学的易学研究是这种思潮的发轫。对于朱熹《易学启蒙》《周易本义》的解读与诠释是核心内容。胡方平通过朱子及后学诸家之说，对《易学启蒙》中的象数易学进行了全面系统的解说。熊禾以阴阳进退之理以明卦画阴阳之进退、蓍策阴阳之进退、变占阴阳之进退。熊禾多年授徒讲学，对朱子易学的传播做了很大贡献。熊良辅旨在羽翼《周易本义》，有集合众说、保存散佚文献之功绩。

第四是明官方易学之先声。作为朱子后学的胡一桂、胡炳文、董真卿等人的易学在明代被收录进《周易大全》，成为官学。胡一桂易学思想基本避免了对朱子易学本来面目和思想精义的遮蔽和歪曲，主观上实现了他弘扬朱子易学的为学目标，不仅对明代官方易学形成有着重大影响，而且他在易学文献搜集和整理等方面所做的工作以及图书之学、易象说等方面的思想，也对清代易学发展产生了深远影响。胡炳文坚守朱熹易学，在儒家视野下诠释、理解《周易》，在注《周易》过程中折射而出的充满忧患精神的人文品格，呈现出身处易代之际的思想家独特的思想品格。董真卿是元代会通程朱易学的代表人物，由《周易会通》对明代官学《周易大全》编纂的影响可见其书本身之价值与意义。

第五是元代汉化少数民族易学。随着元灭南宋，中国再次实现了大一统。伴随大一统的进程，北方少数民族进一步加快了汉化的过程。北方少数民族大都重视占筮文化。也正是在这一背景下，蒙古族统治者征服中原后对《周易》十分重视。随着汉化程度加深，《周易》的人文意蕴被越发重视，出现了汉化少数民族易学形态。其中，耶律楚材、保八堪为代表。耶律楚材对于《周易》中的术数文化有深入的研究。保八易学作为元代易学研究的少数民族代表之一，其易学既重义理阐发，又在象数学研究上有独到之处，是对程朱易学的继承与发展。

第六是元代图书易学。由宋至元，图书易学日渐繁盛，各种图式迭出，易学家们围绕着河洛、太极图、先天图等诸多图式，反复演说，使图书易学成为元代象数易学的主流。在图书易学发展的同时，亦有易学家开始对图书易学进行反思与批判。张理总结了宋代的图书之学，他创制了诸多形式复杂的图式，以图说理，他的易学为元代易学增添了更为浓重的图书易学的色彩。钱义方以图式解说《周易》，在程朱理学定于一尊的情况下，能够突破权威束缚，检讨《河图》作《易》之非，表现出了强烈的求真精神。陈应润易学的主体是其对卦爻变化的理解及在此基础上的文本解释，然而对后世影响最大的，应是其对图书易学的批评。

第七是元代道教易学。南宋灭亡后，很多经历了国破家亡、朝代更迭的知识分子由儒入道，推进了元代道家道教文化发展。全真教与易学有密切的关系，其中创制易图来指导内丹修炼的郝大通是易道思想会通的重要代表。雷思齐提出"河图四十"说，是图书之学的新发展。俞琰于易学发明象数学，并援易入道，借易道来推明内丹学。他的易学思想不仅有功于易学，还推动了道教内丹学理论的发展。

元代士人不管是志于出仕做官的还是隐居讲学的，都重视以朱子学名义治经。所以这七种共同体研究中，存在一个如何消化、吸收、创新朱熹易学的课题。体现在易学研究上，元代易学重视弘扬程朱易学，尤其是朱子易学，他们以宗朱、述朱和翼朱为线索，从不同方向丰富和发展朱熹易学。

其中，元代朱子后学胡方平、熊禾的易学研究是这种思潮的发轫。胡一桂、胡炳文都是朱熹故里徽州学者，董真卿是胡一桂弟子，他们作为朱子后学，对明代官方易学的形成做出了贡献。

另外，契丹族、蒙古族等北方少数民族中的知识分子有着汉化自觉，在汉化过程中，他们的易学研究实现着民族自身游牧文化中由重占筮发展到重视人文易的转型，耶律楚材、保八易学体现着接续程朱易学，高扬易学中人文精神的特色。

宗朱是元代易学的基调。无论是理学家易学、朱子后学易学还是汉化少数民族易学，都体现出宗朱的特点。朱熹《易学启蒙》《周易本义》成为元代易学诠释焦点。元代易学形成了大量对文本的注解，对两部著作研究提供了丰富的文献材料。

在《周易》本义问题上，朱熹认为《周易》是一部由伏羲、文王、周公等圣人教化先民们的典籍。三圣教化的方式是以卜筮为教，让先民们通过辨吉凶、定嫌疑去明晓事理。由此，朱熹易学将卜筮作为《周易》本义。在对《周易》一书的本义问题上，元代易学也大多认同朱熹的“《易》本卜筮之书”的思想。

俞琰同意朱熹“《易》本卜筮之书”的提法，认为以卜筮观《易》，则无所不通，认为依照朱熹以卜筮观《易》的思路来理解才不失《易》之本旨。胡一桂认为《周易》经传有卜筮的功能。对于易学史上《周易》版本、承传源流、易学文献等问题进行了考辨，再现了易学演变与发展的历史脉络，凸显了朱熹视“《易》本卜筮之书”在易学史上的重要地位。注重对历代易学文献资料的搜集和整理，先后收集了历代《周易》传注方面及《周易》传注以外的易学文献，挖掘了这些文献中所蕴含的象数或筮占思想，凸现了《周易本义》和《易学启蒙》二书在易学发展史上所具有的继往开来的价值和无与伦比的地位。在继承前人成果的基础上，他还给这些文献撰写了提要，后来为四库馆臣所采用，为后世留下了极为宝贵的文献资料。

为了更好地发挥《周易》教化之功，朱熹认为到了孔子时代就采用了说理方式。但所说之“理”并不是孔子创作的，是未有天地万物之前就有的。由此，朱熹《易学启蒙》里有了天地自然易、先天易思想。在对《易》的生成问题上，元代易学大都认同朱熹天地自然易、先天易思想。

胡一桂认为《周易》这部经典存在着一个在象数、文字等符号以外的“所以然”“所以迹”的世界。体现这一无符号的“所以然”“所以迹”世界的易学，就是“天地自然之易”。吴澄认为伏羲先天易乃《易》之本源。圣人因天地自然之易而作《易》，而象数里面蕴含着理的存在。伏羲因应天地万物一阴一阳之理而画卦。在《易》的符号系统——卦画由伏羲完成之后，文王作卦名、系卦辞，周公系爻辞，从而有了《周易》的文字系统，孔子作《系辞传》来解释文王周公所系卦辞爻辞的内涵。胡炳文则发挥了朱熹对“画前之易”的界定，提出卦画之《易》是对自然之易的摹写，自然之易在卦画之《易》完成之前已然存在，卦画画成后，自然之易存在于卦画之《易》中。保八则进一步探究了天地自然易之所以能成为圣人作《易》的根据，关键在于“神明”之功。借助天《易》、圣《易》、心《易》的阐释，保八系统阐释了其易学的天人内涵。

为了更好地诠释天地自然易、先天易中所蕴之理，朱熹一改程颐多从义理角度诠释易学的理路，在《易学启蒙》中主张重建《易》之纲领，将伏羲先天《易》作为重要组成。为了更好地解读其所重构的易学，他主张在义理、象数并重的前提下，凸显以象数解《易》尤其以易图解释易学的重要作用。朱熹重视以象、以图解《易》的理路也为元代易学所继承。

胡方平、熊禾、熊良辅注重朱子《易学启蒙》《周易本义》的诠释。胡一桂对朱子《易学启蒙》《周易本义》皆有发明：肯定“有卦而后有象”，坚持朱熹本于《周易》经传的取象原则，对朱子象学思想有所丰富和发展；提出了四圣易象说，探讨了易象的历史演化状况；在取象方法上，总结了汉易的十二种取象方法，特别对朱子所轻视的互体之象进行了阐发。

胡炳文则主张即象数求易理、弘理学。在《周易本义通释》中，胡炳文在全面继承朱熹《周易本义》基本思想的基础上，融释了朱熹的易学整体观，将图书之学、先天之学、后天之学融汇合一。

吴澄认为象与辞很重要，君子平时学《易》，要观象玩辞。易象学是其易学思想中的重要内容。他承袭两汉易学传统，从《周易》经传出发，“一决于象”，系统地总结《周易》取象及其取象的方法，形成了一个完整的象学理论体系。他通过象数而入于义理，故于易象学用力颇深，取得较大成就。在易象解释方面，他确立起六十四卦卦变、卦主体例，总结出取象体例，建立起一套解象体例。

保八认为“易卦为书，象数也”。他将河图、洛书、八卦分别与天、地、人三才之道匹配，借助建构先天图、中天图、后天图的基本形式，进一步凸显数的重要作用，从而赋予数以多方面的内涵。

丁易东以易象为核心，以易图为线索，既继承发扬了汉易，也吸收了宋代易图学的营养，从象数学的角度来解读《周易》经传，其和胡一桂、吴澄一起，共同构成了元代易象学的繁盛面貌，其易数学的成就是对宋代易图学的继承和发展。

张理重视象，推重河图洛书和朱熹易学，认为河图、洛书就是天地阴阳之象，主张圣人作《易》乃写天地阴阳变化之神妙。《易》之象与天地准，性命之理和礼乐之原皆来自图书的象与数，故而力图用图象的方式来说《易》。以图象来说《易》是张理易学的特色。

雷思齐力图用一幅“河图四十”来彰显先圣作《易》之旨。

俞琰治《易》象数、义理并重，在注释《周易》经传的时候多用到复杂的象数体例，以象数为工具来阐发义理。可以说，俞琰易学分为经学易和道教易两大部分内容。就经学易而言，他撰《周易集说》，将朱熹的《周易本义》、邵雍之数、程颐之理集合在一起，一以贯之，并在此基础上进行了阐发。俞琰同意朱熹“《易》本卜筮之书”的提法，认为以卜筮观《易》，则无所不通，认为依照朱熹以卜筮观《易》的思路来理解才不失《易》之本旨。在此基础上，俞琰提出了他的易象说：取象必须有一个基本原则，即与理近似，不偏离理的范围。就数而言，俞琰对天地之数与大衍之数进行了说明，否定了宋儒所提倡的图书之学，对于清代对图书之学的理性审视有启发意义。

元代还出现了一批专门讨论图书之学的著作，如张理的《易象图说》、钱义方的《周易图说》等皆为推衍图书学之作。尤其张理于《易象图说》中汇辑了宋以来许多易图，如周敦颐太极图、刘牧河图洛书,邵雍先天图后天图等,然后以周敦颐《太极图说》为纲领,融合河洛和先后二天说,如以图说陈抟的《龙图序》来推衍河图洛书形成,成为解释陈抟的图书之学的经典之作。张理以朱子为据,图说邵雍太极生八卦及六十四卦,阐发了朱子之学。他又创制了许多图式,如图解六十四卦卦象。其图说虽处处引邵雍、朱熹等人之言为据,但又与之不同,自成一家之言。钱义方撰《周易图说》列易图二十七,"其所演二十七图,亦即因旧图而变易之。奇偶之数,愈推愈有。人自为说,而其理皆通"①。尽管图书易学发展鼎盛,但易学家已经开始对其进行反思。元代中后期,陈应润撰《周易爻变易缊》,对宋人的图书之说进行发难。

可见,图书易学是元代易学的重要内容。易学家们不仅对朱子先天学有所继承、发展,还创制了多幅易图对易道进行多纬度、更深入的解释,丰富了图书易学的内容。随着宋元时期图书之学的盛行,不少易学家借鉴道教文化,将《系辞传》的天地之数和大衍数与河图洛书相配,创制不同的解《易》图书,构建不同的易学体系,又促进了道教易学的发展。

从主观层面来看,元代易学家对自己易学研究所期许的是针对朱子百年之后,其易学"浸失其真",即其思想的本来面目和精义被遮蔽和歪曲的情势,而兴起弘扬朱子易学的志趣。他们围绕"宗朱"和"辨疑"这两项工作,从正反两方面揭示和发挥朱熹易学本来面目和思想精义,纠正了当时人们对朱熹易学的篡改和歪曲,恢复了朱熹易学之全貌,达到了弘扬朱熹易学的主观目的。

然而,就学术的客观成果而言,元代易学对朱熹易学"创造性的解释"方面大多呈现为偏于客观之了解环节,"照着讲"的成分太多,超越环节尤其是易学家自身"自己讲""讲自己"方面做得不够。

① ［清］永瑢等:《四库全书总目》卷四,中华书局1965年版,第27页。

如同皮锡瑞对宋元两代经学的评价:“宋儒学有根柢,故虽拨弃古义,犹能自成一家。若元人则株守宋儒之书。”①可以说,元代易学客观上未达到“自成一家”的气象。

总之,元代易学虽对朱子易学特别是象数易学有了较好补充与阐发,但总体上未超越朱子之易学,就其创新性而言,无法与两宋相媲美。但是,元代易学仍有自己的特点,在折中河洛之学与先天之学、调和汉宋象数之学等问题上则不乏独到的见解,如吴澄、钱义方、保八关于图书之学的观点,胡一桂、丁易东对于汉易的解说,张理、雷思齐对于河图洛书作出的新解释等。元代易学在某些方面推动了易学发展,影响了明清易学图书之学和汉学易的形成,是象数易学和整个易学发展过程中不可或缺的环节。

① 〔清〕皮锡瑞著,周予同注释:《经学历史》,中华书局 2004 年版,第 205 页。

参考文献

一、古籍类

〔汉〕班固:《汉书》,中华书局 2012 年版。

〔汉〕魏伯阳著,章伟文译注:《周易参同契》,中华书局 2014 年版。

〔唐〕孔颖达:《周易正义》,见李学勤主编《十三经注疏》(标点本),北京大学出版社 1999 年版。

〔魏〕王弼撰,楼宇烈校释:《周易注校释》,中华书局 2012 年版。

〔宋〕刘牧:《易数钩隐图》,见《四库易类丛书》第 2 册,上海古籍出版社 1990 年版。

〔宋〕邵雍著,郭彧、于天宝点校:《邵雍全集》,上海古籍出版社 2015 年版。

〔宋〕程颢、程颐著,王孝鱼点校:《二程集》,中华书局 2004 年版。

〔宋〕欧阳修:《文忠集》,见《文渊阁四库全书》第 1102 册,台湾商务印书馆 1986 年版。

〔宋〕朱震:《汉上易传》,见《文渊阁四库全书》第 11 册,台湾商务印书馆 1986 年版。

〔宋〕朱熹撰，朱杰人、严佐之、刘永翔主编：《朱子全书》，上海古籍出版社、安徽教育出版社 2002 年版。

〔宋〕黎靖德编，王星贤点校：《朱子语类》，中华书局 1986 年版。

〔宋〕朱鉴：《文公易说》，见《文渊阁四库全书》第 18 册，台湾商务印书馆 1986 年版。

〔金〕谭处端等著，白如祥辑校：《谭处端 · 刘处玄 · 王处一 · 郝大通 · 孙不二集》，齐鲁书社 2005 年版。

〔金〕丘处机著，赵卫东辑校：《丘处机集》，齐鲁书社 2005 年版。

〔金〕王重阳著，白如祥辑校：《王重阳集》，齐鲁书社 2005 年版。

〔元〕许衡著，毛瑞方、谢辉、周少川校点：《许衡集》，吉林文史出版社 2010 年版。

〔元〕刘因：《静修集》，见《文渊阁四库全书》第 1198 册，台湾商务印书馆 1986 年版。

〔元〕刘因：《静修续集》，见《文渊阁四库全书》第 1198 册，台湾商务印书馆 1986 年版。

〔元〕刘因著，商聚德点校：《刘因集》，人民出版社 2017 年版。

〔元〕王申子：《大易缉说》，见《文渊阁四库全书》第 24 册，台湾商务印书馆 1986 年版。

〔元〕丁易东：《易象义》，见《文渊阁四库全书》第 21 册，台湾商务印书馆 1986 年版。

〔元〕丁易东：《大衍索隐》，见《文渊阁四库全书》第 806 册，台湾商务印书馆 1986 年版。

〔元〕胡方平撰，李秋丽校点：《易学启蒙通释》，见《儒藏 · 精华编》第 5 册,北京大学出版社 2014 年版。

〔元〕胡一桂撰,刘彬校点:《周易本义附录纂注》,见《儒藏 · 精华编》第 5 册,北京大学出版社 2014 年版。

〔元〕胡一桂撰,李秋丽校点:《周易启蒙翼传》,见《儒藏 · 精华编》第 5 册,北京大学出版社 2014 年版。

〔元〕胡一桂:《双湖先生文集》,见《续修四库全书》第 1322 册,上海古籍出版社 2002 年版。

〔元〕熊禾:《勿轩易学启蒙图传通义》,见《续修四库全书》第 2 册,上海古籍出版社 2002 年版。

〔元〕熊良辅:《周易本义集成》,清康熙十九年(1680)通志堂刻本。

〔元〕董真卿:《周易会通》,见《文渊阁四库全书》第 26 册,台湾商务印书馆 1986 年版。

〔元〕吴澄:《易纂言外翼》,见《文渊阁四库全书》第 22 册,台湾商务印书馆 1986 年版。

〔元〕吴澄:《易纂言外翼》,见《中华再造善本》第 1 册,北京图书馆出版社 2004 年版。

〔元〕吴澄:《吴文正集》,见《文渊阁四库全书》第 1197 册,台湾商务印书馆 1986 年版。

〔元〕胡炳文:《周易本义通释》,见《文渊阁四库全书》第 24 册,台湾商务印书馆 1986 年版。

〔元〕胡炳文:《云峰集》,见《文渊阁四库全书》第 1199 册,台湾商务印书馆 1986 年版。

〔元〕胡炳文:《四书通 · 孟子通》,见《文渊阁四库全书》第 203 册,台湾商务印书馆 1986 年版。

〔元〕俞琰:《读易举要》,见《文渊阁四库全书》第 21 册,台湾商务印书馆 1986 年版。

〔元〕俞琰:《席上腐谈》,见《文渊阁四库全书》第 1061 册,台湾商务印书馆 1986 年版。

〔元〕俞琰:《周易集说》,见《文渊阁四库全书》第 21 册,台湾商务印书馆 1986 年版。

〔元〕俞琰:《易外别传》,见《文渊阁四库全书》第 1061 册,台湾商务印书馆 1986 年版。

〔元〕俞琰:《周易参同契发挥》,见《文渊阁四库全书》第 1058 册,台湾商务印书馆 1986 年版。

〔元〕雷思齐:《易图通变》,见《文渊阁四库全书》第 21 册,台湾商务印书馆 1986 年版。

〔元〕雷思齐:《易筮通变》,见《文渊阁四库全书》第 21 册,台湾商务印书馆 1986 年版。

〔元〕虞集:《道园学古录》,见《文渊阁四库全书》第 1207 册,台湾商务印书馆 1986 年版。

〔元〕张理:《易象图说内篇》,见《文渊阁四库全书》第 806 册,台湾商务印书馆 1986 年版。

〔元〕张理:《易象图说外篇》,见《文渊阁四库全书》第 806 册,台湾商务印书馆 1986 年版。

〔元〕脱脱等:《宋史》,中华书局 1977 年版。

〔元〕保巴撰,陈少彤点校:《周易原旨 · 易源奥义》,中华书局 2009 年版。

〔元〕黄泽:《易学滥觞》,见《文渊阁四库全书》第 24 册,台湾商务印书馆 1986 年版。

〔元〕钱义方:《周易图说》,见《文渊阁四库全书》第 26 册,台湾商务印书馆 1986 年版。

〔元〕陈应润:《周易爻变易缊》,见《文渊阁四库全书》第 27 册,台湾商务印书馆 1986 年版。

〔元〕苏天爵著，陈高华、孟繁清点校：《滋溪文稿》，中华书局1997年版。

〔元〕鲍恂：《太易钩玄》，见《续修四库全书》第3册，上海古籍出版社2002年版。

〔明〕宋濂等：《元史》，中华书局1976年版。

〔明〕程曈辑撰，王国良、张健点校：《新安学系录》，黄山书社2006年版。

〔明〕杨士奇：《东里续集》，见《文渊阁四库全书》第1238册，台湾商务印书馆1986年版。

〔清〕黄宗羲原著，全祖望补修，陈金生、梁运华点校：《宋元学案》，中华书局1986年版。

〔清〕黄宗羲撰，郑万耕点校：《易学象数论》，中华书局2010年版。

〔清〕永瑢等：《四库全书总目》，中华书局1965年版。

〔清〕李光地编纂，刘大钧整理：《周易折中》，巴蜀书社1998年版。

〔清〕耿文光：《万卷精华楼藏书记》，中华书局1993年版。

〔清〕莫友芝撰，傅增湘订补，傅熹年整理：《藏园订补郘亭知见传本书目》，中华书局1993年版。

〔清〕李道平著，潘雨廷点校：《周易集解纂疏》，中华书局1994年版。

〔清〕张惠言：《周易虞氏义》，见《续修四库全书》第26册，上海古籍出版社2002年版。

〔清〕皮锡瑞著，吴仰湘点校：《经学通论》，中华书局2017年版。

〔清〕皮锡瑞著，周予同注释：《经学历史》，中华书局2004年版。

柯劭忞:《新元史》,吉林人民出版社 1995 年版。

李修生主编:《全元文》第十三册,江苏古籍出版社 1999 年版。

二、今人著作类

徐梓:《元代书院研究》,社会科学文献出版社 2000 年版。

王德毅、李荣村、潘柏澄编:《元人传记资料索引》,中华书局 1987 年版。

李似珍:《中国学术思想编年·宋元卷》,陕西师范大学出版社 2006 年版。

邱江宁:《中国学术编年·元代卷》,华东师范大学出版社 2013 年版。

朱鸿林:《中国近世儒学实质的思辨与习学》,北京大学出版社 2005 年版。

林庆彰:《明代经学研究论集》(增订本),华东师范大学出版社 2015 年版。

陈支平:《朱熹及其后学的历史学考察》,商务印书馆 2016 年版。

张延昭:《元代儒学教化研究》,中国社会科学出版社 2015 年版。

周少川:《元代史学思想研究》,社会科学文献出版社 2001 年版。

史甄陶:《家学、经学和朱子学——以元代徽州学者胡一桂、胡炳文和陈栎为中心》,华东师范大学出版社 2013 年版。

钱穆:《宋明理学概述》,台湾学生书局 1977 年版。

钱穆:《朱子学提纲》,生活·读书·新知三联书店 2002 年版。

钱穆:《中国学术思想史论丛》,安徽教育出版社 2004 年版。

牟宗三:《周易的自然哲学与道德函义》,台湾联经出版事业公司 2003 年版。

牟宗三:《周易哲学演讲录》,华东师范大学出版社 2004 年版。

任继愈主编:《中国道教史》(增订本),中国社会科学出版社 2001 年版。

卿希泰、唐大潮:《道教史》,江苏人民出版社 2008 年版。

张立文:《朱熹思想研究》,中国社会科学出版社 1981 年版。

张立文:《宋明理学研究》,中国人民大学出版社 1985 年版。

张立文:《朱熹评传》,南京大学出版社 1998 年版。

刘大钧:《周易概论》,巴蜀书社 1999 年版。

萧汉明:《〈周易本义〉导读》,齐鲁书社 2003 年版。

林忠军:《象数易学发展史》第二卷,齐鲁书社 1998 年版。

林忠军:《〈易纬〉导读》,齐鲁书社 2002 年版。

林忠军、张沛、张韶宇等:《明代易学史》,齐鲁书社 2016 年版。

林忠军、张沛、赵中国等:《清代易学史》,齐鲁书社 2018 年版。

吕绍纲:《〈周易〉的哲学精神——吕绍纲易学文选》,上海古籍出版社 2005 年版。

王新春、吕颖、周玉凤:《〈易纂言〉导读》,齐鲁书社 2006 年版。

王新春:《易学与中国哲学》,人民出版社 2012 年版。

李尚信:《卦序与解卦理路》,巴蜀书社 2008 年版。

张岱年:《中国哲学大纲》,中国社会科学出版社 1982 年版。

蒙培元:《理学的演变——从朱熹到王夫之戴震》,福建人民出版社 1998 年版。

蒙培元:《理学范畴系统》,人民出版社 1989 年版。

高亨:《周易古经今注》(重订本),中华书局 1984 年版。

高亨:《周易大传今注》,齐鲁书社 1998 年版。

徐志锐:《周易大传新注》,齐鲁书社 1986 年版。

徐志锐:《宋明易学概论》,辽宁古籍出版社 1997 年版。

徐芹庭:《易经源流——中国易经学史》,中国书店 2008 年版。

徐芹庭:《易图源流——中国易经图书学史》,中国书店 2008 年版。

黄寿祺、张善文编:《周易研究论文集》第一辑,北京师范大学出版社 1987 年版。

黄寿祺、张善文编:《周易研究论文集》第二辑,北京师范大学出版社 1989 年版。

黄寿祺、张善文编:《周易研究论文集》第三辑,北京师范大学出版社 1990 年版。

黄寿祺、张善文编:《周易研究论文集》第四辑,北京师范大学出版社 1990 年版。

张善文:《象数与义理》,辽宁教育出版社 1993 年版。

潘富恩、徐余庆:《程颢程颐理学思想研究》,复旦大学出版社 1988 年版。

中国古籍善本书目编辑委员会编:《中国古籍善本书目》,上海古籍出版社 1990 年版。

陈来:《宋明理学》,辽宁教育出版社 1991 年版。

陈来:《朱子书信编年考证》(增订本),生活 · 读书 · 新知三联书店 2007 年版。

陈来:《朱子哲学研究》,华东师范大学出版社 2000 年版。

徐远和:《理学与元代社会》,人民出版社 1992 年版。

朱伯崑:《易学哲学史》,昆仑出版社 2005 年版。

蔡方鹿:《朱熹与中国文化》,贵州人民出版社 2000 年版。

蔡方鹿:《朱熹经学与中国经学》,人民出版社 2004 年版。

吕思勉:《理学纲要》,东方出版社 1996 年版。

史卫民:《元代社会生活史》,中国社会科学出版社 1996 年版。

余敦康:《内圣外王的贯通——北宋易学的现代诠释》,学林出版社 1997 年版。

侯外庐、邱汉生、张岂之主编:《宋明理学史》,人民出版社 1997 年版。

李申:《周易与易图》,沈阳出版社 1997 年版。

唐明邦:《邵雍评传》,南京大学出版社 1998 年版。

宋志明:《薪尽火传:宋志明中国古代哲学讲稿》,北京师范大学出版社 2010 年版。

章权才:《宋明经学史》,广东人民出版社 1999 年版。

廖名春、康学伟、梁韦弦:《周易研究史》,湖南出版社 1991 年版。

廖名春:《〈周易〉经传十五讲》,北京大学出版社 2004 年版。

张其成:《易图探秘》,中国书店 1999 年版。

丁为祥:《虚气相即——张载哲学体系及其定位》,人民出版社 2000 年版。

吴雁南、秦学颀、李禹阶主编:《中国经学史》,福建人民出版社 2001 年版。

束景南:《朱熹年谱长编》,华东师范大学出版社 2001 年版。

束景南:《朱子大传》,商务印书馆 2003 年版。

李申:《易图考》,北京大学出版社 2001 年版。

李申:《中国古代哲学和自然科学》,上海人民出版社 2002 年版。

李申、郭彧:《周易图说总汇》,华东师范大学出版社 2004 年版。

郭彧:《〈京氏易传〉导读》,齐鲁书社 2002 年版。

[美]田浩:《朱熹的思维世界》,陕西师范大学出版社 2002 年版。

[日]今关寿麿:《宋元明清儒学年表》,北京图书馆出版社 2002 年版。

潘雨廷:《读易提要》,上海古籍出版社 2006 年版。

王博:《易传通论》,中国书店 2003 年版。

余英时:《朱熹的历史世界——宋代士大夫政治文化的研究》,生活·读书·新知三联书店 2004 年版。

张立文、祁润兴:《中国学术通史》(宋元明卷),人民出版社 2004 年版。

方旭东:《尊德性与道问学——吴澄哲学思想研究》,人民出版社 2005 年版。

方旭东:《吴澄评传》,南京大学出版社 2011 年版。

商聚德:《刘因评传》,南京大学出版社 2011 年版。

陈正夫、何植靖:《许衡评传》,南京大学出版社 2011 年版。

唐琳:《朱熹易学研究》,商务印书馆 2016 年版。

唐琳:《朱震的易学视域》,中国书店 2007 年版。

张克宾:《朱熹易学思想研究》,人民出版社 2015 年版。

王风:《朱熹易学散论》,商务印书馆 2017 年版。

王铁:《宋代易学》,上海古籍出版社 2005 年版。

劳思光:《新编中国哲学史》,广西师范大学出版社 2005 年版。

杨庆中:《周易经传研究》,商务印书馆 2005 年版。

葛兆光:《古代中国的历史、思想与宗教》,北京师范大学出版社 2006 年版。

李学勤:《周易溯源》,巴蜀书社 2006 年版。

高怀民:《宋元明易学史》,广西师范大学出版社 2007 年版。

杨新勋:《宋代疑经研究》,中华书局 2007 年版。

陈荣捷:《朱学论集》,华东师范大学出版社 2007 年版。

陈荣捷:《朱子新探索》,华东师范大学出版社 2007 年版。

陈荣捷:《朱子门人》,华东师范大学出版社 2007 年版。

王健:《在现实真实与价值真实之间——朱熹思想研究》,华东师范大学出版社 2007 年版。

黄庆萱:《周易纵横谈》,广西师范大学出版社 2006 年版。

郑吉雄:《易图象与易诠释》,华东师范大学出版社 2008 年版。

韦政通:《中国思想史》,吉林出版集团有限公司 2009 年版。

詹石窗:《南宋金元的道教》,上海古籍出版社 1989 年版。

詹石窗:《易学与道教思想关系研究》,厦门大学出版社 2001 年版。

陈睿宏:《宋元时期易图与数论的统合典范——丁易东大衍数说图式结构化之易学观》,台湾文史哲出版社 2014 年版。

李蕙如:《许衡对朱子学的传承与发展》,台湾花木兰文化出版社 2014 年版。

杨自平:《吴澄之〈易经〉解释与易学观》,台湾花木兰文化出版社 2009 年版。

刘成群:《元代徽州理学家群体与新安理学的传承发展》,中华书局 2015 年版。

黄昊:《朱子学与河图洛书说研究》,西南交通大学出版社 2015 年版。

三、论文类

高明:《易图书学传授考源》,载《国立中央大学文艺丛刊》第一卷第 1 期,1933 年。

白寿彝:《周易本义考》,载《国立北平研究院史学集刊》1936 年第 1 期。

张亚初、刘雨:《从商周八卦数字符号谈筮法的几个问题》,载《考古》1981 年第 2 期。

陈少彤:《关于〈易源奥义〉一书的哲学思想》,载《哲学研究》1981 年第 12 期。

孙剑秋:《从〈读易私言〉看许衡的处世之道》,载《中华学苑》

第四十三期,1993年。

孙剑秋:《俞琰易学思想探微》,载《台北师范学院学报》第十四期,2001年。

舒大刚:《试论宋人恢复古周易的重要意义》,载《四川大学学报(哲学社会科学版)》1999年第2期。

梁韦弦:《宋易在元代的发展》,载《周易研究》1992年第3期。

周晓光:《宋元明清时期的新安理学》,载《中国哲学史》1994年第1期。

林丽真:《如何看待易"象"——由虞翻、王弼与朱熹对易"象"的不同看法说起》,载《周易研究》1995年第2期。

李申:《医易、河洛之我见——兼答萧汉明兄》,载《周易研究》1995年第2期。

萧汉明:《关于河图、洛书问题——答李申兄》,载《周易研究》1995年第4期。

李申:《河图辨证——答萧汉明兄》,载《周易研究》1996年第4期。

余敦康:《论邵雍的先天之学与后天之学》,见刘大钧主编《象数易学研究》第一辑,齐鲁书社1996年版。

詹石窗、杨燕:《朱熹与〈周易〉先天学关系考论》,载《中国社会科学》2007年第5期。

詹石窗:《正传别传二重化——俞琰〈易〉说浅析》,载《福建师范大学学报(哲学社会科学版)》1988年第1期。

李兰芝:《朱熹的易学解释学》,载《周易研究》1997年第2期。

林忠军:《王家台秦简〈归藏〉出土的易学价值》,载《周易研究》2001年第2期。

赵华富:《元代新安理学家弘扬朱子学的学术活动》,载《安徽大学学报(哲学社会科学版)》2000年第6期。

赵源一:《邵雍易数哲学探微》,载《周易研究》2000 年第 1 期。

解光宇:《“程朱阙里”与新安理学》,载《黄山学院学报》2000 年第 2 期。

张健:《程曈及其〈新安学系录〉》,载《安徽师范大学学报(人文社会科学版)》2000 年第 3 期。

黄沛荣:《元代〈易〉学平议》,见杨晋龙主编《元代经学国际研讨会论文集》(上),台湾“中研院”中国文哲研究所筹备处 2000 年版。

詹海云:《吴澄的〈易〉学》,见杨晋龙主编《元代经学国际研讨会论文集》(上),台湾“中研院”中国文哲研究所筹备处 2000 年版。

夏传才:《元代经学的社会历史背景和程朱之学的发展》,见杨晋龙主编《元代经学国际研讨会论文集》(上),台湾“中研院”中国文哲研究所筹备处 2000 年版。

钟彩钧:《胡方平、一桂父子对朱子〈易〉学的诠释》,见杨晋龙主编《元代经学国际研讨会论文集》(上),台湾“中研院”中国文哲研究所筹备处 2000 年版。

许维萍:《董真卿〈周易会通〉在“复古〈易〉运动”中的意义》,见杨晋龙主编《元代经学国际研讨会论文集》(上),台湾“中研院”中国文哲研究所筹备处 2000 年版。

温海明:《朱熹河图洛书说的演变》,载《周易研究》2004 年第 4 期。

黄黎星:《朱熹论〈周易〉“乾道变化”之精义》,载《孔子研究》2010 年第 1 期。

郭振香:《论胡炳文对朱熹〈周易本义〉的推明与发挥》,载《安徽大学学报(哲学社会科学版)》2010 年第 2 期。

程石泉:《评欧阳修〈易童子问〉》,载《周易研究》2001 年第 3 期。

蔡方鹿:《朱熹对宋代易学的发展——兼论朱熹、程颐易学思想之异同》,载《周易研究》2001 年第 4 期。

余敦康:《朱熹〈周易本义〉卷首九图与〈易学启蒙〉解读》,载《中国哲学史》2001 年第 4 期。

邹林:《姚枢与元代理学》,载《江汉论坛》2001 年第 12 期。

李霞:《论新安理学的形成、演变及其阶段性特征》,载《中国哲学史》2003 年第 1 期。

周晓光:《南宋徽州人文环境变迁与新安理学的形成》,载《江淮论坛》2003 年第 6 期。

萧汉明:《论俞琰易学中的道教易》,见陈鼓应主编《道家文化研究》第 11 辑,生活·读书·新知三联书店 1997 年版。

章伟文:《道教易学综论》,载《中国哲学史》2004 年第 4 期。

章伟文:《试论俞琰道教易学的内丹修炼学》,载《中国道教》2000 年第 4 期。

章伟文:《试论张理易图学思想与道教的关系》,载《中国道教》2006 年第 4 期。

章伟文:《试论雷思齐的道教易思想》,载《中国道教》1999 年第 3 期。

王风:《朱熹新道统说之形成及与易学之关系》,载《哲学研究》2004 第 11 期。

金春峰:《朱熹的晚年思想》,载《山东大学学报(哲学社会科学版)》2005 年第 1 期。

金生杨:《黄泽易学探微》,见《地方文化研究辑刊》编辑部编《地方文化研究辑刊》第五辑,巴蜀书社 2012 年版。

赵中国:《朱熹易学观述论》,载《社会科学》2008 年第 5 期。

谢辉:《简论朱子易学在元代发展的基本面貌》,载《周易研究》2010 年第 6 期。

谢辉:《元代象数易学的成就》,见中国历史文献研究会编《历史文献研究》第29辑,华东师范大学出版社2010年版。

李育富:《胡方平〈易学启蒙通释〉刍议》,载《周易研究》2012年第1期。

向世陵:《陈应润对图书学的质疑和批评》,载《周易研究》2014年第6期。

唐琳:《朱熹易学的诠释特色——兼论朱熹对程颐的批评》,载《孔子研究》2015年第6期。

张克宾:《因象以明理:论程颐易学的"卦才"说》,载《中国哲学史》2015年第1期。

许维萍:《宋元易学的复古运动》,台湾东吴大学2001年博士学位论文。

林文镇:《俞琰生平与易学》,台湾师范大学1991年硕士学位论文。

林志孟:《俞琰易学思想研究》,台湾中国文化大学1995年博士学位论文。

张国洪:《吴澄的象数义理之学》,山东大学2006年博士学位论文。

刘云超:《元代易学家王申子易学哲学初探》,山东大学2008年博士学位论文。

李育富:《元代婺源胡氏易学研究》,厦门大学2011年博士学位论文。

谢辉:《元代易学对朱子易学的传承与革新》,北京师范大学2011年博士学位论文。

王冉冉:《元代易学思想研究》,北京师范大学2012年博士学位论文。

苏建强:《儒道会通视野下的俞琰易学思想研究》,山东大学2015年硕士学位论文。

后 记

本书是我的国家社会科学基金青年项目《元代易学研究》结项成果,也是我多年对宋元易学学习和探研的结晶。自从 2006 年博士毕业留校工作以后,我就确定了以元代易学为主要研究方向。十余年来,幸得诸多老师的关爱、学友的协助,我才得以在易学的学习和研究上有所收获。

首先感谢刘大钧先生。刘先生高度关注项目进展,书稿出版之际又欣然为本书题签。先生一贯奖掖后学、提携晚进。多年来,承蒙先生厚爱,我得以专心从事易学研究,这是我的幸运和福气。

特别感谢我的导师林忠军教授。在硕士和博士阶段,林老师先后指导我研究朱熹易学和元代朱子后学胡一桂易学,并勉励我进一步研究元代朱子后学乃至整个元代易学,帮我明确了易学研究方向。在我研究遇到困难,进展缓慢时,林老师多次及时督促提醒,助我坚定研究信心。本书初稿完成后,林老师又为我的修改工作指点迷津。

还要感谢曾振宇教授。2008 年,我跟随曾教授学习中国古代史。在曾教授的指导下,我于 2012 年完成《元代义理易学研究》博士后出站报告,为后来进一步研究夯实了基础。

时光荏苒,自 2000 年进入山东大学学习中国哲学,已有 20 年了。回想当年,哲学系丁原明教授、颜炳罡教授、王新春教授,易学研究中心刘玉建教授等老师悉心传授中国哲学、易学的知识与方法,使我受益良多。工作以来,我深深感到,能成为易学研究中心这个学术氛围浓厚、融洽和睦的团队中的一员,是人生一大幸事。李尚信教授、刘保贞教授、张文智教授的关怀与鼓励我会铭记在心。李磊、黎馨平、姜颖、张克宾、张沛、董春、张兵、秦洁等学友在工作和生活中也给了我很多关心与帮助,让我备觉温暖,心怀感念。

在本书撰写过程中,有劳我的研究生蒋承伟、张鑫、李磊多方搜集整理资料。

北京外国语大学的谢辉老师是研究元代朱子易学的专家,感谢他为本书提出的宝贵的修改意见。齐鲁书社编辑孔帅老师学养深厚,严谨认真,感谢他为本书的编校付出的辛勤劳动。

在书稿付印之际,我谨向关心和帮助过我的各位师友致以衷心的感谢。因学力有限,书稿中难免有错误与不足,敬请方家批评指正。

李秋丽

庚子立冬于山东大学知新楼